航空运输业反垄断理论与实践

郑兴无　张　禹　著

科 学 出 版 社

北　京

内 容 简 介

本书通过翔实的案例和相关理论分析深入研究了美国、欧盟、中国、日本、印度和巴西航空运输业反垄断的发展和演变，揭示了行业反垄断中的特殊性。研究中重点关注了经济分析在航空运输业反垄断实践中的演进，有针对性地剖析了航空运输业反垄断中的相关市场界定、竞争分析、影响市场竞争的因素和补救措施等关键问题，为航空运输企业的合规经营和行业反垄断提供了有益的借鉴，也填补了国内航空运输业反垄断研究的空白。

本书适合专门从事航空运输业反垄断研究和实务工作的人员、政府相关部门工作人员、行业相关从业人员使用，也适合作为高等院校中涉及航空运输业经济本科和研究生教学的参考资料。

图书在版编目（CIP）数据

航空运输业反垄断理论与实践 / 郑兴无，张禹著. -- 北京 : 科学出版社，2025. 7. -- ISBN 978-7-03-080257-6

Ⅰ. F562

中国国家版本馆 CIP 数据核字第 20247WV590 号

责任编辑：陶　璇 / 责任校对：王晓茜

责任印制：张　伟 / 封面设计：有道设计

科学出版社 出版

北京东黄城根北街 16 号

邮政编码：100717

http://www.sciencep.com

北京中科印刷有限公司印刷

科学出版社发行　各地新华书店经销

*

2025 年 7 月第　一　版　开本：720×1000　1/16

2025 年 7 月第一次印刷　印张：20 1/2

字数：410 000

定价：236.00 元

（如有印装质量问题，我社负责调换）

前　言

市场和政府的关系是经济学研究的永恒主题。反垄断就是政府通过对垄断市场的干预来纠正垄断导致的市场失灵，从而实现帕累托改进，增进社会总体福利。然而，如何恰当地实施反垄断执法纠正市场失灵，而不扭曲市场竞争，真正保护市场竞争而不是保护竞争者，充分发挥市场机制的作用，则是反垄断执法的难点。支撑反垄断执法实践的经济学理论经历了从认为规模大就是垄断的哈佛学派到注重效率和保护创新的芝加哥学派与奥地利学派，再到关注市场行为和转移消费者福利的后芝加哥学派以及注重市场进入壁垒的可竞争性市场理论的转变，这反映了为解决反垄断执法难点而进行的理论演进过程。

航空运输业作为高固定成本、低边际成本的网络型产业，既具有寡头垄断市场结构的特点，又表现出较强的市场竞争力，从而造成航空运输业的反垄断执法更具挑战性。通过经济分析识别寡头市场结构下航空公司之间的并购和市场行为是否对竞争造成实质性限制或者严重限制，是判定航空运输业反垄断执法的关键。

我国反垄断立法的时间较短，航空运输业反垄断执法的时间就更短了。在《中华人民共和国反垄断法》（简称《反垄断法》）实施之初，航空运输业一些需要经过法定程序的经营者集中和垄断性协议也没有完全按照反垄断法的要求完成所有的程序，或者在反垄断执法权分散的情况下无法确定对应的管辖机构，从而忽略了这些市场行为对航空运输市场竞争的影响。因而需要借鉴包括欧美国家在内的航空运输业反垄断的经验和教训，更好地维护航空运输业的市场竞争，充分发挥航空运输业的基础设施作用，促进经济社会的高质量发展。

本书的研究内容主要包括：第一，研究反垄断经济学理论的发展演变。研究哈佛学派、芝加哥学派、后芝加哥学派、可竞争市场理论和新奥地利学派的反垄断经济学理论各自的特点和发展演变过程，揭示反垄断实践变化的理论基础。第二，研究美欧和中日印巴的一般性反垄断立法和反垄断实践的演进过程，为研究航空运输业反垄断奠定一般性基础，从而为航空运输业反垄断与一般反垄断的共性和特殊性提供对照。第三，研究美国自 20 世纪 30 年代以来的航空运输业反垄断发展变化。以反垄断理论的演变为基础，研究了航空运输业反垄断立法的发展。同时在广泛的案例分析基础上，剖析了从行业规制取代反垄断到取消行业反垄断特殊待遇过程中理论基础、分析框架以及竞争分析等领域的发展变化及其原因。

第四，研究了自欧共体建立伊始，航空运输业纳入欧盟竞争政策的发展过程，以及欧盟航空运输业反垄断的具体分析方法及其特殊性。第五，研究中日印巴几个国家的航空运输业反垄断发展变化，体现这些国家航空运输业反垄断各自的特点，并与欧美的航空运输业反垄断进行对比。第六，研究航空运输业反垄断在经济分析、相关市场界定、竞争分析、影响市场竞争的因素和补救措施等关键问题上的特殊性。

本书得到了中国民用航空局“安全能力建设资金”（项目号：2022-158）的资助，在研究过程中还得到了中国民用航空局政策法规司的大力支持，在此一并表示感谢。

本书的写作分工如下：第 1 章（张禹）、第 2～3 章（郑兴无、张禹）、第 4～7 章（郑兴无）、第 8～9 章（郑兴无、张禹）。最后由郑兴无统稿。

目　录

第 1 章　反垄断经济学理论的发展和演变

反垄断政策的发展在经济领域中是一个理论与实践相互交织、相互促进的动态过程，反垄断政策是连接反垄断经济理论与实践的重要桥梁。在分析航空运输业的反垄断政策时，不仅要评估其对经济和社会的广泛影响，还需要考察其形成机制和动态演化过程。为此，本章将深入探讨这些政策背后的经济理论发展脉络，揭示经济理论基础、政策本身及其实践之间的内在联系和互动模式。

反垄断的经济理论基础主要源于产业组织理论。要深入分析反垄断的产业经济学基础，首先需要梳理产业经济学的发展历程。产业组织理论自诞生以来，经历了从垄断竞争理论的初步探索到不同学派的深入研究，其发展过程体现了对市场理解、研究方法和核心目标的逐步深化。其次，本书将从理论体系的形成、主要观点与分析框架、政策建议以及理论的局限性等方面，对现代产业组织理论的演进进行系统梳理和分析。

1.1　哈佛学派 SCP①分析范式理论

1.1.1　理论体系的形成

在 19 世纪 80 年代至 20 世纪初，垄断资本对资本主义国家的经济产生了深远的影响，促使了 1894～1901 年的第一次兼并浪潮的出现。美国的垄断现象引起了政府的高度关注，1890 年，美国国会通过了《谢尔曼反托拉斯法》(Sherman Antitrust Act)，这是美国第一部旨在保护消费者权益和促进市场公平竞争的反垄断法律。这一举措也促使学术界对垄断现象的利弊进行广泛讨论。20 世纪 30 年代的全球经济危机引发了部分学者对市场机制有效性的质疑，促使资本主义国家开始实施国家政策来调控经济。在这一背景下，哈佛学派应运而生，成为产业组织理论的先驱和代表。哈佛学派的理论发展受到了马歇尔经济理论的深刻影响。

1933 年，垄断竞争理论的提出标志着对市场认识的重大飞跃。这一理论首次明确了“垄断-竞争”的市场结构，并深入探讨了企业在这种结构下的进入和退出机制。此外，它在研究方法上实现了从规范性分析到实证性分析的转变。垄断竞争理论不仅奠定了哈佛学派产业组织理论的基础，也是现代产业组织理论的起源。

① SCP，即“市场结构—市场行为—市场绩效”(structure, conduct and performance)。

20 世纪 30 年代，以哈佛大学的产业组织研究小组为核心，哈佛学派建立了一套完整的产业组织理论体系。他们通过深入的实证研究，分析了美国各个产业的市场竞争过程、市场行为和市场运行情况。通过应用统计学、计量经济学等分析工具，哈佛学派收集并分析了大量数据，为产业组织理论奠定了坚实的实证基础。

在 1940 年，克拉克（Clark）首次阐述了“有效竞争”的理念，有效竞争指的是一种既能保持竞争的活力，又能充分利用规模经济（economies of scale）优势的市场状态。梅森（Mason）等学者在 Clark 的理论基础上，进一步对“有效竞争”概念进行了深入探讨，他们定义了维持这种竞争所需的市场结构条件为“市场结构标准”，从绩效角度评估这些条件是否能够得到满足，并将之称为“市场绩效标准”。这些研究为哈佛学派的 SCP 理论框架奠定了基础。哈佛学派主张，只有当市场结构满足一定条件时，才能促进企业间的竞争，提升市场效率，并最终实现社会福利的最大化。这一理论框架凸显了市场结构对市场行为和市场绩效的重要作用，对后续的产业组织研究产生了显著影响。

1959 年，贝恩（Bain）出版了他的著作《产业组织》，在这本书中，他首次全面而系统地阐述了产业组织理论的框架，包括其研究目标、方法和领域。Bain 通过对美国制造业中不同市场结构的各个产业进行详细的分析和实证研究，提出了一个核心观点：市场结构是决定市场绩效的关键因素。

他认为，市场行为主要是市场结构的体现，对市场绩效的影响相对较小。Bain 进一步提出了著名的“结构-绩效”假说，这一假说认为，市场结构越是倾向于垄断，企业就越有可能获得更高的利润，从而实现更高的市场绩效。相反，如果市场结构更具有竞争性，企业的利润和市场绩效可能会相对较低。这一理论为理解市场结构与企业绩效之间的关系提供了重要的视角，并在产业组织理论中占有重要地位。

1970 年，谢勒（Scherer）在 Bain“结构-绩效”假说基础上进行了进一步的研究，他特别关注了市场行为与市场绩效之间的联系，并得出了市场行为对市场绩效具有决定性影响的结论。Scherer 认为，市场行为是影响市场绩效的直接因素，而市场结构虽然重要，但它是通过影响市场行为来间接影响市场绩效的。他还强调了政府政策对市场行为和市场绩效的重要作用。他提出了“行为-绩效”假说，主张企业的市场竞争或合作策略会直接影响其利润水平和社会福利。随着 Scherer 和其他学者的研究，哈佛学派的产业组织理论逐渐发展并形成了一个成熟的分析范式，即 SCP 模型。在这个模型中，市场结构、市场行为和市场绩效被视为相互关联的三个要素，它们之间存在单向的因果关系，共同影响着产业的运行和市场的整体表现。这一理论框架为理解和分析产业组织提供了一个有力的工具，并在经济学和政策制定中发挥了重要作用。

1.1.2　主要观点及分析框架

1. 主要观点和经济目标

哈佛学派认为，当企业规模扩张到一定程度时，它们可能会通过提高产品价格或构建市场壁垒来获得垄断利润。这种行为不仅限制了技术创新，还降低了资源分配的效率。该学派的经济目标是保持市场的竞争力，他们专注于研究如何通过政策来确保市场的竞争性，以及如何通过调整市场结构来促进竞争。他们的主要理论观点包括以下几个方面。

第一，市场结构对市场行为有着直接影响，而市场行为又直接关系到市场的整体绩效。在高集中度的市场环境中，企业倾向于提高价格以追求垄断利润。哈佛学派认为，通过改变市场结构中的不合理因素，可以有效遏制垄断力量的增长，从而实现更好的市场绩效（Bain，1959；Scherer and Ross，1990）。

第二，哈佛学派提出了“集中度-利润率”假设，认为在市场集中度高的行业中，大型企业可能会通过共谋或协调行为来剥夺消费者的剩余价值，以获取垄断利润。他们主张通过公共政策调整市场结构，如降低市场集中度、减少进入壁垒、弱化产品差别化趋势等，以优化市场表现和实现理想的经济效果。哈佛学派的这一观点强调了市场结构对市场行为和绩效的决定性作用，并认为通过适当的政策干预可以改善市场结构、促进有效竞争，从而提高资源配置的效率（Bain，1951；Shepherd，1972）。

2. 分析框架和研究方法

（1）分析框架

哈佛学派采用了 SCP 的分析框架。具体包括以下内容。

市场结构（structure）是分析的起点，它包括市场中的企业数量、企业的规模分布、产品差异化程度、市场进入和退出的难易程度等。哈佛学派认为，市场结构是决定市场行为的重要因素，它影响着企业可以采取的战略和政策。在测量市场结构时，哈佛学派主要将产业集中度（concentration ratio）指标和赫芬达尔-赫希曼指数（Herfindahl-Hirschman index，HHI）作为衡量工具，理想的市场结构标准为“集中度不太高，市场进入容易，没有极端的产品差别化”。

接着是市场行为（conduct），这涉及企业在市场中的各种战略决策，包括定价策略、广告和促销活动、研发投入、产品创新、产能扩张或收缩、进入或退出市场等。哈佛学派强调，市场行为是市场结构和市场绩效之间的桥梁，企业的行为模式会根据市场结构的变化而变化。

最后是市场绩效（performance），它反映了市场运行的效率和效果，包括价格、产量、成本、利润、产品质量、品种和技术进步等方面。哈佛学派认为，通过改善市场结构，可以引导市场行为，从而提高市场绩效。衡量市场绩效的标准包括：持续推动产品和生产过程的改进，成本大幅下降时价格能够相应下调，企业与产业规模适宜，销售费用在总费用中占比合理，以及不存在长期的过剩生产能力等。我们通常从产业资源配置效率、利润水平、生产效率和技术进步等方面对市场绩效进行评估（Scherer and Ross，1990；Tirole，1988）。

该范式认为，市场结构决定了市场行为，而市场行为又影响市场绩效。基于这种观点，哈佛学派主张通过政府的公共政策来调整市场结构，以确保市场的有效竞争和提升市场绩效。通过这种方式，可以促进资源的合理配置，提高生产效率，并激励技术创新。

由于市场结构会影响市场行为，而市场行为又会影响市场绩效，哈佛学派的SCP分析范式正是理解市场结构与市场绩效之间的相互作用的核心。通过对市场结构的精准测量和对市场绩效的仔细评估，在发现问题时，政府应采取有针对性的政策来调整市场结构，确保市场维持竞争力并优化其绩效。这种政策调整的目的是提高市场效率，推动经济的持续发展和创新。

（2）研究方法

在产业组织理论的研究中，哈佛学派特别强调实证研究方法的应用。该学派重点分析了市场集中度、产品差异化以及市场进入壁垒等因素，这些因素被认为是塑造市场结构的关键（Bain，1959；Schmalensee，1989）。其核心研究手段包括收集特定产业的结构和绩效数据，然后通过实证分析这些数据来探究它们之间的关系，并据此得出结论。这种方法强调数据驱动的分析，以期更准确地理解市场运作和政策制定的影响。

1.1.3　政策主张及实践

以美国为例，20世纪50～60年代，哈佛学派的理论占据了该国反垄断政策制定的主导地位，对当时的反垄断实践产生了深远的影响（Posner，1979；Kovacic and Shapiro，2000）。哈佛学派主张对经济生活中的垄断和寡占采取规制措施，通过公共政策来调整和改善不合理的市场结构，限制市场行为，保持市场竞争，提高市场绩效，并同时主张实行严格的兼并控制，对长期存在的过度集中的大企业实行拆散政策。

哈佛学派观点的一个经典案例是“美国诉美国电话电报公司[①]案”（United States v. American Tel. and Tel. Co）。这个案子最早可以追溯到1949年，当时美国司法部就发起了针对西部电气公司和AT&T的反垄断诉讼，指控被告垄断并合谋限制电话、电话设备、设备、材料和耗材的制造、分销、销售和安装贸易，要求

① 美国电话电报公司，即American Telephone & Telegraph，英文缩写名为AT&T。

AT&T 剥离其在西部电气的股权、终止 AT&T 和西部电气之间的排他性合作关系、西部电气剥离其在贝尔电话实验室的 50%的股权、将电话制造与电话服务分开，以及在非歧视的基础上强制许可 AT&T 拥有的专利[①]。最终双方在 1956 年达成协议，双方同意禁止 AT&T 从事除提供公用通信服务(common carrier communications services) 以外的任何业务、禁止西部电气制造贝尔系统使用的设备以外的设备，并要求被告在支付适当的专利使用费后将其专利许可给所有申请人，但是并不包括原来的结构性补救措施[②]。

1974 年美国司法部再次发起了针对 AT&T 的反垄断诉讼，指控被告在各种电信服务和设备上实行垄断，违反了《谢尔曼反托拉斯法》第 2 节，寻求从 AT&T 剥离贝尔运营公司以及剥离和解散西部电气公司[③]。法庭认可了政府对 AT&T 以多种方式垄断城际电信市场和电信产品市场的指控[④]。

1982 年 1 月 8 日，美国司法部和 AT&T 达成和解协议（又被称为“改革之案”，Modification of Final Judgement[⑤]）。首先，司法部同意 AT&T 保留对西部电气公司和贝尔电话实验室的控制权，而 AT&T 则同意剥离其下属的 22 家运营公司。其次，司法部同意取消 1956 年对 AT&T 可以提供和进入的服务类型与市场的限制[⑥]。

最终，AT&T 按照要求提交了重组计划，同意将其下属的 22 家运营公司拆分成 7 家独立运营的小贝尔公司（Baby Bells），以打破其垄断地位，具体包括以下内容。AT&T 公司负责长途电话服务；贝尔南方（Bell South）公司负责南部地区的电话服务；贝尔大西洋（Bell Atlantic）公司负责东北地区的电话服务；贝尔西南（Southwestern Bell）公司负责西南地区的电话服务；太平洋电信公司（Pacific Telesis）负责西北地区的电话服务；美国贝尔公司（American Bell）负责研究和开发新技术；美国西部公司（US West）负责西部地区的电话服务。此外，AT&T 还允许其他公司进入电话设备和通信网络市场。重组计划在 1983 年 8 月 5 日得到法院批准[⑦]。这次拆分被认为是美国历史上最大规模的企业拆分案例之一。

这个案例凸显了哈佛学派的反垄断观点在 20 世纪 70 年代的影响力，即强调了分离纵向整合、促进竞争和市场开放、加强监管和监督机制建设等重要原则，

---

① United States v. American Tel. and Tel. Co., 552 F. Supp. 131 (D.D.C. 1983), 136-137.

② United States v. American Tel. and Tel. Co., 552 F. Supp. 131 (D.D.C. 1983), 138.

③ United States v. American Tel. and Tel. Co., 552 F. Supp. 131 (D.D.C. 1983), 139.

④ United States v. American Tel. and Tel. Co., 552 F. Supp. 131 (D.D.C. 1983), 223.

⑤ 就是针对 1956 年和解协议形成的最终裁决的修订，载于 United States v. American Tel. and Tel. Co., 552 F. Supp.131 (D.D.C. 1983)，227-234.

⑥ United States v. American Tel. and Tel. Co., 552 F. Supp. 131 (D.D.C. 1983), 226-232.

⑦ United States v. Western Elec. Co., Inc., 569 F. Supp. 1057 (D.D.C. 1983), 1062.

并为反垄断行动提供了理论和实证支持，以促进竞争和保护消费者权益。

1.1.4 理论缺陷

哈佛学派作为产业组织理论的先驱，对全球反垄断实践产生了深远影响，但同时也存在一些不足之处。首先，该学派倾向于使用短期截面数据进行分析，可能无法充分捕捉到长期效率提升和技术革新对市场的影响，限制了其分析的全面性。其次，哈佛学派的研究方法偏重经验性描述，而缺乏坚实的理论支撑和深入的理论探讨，这可能影响其研究结果的普遍适用性。最后，哈佛学派在分析中过于侧重市场结构的影响，可能忽视了其他因素，如企业策略行为、市场需求波动和技术创新等对市场竞争和绩效的影响。

1.2 芝加哥学派产业组织理论

1.2.1 理论体系的形成

20 世纪 60—80 年代，美国经济遭遇了来自日本和韩国等国家的激烈竞争，导致其在国际市场上的竞争力逐步下降，同时出现了“经济滞胀”的现象。波斯纳（Posner）和博克（Bork）等学者对哈佛学派的反垄断理念进行了尖锐批评，认为哈佛学派的结论主要基于经验数据和简单的归纳，缺乏坚实的理论支撑。他们指出，美国近年来实行的严格反垄断政策是导致经济滞胀和竞争力下降的主要原因，这致使企业活力受损（Posner，1976；Bork，1978），在这样的背景下，逐渐形成了芝加哥学派产业组织理论。

芝加哥学派以经济自由主义为核心，强调市场机制的有效运行和竞争的重要性。他们批评哈佛学派过于侧重市场结构对竞争的影响，而忽略了效率和市场行为对产业组织的重要性。芝加哥学派主张将竞争看作是一个动态的过程，通过市场竞争能够筛选出高效率的企业，并且认为市场竞争能够自发地解决产业组织问题。

1968 年，斯蒂格勒（Stigler）的《产业组织》一书首次出版发行，标志着芝加哥学派理论的成熟。Stigler 在书中主张，应重点关注垄断行为对效率的影响，而不是哈佛学派所强调的市场结构对竞争的损害。他强调通过研究市场行为和市场竞争，可以更深入地理解产业组织的本质。

除了 Stigler，芝加哥学派还有其他重要的学者对产业组织理论做出了贡献。例如，德姆塞茨（Demsetz）等研究了高集中度产业的利润率，发现小企业的利润率并没有随着集中度的降低而提高，从而质疑了哈佛学派的“集中度-利润率”假说（Demsetz，1973）。他们认为，高利润率更多的是大企业效率和成本控制的结果。布罗曾（Brozen）则从长期市场发展的角度分析了不同集中度产业的企业效率，认为大企业能够持续获得高利润并非因为垄断力量，而是受到规模经济、高效率和良好管理等内在因素的影响（Brozen，1982）。这些研究进一步强化了芝加哥学派的观点，强调了市场竞争对企业效率的重要性。芝加哥学派因其对市场结构和效率关系的深入探讨而被称为效率主义者，其理论对后来的产业组织研究产生了深远的影响，并在学术界引起了广泛的关注和讨论。

1.2.2　主要观点及分析框架

针对“高额利润是源自垄断势力还是来自大企业高效率”的讨论，芝加哥学派的观点可以概括为以下三个方面。

第一，经济自由观点。芝加哥学派深信市场自我调节的能力，认为竞争过程是市场势力自由发挥作用的过程。他们主张减少政府干预，认为政府的规制和干预会扭曲市场机制，妨碍企业之间的公平竞争，最终导致资源分配效率降低。依据芝加哥学派的观点，只有在自由市场环境下，企业才能实现资源的有效配置，并通过竞争获得高额利润。

第二，市场结构、市场行为和市场绩效的关系。芝加哥学派认为市场绩效决定市场行为和市场结构，与哈佛学派的观点相反。根据芝加哥学派的观点，大企业能够获得高绩效的原因是其拥有较高的效率和较低的成本。他们认为，竞争是一个适者生存的过程，只有高效率的企业才能够在竞争中生存下来，扩大市场份额，并实现高利润；相反，效率较低的企业可能会在竞争中被淘汰。因此，芝加哥学派认为市场竞争是促使企业提高效率和创造高利润的关键因素。

第三，对“进入壁垒”理论的修正和发展。芝加哥学派对“进入壁垒”理论进行了修正和发展。他们认为真正的进入壁垒来自政府对进入的规制，而不是产品差异化等因素。芝加哥学派强调政府干预的负面影响，认为过度的政府规制会限制企业的自由进入和竞争，导致资源的浪费和低效率。因此，他们主张减少政府的规制和干预，为企业创造自由竞争的环境，以提高经济效率和创造高额利润。

总而言之，芝加哥学派强调市场的自由调节能力、市场竞争对效率和利润的重要性，以及政府规制对进入壁垒的负面影响。他们的观点与哈佛学派在产业组织领域的观点存在明显差异，对经济学的发展和产业组织理论的演进产生了重要影响。

1.2.3　政策主张及实践

在政策主张方面，芝加哥学派的效率主义观点对反垄断政策产生了深远影响。他们主张政府应该减少不必要的进入壁垒，认为企业间的兼并可以提升企业运行效率和管理效率，从而促进竞争。芝加哥学派认为，除了政府对进入的规制外，几乎不存在其他真正的进入壁垒。

芝加哥学派在反垄断政策上主张的核心是将促进市场竞争作为主要目标，而非单纯的保护竞争者。他们认为，对那些缺乏竞争力的小型或效率低下的企业给予保护，实际上会妨碍市场的自然调整和创新。这种做法长期而言，对经济的发展是不利的。因此，芝加哥学派建议，在进行反垄断审查时，政府应更多地关注企业是否采取了有损市场竞争的行为，而不只是检查市场结构是否符合竞争的条件（Peltzman，1976）。

芝加哥学派在 20 世纪 70 年代以后对美国的反垄断政策产生了显著影响。在美国，该学派的许多经济学家在反垄断机构担任重要职位，他们的理论观点直接影响了政策的制定和实施。在这一时期，美国的反垄断政策发生了重大转变，从过于严格的反垄断政策转向了宽松的放任政策。这种转变使得法庭上关于企业并购和定价问题的案件大大减少，而更加关注市场中是否存在明显的卡特尔行为（Bork，1978）以及更加关注效率问题。

芝加哥学派的思想在反垄断中的一个运用是 1974 年结案的“美国诉通用动力公司案”（United States v.General Dynamics Corp.）①。该案件涉及通用动力公司 1966 年通过股票收购的方式全资控制了联合电力煤炭公司（United Electric Coal Companies），后者是一家从事露天开采的煤炭生产商。美国政府于 1967 年提起诉讼，指控发生在 1959 年的联合电力煤炭公司与弗里曼煤矿公司（Freeman Coal Mining Corporation）的合并违反了《克莱顿反托拉斯法》（Clayton Antitrust Act）第 7 节，即禁止任何可能导致市场竞争减少的合并或收购。美国伊利诺伊州北区联邦地方法院认为关键资源的充足性是评估合并可能产生的竞争效果时应考虑的因素之一，而联合电力煤炭公司未来的煤炭储备前景不容乐观。如果储备不足，联合电力煤炭公司很难在公用事业（public utility）市场上被视为一支竞争力量②。而政府主张竞争大幅度减少的唯一证据是统计数据。法院认为这些统计数据未能反映来自其他能源的竞争，同时忽略了影响煤炭生产商市场势力的关键因素——煤炭储量③。法院在 1972 年认定受到指控的合并并没有导致竞争大幅减少，也不可能导致竞争大幅减少。

该案最终在 1974 年由最高法院做出裁决，以 5 比 4 的票数基本维持了伊利诺伊州北区联邦地方法院的判决④。

---

① United States v. General Dynamics Corp., 341 F. Supp. 534 (N.D. Ill. 1972); United States v. General Dynamics Corp., 415 U.S. 486 (1974).

② United States v. General Dynamics Corp., 341 F. Supp. 534 (N.D. Ill. 1972), 559.

③ United States v. General Dynamics Corp., 341 F. Supp. 534 (N.D. Ill. 1972), 560.

④ United States v. General Dynamics Corp., 415 U.S. 486 (1974), 488.

该裁决也对后来的一些反垄断案件产生了深远的影响。该裁决还促使反垄断执法部门和法院更加关注合并的实际效果，而不是仅仅依据结构推定来判断合并是否违法。它改变了以往依靠过去生产统计数据来判断市场集中度和竞争力的做法，弱化了结构推定（structural presumption），增加了对其他因素的考虑，放松了对企业合并的控制。

然而，芝加哥学派的政策主张也引发了一些争议。批评者认为，过度放松反垄断政策可能会导致市场垄断和寡头垄断的形成，进而损害消费者利益和经济公平（Kovacic，2000）。此外，一些学者指出，芝加哥学派的理论假设了完全信息、完全竞争和理性行为，而这些假设在现实市场中并不一定成立，因此其政策主张需要更多的实证研究支持（Motta，2004）。

综上所述，芝加哥学派的政策主张认为，政府应当通过减少不必要的进入壁垒来促进竞争，重点关注企业的行为是否损害竞争，并放宽反垄断政策的限制。然而，这些主张也需要在实践中不断进行评估和调整，以确保既能维护竞争的有效性，又能保护消费者利益和经济公平。

1.2.4　理论缺陷

芝加哥学派虽然指出了哈佛学派存在的问题，强调了市场行为和效率分析的重要性，但也受到其他学派的批评，自身也存在一些不足。

首先，该学派对市场功能的认识存在一定的局限性。芝加哥学派倾向于将市场机制视为完美无缺的，强调市场自发调节的能力，从而忽视了政府和政策的重要作用。这种观点在现实世界中并不完全适用，因为市场往往受到各种因素的影响，如信息不对称、外部性和公共物品等，需要政府的干预和监管来维护公平竞争与市场稳定性（Stiglitz，2010）。

其次，芝加哥学派在研究方法上存在一定的不足。他们过分强调理论分析，并缺乏适当的经验研究和实证分析。尽管理论模型对于解释经济现象和预测市场行为具有重要作用，但仅仅依赖理论分析往往无法全面捕捉到复杂的市场现实。经验研究和实证分析可以提供实际数据和案例，更好地验证理论假设，并为政策制定提供实证依据。因此，为了更全面地理解市场和市场行为，芝加哥学派应该更加重视经验研究的重要性，并采用多种方法相互印证（Mankiw，2006）。

尽管存在这些批评和不足，芝加哥学派的产业组织理论对经济学领域的发展产生了积极的影响。他们的观点强调了企业效率和市场竞争的重要性，对反垄断政策的转变产生了一定的影响。然而，为了更好地应对现实市场的复杂性，未来的研究需要继续深入探讨市场功能、政府作用和经验分析等方面的问题，以建立更全面、准确的产业组织理论体系。

1.3　后芝加哥学派产业组织理论

1.3.1　理论体系的形成

在 20 世纪 90 年代，由于新研究方法博弈论的引进，部分学者对反垄断问题进行了深入研究，这促使学界对芝加哥学派的原有观点进行了重新评价。这些新兴的学术成果不仅对芝加哥学派的反垄断理念提出了质疑，还逐步发展出一种新的思潮，即被学界所认知的后芝加哥学派。其代表人物有夏皮罗（Shapiro）和贝克尔（Becker）等经济学家。

后芝加哥学派在分析工具和反垄断思想方面对芝加哥学派进行了修正和补充。后芝加哥学派产业组织理论体系在对芝加哥学派和哈佛学派的批判与反思的基础上，借鉴了新制度经济学、交易成本理论、信息经济学等新兴理论，对产业组织的分析方法和评价标准进行了创新与发展。他们引入了更复杂的博弈论模型，以研究市场中的竞争和合作行为。这些模型考虑了企业之间的策略互动和信息不对称，对于理解市场中的垄断行为和市场失灵提供了更准确的解释。

此外，后芝加哥学派关注市场结构和市场行为之间的相互关系，强调竞争政策的重要性。他们提出了更加综合和细致的反垄断政策建议，旨在维护公平竞争、防止市场垄断和保护消费者利益（Salop，1998）。

这一潮流的重要贡献是提供了一种更全面和多元化的反垄断研究框架，加深了经济学家和政策制定者对市场竞争和反垄断政策的理解。通过深入研究市场行为和机制，后芝加哥学派为反垄断领域的理论和实践带来了新的发展（Bolton and Dewatripont，2005）。

1.3.2　主要观点及分析框架

简单比较芝加哥学派与后芝加哥学派的差异，前者可以理解为效率优先、兼顾公平的原则；而后者可以理解为公平优先、兼顾效率的原则。后芝加哥学派产业组织理论主要观点如下。首先，后芝加哥学派认识到现实的市场是不完美的，主要是由信息不对称以及企业之间存在不完全竞争的情况造成的。他们认为，由于信息不对称，厂商在市场中无法完全了解彼此的产品质量、成本和需求等关键信息。同时，市场中的竞争程度也受到多种因素的制约，如进入壁垒、产业集中度和不对称市场势力等。因此，后芝加哥学派指出，在这样的市场环境下，企业之间的垄断行为是有可能发生的（Tirole，1988）。

其次，后芝加哥学派更加注重市场行为对市场的影响。他们认为，厂商的策略行为可以对市场产生重要影响，甚至导致垄断的形成。他们提出了一种重要的观点，即市场机制在某些情况下无法有效发挥作用，需要政府对厂商的策略行为进行规制和监管，以确保市场的正常运行和公平竞争（Bolton and Dewatripont，2005）。后芝加哥学派强调了市场失灵的可能性，特别是在存在信息不对称和市场垄断力量时，市场机制可能无法实现社会效益的最大化。

在探讨反垄断的立场上，后芝加哥学派与芝加哥学派的理念有所区别。芝加哥学派主张以"效率为先"作为其核心原则，而后芝加哥学派则更加注重"防止财富转移"。后芝加哥学派认为，尽管某些市场行为可能表面上提高了效率，但它们可能存在着将消费者剩余价值转化为垄断企业的利润的风险。基于这种观点，后芝加哥学派主张反垄断政策应致力于确保市场竞争的公平性，避免市场被少数寡头控制，从而确保消费者权益得到保护（Salop，1998）。

在研究方法上，后芝加哥学派将数学推导和博弈论作为其分析工具，构建了众多理论模型来深入剖析市场行为是否涉嫌垄断。此外，后芝加哥学派还特别强调实证研究的重要性，认为经济学的实证分析和评估对于理解市场运作至关重要。通过这种方式，后芝加哥学派力图将理论与实际相结合，以更全面地评估市场行为及其对竞争的影响。他们提倡运用经验数据和实证方法来验证经济理论，以便更好地了解经济现象，并为政策制定提供可靠的依据。他们通过建立数学模型来分析市场的结构、竞争策略和市场结果等，以评估市场行为对市场效率和消费者福利的影响。

1.3.3　政策主张及实践

后芝加哥学派理论的兴起改变了反垄断政策的发展趋势。以美国为例，反垄断机构在考虑企业合并后效率是否得到提升之余，更多地考虑了合并这一行为是否造成了市场势力等垄断因素。如 1998 年"联邦贸易委员会诉卡迪纳尔健康有限公司合并案"（Federal Trade Com'n v.Cardinal Health,Inc.），该案中美国最大的四家处方药销售商计划合并为两家，联邦贸易委员会认为合并将减少实质性竞争对手数量，而实质性和有效进入相关市场存在困难[①]。这四家销售商认为合并带来的效率足以抵消政府认为合并对竞争的损害。合并方公开承诺，通过合并实现的成本节约至少有 50%将转移给客户，这不会导致价格上涨，而是会使价格下跌[②]。但是，哥伦比亚特区联邦地方法院最终认定，如果允许合并，过剩产能从市场上消失，定价压力将会减轻，价格不太可能继续下降。最终，这将不可避免地影响竞

① Complaint for Preliminary Injunction Pursuant to Section 13(b) of the Federal Trade Commission Act in Federal Trade Com'n v. Cardinal Health, Inc. https://www.ftc.gov/sites/default/files/documents/cases/1998/03/compltchi.htm. 2023 年 3 月 2 日查阅。

② Federal Trade Com'n v. Cardinal Health, Inc., 12 F. Supp. 2d 34 (D.D.C. 1998), 52, 61.

争，损害美国消费者的利益。同时，合并方可能会更有能力协调其定价行为。[①]最终这四家公司放弃了合并计划。

1.4 可竞争市场理论

1.4.1 理论体系的形成

进入 20 世纪 70 年代后，政府的进入规制开始暴露出效率不足和公平性缺失等问题。与此同时，高科技产业的快速发展，特别是信息技术、生物技术、新材料等领域的突破，对传统产业和市场结构产生了深远影响。这些变化对政府的监管政策提出了新的挑战，要求政府在促进创新和保护消费者利益之间找到平衡。在这种背景下，许多发达国家开始转变策略，对这些高科技产业实施更为宽松的规制政策，可竞争市场理论为这种政府角色和政策转变提供了有力的理论支撑。可竞争市场理论继承了芝加哥学派的自由经济理念，以新古典经济学的均衡分析为方法论基础，特别强调对市场长期均衡状态的分析。这一理论的发展，不仅反映了经济学理论的进步，也体现了学界对市场机制和政府角色认识的深化。

可竞争市场理论由鲍莫尔（Baumol）在 1982 年首次系统地提出（Baumol, 1982）。该理论认为，一个市场如果进入和退出都是完全自由的，且没有相关成本，那么这个市场就是可竞争的。在这样的市场中，即使是垄断或寡头市场，也必须按照边际成本定价，从而保证市场的有效竞争。这一理论挑战了传统的产业组织结构观念，主张即使在垄断或寡头市场结构中，只要进入和退出市场是自由且无成本的，市场势力就会推动企业按边际成本定价，从而实现资源的有效分配和经济福利的最大化。这标志着可竞争市场理论的形成。其主要代表人物是 Baumol、潘扎尔（Panzar）和威利格（Willig）。

1.4.2 主要观点及分析框架

1. 主要观点

可竞争市场理论的核心思想主要围绕市场进入的灵活度和退出的自由度展开。该理论主张，在理想的完全竞争市场中，新进入者和在位者在进入市场时所面临的成本是一致的，即市场准入门槛并不存在。在这样的市场结构下，任何可获得超额利润的机会都将迅速吸引新的参与者加入，以分享市场收益，现有企业无法有效阻止新竞争者的进入，因此，在位者始终面临着来自潜在竞争者的强烈压力，这迫使他们必须持续提供有竞争力的价格并采取有竞争力的行为。

---

① Federal Trade Com'n v. Cardinal Health, Inc., 12 F. Supp. 2d 34 (D.D.C. 1998), 64.

此外，该理论还强调，评价一个市场的竞争性，关键在于沉没成本的大小而非市场参与者的数量。沉没成本的大小直接影响企业进入或退出市场的决策：如果沉没成本较高，企业在考虑进入市场时会更加慎重，不会轻易地进行投资，这将导致现有企业所面临的竞争压力相对较小；相反，如果沉没成本较低，潜在的新进入者一旦发现现有企业因定价过高或其他原因而产生利润空间时，会迅速进入市场以利用这一利润机会，但在现有企业做出反应或市场条件不再有利时，这些新进入者能够无损失地迅速退出市场。只要市场上存在超额利润，上述过程就会不断重复，直至市场上的超额利润完全消除，市场达到最高效率状态。这种策略对现有企业形成了一种潜在的竞争压力，迫使它们维持有效率的运营和合理的定价。

2. 分析框架

可竞争市场理论提出了一种与传统哈佛学派不同的市场效率评估方法。它强调，评估市场是否有效，关键在于考量市场的进入壁垒和沉没成本这两个要素。从长远来看，如果市场不存在进入壁垒，并且沉没成本接近于零，市场将自然而然地趋向于完全竞争的状态。此时潜在竞争者的存在将不断对现有企业施加压力，促使它们保持竞争力，这包括制定合理的价格和实施有效的竞争策略。在这种情况下，市场的竞争性和效率不取决于市场结构本身，市场机制会形成有竞争性和效率的市场。

1.4.3　政策主张及实践

可竞争市场理论认为，反垄断的核心在于保持市场的"潜在竞争动力"，而不是简单地追求市场集中度的降低。该理论推崇的是一种更为自由的放任政策，而非过度严格的反垄断法规。这种政策倡导消除所有阻碍新参与者进入市场的壁垒，并鼓励开发能够降低企业进入和退出成本的创新技术和方法。

该理论对美国和其他国家的反垄断政策和实践产生了重大影响。该理论挑战了传统的 SCP 范式观点，即市场结构决定市场绩效，以及垄断或寡头市场需要政府干预以防止滥用市场势力。相反，该理论认为市场绩效取决于市场的可竞争性，潜在进入者可以对现有企业施加足够的竞争压力以确保市场有效运行。该理论支持在某些可竞争性高的行业放松管制，在其他可竞争性低的行业加强管制。

美国航空运输业是可竞争市场理论的主要试验场。可竞争市场理论是美国在 20 世纪 70 年代末和 80 年代初放松航空运输业管制的理论基础之一，同时也是民航委员会（Civil Aeronautics Board，CAB）和美国运输部反垄断审查的理论基础。有关这个理论在美国航空运输业反垄断中的运用参见 4.3.2 和 5.2.1 相关部分。

1.4.4 理论缺陷

可竞争市场理论的缺陷主要有以下几点：没有充分考虑现实中存在的各种进入壁垒和沉没成本。例如，在许多产业中，技术、专利、品牌、规模经济等都会成为对潜在进入者不利的因素。而且，在位企业也可能通过战略行为来抑制或阻止潜在进入者。此外，在退出市场时，企业往往会面临一些无法回收或转移的成本，如设备折旧、员工培训、合同违约等。这些都会影响企业进出市场的决策和行为。过于强调潜在竞争的作用，就容易忽视现有厂商之间的竞争和合作。在一些产业中，现有厂商之间的竞争可能比潜在竞争更为激烈和有效，如通过创新、广告、差异化等手段来争夺市场份额。而在另一些产业中，现有厂商之间可能存在某种程度的合作或协调，如通过价格领导、卡特尔、信号传递等方式来减少不必要的竞争。这些都会影响市场的行为和绩效，而可竞争性理论并没有对此进行深入的分析。

没有充分考虑动态效率和创新的问题。可竞争性理论主要关注市场的静态效率，即价格是否等于边际成本、是否存在超额利润等。然而在一些产业中，动态效率和创新可能更为重要，因为它们能够带来长期的社会福利。而且，在一些情况下，动态效率和静态效率可能存在冲突或权衡，如为了鼓励创新，政府可能需要给予企业一定程度的垄断权或超额利润。但是，可竞争性理论并没有对这些问题进行充分的讨论并加以解决。

没有充分考虑市场结构和行为之间的内生关系。可竞争性理论认为，市场结构并不重要，只要市场进入自由，就能够出现竞争性的行为和绩效。然而，在一些产业中，市场结构可能是由行为所决定的，而不是由外部因素所决定的。例如，在一些网络产业中，由于网络外部性的存在，企业可能通过锁定消费者、建立标准、形成网络效应等方式来影响市场结构，并获得垄断地位。这种情况下，市场结构并不是给定的，而是由企业的战略选择所决定的。可竞争性理论并没有对这种内生性进行充分的考虑。

1.5 新奥地利学派产业组织理论

1.5.1 理论体系的形成

新奥地利学派在 20 世纪 70 年代作为产业组织学的行为学派的一个分支而兴起，这一时期凯恩斯主义在应对失业和通货膨胀问题方面的不足，促使了新奥地利学派的崛起。该学派反对凯恩斯主义所提倡的国家干预政策，提倡经济自由主义，并以奈特（Knight）提出的不确定性概念作为理论的基石。新奥地利学派认为，由于市场存在不确定性，传统的市场经济模型并不足以全面解释现实市场，任何尝试用这些模型来解释现实经济的尝试都是不恰当的。

1966 年，新奥地利学派的代表人物米塞斯（Mises）在其著作《人的行为：经济学论文集》（*Human Action: A Treatise on Economics*）（第三版）中阐述了该学派的研究方法论。Mises 提出，经济现象并非单一因素所能决定，经济现象是个体基于主观偏好和目标所做出合理行动的结果，这些行动在个体之间相互作用中形成了复杂的经济结构，其复杂性超出了自然科学的逻辑推理范畴。因此，他主张采用一种以个体为中心的主观主义和个体主义方法论，通过逻辑演绎从基本假设出发来分析经济行为，强调经济理论的先验性和目的论特性，从而揭示了经济现象背后的人类行为逻辑。Mises 着重强调了主观主义和个体主义的方法论原则，认为经济现象是个体行为的结果,而个体行为又是由个体主观判断和选择所决定的。

1.5.2　主要观点及分析框架

1. 主要观点

新奥地利学派对新古典主义中的均衡分析持批判态度，特别是反对新古典主义对市场均衡状态的过分强调。他们认为，市场竞争的本质是动态的、不断演变的过程，而非一个简单的结果。新奥地利学派主张，在研究市场时，应当重视竞争行为的实际运作方式，即市场参与者如何通过不同的策略和行为展开竞争。与新古典主义中对产品同质性、企业众多等完全竞争市场特征的假设不同，新奥地利学派认为市场竞争力来源于企业间的差异性，包括产品质量、定价策略、广告宣传等多样化的竞争手段。这些因素共同构成了市场竞争的丰富性和复杂性。此外，新奥地利学派强调，市场竞争的活力源自企业家的创新精神和创业活动。他们认为，市场的竞争力不应简单地通过市场集中度或企业数量等指标来衡量，而是应当关注企业家如何通过不断地创新和创业行为来推动市场的发展和进步。

新奥地利学派对市场的认识有以下两点。首先，他们认为市场是一个动态的发现过程，其中个体通过交易来发现和利用分散的知识。在这个过程中，价格机制起到至关重要的作用，它传递信息并协调个体的行为。市场参与者根据自己的信息和判断做出决策，而这些决策又会影响市场价格和资源的配置。其次，新奥地利学派特别强调企业家的作用和创新的重要性。在市场的竞争环境中，企业家扮演着至关重要的角色。他们不仅是资源配置的策划者和创新的推动者，更是市场信息的整合者和领导者。企业家的行动对于市场竞争的活力和效率具有决定性的影响。

2. 研究方法

新奥地利学派在经济学研究中独树一帜，专注于市场行为，特别是企业家的决策过程。他们认为，理解市场竞争的关键在于洞察企业家的行为和决策。在研究方法上，新奥地利学派倾向于采用人文科学的研究手段，对经济计量模型和数学推导持批判态度。他们认为这些工具建立在均衡和确定性的基础上，而这与现实市场的实际运作并不相符。

新奥地利学派提倡通过历史分析、比较分析和逻辑演绎等方法，从个体的微观行为出发，来探究市场过程的动态演变。这种方法强调从个体的视角审视市场，从而揭示市场机制的复杂性和非均衡性。通过这种方法，新奥地利学派试图提供一个更为贴近实际市场运行的理论框架，以更全面地理解经济现象。

1.5.3 政策主张

新奥地利学派主张市场自由和政府干预最小化，他们认为市场进入的壁垒应仅限于政府设立的规制和行政垄断。在他们看来，如果政府不干预市场，市场参与者将能够自由进入，从而营造竞争性的市场环境。学派支持自由放任的政策，认为政府的介入会扭曲市场价格信号，妨碍市场参与者对知识和信息的获取与应用，进而破坏市场协调机制，最终导致经济效率和社会福利的下降。这种观点强调了市场机制在资源配置中的自我调节能力，并认为政府的职能应当尽可能地被限制。

在提高经济效率的问题上，新奥地利学派强调生产效率的核心地位。在维持有效竞争方面，他们认为，真正的竞争并非由市场集中度、产品差异化或进入壁垒所决定，而是源自企业家的创新能力、精神以及他们的行动，这些因素共同构成了一个动态的、不断演变的过程。

新奥地利学派进一步指出，一些政策试图通过限制垄断，如通过禁止企业合并等措施来促进竞争，但实际上这些被政策视为垄断特征的因素，如产品差异化是推动竞争的关键策略。因此，新奥地利学派对于反垄断法规和市场管制持有批判态度，他们认为这些政策试图通过限制垄断来促进竞争，但往往忽视了企业为了维持市场地位而采取的一些行为，如产品差异化，实际上是企业竞争策略的一部分。新奥地利学派认为，市场机制本身能够通过竞争来解决垄断问题，而不是依赖政府的干预。他们强调市场过程的动态性和企业家精神的重要性，认为市场自由竞争能够促进创新和技术进步，从而提高社会福利。

1.5.4 理论缺陷

尽管新奥地利学派在 20 世纪 80 年代对西方经济政策产生了重要影响，但他们的理论也存在一些明显的缺陷。该学派倾向于过度强调市场的自我调节能力，并对政府的作用持贬低态度，认为市场几乎能够解决所有问题，而政府干预通常是多余的。这种观点忽略了市场在某些情况下可能出现的失效，如外部性问题，以及政府在提供公共物品、环境保护和调节收入分配等方面的关键作用。此外，他们没有充分考虑到市场结构对市场行为和效率的影响，以及企业家可能实施的不道德或非理性行为（Samuelson，1983）。

在研究方法上，新奥地利学派倾向于拒绝使用计量经济学模型和数学推导法，而是依赖于利用主观主义的分析方法来得出结论。这种方法缺乏客观基础，因此其结论往往难以被广泛接受。该学派也没有构建一个清晰的理论框架来阐释市场过程中的知识发现、信息利用和企业家行为等关键问题。因此，他们的理论更多地被视为一种哲学或意识形态的表达，而不是一种科学（Blanchard，2000）。

第 2 章　美国反垄断立法和实践的发展

2.1　概　　述

美国反垄断立法和实践迄今为止已经近 140 年的历史，索耶尔（Sawyer，2019）将这段时间里的美国反垄断历程分为了五个阶段：形成时代（1880～1900 年）、进步时代的改革（1904～1929 年）、国家新政（1933 年至 20 世纪 60 年代）、芝加哥学派革命（20 世纪 70～90 年代）和后芝加哥学派和新进步运动（20 世纪 90 年代至今）。这种阶段划分基本上是以时间流为基础，然后考虑不同时间段的理论基础和反垄断特征进行划分的。但是，存在两个时间段的跳跃，即 1901～1903 年和 1930～1932 年没有归入任何一个阶段。另外，Kovacic 和 Shapiro（2000）也将这段时间分为五个阶段，只是在一些具体时间点上有所不同，比如第一个阶段为 1880～1914 年，这种划分方式不存在时间上的跳跃。

反垄断立法和实践本质上是一个国家规章制度的重要组成部分。美国政治学家艾斯纳（Eisner，1993）将美国 1880 年后的政府规制历史划分为四种体制。四种规制体制包括以下内容。

1）第一种体制为“市场体制”（market regime）。这种制度出现在 1900 年前后的几十年里。在这段时间，能够独占整个行业的“托拉斯”式大企业威胁到许多中小企业的独立性，也威胁到消费者的利益。为回应中小企业和消费者的诉求，立法机构通过制定反垄断法，旨在强制恢复公平竞争的市场环境。特别是在电力和铁路行业，还通过立法设立了行政机构来进行价格规制，这些行政机构负责制定与市场竞争可能大致相等的价格。

2）艾斯纳将第二种体制称为“社团体制”（association regime）。这种体制产生于“大萧条”中的新政时期，根植于 20 世纪 20 年代的“社团主义”（associationalism）[①]，希望“通过与经济社团的结构化互动”来管理和引导经济变革。社团主义认为政府、法人团体、员工三者相互协调合作，产生的结果要比直接的自由市场更加有效（查泉，2018）。因而作为走出“大萧条”复苏努力的核心政策措施，《国家工业复苏法》试图通过一个综合规制框架来管理多个经济部门的生产和定价，从而促进经济稳定。而许多其他举措则通过规制政策将国民收入重

① 也称为“法团主义”（corporatism）。

新分配给某些受规制的集团，规制机构让经济社团在制定和实施规制政策方面发挥重要作用。因而在这个体制下，反垄断基本处于停顿状态。

3）第三种体制被称为“社会体制”（societal regime）。Eisner 认为其产生于 20 世纪 60～70 年代。这一时期的主要举措不是促进经济稳定或振兴市场，而是旨在保护公民免受大规模工业生产带来的健康和环境危害（Eisner，1993）。

4）第四种体制为“效率体制”（efficiency regime）。这个体制的特点是放松规制、以市场为导向的监管，并且将自由市场经济学应用于各种政策问题。这个体制产生的原因之一是将 20 世纪 70 年代的经济滞胀归咎于过多的政府规制。

Foer 和 Lande（1999）又在 Eisner 的基础上结合 20 世纪末的最新发展，总结了一种新的规制体制，即第五种体制——“消费者保护体制”（consumer protection regime）。Foer 和 Lande（1999）认为这个体制与“效率体制”存在不同，尽管在这个体制下，效率和创新仍然是至关重要的，但也不是简单地认为市场会自动有效率地运作，而是可能存在市场失灵现象。因此，政府规制也是建立和维护市场所必需的。这个体制重视市场，原因在于市场不仅可以促进效率、产生创新，而且还可以为消费者提供更为广阔的选择范围，以及确保消费者不会为商品和服务支付人为的高价。

将 Sawyer（2019）划分的五个阶段和 Eisner（1993）以及 Foer 和 Lande（1999）确认的五种规制体制结合起来看，第一个阶段[“形成时代”（1880～1900 年）]的反垄断体制是“市场体制”，第二个阶段[进步时代的改革（1904～1929 年）]和第三个阶段[国家新政（1933 年至 20 世纪 60 年代）]的反垄断体制是“社团体制”和“社会体制”的混合，第四个阶段[芝加哥学派革命（20 世纪 70～90 年代）]的反垄断体制是“效率体制”，第五个阶段[后芝加哥学派和新进步运动（20 世纪 90 年代至今）]的反垄断体制是“消费者保护体制”。下面将依照这五个阶段，并结合对应的五个反垄断体制来分析美国反垄断立法和实践的演变，但是将有关的时间段依照 Kovacic 和 Shapiro（2000）的五个阶段划分做了部分调整，以便时间上保持连续性。

关于美国反垄断与政治之间关系的讨论很多（Wells，2003；Shapiro，2018；Wu，2018），但是，反垄断执法与政治之间的关系是复杂且多方面的。不同的政党在反垄断执法方面可能有不同的优先事项和方法，鉴于民主党更关注公平，而共和党更关注效率，民主党政府可能倾向于在反垄断问题上采取更激进的立场，而共和党政府可能更侧重于促进有利于商业的政策和减轻监管负担（Foer and Lande，1999；Gallo et al.，2000）。但是，就是同一个政党不同阶段的反垄断执法也不是完全一致的。比如，尽管属于民主党的克林顿政府发起了备受瞩目的针对微软的反垄断案，但是也采取了一些措施来加强有利于商业的反垄断执法。尤其是在克林顿总统任期的后期，批准了多项重大合并案，包括花旗银行与旅行者集团合并组建花旗集团，以及涉及通用电气、洛克希德·马丁公司和美国世界通信公司的合并案。共和党的小布什政府在反托拉斯执法方面的努力比之前的民主党克林顿政府更为积极（Harkrider，2007）。小布什政府的反垄断执法的特点是侧重于促进竞争和保护消费者，尤其是在电信和医疗保健等行业，司法部和联邦贸易委员会采取行动阻止了几起其认为具有反竞争性的重大合并，包括 AT&T 和 T-Mobile[①]的拟议合并、史泰博（Staples）和欧迪办公（Office DEPOT）的拟议合并。在航空运输业，小布什政府阻止了美国西北航空公司（简称“美西北”）和美国大陆航空公司的合并以及美国联合航空公司[简称“美联航”（United Airlines，UA）]收购全美航空（US Airways）公司。而在民主党的奥巴马政府时期，美联航与美国大陆航空公司的合并和美国航空收购全美航空公司得到批准。[②]

需要注意的是，反垄断执法是以法律原则和标准为指导的，而不是简单的党派政治（Kovacic，1989）。司法部和联邦贸易委员会等反垄断执法机构是独立机构，负责根据法律标准和先例而非政治偏好执行反垄断法。法院在独立解释和执行反托拉斯法方面发挥着重要作用。本书既不致力于研究美国的反垄断问题，也不致力于研究反垄断执法与政治之间的关系，因此不再就这个问题展开进一步的分析。

2.2　第一个阶段（形成时代，1880～1900 年）

2.2.1　反垄断问题的提出

始于 19 世纪 70 年代的第二次工业革命带来了大量的技术进步和创新，这些技术进步和创新从根本上改变了商品的生产和分配方式。得益于新机器的使用和新工业流程的优化，这一时期的主要特征之一是大规模制造业的兴起（Landes，2003）。而率先采用这些新技术和生产方法的公司，能够实现显著的规模经济和范围经济增长，这使它们能够比规模较小的竞争对手更高效、成本更低地生产商品（Sawyer，2019；Lamoreaux，2019）。这导致生产集中在相对少数的大公司手中，这些大公司能够主导各自的行业。除了规模经济和范围经济外，第二次工业革命的特点还在于进入壁垒很高，包括固定成本高和资本要求高。结果，新公司越来越难以进入成熟市场，并与主导企业竞争。

规模经济和范围经济带来了诸如电力、钢铁、化学、石油和汽车等行业的兴起，同时高进入壁垒促成了这些行业垄断力量的崛起。拥有强大市场势力的公司

---

① T-Mobile 是一家跨国移动电话运营商，它是德国电信的子公司。

② 参见 5.3.2。

能够主导各自的行业，可以控制价格、限制产量和扼杀竞争（Lamoreaux，2019），从而引发了公众对垄断的担忧。第二次工业革命的发展也加速了企业之间的纵向整合和横向整合。在纵向整合方面，企业通过掌控生产的多个环节，从而控制了整个供应链，降低了成本并提高了效率。在横向整合方面，企业通过收购或合并其他企业来扩大规模和市场份额，从而减少竞争并提高垄断程度。

因此，随着第二次工业革命的发展和垄断程度的提高，美国政府意识到垄断对经济和社会的负面影响，在 19 世纪最后 10 年就开始采用一系列反垄断政策和措施，包括反垄断立法和反垄断执法机构的设立（Dilorenzo，1984）。故此，将 Sawyer（2019）第一阶段以《谢尔曼反托拉斯法》的通过为结束标志，延长到 20 世纪的开始，包括了《谢尔曼反托拉斯法》实施的第一个 10 年。

然而主流经济学家并不赞成在国家层面进行反托拉斯立法，他们担心会威胁到第二次工业革命带来的消费品价格下降和实际工资收入水平上升的经济成果（Sawyer，2019）。

2.2.2　反垄断立法的肇始

针对第二次工业革命带来的包括大公司权力的增加、财富集中在少数人手中，以及政治体系的腐败等问题，19 世纪末在美国爆发了民粹主义运动，民粹主义运动关注的关键问题之一是垄断问题和加强经济竞争的必要性（Goodwyn，2017）。民粹主义领导人认为，大公司不断增长的权力正在削弱小企业和农民的竞争能力，这对整个经济产生了负面影响。因此，民粹主义运动支持采取一系列旨在促进更大竞争、遏制垄断力量的反托拉斯措施（Shapiro，2018）。它促成了《州际商业法》（Interstate Commerce Act）和《谢尔曼反托拉斯法》的通过。

美国针对垄断行为更早的联邦立法不是《谢尔曼反托拉斯法》，而是 1887 年国会通过的《州际商业法》。这个立法与《谢尔曼反托拉斯法》的不同之处在于后者是针对所有的行业，前者仅仅针对铁路行业。《州际商业法》回应了公众对铁路收取的高额、歧视性费率以及该行业垄断行为日益增长的担忧。它要求铁路费率“合理且公正”[①]，并禁止铁路公司对某些客户给予优惠待遇或采取其他不公平的做法[②]。它还创建了州际商务委员会（Interstate Commerce Commission，ICC）来监管铁路行业。这是一个有权调查和起诉违反该法案行为的监管机构。《州际商业法》的通过是美国监管史上的一个重要里程碑，因为它为未来旨在规范商业行为和保护消费者免受垄断行为的立法开创了先例。

1890 年通过的《谢尔曼反托拉斯法》是美国第一个全国性的反托拉斯立法，

① Pub. L. No. 49–104, §1, 24 Stat. 379 (1887).

② Pub. L. No. 49–104, § 3, 24 Stat. 379 (1887).

也有很多观点认为它是世界范围内的第一个反垄断法（Posner，2001；Baker，2019）。然而实际上美国还有比《谢尔曼反托拉斯法》更早的反托拉斯立法，比如，1780 年马萨诸塞州通过的州宪法中就禁止垄断贸易和商业行为，纽约和宾夕法尼亚州也在 19 世纪初通过了类似的法律。但是，这些立法不是联邦立法，仅仅在州内有效。

《谢尔曼反托拉斯法》禁止任何限制州际和与外国之间贸易或商业的合同、联合或串谋，禁止单个企业垄断或者试图垄断市场，并将垄断或企图垄断定为刑事犯罪。该法案还规定了对受害方的民事处罚和损害赔偿，并规定了对违法行为的刑事处罚，包括罚款和监禁[①]。《谢尔曼反托拉斯法》授予美国司法部调查和起诉违法行为的职责，美国联邦地区法院（district courts）则负责反垄断案件的初审。各联邦地区法院管辖区内的检察官，依司法部部长的指示，在其各自区内提起相关的诉讼，以防止和限制违反《谢尔曼反托拉斯法》的行为。[②]

2.2.3 反垄断执法

1894 年 4 月 6 日，在《谢尔曼反托拉斯法》通过 4 年后，美国司法部发起了最早反垄断诉讼之一的“美国诉 E.C.骑士公司案”（United States v.E.C.Knight Co.）。该案中，美国制糖公司通过收购 E.C.骑士公司和其他几家公司，垄断了美国制糖业的 98%。最高法院最终作出了对该公司有利的裁决，称《谢尔曼反托拉斯法》不适用于制造业，特定制造业的垄断不影响州际（interstate）贸易[③]。“美国诉 E.C.骑士公司案”限制了《谢尔曼反托拉斯法》的适用范围，这也导致后来对《谢尔曼反托拉斯法》进行更广泛的解释和出台新的立法。

这个期间美国反托拉斯立法的重点是恢复和维护市场竞争。目标是防止形成可能消除竞争和限制消费者选择的垄断或寡头垄断（McGee，1958；Posner，2001）。虽然消费者保护是一个问题，但它被视为促进竞争和防止少数占主导地位的公司过度积累经济实力的次要目标。这种方法反映在主要反托拉斯法的语言和执行中，《谢尔曼反托拉斯法》强调维持竞争性市场而不是保护个人消费者的重要性。因而，美国政治学家 Eisner（1993）将这个时期的政府规制体制称为“市场体制”。

然而，应该指出的是，消费者保护和竞争是密切相关的目标，在许多情况下，促进竞争可以为消费者带来更低的价格和更好的产品。

这个时期的反托拉斯案主要是针对价格卡特尔，比如 1897 年的“美国诉跨密苏里州货运协会案”（United States v.Trans-Missouri Freight Association），18 家铁

---

① Pub. L. No. 51-647, §§ 1-3, 7, 26 Stat. 209 (1890).

② Pub. L. No. 51-647, §§ 4-6, 26 Stat. 209 (1890).

③ United States v. E. C. Knight Co., 156 U.S. 1 (1895), 12-17.

路公司在 1889 年成立了“跨密苏里州货运协会”，该协会的章程中规定“建立和维护所有货运的合理费率、规则和条例，以实现相互保护”[①]，章程中还就业务范围进行了划分。美国政府指控其违反了《谢尔曼反托拉斯法》，限制贸易和垄断铁路运输。最高法院认为，竞争者之间任何固定价格或限制产量的协议都违反了《谢尔曼反托拉斯法》[②]，最高法院还驳回了被告的论点，即卡特尔对于防止破坏性竞争和维持价格稳定是必要的[③]。该案的决定意义重大，因为它确定《谢尔曼反托拉斯法》适用于所有限制贸易的协议，即使它们是合理的或具有有益效果，并为未来针对其他行业协会和卡特尔的反垄断案件和执法行动提供了判例。

2.3　第二个阶段（进步时代的改革，1901～1929 年）

2.3.1　反垄断立法的发展

2.2.3 中提及的美国最高法院对“美国诉 E.C.骑士公司案”的裁决，在美国反托拉斯历史上具有里程碑意义。最高法院的裁决基于对《谢尔曼反托拉斯法》的解释，该法的条文中写明的是禁止垄断和限制“贸易或者商业”（trade or commerce）。在该案中，法院认为该法不适用于 E.C.骑士公司，因为其制糖业务不构成该法意义上的“商业”。制造业和商业之间的区别一直是反托拉斯法背景下争论和解释的对象。美国最高法院认为“制造就是将原材料加工成可供使用的形式”，而“买卖以及由此产生的运输构成商业”[④]。虽然糖的生产是一种商业形式，但制造过程是一项独立的活动，不涉及在市场上买卖商品[⑤]。因此，最高法院最终以 8∶1 得出结论，《谢尔曼反托拉斯法》不适用于 E.C.骑士公司的商业行为。

美国诉 E.C.骑士公司案的裁决意义重大，因为它限制了《谢尔曼反托拉斯法》的范围，使政府更难打破制造业的垄断。它还强调国会需要澄清反托拉斯法对不同类型经济活动的适用性。

由于《谢尔曼反托拉斯法》缺乏具体性并且依赖法院来解释其条款，因此其有效性受到限制。法院经常对《谢尔曼反托拉斯法》进行狭隘的解释，导致执法不力，成功的反托拉斯案件偏少。自《谢尔曼反托拉斯法》在国会获得通过到 1900 年，美国政府一共发起了 44 项反垄断诉讼，胜诉的只有 14 项，被告胜诉的案件

---

① United States v. Trans-Missouri Freight Ass'n, 166 U.S. 290 (1897), 293.

② United States v. Trans-Missouri Freight Ass'n, 166 U.S. 290 (1897), 321-326.

③ United States v. Trans-Missouri Freight Ass'n, 166 U.S. 290 (1897), 341.

④ United States v. E. C. Knight Co., 156 U.S. 1 (1895), 14.

⑤ United States v. E. C. Knight Co., 156 U.S. 1 (1895), 36.

更多，达到 17 项。其余的案件要么庭外和解，要么被法院驳回[①]。美国政府胜诉的比例不到 1/3。

鉴于第一个阶段反垄断执法方面存在诸多问题，完善反垄断立法和执法是这个阶段最主要的特征之一。

1914 年美国国会通过的《克莱顿反托拉斯法》旨在弥补《谢尔曼反托拉斯法》的一些缺点。该法案包括多项加强反垄断执法和防止垄断形成的规定。《克莱顿反托拉斯法》的一些关键条款包括以下内容。

第一，禁止价格歧视：该法案规定，如果价格差异会损害竞争，那么公司向不同客户收取不同价格的做法是违法的[②]。

第二，禁止排他性交易协议：公司不得签订阻止客户从竞争对手处购买商品的合同[③]。

第三，禁止相互关联的董事会：如果两家公司是同一行业的竞争对手，则不允许在对方董事会中拥有相同的董事[④]。

第四，加强兼并监管：禁止实质性限制竞争（substantially lessen competition，SLC）并倾向于形成垄断的并购行为[⑤]。

《克莱顿反托拉斯法》是美国反垄断行为监管的重要一步。它回应人们对大公司从事威胁自由市场的反竞争行为的担忧，为反垄断行为的构成提供了更具体的指导方针，并赋予政府更大的执法权力。

除了《克莱顿反托拉斯法》之外，美国还在 1914 年通过了《联邦贸易委员会法》（Federal Trade Commission Act）以解决反托拉斯问题。根据该法案，美国建立了联邦贸易委员会，其任务是调查和防止不公平的竞争行为以及不公平或欺骗性的做法。联邦贸易委员会成为一个功能强大的监管机构，在执行反托拉斯法和保护消费者方面发挥着关键作用。该法还建立了行政裁决制度，允许联邦贸易委员会举行听证会，并对违反反托拉斯法的人发出停止令。

总之，从《谢尔曼反托拉斯法》到《克莱顿反托拉斯法》的演变以及联邦贸易委员会的创建体现了美国对垄断行为进行监管的重大发展。虽然《谢尔曼反托拉斯法》只是反垄断监管的起点，但显然需要额外的立法和监管机构来有效保护市场竞争。《克莱顿反托拉斯法》和联邦贸易委员会为反垄断行为提供了更具体的指导方针，并赋予政府更大的执法权力，最终导致更有效的反垄断制度的建立。

在《克莱顿反托拉斯法》和《联邦贸易委员会法》通过后，司法部和联邦贸

① US Case Law, https://supreme.justia.com/cases.

② Pub. L. No. 63–212, § 2, 38 Stat. 730 (1914).

③ Pub. L. No. 63–212, § 3, 38 Stat. 730 (1914).

④ Pub. L. No. 63–212, § 8, 38 Stat. 730 (1914).

⑤ Pub. L. No. 63–212, § 7, 38 Stat. 730 (1914).

易委员会共同负责执行反托拉斯法。《克莱顿反托拉斯法》赋予联邦贸易委员会调查和防止不公平竞争行为的权力，而司法部则继续处理涉及刑事反垄断违法行为的案件。联邦贸易委员会在反垄断执法中的作用最初受到争议，一些人认为它代表了不必要的重复工作，并且侵犯了司法部的传统权力。美国司法部主要负责通过法院执行反垄断法，而联邦贸易委员会的任务是调查不公平的商业行为并向国会和公众提出建议。这两个机构经常合作调查和起诉反垄断案件，但它们也有自己不同的重点工作领域。例如，司法部更侧重于起诉不合法的并购、价格操纵和市场分配协议等反竞争行为，而联邦贸易委员会更关注不公平的竞争行为，如虚假广告和欺骗性贸易行为，也有权审查和阻止可能削弱竞争的并购，但是没有刑事执法权。

2.3.2　本身违法原则和合理原则的运用

《谢尔曼反托拉斯法》宽泛而含糊，法院难以始终如一地适用它。此外，一些法律专家认为，该法律可以解释为禁止所有贸易限制，包括那些合理和有益的限制。比如，“美国诉跨密苏里州货运协会案”中，美国最高法院就遵循了“本身违法原则”（Per Se Rule），该原则认为某些商业行为，如价格固定和市场分配协议，本质上是非法的，无须进一步分析其竞争影响。

进入 20 世纪后，法院在反托拉斯案件中遵循了“合理原则”（The Rule of Reason），以回应对《谢尔曼反托拉斯法》适用的批评（Kovacic and Shapiro，2000；Sawyer，2019）。

合理原则是反垄断法中用来评估特定商业行为或安排是否违反反垄断法的法律标准。合理原则要求法院审查商业行为对特定市场竞争的总体影响，并权衡该行为促进竞争和反竞争的效果。

根据合理原则，原告必须证明被质疑的做法对相关市场具有实质性的反竞争影响，超过该做法的任何促进竞争的影响。如果原告承担了这一初始负担，则被告就需要为这种做法提供有利于竞争的理由。然后，法院会权衡这种做法促进竞争和反竞争的效果，并考虑是否有限制较少的替代方案，以实现同样的竞争利益。如果法院裁定这种做法不合理地限制了贸易并损害了竞争，则根据反托拉斯法可能会宣布这种做法是非法的。

美国最高法院明确适用合理原则的第一起案件是 1911 年“新泽西州标准石油公司诉美国案”（Standard Oil Co.of New Jersey v.United States）[①]。在该案中，法院认定标准石油公司不合理地限制了贸易，违反了《谢尔曼反托拉斯法》。

在适用合理原则时，美国最高法院考虑了标准石油公司做法的促进竞争和反

① Standard Oil Co. of New Jersey v. United States, 221 U.S. 1 (1911).

竞争的影响。美国最高法院承认标准石油公司采用的一些做法可能具有合法的商业理由，包括成本节约和效率提升等。例如，标准石油公司通过纵向整合，拥有或控制石油生产过程的所有方面，从钻井到精炼再到运输，使公司能够降低成本并提高效率。同样，标准石油公司使用回扣和其他定价策略可能有正当理由，如奖励忠实客户或鼓励批量采购，这可能会为公司节省成本。然而，法院最终认定这些做法的反竞争效果超过了任何潜在的好处，构成了不合理的贸易限制，因此违反了《谢尔曼反托拉斯法》，并下令将该公司拆分。

2.3.3 对市场行为的规范

1911 年“新泽西州标准石油公司诉美国案”还有助于确立“掠夺性定价”（predatory pricing）的法律原则，即以低于成本的价格对商品或服务进行定价，以将竞争对手赶出市场。美国政府在该案中指控新泽西州标准石油公司采用掠夺性定价策略来打败其在石油行业的竞争对手。标准石油公司被指控利用其市场支配力向其在某些地区的客户收取较低的价格，在这些地区它面临来自较小的独立公司的竞争。这些较低的价格使较小的公司难以竞争并最终迫使它们退出市场。最高法院认定，标准石油公司参与了垄断石油行业的阴谋，并将掠夺性定价策略作为其计划的一部分。

1904 年，美国最高法院裁决的“北方证券公司诉美国案”（Northern Securities Co.v.United States）也是一个具有里程碑意义的反垄断案件。北方证券公司是一家控股公司，拥有包括大北方和北太平洋铁路在内的几家铁路公司的股份。该案由美国司法部于 1902 年提起，指控北方证券公司的创建违反了 1890 年的《谢尔曼反托拉斯法》。

此案于 1904 年上达美国最高法院，美国最高法院以 5:4 的结果裁定政府胜诉。法院在判决中认为，北方证券公司的成立违反了《谢尔曼反托拉斯法》，因为它将相互竞争的铁路公司联合起来，从而减少了铁路行业的竞争。法院认为，《谢尔曼反托拉斯法》适用于所有形式的商业，包括洲际商业，并且该法规旨在保护竞争①，以此作为提高经济效率和增进消费者福利的一种手段。

“北方证券公司诉美国案”的决定意义重大，因为它明确了《谢尔曼反托拉斯法》可以用来防止通过控股公司形成垄断，并且反托拉斯法适用于跨州经营的公司。该决定还因其承认政府监管洲际贸易的权力以及拒绝合理原则而引人注目，因为法院在该案中适用了本身违法原则。

此期间另一个重要的反垄断案是 1911 年的“美国诉美国烟草公司案”（United States v.American Tobacco Co.），它导致当时美国最大的烟草公司之一美国烟草公

① Northern Securities Co. v. United States, 193 U.S. 197 (1904), 331.

司解散。此案由美国司法部根据《谢尔曼反托拉斯法》提起，政府指控美国烟草公司从事各种反竞争行为，包括收购和控制其竞争对手、固定价格以及与客户签订独家合同，从而违反了《谢尔曼反托拉斯法》①。纽约南区巡回上诉法院裁定美国烟草公司违反了《谢尔曼反托拉斯法》第 1 节和第 2 节，该裁决后来得到美国最高法院的支持。最高法院认为通过如下事实"压倒性地"（overwhelmingly）证实了美国烟草公司的违法行为：1890 年的最初合并是受贸易战推动的；在此基础上形成了垄断烟草贸易的有利条件，并且确实被利用了；试图通过秘密协议和虚假的独立公司来掩盖其"控制"的程度；纵向一体化政策成为"阻止其他公司进入烟草贸易的永久壁垒"；花费数百万美元购买工厂，"目的不是利用它们，而是为了关闭它们并使其对贸易毫无用处"；和一些以前独立的烟草制造商之间签订了一些不竞争的协议②。

这个时期反垄断的重点是促进竞争，包括以下几个主要特征：第一，加强监管。司法部和联邦贸易委员会在监管商业行为与执行反垄断法方面发挥了更积极的作用。第二，反托拉斯法的扩展。美国国会通过《克莱顿反托拉斯法》和《联邦贸易委员会法》来弥补《谢尔曼反托拉斯法》的不足。第三，起诉大公司。美国司法部和联邦贸易委员会更加积极地起诉违反反托拉斯法的大公司，前面提到了几个有影响的案例。第四，专注于不正当竞争。司法部和联邦贸易委员会专注于保护消费者免受不正当竞争行为的侵害，如固定价格、市场分割和垄断等。第五，提高公众意识，获得公众支持。公众更加了解和关注垄断的负面影响以及竞争的必要性。

2.3.4　结构性补救措施的实施

结构性补救措施（structural remedies）旨在通过调整市场的基本结构，消除导致反竞争行为的根源，从而恢复或促进市场竞争。这些补救措施通常要求公司剥离资产或重组其业务，以创造更具竞争力的市场。例如，结构性补救措施可能要求合并后的公司剥离某些业务部门或出售某些资产以在市场上创造新的竞争者。实施结构性补救措施的目标是促进竞争，防止公司在未来主导市场和从事反竞争行为③。

1911 年"新泽西州标准石油公司诉美国案"的结果是拆分新泽西州标准石油公司，这是美国反垄断案中首次通过采取结构性补救措施来对反竞争行为进行纠

---

① United States v. American Tobacco Co., 221 U.S. 106 (1911), 144-150.

② United States v. American Tobacco Co., 221 U.S. 106 (1911), 182, 183.

③ U.S. Department of Justice, Merger Remedies Manual (2020), https://www.justice.gov/atr/page/file/1312416/download. 2023 年 3 月 27 日查阅。

正。同年的“美国诉美国烟草公司案”也采取了结构性补救措施。当法院认为垄断者特别持久或可能重复其反竞争行为时，通常更倾向于采用结构性补救措施，以通过改变市场结构和行为的激励机制来消除反竞争行为根源。美国最高法院在裁决拆分标准石油公司时，认为证据表明标准石油公司打败竞争对手的意图“非常确定，以至于实际上该主题都不在合理讨论的范围内”①。后来标准石油公司被拆分为 38 家独立运作的公司。但是，这些独立运作的公司认为拆分的结果是产生了一批经济效益欠佳的公司，因为许多公司的上游或下游整合不足，竞争力不强（Crandall，2001）。

2.4 第三个阶段（国家新政，1930 年～20 世纪 60 年代）

2.4.1 规制的兴起以及对反垄断的取代

1930～1960 年，美国的反托拉斯格局发生了重大变化。在此期间，美国经历了大萧条、第二次世界大战和战后经济繁荣，所有这些都对反垄断执法产生了重大影响。

大萧条发生后，国家干预主义盛行，罗斯福总统任期内实施的国家新政对美国的反垄断产生了重大影响。国家新政的一个特征就是加强国家对经济的干预，对一些行业进行严格规制。

规制机构的兴起是这个阶段反托拉斯执法的一个重要特征。包括运输、电信和银行业在内的规制机构的成立是为了帮助执行反托拉斯法和监管各个行业。这些机构负责执行反垄断法并促进特定领域的竞争。这些机构被赋予了调查和监管企业的广泛权力，在新政时代，它们在制定反垄断政策方面发挥了重要作用。

1934 年成立了美国联邦通信委员会（Federal Communications Commission，FCC）和证券交易委员会（Securities and Exchange Commission，SEC）。前者负责颁发广播电台和电视台的执照，规范广播内容，并确保电信行业具有竞争力。后者负责规范证券行业并保护投资者免受欺诈。

民航委员会则稍后成立于 1938 年，旨在规范航空运输业。民航委员会有权批准或拒绝航线、设定票价以及决定允许哪些航空公司运营。民航委员会的目标是确保航空运输业具有竞争力，并保护消费者免受垄断行为的影响。

总的来说，这一时期规制机构的兴起反映出人们越来越认识到政府干预的必要性，以防止各行业的反竞争行为。这些机构设立的目的旨在确保行业具有竞争力，消费者受到保护，保持经济稳定。当然，是否真正达到这些目的，是一个一

① Standard Oil Co. of New Jersey v. United States, 221 U.S. 1 (1911), 77.

直存在争议的话题，争议也最终导致 20 世纪 70 年代末在美国和英国发端的放松规制运动，标志着对政府干预和行业监管的重新审视与调整。

国家新政对美国的反垄断政策产生了持久的影响，这不仅表现在建立了规制机构并加强了政府对企业的监督，而且还表现在对反托拉斯法的完善和更积极的执行。这一时期也标志着反托拉斯政策转向更多干预方式，政府在监管企业和促进竞争方面发挥了积极作用。

20 世纪 30～60 年代的反垄断执法机构体系也发生了变化。有专门的机构负责在不同行业执行反垄断法，机构之间的协调性也更强，以防止出现反竞争行为。新成立的政府规制部门——美国联邦通信委员会和民航委员会还取代了司法部和联邦贸易委员会成为各自行业的反垄断执法机构。司法部和联邦贸易委员会等不同机构之间在执行反垄断法方面加强了合作。两个机构共同合作，提起反垄断案件并共享信息，这有助于加强反垄断执法。

2.4.2　反垄断立法和政策的发展

其间在反垄断立法方面，美国国会通过以下法案。

《罗宾逊-帕特曼法》（Robinson-Patman Act）是 1936 年通过的一项联邦法律，它也被称为反价格歧视法。它是对《克莱顿反托拉斯法》的进一步完善，禁止损害竞争的价格歧视，规定卖方向不同客户提供同一产品的不同价格是非法的，而这种价格歧视可能会显著减少竞争或倾向于创造垄断。但是该法仅适用于有形商品的销售，不适用于服务或无形财产的销售，不适用于向最终消费者的销售，仅适用于为转售而进行的销售。该法案还规定了一些豁免和抗辩条款，允许某些类型的价格差异，例如基于成本差异或与竞争对手价格相匹配的价格差异。

美国于 1950 年颁布了《塞勒-凯法弗法》（Celler-Kefauver Act），以加强政府监管并购的能力，防止经济权力过度积累。这个法也被称为《反合并法》，该法修正了 1914 年的《克莱顿反托拉斯法》，赋予政府阻止可能大大削弱任何商业领域竞争的并购的权力，而不仅仅是那些造成垄断的并购。《塞勒-凯法弗法》还扩大了受反托拉斯审查的资产收购的定义，包括收购股票、房地产和其他财产，并要求此类交易的各方在收购完成前通知政府。这使政府能够评估交易对竞争的潜在影响，并采取行动防止受到反竞争的影响。该法案显著扩大了政府监管并购的权力，旨在阻止反竞争行为并构建更具竞争性的市场。该法案至今仍是反垄断执法的重要工具。

最后，在 1962 年，美国国会通过了《反托拉斯民事诉讼法》（Antitrust Civil Process Act），旨在简化和改进反托拉斯案件的民事调查程序，为调查人员提供额外的工具并简化程序以提高效率。

这个期间的另一个重大政策发展是 1968 年美国司法部发布了《1968 年并购

指南》(1968 Merger Guidelines),这是美国反垄断执法历史上的第一部指南。美国司法手册中并没有对“指南”(guidelines)做出规定,但是对“指导性文件”(guidance document)进行了定义,规定它“是一个机构发布的普遍适用性声明,用于告知公众其政策或法律解释”。那么“横向并购指南”是否属于指导性文件呢?美国司法手册中明确规定“指导性文件”不包括“指南”①。在《1968 年并购指南》中,司法部对发布这个指南的目的做了说明,即“指南的目的是让商界、法律专业和其他感兴趣的团体和个人了解司法部目前在确定是否根据《克莱顿反托拉斯法》第 7 条质疑公司收购和兼并时所采用的标准”②。这个解释说明在 1982 年的版本中进行了进一步的完善,说明“指南概述了美国司法部……有关收购和兼并的现行执法政策”,强调针对并购“分析中通常使用的一般原则和具体标准”以及“减少与并购相关的不确定性”。③从这个变化可以看出,原来指南仅仅是一个信息告知或者提供,而 1982 年后则是一个针对并购的政策声明,其中包括的一般原则和具体标准,是司法部并购审查执法过程中所采用的,以便并购方也可以提前进行自我审查,从而减少并购中的不确定性。《2010 年横向并购指南》则进一步修订为“指南概述了司法部和联邦贸易委员会在涉及联邦法律下实际或潜在竞争对手的并购方面的主要分析技术、实践和执法政策。……这些指南旨在通过提高机构执法决定所依据的分析过程的透明度来协助商业界和反垄断从业者。还可以协助法院制定适当的框架,以便在横向合并的背景下解释和适用反垄断法”④。这个解释进一步提升了“指南”的地位,起到了一种类似中国“司法解释”的作用。因此,尽管本质上“指南”被认为是建议性的,不具有法律效力,但是实际上随着“指南”的制度化,法院已将解释法律的重大责任让给反托拉斯机构,这些“指南”对美国反垄断兼并法的发展起到了隐形推动的作用(Greene,2006)。

《1968 年并购指南》包括纵向并购和横向并购,提出了并购的分析框架,即相关市场界定、市场份额和市场集中度分析以及包括破产和经济性等其他因素的分析,反映了司法实践和经济学理论的新发展。

---

① 1-19.000 – Principles for Issuance and Use of Guidance Documents, ¶1.https://www.justice.gov/jm/1-19000-limitation-issuance-guidance-documents-1. 2023 年 3 月 21 日查阅。

② U.S. Department of Justice, Merger Guidelines (1968), ¶ 1, https://www.justice.gov/archives/atr/1968-merger-guidelines. 2023 年 3 月 21 日查阅。

③ U.S. Department of Justice, Merger Guidelines (1982), ¶ 1, https://www.justice.gov/archives/atr/1982-merger-guidelines. 2023 年 3 月 21 日查阅。

④ U.S. Department of Justice, Federal Trade Commission, Horizontal Merger Guidelines (2010), 1, https://www.justice.gov/atr/file/810276/download. 2023 年 3 月 21 日查阅。

2.4.3　反垄断执法

这一时期最重要的反托拉斯案件之一是“美国诉美国铝业公司案”（United States v. Aluminum Co. of America）（1945 年）[①]，也称为美铝案。该案涉及指控美国铝业公司通过控制从采矿到制造的整个铝生产过程从事垄断行为。此案始于1937 年，美国铝业公司当时控制了国内 90%的铝市场，美国司法部称该公司采用了各种排他性策略，如收购竞争对手、控制原材料和制造设备的使用权，以维持其垄断地位。法院认定美国铝业公司的市场支配地位以及对铝生产和分销的控制使其相对于竞争对手具有不公平的优势。该案确立了一个原则，即一家公司即使没有从事公然违法或不道德的行为，也可能被认定违反了反垄断法，这一原则在后来的多起反垄断案件中得到了应用。

“美国诉美国铝业公司案”还通常被认为确立了反垄断法的域外适用原则（Sawyer，2019），这意味着如果境外行为对美国商业产生实质性的影响，美国反垄断法可以适用于发生在美国境外的行为。在该案中，美国铝业公司的行为既发生在美国境内，也发生在境外，法院最终裁定，如果境外行为对美国商业产生影响，则美国反垄断法可适用于发生在境外的反竞争行为。

另一个值得注意的案例是“美国诉 IBM[②]案”（United States v. IBM）（1969 年）[③]，它被广泛认为是美国历史上最重要的反垄断案件之一。1969 年 1 月美国司法部提起诉讼，指控 IBM 垄断了通用电子数字计算机系统市场，违反了《谢尔曼反托拉斯法》第 2 节。除了向法院要求采取禁令进行救济外，政府还寻求对 IBM 进行“分离、剥离和重组”，以恢复竞争条件[④]。

该案的核心是对反垄断法与创新的交叉质疑。政府的主要论点是 IBM 通过将软件与其硬件捆绑在一起而从事垄断行为，从而使其他公司难以在计算机行业与之竞争。IBM 反驳说它从事创新，其捆绑实践对于新技术的开发是必要的。虽然此案最终于 1982 年由控辩双方提交驳回申请而终止[⑤]，但它引发了有关反垄断与创新之间关系的讨论。一方面，反托拉斯法旨在促进竞争，进而刺激创新。另一方面，一些人认为，反垄断法会阻止公司因担心违反反垄断法规而不敢投资新技术，从而扼杀创新。

---

① United States v. Aluminum Co. of America, 148 F.2d 416 (2d Cir. 1945).

② IBM 是指国际商业机器公司或万国商业机器公司（International Business Machines Corporation）。

③ United States v. International Business Machines Corp., 69 Civ.200.

④ In re International Business Machines Corp., 618 F.2d 923 (2d Cir. 1980), 925; In re Intern. Business Machines Corp., 687 F.2d 591 (2d Cir. 1982), 594.

⑤ In re Intern. Business Machines Corp., 687 F.2d 591 (2d Cir. 1982), 594.

而这可以通过关注反竞争行为对消费者的潜在危害来实现。而是否存在这个潜在危害，可以使用经济分析（economic analysis）来理解诸如合并、定价和排他性交易安排等各种商业行为对竞争的影响，判定它们是否损害了消费者福利。只有对竞争造成负面影响，损害了消费者福利的反竞争的商业行为才应该被禁止（Stigler，1964；Posner，1976；Posner，1977）。芝加哥学派对经济分析的重视对美国的反托拉斯政策产生了重大影响。从 20 世纪 60～70 年代开始，反垄断的执法方法出现了一种转变，从过去几十年特有的更多干预主义的反垄断执法方式，转向更加注重提升消费者福利的基于经济学的方式。

这一时期反垄断分析技术上的一个发展就是建立了对掠夺性定价的测试方法。反垄断实施之初，法院对掠夺性定价主张持怀疑态度，认为低价最终将使消费者受益。直至 20 世纪 30～40 年代，法院才开始认识到掠夺性定价可能会通过允许占支配地位的公司获得或维持垄断地位而损害竞争和消费者。"犹他馅饼公司诉大陆烘焙公司案"（Utah Pie Co. v. Continental Baking Co.）（1967 年）是掠夺性定价方面具有里程碑意义的案例。在本案中，小型烘焙公司犹他馅饼公司起诉拥有奇异面包（Wonder Bread）和女主人品牌（Hostess Brands）等知名品牌的大型企业集团——大陆烘焙公司违反反垄断法进行掠夺性定价。法院认定，大陆烘焙公司以低于实际成本的价格在犹他州销售面包，实施了掠夺性定价，目的是让犹他馅饼公司破产。这被视为反竞争行为，违反了反托拉斯法。法院裁定犹他馅饼公司胜诉，判处损害赔偿金并禁止大陆烘焙公司进一步掠夺性定价。法院建立了一个由两部分组成的二元测试方法来确定定价是否具有掠夺性：第一，价格低于公司的平均可变成本；第二，被告是否有通过垄断利润弥补损失的可能。它还强调了保护较小的竞争对手和促进市场竞争的重要性①。

本身违法原则在这个时期的反垄断执法中再次得到重视（Kovacic and Shapiro, 2000）。在"北太平洋铁路公司诉美国案"（Northern Pacific Ry. Co. v. United States）②（1958 年）和"国际盐业公司诉美国案"（International Salt Co. v. United States）③（1947 年）中，美国最高法院采用本身违法原则来禁止以买方同意购买另一种产品为条件的一种产品的搭售安排。另外，制造商将其零售商限制在特定地理区域的非价格纵向限制、一家提供全面服务的零售商威胁不与向折扣店销售产品的制造商打交道的集体抵制和分配市场或客户的横向协议等做法，被认定为本质上具有反竞争性，以至于它们本身被视为非法，而无须证明实际的反竞争效果。

① Utah Pie Co. v. Continental Baking Co., 386 U.S. 685 (1967), 696-698.

② Northern Pacific Ry. Co. v. United States, 356 U.S. 1 (1958).

③ International Salt Co. v. United States, 332 U.S. 392 (1947).

但是随着经济分析方法在反垄断执法中的运用，20 世纪 60 年代后合理原则再次开始回归。合理原则作为一项法律原则，要求法院评估商业惯例或行为的促进竞争和反竞争效果，并相互权衡以确定该行为是否违反反托拉斯法。而经济分析方法是分析商业行为对竞争和消费者的经济影响的框架（Posner，1977；Hovenkamp，2018）。在这个时期实践中，经济分析方法开始成为在反垄断案件中适用合理原则的重要工具。

应用经济分析方法的一个著名案例是“美国诉旺斯杂货公司案”(United States v. Von's Grocery Co.)(1966 年)，其中最高法院裁定，市场支配力应根据产品之间需求的交叉弹性进行评估，而不仅仅是卖方的市场份额①。另一个重要案例是“布朗鞋业公司诉美国案”(Brown Shoe Co. v. United States)(1962 年)，在该案中，最高法院裁定，应根据合并对相关市场竞争的影响来评估合并，而不仅仅是所涉公司的整体规模。美国最高法院同时还确认反垄断法的目标是保护竞争，而不是保护竞争对手②。

美国最高法院在“布朗鞋业公司诉美国案”(1962 年) 中的司法实践还为当代反垄断确立了一个最早的经济分析范式：首先是界定相关产品市场和地域市场；然后分析并购可能产生的影响，包括评估企业的市场份额、行业集中度、行业持续整合的趋势以及各种市场行为等；最后是确定是否存在有利于并购后促进市场竞争的因素。前面提及的《1968 年并购指南》就初步反映了这个司法实践的发展情况。

2.5 第四个阶段（芝加哥学派革命，20 世纪 70 年代～20 世纪 90 年代初）

2.5.1 反垄断立法和政策的发展

20 世纪 70 年代～20 世纪 90 年代初，美国的反托拉斯立法和相关政策有如下几个方面的进展。

这一时期的一项重要立法是 1976 年的《哈特-斯科特-罗迪诺反托拉斯改进法》(Hart-Scott-Rodino Antitrust Improvements Act，HSR 法)。《哈特-斯科特-罗迪诺反托拉斯改进法》要求某些大型并购交易在完成之前向联邦贸易委员会和司法部报告，从而为监管机构提供调查可能损害竞争的交易并阻止此类交易的机会。法案还规定了并购申报的金额门槛。这个门槛金额在随后的年份中被不断修订。

① United States v. Von's Grocery Co., 384 U.S. 270 (1966), 291, 297-300.

② Brown Shoe Co. v. United States, 370 U.S. 294 (1962), 320.

在反垄断执法的指南性政策方面，司法部和联邦贸易委员会于 1977 年首次发布了《国际业务反垄断指南》(The Antitrust Guide for International Operations)。该指南为企业和从业者提供了有关美国反垄断法如何适用于国际交易（包括涉及外国公司的合并和合资企业）的指导，涉及诸如国际并购、合资企业和许可协议等内容。

1995 年颁布了《国际执法与合作反垄断指南》(The Antitrust Guidelines for International Enforcement and Cooperation)，为美国反垄断当局与外国竞争当局在调查和执行反垄断法方面的合作提供了指导。该指南还涉及美国反垄断法的域外适用、美国与外国竞争主管机构之间的礼让以及主管机构之间共享信息的保密性等问题。该指南自首次发布以来已多次修订和更新，以应对全球经济的变化和不断变化的反垄断执法重点。最近一次修订是在 2017 年[①]，当时美国司法部和联邦贸易委员会发布了一套修订后的指导方针，反映了全球经济的发展变化情况，尤其是数字市场的兴起，并强调了国际反垄断执法合作的重要性。

因此,《国际业务反垄断指南》为美国反垄断法在国际商业活动中的应用提供了指导，而《国际执法与合作反垄断指南》为美国反垄断机构与外国竞争机构在反垄断执法方面的合作提供了指导。

另外，“并购指南”在这个阶段也于 1982 年、1984 年、1992 年和 1997 年等多次被重新发布。

1982 年的版本反映了法律和经济理论的新变化。这个指南强调了在个案基础上分析合并的竞争影响的重要性，同时考虑市场准入壁垒、技术变革和效率等因素。《1968 年并购指南》中对简单运用绝对市场份额来分析并购对竞争的影响招致了广泛批评，因此新的指南建议采用 HHI 来分析并购对市场结构的影响，合并后 HHI 低于 1000 点的合并通常不会引起重大的反垄断担忧，而合并后 HHI 超过 1800 点的合并可能具有反竞争性。合并后 HHI 为 1000～1800 点的合并需要进一步分析，即要结合并购后 HHI 的上升幅度来分析（表 2.1）[②]。

1984 年司法部发布了第三版的指南，用于分析涉及具有市场支配力的公司的合并情况。强调了考虑市场势力增长对消费者的潜在危害的重要性，并为分析可能导致价格上涨、产量减少或创新减少的合并提供了一个框架[③]。

---

① U.S. Department of Justice, Federal Trade Commission, The Antitrust Guidelines for International Enforcement and Cooperation (1995), https://www.justice.gov/atr/internationalguidelines/dl. 2023 年 3 月 24 日查阅。

② U.S Department of Justice, Merger Guidelines (1982), https://www.justice.gov/archives/atr/1982-merger-guidelines. 2023 年 3 月 21 日查阅。

③ U.S Department of Justice, Merger Guidelines (1984), https://www.justice.gov/archives/atr/1984-merger-guidelines. 2023 年 3 月 21 日查阅。

表 2.1　1982～1997 年美国“并购指南”对市场集中度及其对竞争影响的分析门槛

合并后的 HHI	△HHI	市场类型	是否考虑对竞争的影响
HHI<1000	—	非集中型	否
1000<HHI<1800	△HHI<100	适度集中型	否
1000<HH<1800	△HHI>100	适度集中型	是
HHI >1800	△HHI<50	高度集中型	否
HHI >1800	△HHI>50	高度集中型	是

资料来源：1982～1997 年美国“并购指南”[①]。

1992 年，司法部和联邦贸易委员会再次发布了新指南，进一步细化了对涉及具有市场支配力的公司的合并的分析，建议 HHI 应作为分析合并竞争影响的起点，但应辅以其他因素，如市场进入壁垒、协调行为的潜力以及动态竞争和创新的潜力。新指南强调了考虑合并对动态竞争、创新和消费者选择的潜在影响的重要性[②]。

1997 年的新指南强调了采用定量和定性方法分析并购竞争效应的重要性，并就如何在产品差异化或多维度竞争的市场评估并购的潜在竞争效应提供了指导。虽然继续使用 HHI 作为衡量市场集中度的指标，但强调应将其与其他证据结合使用，以评估兼并的潜在竞争影响，因为 HHI 可能无法提供市场结构的完整图景[③]。

“并购指南”的演变反映了美国司法部和美国联邦贸易委员会不断努力开发一种更复杂、更细致的方法来分析合并和收购，使之适应商业环境和经济理论的变化。

1984 年，美国司法部和联邦贸易委员会首次单独发布针对非横向并购的指南，即《1984 年非横向合并指南》（The 1984 Non-Horizontal Merger Guidelines）[④]。纵向合并是将生产或分销链的不同级别运营的公司合并在一起的行为，这种合并可能会通过让合并后的公司更好地控制生产或分销过程中的基本投入或重要环节来消除竞争。这个指南就是为如何认定是否存在竞争损害提供建议，如提出分

① U.S. Department of Justice, Guidance and Policy Statements Archive, https://www.justice.gov/archives/atr/guidelines-and-policy-statements. 2023 年 3 月 21 日查阅。

② U.S. Department of Justice, Federal Trade Commission, Merger Guidelines (1992), https://www.justice.gov/archives/atr/1992-merger-guidelines. 2023 年 3 月 21 日查阅。

③ U.S. Department of Justice, Federal Trade Commission, Merger Guidelines (1997), https://www.justice.gov/archives/atr/1997-merger-guidelines. 2023 年 3 月 21 日查阅。

④ U.S. Department of Justice, Non-Horizontal Merger Guidelines (1984), https://www.justice.gov/atr/page/file/1253191/dl?inline. 2023 年 3 月 21 日查阅。

析非横向合并的方法和应考虑的因素。这些因素包括：合并导致竞争对手或供应商排斥的可能性和程度；合并后的公司提高竞争对手成本或以其他方式行使市场支配力的能力和动机；合并可能带来的效率提升或其他有助于促进竞争的潜在利益的可能性及其程度。该指南在 1992 年和 1997 年被再次修订。

2.5.2 宽大处理制度的确立

美国反垄断执法中的宽大处理制度旨在鼓励公司自行举报非法行为，如固定价格或串通投标，以换取减轻或取消处罚。1978 年，美国司法部首次开始向配合反垄断调查的公司给予宽大处理。随着时间的推移，司法部的宽大处理制度不断发展，在侦查和起诉违反反托拉斯法的行为方面变得更加有效。美国的宽大处理制度是通过宽大处理计划（leniency program）来体现的。最早的成文宽大处理计划于 1993 年制定[①]，根据该计划，第一家自行报告非法卡特尔行为并与司法部保持“全面、持续和完全合作”的公司，只要满足特定条件，就可能获得刑事诉讼的全面特赦。但是，宽大处理不是自动的，如果公司不完全符合宽大处理计划的要求，司法部保留拒绝宽大处理或起诉公司的自由裁量权。

宽大处理制度一直是司法部侦查和起诉非法卡特尔行为所使用的关键工具。通过激励公司自行报告非法行为，宽大处理制度通过激励企业主动报告自身的违法行为，有助于强化反垄断执法，促进市场竞争，同时对潜在的反竞争行为起到威慑作用，最终使消费者和社会经济受益。它成功地协助政府起诉了各行各业中的众多卡特尔行为，包括航空、航运和汽车零部件行业。

2.5.3 反垄断执法

20 世纪 70 年代至 20 世纪 90 年代初，反垄断的主要特征之一是关注经济分析（Kovacic and Shapiro，2000；Sawye，2019）。强调市场效率的重要性和反托拉斯干预的局限性的芝加哥学派在此期间获得了突出地位。法院和反托拉斯机构越来越多地转向通过经济分析方法来指导他们的决策，更加强调并购的潜在经济利益。在经济分析方法的支持下，反垄断中的合理原则得以全面回归。在针对各种市场行为的反垄断诉讼中，原告举证证明这些市场行为对竞争以及消费者的损害责任更大了。

对经济分析的关注反映在最高法院对“大陆电视公司诉 GTE 塞尔维尼亚公司案”（Continental T.V., Inc. v. GTE Sylvania, Inc.）（1977 年）[②]的判决中。“大陆

---

① U.S. Department of Justice, Corporate Leniency Policy (1993), https://www.justice.gov/atr/file/810281/download. 2023 年 3 月 21 日查阅。

② Continental T. V., Inc. v. GTE Sylvania Inc., 433 U.S. 36, 97 S. Ct. 2549 (1977).

电视公司诉 GTE 塞尔维尼亚公司案”是最高法院具有里程碑意义的案件之一，它改变了反垄断法应用于纵向协议的方式。在此案之前，根据反托拉斯法，纵向限制通常被视为本身就是非法的[①]，这意味着它们被认为具有内在的反竞争性，所以无须对竞争的实际影响进行分析。这种方法受到了一些经济学家特别是芝加哥学派的批评，他们认为纵向限制可以通过提高分销效率、减少“搭便车”的行为或促进新竞争者的进入来产生促进竞争的效果。

该案对电视制造商 GTE 塞尔维尼亚公司与其零售商之间的纵向协议的合法性进行了质疑。该协议规定，零售商只有在遵守特定转售价格和条件的情况下才能销售 GTE Sylvania 公司产品。折扣零售商大陆电视公司辩称，该协议限制竞争并为低价零售商设置进入壁垒，违反了反垄断法。最高法院驳斥了纵向限制的本身违法原则，认为这种限制应该根据合理原则进行评估，这需要详细分析限制对竞争的实际影响[②]。法院承认，一些纵向限制可能具有促进竞争的效果，并且本身违法原则不允许对这些效果与任何反竞争损害进行仔细权衡。法院还建立了一个根据合理原则分析纵向限制的框架，该框架综合考虑了各方的市场势力、潜在的反竞争影响，以及限制行为可能带来的促进竞争的合理性等多方面因素。法院认为，由双方“独立行动”而非胁迫或串通导致的纵向限制通常更有可能促进竞争。

大陆电视公司诉 GTE 塞尔维尼亚公司案的裁决对反垄断法在纵向限制中的应用产生了重大影响，并促成了一种更加细致入微的评估分析方法，该方法认可促进竞争和反竞争影响的可能性。该裁决也被引用为法院一种更广泛趋势的例证，即采用更灵活、基于效果的反托拉斯执法方法。

在 20 世纪 80 年代，里根政府将反垄断政策从掠夺性定价本身的非法性转向需要证明消费者受到伤害的更经济的方法。在“布鲁克集团诉布朗和威廉姆森烟草公司案”（Brooke Group Ltd. v. Brown and Williamson Tobacco Corp.）（1993 年）等案件中，最高法院确立了更高的掠夺性定价证明标准，要求原告表明被告有造成危险的可能性（dangerous probability）以挽回其损失。[③]

布鲁克集团诉布朗和威廉姆森烟草公司案是美国最高法院于 1993 年审理的具有里程碑意义的反垄断案件。布鲁克集团指控布朗和威廉姆森烟草公司以低于成本的价格销售卷烟，以迫使布鲁克集团退出业务并维持其在市场上的主导地位，从而从事反竞争行为。布朗和威廉姆森烟草公司辩称，其定价做法是一种合法的竞争形式，没有证据表明存在反竞争意图。

最高法院最终裁定布朗和威廉姆森烟草公司胜诉，认定布鲁克集团未能提供

① 参见 2.4.6 节的“北太平洋铁路公司诉美国案”（Northern Pacific Ry. Co. v. United States）。

② Continental T. V., Inc. v. GTE Sylvania Inc., 433 U.S. 36, 97 S. Ct. 2549 (1977), 37.

③ Brooke Group Ltd. v. Brown & Williamson Tobacco Corp., 509 U.S. 209 (1993), 224.

足够的掠夺性定价证据[①]。法院仍在使用 20 世纪 60 年代建立的二元测试方法来确定定价是否具有掠夺性[②]。

"松下电器公司诉天顶无线电公司案"（Matsushita Electric Industrial Co. v. Zenith Radio Corp.）（1986 年）是具有里程碑意义的关于串谋行为的反垄断案件。该案涉及包括松下电器公司在内的日本消费电子制造商之间非法串通以操纵价格并在美国划分市场的指控。松下辩称，没有反竞争行为的证据，指控只是基于猜测和猜想[③]。最高法院最终裁定松下胜诉，认定天顶无线电公司未能提供足够的非法串通证据。法院指出，在涉及共谋或共谋指控的案件中，原告必须提供合理倾向于证明共谋的直接或间接证据，而天顶无线电公司并未达到这一标准。[④]

松下电器公司诉天顶无线电公司案的意义在于，它在涉及串通或共谋指控的反垄断案件中为原告确立了更大的举证责任，还反映了 20 世纪 80 年代反垄断法的转变，即对反垄断执法持更怀疑的态度，并更加强调市场势力在促进竞争和提高消费者福利方面的重要性。

这个时期有重要影响的反垄断案件还包括"美国诉 AT&T 案"（1982 年）等[⑤]。"美国诉 AT&T 案"对美国通信行业产生了重大影响，拆分后的 AT&T 拥有的贝尔实验室在通信、计算机、半导体方面的全球领先能力下降。

2.6 第五个阶段（后芝加哥学派和新进步运动，20 世纪 90 年代中后期以后）

2.6.1 从互联网到数字经济的反垄断经济学理论的新发展

20 世纪 90 年代中期互联网获得快速发展，数字领域已经扩展并改变了企业的运营方式以及消费者与企业彼此之间进行交易的方式。越来越多的企业开始探索互联网的潜力，它们开始开发新的数字技术和商业模式。消费者对数字技术越来越熟悉，他们开始期望企业能够跨越多个渠道提供方便、个性化和无缝的体验。作为回应，企业也不得不采用新的数字技术以及通过商业实践来满足这些期望。这些技术和模型为数字经济的出现铺平了道路。进入 21 世纪后，工业经济迅速转变为建立在计算机、连通性和人类知识基础上的数字经济。

---

① Brooke Group Ltd. v. Brown & Williamson Tobacco Corp., 509 U.S. 209 (1993), 210-211.

② 参见 2.4.6 节。

③ Matsushita Electric Industrial Co. v. Zenith Radio Corp., 475 U.S. 574 (1986), 575.

④ Matsushita Electric Industrial Co. v. Zenith Radio Corp., 475 U.S. 574 (1986), 575, 597.

⑤ 参见 1.1.3 节。

数字经济的一个关键特征是存在主导平台，如谷歌、亚马逊、脸书和苹果，这些平台拥有强大的市场势力并控制着数字经济的大部分。这些平台通常充当看门人的角色，控制市场准入并限制竞争。

比如，商业巨头亚马逊不仅是零售商，还是营销平台、配送和物流网络、支付服务、信贷机构、拍卖行、主要图书出版商、电视和电影制作人、时装设计师、硬件制造商，以及领先的云服务提供商。尽管亚马逊实现了惊人的增长，但它选择以低于成本的价格定价实现广泛扩张，因此利润微薄。通过这一战略，该公司将自己定位为电子商务的中心，现在成为许多依赖它的企业的重要基础设施。

这些现象引发了人们对主导平台对市场结构和反垄断政策影响的担忧。有观点认为，这些平台创造了赢家通吃的市场，少数主导者占据了大部分市场价值，几乎不给新进入者或竞争者留下空间（Wu，2018），甚至可能重现与 19 世纪末 20 世纪初类似的状况，即经济快速增长、财富和权力的集中、快速创新和对传统行业的颠覆。当时的标准石油公司就是一个垄断了市场并摧毁其竞争对手的怪物，类似现在的谷歌和亚马逊等数字经济平台。有人惊呼美国又进入了第二个镀金时代（Wu，2018；Lamoreaux，2019）。

数字经济下反垄断经济理论的发展一直是学者和政策制定者讨论和争论的话题。后芝加哥学派是近年来备受关注的一个学派或者说多种学说的一个总称，它与 20 世纪 70～90 年代初主导该领域的芝加哥学派不尽相同。前面在 1.2 节和本章 2.5.1 和 2.5.3 节中已经介绍了芝加哥学派强调市场集中的效率优势。而后芝加哥学派则认为，市场支配力可能同时具有促进竞争和反竞争的作用，应根据具体情况和市场条件进行分析。

后芝加哥学派强调反托拉斯经济学中实证分析的重要性，还强调动态竞争以快速创新和技术变革为特征的数字经济性，也借鉴行为经济学的观点来了解公司如何利用其市场势力从事反竞争行为，关注数字经济中多边平台带来的独特挑战。此外，后芝加哥学派把一些新的经济学理论和理论新发展运用于反垄断的分析中。博弈论模拟企业在战略情况下如何相互作用，并已被用于分析协调行为和串通等问题；新制度经济学在反垄断分析中被用于分析纵向整合和特许经营等问题；行为经济学着眼于个人和公司如何做出偏离经典经济学假设的决策，且此方法已被用于分析消费者损害和市场势力等问题；实证产业组织理论使用计量经济学技术分析市场行为、市场结构和竞争状况，被用于调查市场支配力、价格歧视和串通等问题；双边市场（two-sided markets）理论[①]也被用于分析网络效应、平台竞争和平台定价等问题；创新经济学强调动态竞争和技术变革在塑造市场结构中的作

① 双边（或更普遍的多边）市场大致定义为一个或多个平台支持最终用户之间交互的市场，平台试图通过对每一方适当收费来让两侧（或多方）“加入”（Rochet & Tirole，2006）。

用，并被用于分析知识产权、专利池和标准制定组织等问题（Motta，2004；Farrell and Shapiro，2010）。

总的来说，自 20 世纪 90 年代以来，为美国反托拉斯法奠定基础的经济理论的演变反映了经济环境的最新发展和变化，以更好地理解现代市场的复杂性并促进竞争和保护消费者福利不被转移。

2.6.2 反垄断立法和政策的发展

随着数字技术被广泛应用，数字市场对经济变得越来越重要。数字经济与镀金时代一样也对反垄断政策提出了挑战，反托拉斯作为一个更加突出的政治问题重新回到了人们的面前，政策制定者和监管机构不得不应对这些市场中出现的新的反垄断问题和挑战。反托拉斯和竞争政策再次成为公众关注的话题，甚至进入了 2016 年民主党的总统竞选党纲（Shapiro，2018），在这一段时间里，美国反垄断立法取得了如下一些重大进展。

《澄清海外合法使用数据法》（Clarifying Lawful Overseas Use of Data Act）于 2018 年成为法律。该法允许美国执法部门访问美国公司在海外（oversea）存储的电子数据，但也包括保护隐私和确保流程透明度的条款。这个法律对数字经济中的反垄断和竞争产生了影响，因为它会影响公司在全球竞争的能力以及反垄断当局调查潜在反竞争行为的能力。

软件“机器人”经常被用来在热门活动门票开售后进行大量抢购，往往导致门票在二级市场上以天价转售，而真正的消费者难以按实际面值购买门票。为了消除对在线售票市场不公平竞争的担忧，2016 年美国国会通过了《2016 年良好在线售票法》（Better Online Ticket Sales Act of 2016），该法禁止使用软件“机器人”大量抢购娱乐或者赛事门票，然后再以高价转售的行为，还规定规避售票网站安全措施购买超过规定限额门票为非法行为，同时禁止销售通过这种做法获得的门票。这个立法反映了人们越来越认识到竞争和公平在数字经济中的重要性，特别是在技术创新为反垄断和消费者保护执法带来新挑战的行业。

与数字经济相关、已经生效的另一个法律是 2016 年的《消费者评论公平法》（Consumer Review Fairness Act）。该法禁止公司使用限制消费者对其产品或服务发表负面评论的合同或条款。颁布这项法律是为了应对越来越多的公司试图通过将此类条款纳入与消费者的合同来限制负面评论的趋势。通过禁止此类条款，保护消费者表达意见和对有关产品和服务提供诚实反馈的权利，被认为是数字经济中维护公平竞争和保护消费者福利的一个重要方面。

2002 年，国会成立了一个两党的“反托拉斯现代化委员会”（Antitrust Modernization Commission），其职责是确定和研究与反托拉斯法相关的重大问题，并为立法或行政行动提供建议。2007 年，委员会发布了最终报告，其中包含对反托拉斯法和执法政策的修改建议。该报告涵盖了一系列主题，包括合并审查、垄断、知识产权和国际反垄断执法等。报告反映了一种认识，即需要更新反垄断法和执法政策，以反映不断变化的经济格局以及数字平台和知识产权日益增长的重要性。

美国司法部和联邦贸易委员会于 2000 年联合发布了《竞争者合作反垄断指南》(The Antitrust Guidelines for Collaborations Among Competitors)①，该指南为分析竞争者之间的合作提供了框架，如合资企业、研发协议和其他类型的合作。《竞争者合作反垄断指南》指出，竞争对手之间的合作可以让公司集中资源、分担风险和成本并实现规模经济，从而有利于消费者和竞争。但是，如果合作减少竞争、伤害消费者或促进串通，也会引起反垄断担忧。该指南为根据反垄断法分析合作行为提供了一个框架，重点关注合作的竞争影响，包括市场界定、竞争影响、效率抗辩理由、潜在的反竞争影响和安全区 (safety zones)。

这个指南里面规定的安全区与欧盟的集体豁免有类似的性质。安全区通常适用于不太可能损害竞争或可能具有促进竞争效果的合作行为。《竞争者合作反垄断指南》规定某些类型的研发合作存在安全区，合作的范围和期限有限，各方的市场份额也不会太高。同样，某些类型的合资企业也有一个安全区，合资企业的成立目的有限，不涉及共享竞争敏感信息，合计市场份额不超过 20%等。

但是，它们之间也存在一些差异。欧盟的集体豁免比美国的安全区更加规范和详细。欧盟集体豁免规定了适用豁免必须满足的具体条件，而美国安全区则针对不太可能引起重大反垄断担忧的合作类型提供了更一般的指导。与美国安全区相比，欧盟集体豁免涵盖的合作范围更广。欧盟集体豁免不仅涵盖研发和生产合作，还涵盖各种形式的分销协议和技术转让协议等。相比之下，美国的安全区仅限于研发和生产合作。值得注意的是，欧盟集体豁免是更广泛的欧盟竞争法框架的一部分，美国安全区是一套更独立的指导方针，不属于反垄断立法范畴。

虽然《竞争者合作反垄断指南》不具有法律效力，但它们为企业提供了宝贵的指导，帮助企业了解如何以最大程度降低反垄断责任风险的方式与竞争对手建立合作关系。

《2010 年横向并购指南》②是美国司法部和联邦贸易委员会对《1997 年横向并购指南》的修订版。《2010 年横向并购指南》继续使用 HHI 作为衡量市场集中度的指标，但是放松了对非集中型市场的认定，同时提高了适度集中型和高度集中

① U.S. Department of Justice, Federal Trade Commission, The Antitrust Guidelines for Collaborations Among Competitors (2020), https://www.justice.gov/atr/page/file/1098461/dl?inline. 2023 年 3 月 28 日查阅。

② U.S. Department of Justice, Federal Trade Commission, Horizontal Merger Guidelines (2010), https://www.justice.gov/atr/file/810276/dl?inline. 2023 年 3 月 29 日查阅。

型市场认定的标准。在适度集中型和高度集中型市场中，分析并购后市场集中度上升对竞争影响的门槛（即合并后 HHI 上升幅度）更高了（表 2.1 和表 2.2）。如果合并后的 HHI 低于 1500 并且合并导致 HHI 增加不到 100 点，则合并被认为不太可能损害竞争（表 2.2）。另外，明确安全港（safe harbors）[①]。

表 2.2　美国《2010 年横向并购指南》市场集中度及其对竞争影响的分析门槛

合并后的 HHI	△HHI	市场类型	是否考虑对竞争的影响
HHI<1500	—	非集中型	否
1500<HHI<2500	△HHI<100	适度集中型	否
1500<HHI<2500	△HHI>100	适度集中型	是
HHI>2500	△HHI<100	高度集中型	否
HHI>2500	100<△HHI<200	高度集中型	是
HHI>2500	△HHI>200	高度集中型	增强市场势力

资料来源：U.S. Department of Justice, Federal Trade Commission.Horizontal Merger Guidelines (2010). https://www.justice.gov/media/810916/dl?inline，2023-03-29.

其他的修订，包括：①更加关注市场界定，《2010 年横向并购指南》强调了准确界定相关产品和地域市场的重要性，这对于评估合并的竞争效应至关重要。②更加关注单边效应。《2010 年横向并购指南》更加强调评估合并后公司行使单边市场支配力的潜力，而不是仅仅依赖传统的市场集中度作为衡量标准。③更详细的协调效应分析，即《2010 年横向并购指南》为分析协调效应提供了更多指导，协调效应发生在企业能够在合并后协调其行为以提高价格或减少产量时。④更多地使用实证分析，即除了传统的定性分析之外，《2010 年横向并购指南》鼓励使用实证分析（例如计量经济学模型）来评估合并的竞争影响。⑤提高透明度，即《2010 年横向并购指南》比其前身更加透明，对合并审查中使用的分析方法提供了更详细的解释。

为反映经济理论和法律思维的最新发展，并为企业和从业者提供更高的透明度和更强的可预测性，《1984 年非横向并购指南》在 2020 年由美国司法部和联邦贸易委员会重新修订发布，被称为《2020 年纵向合并指南》（2020 Vertical Merger Guidelines）[②]。《2020 年纵向合并指南》的主要修订包括以下内容。

1）增加关于如何分析纵向合并的竞争影响的指导。《2020 年纵向合并指南》

① 类似上面提到的安全区。在反垄断法中，安全港是指规定某些被视为合法且免于反垄断审查的行为或商业行为的条款。安全港由监管机构或法院创建，旨在为可能从事潜在反竞争行为的企业提供清晰度和确定性。

② U. S. Department of Justice, Federal Trade Commission, Vertical Merger Guidelines (2020), https://www.justice.gov/atr/page/file/1290686/dl?inline. 2023 年 3 月 29 日查阅。

就如何评估纵向合并的潜在竞争影响提供了更详细的指导，包括如何识别和评估这些交易的潜在危害和好处。

2）注重实证分析。《2020 年纵向合并指南》强调了实证分析在评估纵向合并竞争效应中的重要性。这包括审查有关市场份额、定价和其他相关指标的数据，以帮助确定合并对竞争的可能影响。

3）更多地考虑创新和动态竞争。《2020 年纵向合并指南》承认纵向合并可以对创新和动态竞争产生重要影响，并就如何评估这些影响提供了指导。

2023 年 12 月 18 日，美国司法部和联邦贸易委员会联合发布了《2023 年并购指南》（*2023 Merger Guidelines*）[①]。该指南做了较大的变动，第一，将横向并购指南和纵向并购指南合并。第二，提出在根据反垄断法确定合并是否构成非法反竞争行为时可以使用的 11 条原则或“指南”，并花费了大量篇幅对这 11 条原则进行分析说明。第三，反映现代经济的现实，包括数字市场、平台经济和新形式的竞争。《2023 年并购指南》考虑了合并不仅会影响消费者，还会影响工人、供应商和其他利益相关者。第四，更加关注市场势力和集中度。《2023 年并购指南》强调更严格地评估市场势力和集中度的重要性，包括质量、创新和消费者选择等非价格效应。将市场集中度对竞争影响的分析门槛简化。从两个角度确定门槛：一是合并后 HHI 高于 1800，HHI 上升超过 100；二是合并后的市场份额超过 30%，且 HHI 上升超过 100。第五，提供评估纵向合并的综合框架。重点关注它们如何设置进入壁垒、阻碍竞争或促进反竞争行为。第六，对效率主张保持怀疑态度。《2023 年并购指南》要求效率主张有据可查，并且不能通过反竞争性较低的手段实现。效率的举证责任更高，以确保它们真正抵消了竞争损害。第七，提高透明度和增强可预见性。《2023 年并购指南》通过清晰概述合并审查中的分析流程和考虑的因素来提高透明度，帮助企业了解执法重点并减少不确定性。

2.6.3　反垄断执法

随着互联网成为重要的商业渠道，有关企业如何在网络市场空间互动的执法行动和司法判决越来越多（Baker，1996），特别是 20 世纪末后，涉及数字经济的反垄断案不断增加。同时，也有很多观点认为自 20 世纪 90 年代中期以来，美国在数字经济下的反垄断执法已转向更加细致和复杂的方法，更加强调经济分析和合理原则。特别是在微软案之后，反垄断执法中更加强调经济分析。经济分析方法涉及分析市场结构、市场势力、定价策略和其他因素，以确定商业行为是否可能损害竞争。经济分析已成为反垄断执法中越来越重要的工具，因为监管机构一

---

① U.S. Department of Justice, Federal Trade Commission, Merger Guidelines (2023), https://www.justice.gov/atr/2023-merger-guidelines. 2024 年 1 月 13 日查阅。

直在寻求将经济原则应用于反垄断法，并在瞬息万变的市场中促进竞争。

“美国诉微软案”（U.S. v. Microsoft Corp.）（2001 年）[①]是最近 20 多年来最著名的反垄断案件之一。司法部和 20 个州联合指控微软利用其在操作系统市场的主导地位扼杀竞争并维持其垄断地位，其反竞争行为包括：迫使计算机制造商只预装微软的 IE 网络浏览器，而不提供竞争者浏览器；将 IE 网络浏览器与视窗操作系统捆绑在一起，使消费者难以使用其他浏览器；拒绝向竞争对手提供对某些应用程序接口（application programming interface，API）的访问权限，这使得它们很难开发适用于视窗操作系统的软件；向互联网服务提供商（internet service provider, ISP）提供奖励以推广 IE 网络浏览器并使消费者难以切换到其他浏览器。

经过多年的诉讼拉锯战，尽管哥伦比亚特区联邦地方法院判决要拆分微软，但是，微软最终避免了被拆分的命运，仅采取行为性补救措施，其中包括与第三方开发商共享其应用程序接口，并提供未预装 IE 网络浏览器的视窗操作系统版本[②]。该案例对于确定具有市场支配地位的公司应对反竞争行为负责具有重要意义。该案例还凸显了在快速发展的技术行业中需要采取更加细致入微的反垄断执法方式。

在反垄断执法中越来越多地使用经济分析的一个显著例子是始于 2020 年的“美国诉谷歌案”（United States v. Google）（2020 年）[③]。司法部就通用搜索和搜索广告市场等反竞争行为对谷歌提起诉讼，指控谷歌利用其在搜索引擎市场的主导地位与其他公司签订反竞争协议，这些协议损害了竞争并减少了消费者的选择。具体包括以下内容：向苹果和其他公司支付了数十亿美元，以确保谷歌是它们设备上的默认搜索引擎；与其他搜索引擎签订协议以削弱其与谷歌竞争的能力；利用对搜索结果的控制，将自己的产品和服务推向竞争对手；通过对数据的使用施加合同限制，使广告商难以切换到竞争广告平台[④]。2024 年 8 月 5 日，美国哥伦比亚特区联邦地方法院裁定谷歌通过与苹果合作成为其 Safari 网络浏览器的默认搜索提供商，锁定了大约 90%的互联网搜索市场，同时还与三星和威讯（Verizon）通信等手机制造商和移动运营商达成了类似协议。法院还裁定谷歌非法垄断了搜索结果旁边显示的广告市场。但在谷歌非法控制所有搜索广告的指控上做出了有利于谷歌的裁决，认为亚马逊等公司通过在自己网站的搜索结果上售卖广告进行竞争。法院还驳回了美国司法部和各州关于谷歌不当扣留微软某些广告技术的指

---

① U.S. v. Microsoft Corp., 97 F. Supp. 2d 59 (D.D.C. 2000); U.S. v. Microsoft Corp., 253 F.3d 34 (D.C. Cir. 2001).

② Final Judgment, Civil Action No. 98-1232 (CKK) (November 1 2, 2002); Modified Final Judgment, Civil Action No. 98-1232 (CKK) (September 7, 2006).

③ U.S. and Plaintiff States v. Google (2020).

④ Complaint in U.S. and Plaintiff States v. Google LLC (2020) No. 1:20-cv-03010, 37-52.

控[①]。这个案子最后完结还需要较长的时间，因为谷歌已经表示要提起上诉。

2023 年 1 月，美国司法部联合 8 州再次起诉谷歌，指控谷歌通过收购广告技术竞争对手和利用市场地位强迫出版商以及广告商使用其产品，试图垄断发布方广告服务器（publisher ad servers）市场和广告交易（ad exchanges）市场以及广告商广告网络（advertiser ad networks）市场，同时还从事搭售等垄断行为[②]，并要求至少剥离谷歌广告管理系统[③]。

针对大型数字平台的反垄断诉讼“美国诉苹果等公司案”（United States v. Apple, Inc.et al.）（2015 年）[④]是美国司法部于 2012 年提起的另一个具有里程碑意义的反垄断案件。美国司法部指控苹果公司与五家主要图书出版商达成协议，为电子书建立新的定价模式。在新模式下，出版商将自行设定电子书的价格，而苹果从每笔销售中收取 30%的佣金[⑤]。

2015 年，第二巡回上诉法院最终裁定苹果公司与出版商合谋提高电子书价格。法院认定，苹果公司在这起共谋中扮演了核心角色，并与出版商协调，消除价格竞争，提高销售价格。作为裁决的结果，苹果被要求终止与出版商的协议，并支付 4 亿美元来了结反垄断索赔，五家出版商则支付了 1.66 亿美元[⑥]。

经济分析在此案中发挥了关键作用，因为司法部和法院运用经济分析来评估所谓的价格操纵阴谋对电子书市场竞争的影响。具体来说，司法部提供了证据表明该阴谋提高了电子书的价格、减少了产量并消除了市场竞争。法院依据这一证据认定苹果违反了反垄断法。合理原则也是此案的核心，因为法院应用了合理原则分析来评估所谓的价格操纵阴谋的影响。法院发现，操纵电子书价格的阴谋具有显著的反竞争效果，包括对消费者的价格上涨和电子书市场产量的减少。[⑦]

然而，在某些情况下仍然需要遵循本身违法原则，而不需要对其对竞争的影响进行详细的经济分析。例如，价格操纵和围标几乎总是被视为本身是非法的，因为它们被认为无法提供合法且可衡量的促进竞争的益处，本质上对竞争有害。上面“美国诉苹果等公司案”中，法院认为，苹果公司与出版商就电子书定价

---

① https://www.justice.gov/opa/pr/justice-department-statements-us-district-court-district-columbias-decision-us-v-google； https://www.politico.com/news/2024/08/05/google-antitrust-lawsuit-00172678. 2024 年 8 月 6 日查阅。Memoradum Opinion in in U.S. and Plaintiff States v. Google LLC (2020) . No. 1:20-cv-03010.

② Complaint in U.S. and Plaintiff States v. Google LLC (2023), 1:23-cv-00108, 132-139.

③ Complaint in U.S. and Plaintiff States v. Google LLC (2023), 1:23-cv-00108, 140.

④ United States v. Apple, Inc. et al., 952 F. Supp. 2d 638 (S.D.N.Y. 2013); United States v. Apple, Inc., 791 F.3d 290 (2d Cir. 2015).

⑤ Complaint in United States v. Apple, Inc., 952 F. Supp. 2d 638 (S.D.N.Y. 2013), 12-30.

⑥ https://www.justice.gov/archives/opa/blog/e-book-retailers-distribute-400-million-victims-apple-led-conspiracy. 2023 年 3 月 8 日查阅。

⑦ United States v. Apple, Inc., 791 F.3d 290 (2d Cir. 2015), 297, 329-335.

采用代理模式的协议本身是非法的，因为它们构成了竞争对手之间的横向价格合谋[①]。

对数字经济有影响的反垄断执法，还有"联邦贸易委员会诉高通案"(2019年)[②]。2017年1月，美国联邦贸易委员会指控高通公司通过以下方式滥用其市场支配力：拒绝按照行业标准的要求，以公平、合理和非歧视条款，将其标准必要专利（standard essential patents，SEPs）许可给竞争对手的芯片制造商；对其标准必要专利收取过高的使用费率；利用其在无线芯片市场的主导地位迫使智能手机制造商购买无线芯片之前获得高通专利许可；与苹果达成独家交易协议。美国联邦贸易委员会认为这些做法损害了无线芯片市场的竞争和创新，导致价格上涨，消费者的选择减少。高通辩称其许可做法旨在激励创新并确保其知识产权得到公平补偿。2019年5月，美国加利福尼亚北区联邦地方法院圣何塞分院做出有利于联邦贸易委员会的裁决，认定高通的做法"为高通的竞争对手设置难以逾越的人为壁垒，从而阻碍其进一步开展实质性竞争"[③]。法院下令禁止高通设置无许可无线芯片的供应条件，要求高通按照公平、合理和非歧视性的条款向无线芯片供应商提供详尽的标准必要专利许可，高通不得就芯片的供应签订明示或事实上的独家交易协议，高通不得妨碍任何客户与政府机构就潜在执法或监管事宜进行沟通[④]。

2020年8月，美国第九巡回上诉法院推翻了加利福尼亚北区联邦地方法院圣何塞分院的裁决，根据"合理原则"认定为不合理的限制，要区分对消费者有害的、具有反竞争效果的限制和符合消费者最佳利益的、促进竞争的限制[⑤]。而联邦贸易委员会未能通过合理性分析证明高通的政策对无线芯片市场的消费者产生了相当大的负面影响。第九巡回上诉法院认为反竞争行为是违法的，但高度竞争（hypercompetitive）行为则不是。高通的商业行为在无线芯片市场以及更广泛的蜂窝服务和技术市场中发挥了强大而颠覆性的作用。高通"以活力、想象力、奉献精神和独创性"彰显了其经济实力[⑥]。

美国联邦贸易委员会败诉的原因主要有如下两点：第一，联邦贸易委员会没有提供足够的经济证据来支持其关于高通的做法损害了竞争或导致价格上涨的说

---

① United States v. Apple, Inc., 791 F.3d 290 (2d Cir. 2015), 297, 322-328.

② Fed. Trade Comm'n v. Qualcomm Inc., Case No. 17-CV-00220-LHK (N.D. Cal. Nov. 6, 2018); Fed. Trade Comm'n v. Qualcomm Inc., 411 F. Supp. 3d 658 (N.D. Cal. 2019); Fed. Trade Comm'n v. Qualcomm Inc., 969 F.3d 974 (9th Cir. 2020).

③ Fed. Trade Comm'n v. Qualcomm Inc., 411 F. Supp. 3d 658 (N.D. Cal. 2019), 797.

④ Fed. Trade Comm'n v. Qualcomm Inc., 411 F. Supp. 3d 658 (N.D. Cal. 2019), 820-823.

⑤ Fed. Trade Comm'n v. Qualcomm Inc., 969 F.3d 974 (9th Cir. 2020), 989.

⑥ Fed. Trade Comm'n v. Qualcomm Inc., 969 F.3d 974 (9th Cir. 2020), 1006.

法。第二，许多智能手机制造商为高通作证，认为高通的许可做法是公平合理的，这使得联邦贸易委员会更难证明高通的许可做法损害了竞争或导致消费者价格上涨。

“联邦贸易委员会诉高通案”凸显了快速发展的数字经济行业中反垄断问题的复杂性，并展示了平衡知识产权持有人利益与促进竞争和创新的需要所面临的挑战。该案还强调了以经济分析和合理原则为重点的反垄断执法方法的重要性。

总的来说，数字技术的发展带来了新的反垄断挑战，需要通过反垄断立法和执法的演变来应对这些挑战。随着数字市场的不断发展和演变，反垄断执法继续在确保这些市场中的竞争和保护消费者方面发挥重要作用。

第 3 章　欧盟和中国等地区或国家反垄断立法和实践的演变

3.1　欧盟反垄断立法和实践的发展

3.1.1　概述

在 20 世纪 50 年代欧洲煤钢共同体（European Coal and Steel Community，ECSC）和欧洲经济共同体（European Economic Community，EEC）成立之前，欧盟（European Union，EU）成员国在促进竞争和防止反竞争行为方面的努力有限，而且几乎没有协调或合作。

英国作为曾经的欧盟成员国，是欧洲最早建立反垄断制度的国家。1948 年，英国通过了《垄断和限制行为（调查和控制）法》[①]，这是欧盟成员国的第一部反垄断法。依据该法，英国设立了垄断委员会来调查反竞争行为，垄断委员会有权调查合并、收购和其他可能损害竞争的商业行为。垄断委员会还可以建议引入新的立法或法规来促进竞争和防止反竞争行为。1956 年，英国通过《限制性贸易行为法》[②]，该法禁止操纵价格和其他反竞争行为。

德国于欧洲经济共同体成立的 1957 年通过了其第一部反垄断法《反限制竞争法》（The Law Against Restraints of Competition）[③]。《反限制竞争法》禁止卡特尔和其他反竞争行为，并且还设立了竞争机构联邦卡特尔办公室，以执行该法，该法经过不断修订，目前仍然有效。

尽管有这些早期的努力，但欧盟各个成员国的反托拉斯执法往往是有限且零散的。欧洲经济共同体的成立为整个欧洲更加协调和有效的反垄断执法提供了框架。在欧洲经济共同体以及以后的欧盟，反垄断政策是其竞争政策的重要组成部分，欧盟竞争政策范围比反垄断政策更为宽泛，还包括其他工具和手段，如国家

---

① Monopolies and Restrictive Practices (Inquiry and Control) Act 1948, c. 66 (UK), https://vlex.co.uk/vid/monopolies-and-restrictive-practices-808464673. 2023 年 4 月 2 日查阅。

② Restrictive Trade Practices Act 1956, c. 68,4 & 5 Eliz. 2 c. 68 (UK), https://cdn.nationalarchives.gov.uk/documents/information-management/osp34.pdf. 2023 年 4 月 2 日查阅。

③ Gesetz gegen Wettbewerbsbeschränkungen (GWB), BGBl. I, 1957, 1081 (Ger.), https://www.gesetze-im-internet.de/englisch_gwb/englisch_gwb.html. 2023 年 4 月 2 日查阅。

援助和外国补贴控制。

随着欧盟的发展壮大，其反垄断政策也随之发展变化，以应对不断变化的政治、经济和法律环境。反垄断政策在推动该地区经济一体化、确保公平竞争和防止市场扭曲方面发挥了核心作用。

欧盟传统竞争政策包括三个部分，即禁止包括卡特尔和滥用市场地位的垄断行为、并购控制和国家援助控制。欧盟定义的国家援助是指成员国有选择地授予企业的任何形式的优惠，本质上也就是补贴。为了避免欧盟成员国之间进行补贴竞赛，欧盟通过实施国家援助控制政策以确保各成员国补贴支出用于提升共同利益，而不会扭曲竞争，维持内部市场上公司之间的公平竞争环境。近年来，欧盟认为外国补贴促进了对欧盟企业的收购、影响了投资决策、扭曲了服务贸易或以其他方式影响了欧盟企业，为竞争创造了不公平的竞争环境①。因此，欧盟将对外国补贴规制的政策也纳入到竞争政策的框架，欧洲议会和欧盟理事会分别在 2022 年 11 月 10 日和 28 日通过了《外国补贴条例》②，并于 2023 年 1 月 12 日生效。本章提及的欧盟竞争政策或者反垄断政策均不包括国家援助控制政策和外国补贴规制政策，仅包括其余两部分传统的反垄断政策。

下面将欧盟自欧洲经济共同体成立以来的反垄断实践分为三个阶段，以此来分析其政策演变以及相关执法情况。

3.1.2　形成期（1951～1980 年）

1. 欧洲经济共同体的反垄断立法

1951 年，欧洲煤钢共同体的成立是欧洲经济共同体反垄断政策发展的重要先驱。欧洲煤钢共同体条约包括旨在促进煤炭和钢铁行业竞争的条款，比如，该条约第 4 条禁止可能妨碍共同市场正常运作的协议和做法，包括固定价格或生产配额。欧洲煤钢共同体条约还设立了一个高级别机构（high authority），负责在煤炭和钢铁行业执行竞争政策，该机构有权调查和制裁从事反竞争行为的公司，如价格操纵或市场共享协议。这些规定为随后成立的欧洲经济共同体的竞争政策和反垄断执法奠定了基础。

欧洲经济共同体（European Economic Community，EEC）于 1957 年通过《罗

① Commission Proposal for a Regulation of the European Parliament and of the Council on foreign subsidies distorting the internal market, COM(2021) 223 final, https://eur-lex.europa.eu/legal-content/EN/TXT/PDF/?uri=CELEX:52021PC0223&from=EN. 2023 年 4 月 3 日查阅。

② Council Regulation 2022/2560, 2022 O.J. (L 330) 1 (EU), https://eur-lex.europa.eu/legal-content/EN/TXT/PDF/?uri= CELEX:32022R2560&from=EN. 2023 年 4 月 3 日查阅。

马条约》。《罗马条约》第 85 条[①]禁止公司之间达成限制竞争的协议，如固定价格、市场共享和产量限制。该规定适用于竞争对手之间的横向协议和供应链不同级别的公司之间的纵向协议。《罗马条约》第 86 条[②]禁止公司滥用市场支配地位。该条款旨在防止占主导地位的公司从事损害竞争和消费者的反竞争行为，如掠夺性定价或独家交易。

第 85 条第 2 款规定，第 85 条第 1 款禁止的协议应"自动无效"。自动无效也称为自动非法或本身非法，意味着某些类型的协议被认为本质上是非法的，因此不需要评估它们对竞争的实际影响。换句话说，仅存在此类协议就足以确定其违法性。不过该条第 3 款也规定了一定情况下的豁免，即有助于改善商品生产或分销或促进技术或经济进步的协议，同时允许消费者公平分享由此产生的利益，从而免于被禁止。

为了更好地执行和落实《罗马条约》第 85 条和第 86 条，欧洲经济共同体于 1962 年 2 月 21 日发布了《实施罗马条约第 85 条和第 86 条的第 1 号条例（第 17/62 号理事会条例）》[③]。该条例对《罗马条约》第 85 条和第 86 条的具体运用做了更为细化的规定。比如，第 85 条第 1 款关于禁止协议的通知对此就做出较为详细的规定；对于《第 17/62 号理事会条例》生效前存在的第 85 条第 1 款禁止的协议是否需要通知欧洲经济共同体委员会，以及设立过渡期等做出了规定；第 85 条第 3 款下的豁免如何获得以及豁免的有效期等都做出了相应的规定。该条例的通过澄清了《罗马条约》第 85 条和第 86 条的模糊之处。首先，将第 85 条明确为禁止卡特尔；其次，明确将打击卡特尔（第 85 条）置于比监督市场支配地位（第 86 条）更为优先的位置；最后，赋予欧洲经济共同体委员会广泛的权力，成员国专家委员会仅提供咨询服务。

但是，《第 17/62 号理事会条例》的实施导致向欧洲经济共同体委员会[④]通知申报的数量激增，到 1963 年 4 月，欧洲经济共同体委员会就收到了涉及第 85 条第 1 款的 36 000 多份通知。由于反垄断在欧洲仍然是一个新领域，要在短时间内完成上述通告的卡特尔评估是一项几乎不可能完成的任务。为此，1965 年通过了一个条例，即《关于第 85 条第 3 款适用于某些类别的协议和协同行为的第 19/65

---

① 经 1997 年《阿姆斯特丹条约》修订后的《欧洲共同体条约》第 81 条；2007 年《里斯本条约》签订后，《欧洲共同体条约》演变为《欧洲联盟运作条约》，该条款编号修订为第 101 条。

② 经 1997 年《阿姆斯特丹条约》修订的《欧洲共同体条约》第 82 条；2007 年《里斯本条约》签订后，《欧洲共同体条约》演变为《欧洲联盟运作条约》，该条款编号修订为第 102 条。

③ Council Regulation 17, 1962 O.J. (L 204) 62 (EEC), https://eur-lex.europa.eu/legal-content/EN/TXT/PDF/?uri=CELEX:31962R0017&from=EN. 2023 年 4 月 4 日查阅。

④ 无论是在欧共体还是欧盟时代该机构的英文均为 European Commission，为了区分，分别翻译为欧共体委员会和欧盟委员会。

号理事会条例》[①]，其中的一项重要原因就是“鉴于根据第 17 号条例提交的大量通知，为了方便委员会执行任务，委员会应该能够通过条例宣布第 85 条第 1 款的规定不适用于某些类别的协议和协同行为”[②]。该条例是为了更好落实第 85 条第 3 款的除外（即豁免），从而减少向欧洲经济共同体委员会的通知数量。该条例通过提供有关可能符合条件的协议和做法类型的指南，阐明了豁免的范围。它确定了假定符合第 85 条第 3 款的某些类别的协议和做法，例如与研发、技术合作和标准化有关的协议和做法就属于此类。该条例还规定了评估协议或做法是否属于第 85 条第 3 款范围的标准，如协议或做法是实现既定目标所必需的，而不是消除竞争的必要条件。这个条例为欧共体以及欧盟针对纵向协议的集体豁免奠定了基础。

理事会还在 1971 年通过了适用于横向协议的豁免条例，即《关于第 85 条第 3 款适用于各类协议、决定和协同行为的第 2821/71 号理事会条例》[③]，该条例是主要针对标准化、研发和专业化的卡特尔协议所做出的规定。

欧洲经济共同体在 1962 年针对运输部门引入了第一个特定部门的豁免，允许运输公司之间的某些协议免于适用《罗马条约》第 85 条。随后在 1966 年对农业部门也实行了类似的豁免。

2. 反垄断执法机构的设立

成立于 1952 年的欧洲法院（European Court of Justice，ECJ），在欧洲经济共同体以及欧盟竞争法的发展中发挥了关键作用。欧洲法院有权解释和适用包括反垄断法在内的欧盟法律，并发布了一系列影响欧洲经济共同体以及欧盟竞争政策和执法的具有里程碑意义的判决。

欧洲经济共同体委员会（Commission of European Economic Communiy）[④]成立于 1957 年，是欧洲经济共同体的执行机构，其职责之一就是负责执行欧洲经济共同体竞争法，并有权调查和制裁从事反竞争行为的公司。

根据 1962 年《第 17/62 号理事会条例》，欧洲经济共同体成立了咨询性质的“限制性做法和垄断咨询委员会”（Advisory Committee on Restrictive Practices and Monopolies）。该委员会的成立旨在通过就涉及反竞争协议、协同行为和支配地位的案件提供建议，协助欧洲经济共同体委员会执行欧洲经济共同体竞争法。

---

① Council Regulation 19/65, pmbl. ¶ 7, 1965 O.J. (36) 533 (EEC), https://eur-lex.europa.eu/legal-content/EN/ALL/?uri=CELEX:31965R0019.2023 年 4 月 12 日查阅。

② Regulation No 19/65/EEC of the Council of 2 March 1965, ¶ 8.

③ Council Regulation 2821/71, 1971 O.J. (L 285) 46 (EEC), https://eur-lex.europa.eu/legal-content/EN/TXT/?uri=CELEX%3A31971R2821. 2023 年 4 月 12 日查阅。

④ 1967 年欧洲经济共同体、欧洲煤钢共同体和欧洲原子能共同体合并为欧共体后，更名为“欧洲共同体委员会”（简称“欧共体委员会”）。1993 年欧盟成立后，又更名为欧盟委员会（European Commission）。

3. 欧洲经济共同体的反垄断执法

“Consten 和 Grundig 诉欧洲经济共同体委员会案”（Consten and Grundig v. Commission）[①]是欧盟竞争法中具有里程碑意义的案例，该案例确立了知识产权不能被用来为反竞争行为辩护的原则。此案于 1966 年由欧洲法院审理，涉及 Grundig 收音机的法国进口商和分销商 Consten 与德国收音机制造商 Grundig 之间的纵向协议。Consten 和 Grundig 之间的协议要求 Consten 从制造商处独家购买所有 Grundig 收音机，并在法国以固定价格销售。该协议被发现违反了《罗马条约》第 85 条。但是被告认为该协议对于保护它们的知识产权是必要的，并且不具有反竞争效果。然而，欧洲法院驳回了被告的辩护，认为知识产权不能被用来为限制欧洲经济共同体竞争的行为辩护。“Consten 和 Grundig 诉欧洲经济共同体委员会案”为欧洲经济共同体竞争法在纵向协议领域的执行树立了重要先例。它确定公司不能依靠知识产权为反竞争行为辩护，并且欧洲经济共同体法律禁止限制竞争的协议，无论其存在的原因如何。

“大陆制罐公司诉欧共体委员会案”（Continental Can v. Commission）[②]是欧共体的又一起重大反垄断案，于 1973 年审结。该案涉及罐装行业多家公司之间的反竞争横向协议，其中包括大陆制罐公司、美国制罐公司和皇冠软木塞及封装公司。参与该协议的公司被发现从事价格操纵和市场共享行为，限制了欧洲制罐市场的竞争。欧共体委员会对涉案公司的反竞争行为处以罚款，此案为欧共体委员会在横向协议领域执行欧洲经济共同体竞争法开创了先例。而且此案涉及的几家公司均为美国国籍，因而也确立了欧共体委员会在具有跨境影响的案件中执行竞争法的权力，无论所涉公司的国籍如何。

有关滥用相关产品市场支配地位的典型案例是 1976 年开始、1978 年结案的“联合品牌诉欧共体委员会案”（United Brands v. Commission），也称为“奇基塔（Chiquita）香蕉案”[③]。联合品牌公司（United Brands Company）是欧洲主要的香蕉供应商，主要使用“奇基塔”（Chiquita）品牌，联合品牌公司禁止其分销商销售其他渠道供应的香蕉，每周固定定价；在不同的成员国收取更高的价格。欧共体委员会指控联合品牌公司通过在几个欧洲国家对香蕉征收过高的价格而从事掠夺性定价行为，欧共体委员会认定联合品牌公司滥用其市场支配地位，违反了《罗

① Joined Cases 56 & 58/64, Établissements Consten S.à.R.L. & Grundig-Verkaufs-GmbH v. Comm’n of the European Econ. Cmty., 1966 E.C.R. 299, https://eur-lex.europa.eu/legal-content/EN/TXT/?uri=CELEX%3A61964CJ0056. 2023 年 4 月 8 日查阅。

② Case 6/72, Europemballage Cor& Continental Can Co. v. Comm’n of the European Cmtys., 1973 E.C.R. 215, https://eur-lex.europa.eu/legal-content/EN/TXT/?uri=CELEX%3A61972CJ0006. 2023 年 4 月 8 日查阅。

③ Case 27/76, United Brands Co. & United Brands Cont’l BV v. Comm’n of the European Cmtys., 1978 E.C.R. 207, https://eur-lex.europa.eu/legal-content/EN/TXT/?uri=CELEX%3A61976CJ0027. 2023 年 4 月 9 日查阅。

马条约》第 86 条，对联合品牌公司处以罚款，并责令该公司降低香蕉价格。该案对于确立禁止具有市场支配地位的公司从事不正当竞争行为（如强加过高的价格）的原则具有重要意义。

欧洲经济共同体以及欧共体在这段时间的反垄断执法具有的几个特点：

第一，集中化的反托拉斯体制。根据《第 17/62 号理事会条例》，欧洲经济共同体建立起了一套集中化的反托拉斯体制，共同体委员会根据《罗马条约》第 85 条和第 86 条负责调查和起诉反竞争行为和协议。共同体委员会有权进行现场检查、收集证据并对违反欧盟竞争法的公司处以罚款。

第二，关注反竞争协议。在欧洲经济共同体竞争法的早期，人们非常关注反竞争协议，特别是卡特尔和价格固定协议。共同体委员会根据《第 17/62 号理事会条例》使用其权力调查从事这些行为的公司，并对其予以处罚。

第三，反垄断领域判例法的发展。随着欧共体竞争法法律框架的建立，欧共体委员会和欧洲法院通过其决定制定了一套判例法。该判例法有助于阐明其竞争法的适用范围，并为未来的案件审判开创了重要的先例。

第四，专注于成员国国内市场。在欧共体竞争法的早期，执法重点主要放在单个成员国的国内市场上。案件通常涉及活跃于单个成员国或少数成员国的公司。

第五，违法认定的标准和分析方法并未成型。总体而言，在这个期间，"本身违法原则"、"合理原则" 和 "经济分析" 等概念尚未在共同体反垄断执法中得到充分发展或应用。然而，一些早期的发展将为它们未来在欧盟反垄断执法中的应用奠定基础。

3.1.3　现代化时期（1980～2000 年）

20 世纪后 20 年，随着欧盟的建立，原来《第 17/62 号条例》建立的集中化反垄断体制已经不能适应发展变化了的内外环境，欧盟委员会认为需要进行根本性的改革（European Commission，1999）。欧盟在反垄断立法范围和执法理念等方面逐步发生了显著的变化。

1. 反垄断立法的发展

在这个阶段，欧共体在反垄断立法方面的最大发展是通过了《1989 年关于合并控制的第 4064/89 号理事会条例》（简称《1989 年合并控制理事会条例》）[①]。在这个条例通过之前，欧共体没有针对企业并购的相关立法，欧共体对合并仅能根据第 85 条（现为《欧盟运作条约》第 101 条）和第 86 条（现为《欧盟运作条约》第 102 条）进行事后控制，而不能根据这些条款进行事前控制。特别是 1973 年通

---

① Council Regulation 4064/89, 1989 O.J. (L 395) 1 (EEC), https://eur-lex.europa.eu/eli/reg/1989/4064/oj/eng.

过的大陆制罐公司诉欧共体委员会案，欧洲法院确立了企业通过并购竞争对手获得市场优势地位将被认定为滥用市场地位的原则，从而扩大了第 86 条的适用范围。随后在 1987 年的欧洲法院针对菲利普莫里斯烟草公司案[①]的裁决中，将第 85 条也纳入到针对企业并购控制的执法范围内。

然而这些努力并没有真正解决企业并购立法缺失的问题。1973 年，欧共体委员会就开始了针对企业并购立法的努力，由于第一次石油危机以及欧共体理事会中英国、法国和德国的反对，最初的立法尝试并不成功。直到开始单一市场建设后，面对变化了的经济和商业环境，成员国才改变了抗拒的态度，转而支持在共同体（随后的欧盟）层面制定统一的并购控制条例。

根据合并条例，满足特定营业额门槛的合并和收购须由欧共体委员会审查，以确定并购行为是否强化并购企业的市场支配地位，从而严重限制欧洲经济区（European Economic Area，EEA）的有效竞争。欧共体委员会可以无条件地批准一项合并，也可以有条件（称为“承诺”）批准它，或者如果并购可能导致有效竞争的重大障碍，则完全禁止它。1989 年出台的合并条例代表了欧盟竞争法演变的重大发展，因为它为欧共体的合并和收购审查建立了一个清晰且可预测的框架。这有助于确保在欧共体经营的公司有一个公平的竞争环境，并促进了商品和服务单一市场的发展。在集中控制中，欧共体委员会此时采用的是“市场支配地位”[②]标准，这个标准与美国早在《克莱顿反托拉斯法》确定的“实质性限制竞争”标准存在差异，对合并各方更为宽松一些。

如果集中不会强化并购企业的市场支配地位，从而不会严重限制共同市场或者共同市场很大一部分区域的有效竞争，那么该集中应当被宣布为与共同市场相容。

《1989 年合并控制理事会条例》在 1997 年被《修订“1989 年关于合并控制的第 4064/89 号理事会条例”的第 1310/97 号理事会条例》（简称《1997 年合并控制理事会条例》）修订[③]。主要修订内容包括：第一，延长审查期。该法规将欧盟委员会审查合并的初步审查期从一个月延长至一个半月。第二，暂停集中。如果欧盟委员会认为合并可能严重损害欧盟的竞争，那么委员会有权在调查期间暂停集中。第三，加强信息收集。提高了欧盟委员会从公司和第三方收集信息的能力，从而可以对其进行更全面的审查。第四，更明确的评估标准。明确了评估并购与

① Joined Cases 142 & 156/84, British Am. Tobacco Co. v. Comm'n of the European Cmtys., 1987 E.C.R. 4487, https://eur-lex.europa.eu/resource.html?uri=cellar:9d2bd1a2-c725-4f22-8efc-b6a78f07de85.0002.03/DOC_2&format=PDF. 2023 年 4 月 11 日查阅。

② Council Regulation 4064/89, art. 2, 1989 O.J. (L 395) 1 (EEC).

③ Council Regulation 1310/97, 1997 O.J. (L 180) 1 (EC), https://eur-lex.europa.eu/eli/reg/1997/1310/oj/eng. 2023 年 4 月 12 日查阅。

内部市场兼容性（compatibility）的标准，使得更容易确定并购是否被批准或阻止。第五，强化承诺（commitment）①。欧盟委员会获得了更大的权力来实施承诺，如资产剥离或行为承诺，以解决合并引起的竞争问题。第六，第三方访问。允许第三方（例如竞争对手和客户）在合并审查过程中提供意见和信息。

《关于第 85 条第 3 款适用于某些类别的协议和协同行为的第 1215/1999 理事会条例》（简称《第 1215/1999 理事会条例》）②和《关于条约第 81 条第 3 款对纵向协议和协同行为类别适用的第 2790/1999 号委员会条例》（简称《1999 年集体豁免条例》）③是欧盟竞争法演变过程中的重要立法。前者是对《第 19/65 号理事会条例》的修订，扩大了纵向协议集体豁免的范围，引入了一种新的协议类别，称为"核心限制"，这些协议被排除在集体豁免的好处之外。《第 1215/1999 理事会条例》还明确了适用集体豁免的条件，并规定了对不符合集体豁免条件的协议进行个别豁免的可能性。后者则更为具体地落实了《罗马条约》第 85 条第 3 款的例外规定，为公司之间的某些类别的协议提供了一个安全港，这些协议被认为对竞争有积极影响，因此不需要单独评估是否符合欧盟竞争规则。

根据《1999 年集体豁免条例》，公司之间的某些类型的协议，如研发协议、联合采购协议和某些类型的分销协议，被认为对竞争有积极影响，不受《罗马条约》第 85 条的约束。但是，《1999 年集体豁免条例》仅适用于符合特定标准（例如市场份额门槛）的协议，并且各方仍必须确保其协议不会对竞争产生任何负面影响。《1999 年集体豁免条例》还包括针对每一类豁免协议的具体规则和条件。《1999 年集体豁免条例》的目的是为公司提供更强的法律确定性，并减少遵守欧盟竞争规则的行政负担，从而有助于促进创新、提高效率和消费者福利。

此后，欧盟委员会 2000 年还颁布了《纵向限制指南》④，以进一步细化落实纵向协议的集体豁免制度。

随着在 1962 年开始针对特定行业实行豁免，多年来，特定行业的豁免数量不断增加，到 20 世纪 90 年代，已有 20 多种不同的豁免，涵盖海运、航空运输、保险和广播等行业。然而，针对特定行业的豁免的使用因在反垄断规则的应用中造

① 与美国的补救措施类似。美国反垄断完全是通过司法程序完成的，因此恢复市场竞争或者消除竞争担忧的措施在法院裁决中都被称为补救措施（救济措施）。而欧盟反垄断是由欧盟委员会做出行政裁决的。在做出行政裁决之前，企业采取措施来消除竞争担忧，这些措施被称为承诺。如果欧盟委员会认定已经存在反竞争行为，需要采取措施来恢复市场竞争，那么这些措施就是补救措施。

② Council Regulation 1215/1999, 1999 O. J. (L 148) 1 (EC), https://eur-lex.europa.eu/legal-content/EN/ALL/?uri=CELEX:31999R1215. 2023 年 4 月 12 日查阅。

③ Commission Regulation 2790/1999, 1999 O.J. (L 336) 21 (EC), https://eur-lex.europa.eu/legal-content/EN/TXT/?uri=celex%3A31999R2790. 2023 年 4 月 11 日查阅。

④ Commission Notice, Guidelines on Vertical Restraints, 2000 O.J. (C 291) 1，https://eur-lex.europa.eu/legal-content/EN/ALL/?uri=celex%3A32000Y1013%2801%29. 2023 年 4 月 12 日查阅。

成不一致以及为某些行业或公司提供过度保护而受到批评。作为对这些批评的回应，欧盟委员会在 20 世纪 90 年代末开始逐步取消针对特定行业的豁免，以支持在所有行业中更加一致和透明地应用反垄断规则。如今，特定行业豁免的适用受到限制，并受欧盟竞争法规定的严格条件约束。

2. 宽大处理制度和经济分析方法的运用

这一时期的另一个重大发展是在 1996 年引入了宽大处理制度①，允许配合反垄断调查的公司获得减免罚款或完全免于罚款。该制度已成为欧盟委员会反垄断执法工具包中的重要工具。

这一时期的另一个重要发展是在反托拉斯案件中开始使用经济分析。经济分析的使用允许采用更加细致和基于证据的反垄断执法方法，并有助于确保执法决定基于严格的经济分析，而不是基于直觉或政治考虑。这种方法在涉及滥用支配地位的案件中尤为明显，在这种情况下，使用经济分析来确定公司是否拥有支配地位以及是否从事反竞争行为。欧盟委员会在 1997 年发布的《相关市场界定通告》②，就如何界定反垄断分析中的相关市场提供了指导，为评估公司是否具有支配地位或合并是否会严重限制竞争而进行的经济分析提供了前提。经济分析方法的运用有助于确保反垄断执法基于对商业行为对竞争和消费者影响的严格分析，提高反垄断决策的透明度和一致性。它还通过鼓励有利于竞争的商业实践和创新，帮助提高经济效率和促进经济增长。

3. 反垄断执法

在这个期间，欧盟的反垄断执法显著增加。欧盟委员会竞争总司（DG COMP）更加积极地调查违反反垄断法的行为，并采取了更加积极主动的执法方式。对反垄断执法的更多关注导致了一系列重大执法行动，特别是在涉及主导公司从事反竞争行为的案件中更是如此。

1991 年，欧共体启动了针对领先的液体纸盒包装生产商利乐的调查，指控其滥用其市场支配地位。此案的核心是利乐通过与客户签订独家供应合同，有效地将竞争对手拒之门外。欧共体委员会认为这些合同阻止了其他供应商进入市场，并在价格和质量上与利乐公司竞争。欧共体委员会因利乐违反《罗马条约》第 86

① Commission Notice on the Non-Imposition or Reduction of Fines in Cartel Cases, 1996 O.J. (C 207) 4, https://ec.europa.eu/competition/antitrust/legislation/96c207_en.html. 2023 年 4 月 12 日查阅。

② Commission Notice on the Definition of Relevant Market for the Purposes of Community Competition Law, 1997 O.J. (C 372) 5, https://eur-lex.europa.eu/legal- content/EN/TXT/PDF/?uri= CELEX:31997Y1209(01)&from=EN. 2023 年 4 月 12 日查阅。

条而对利乐处以高额罚款。[①]

瑞典商用车制造商沃尔沃于 1999 年宣布，它打算收购竞争对手瑞典重型卡车和公共汽车制造商斯堪尼亚。拟议中的合并将创建世界上最大的卡车制造商，其在欧洲的市场份额约为 40%。欧盟委员会根据欧盟合并条例对拟议的合并展开了深入调查。欧盟委员会认为，拟议的合并将显著减少欧洲重型卡车市场的竞争，并导致客户价格上涨，因而于 2000 年 3 月宣布阻止拟议的合并[②]。沃尔沃和斯堪尼亚在法庭上对欧盟委员会的决定表示质疑，欧洲法院在 2002 年维持了欧盟委员会的决定，裁定拟议的合并会导致在市场上占据主导地位并减少竞争。沃尔沃/斯堪尼亚案意义重大，因为它表明欧盟委员会愿意干预可能对竞争产生重大影响的合并，即使合并方来自同一国家。它还强调了合并控制案例中市场界定和分析的重要性，因为欧盟委员会的决定主要基于其发现拟议的合并将大大减少欧洲重型卡车市场的竞争。

3.1.4 全球化和数字化时期（2000～2023 年）

这个时期，一方面是生产分割背景下的新的经济全球化进入深化阶段，另一方面是互联网技术推动下的数字经济蓬勃发展。这些变化对欧盟的反垄断执法产生了重大影响，导致竞争政策面临新的挑战和机遇。欧盟通过开发新的反垄断执法工具和方法来应对这些挑战，并为在欧盟市场内运营的所有公司提供更公平的竞争环境。

1. 反垄断立法的发展

1999 年，欧盟启动的反垄断现代化议程终于在这个时期结出成果。2003 年，欧盟理事会通过《实施条约第 81 条和第 82 条竞争规则的第 1/2003 号理事会条例》（简称《第 1/2003 号理事会条例》）[③]，取代了《第 17/62 号理事会条例》。这个条例最主要的改变是将垄断协议的事先通报审查制度修改为事后审查制度。该条例的第一个特点就是采取更为分散的执法制度。在新制度下，国家竞争管理机构（National Competition Authorities，NCA）在各自国家/地区执行反垄断法方面发挥了更大的作用。欧盟委员会仍然全面负责确保欧盟竞争规则在成员国之间得到一致执行。第二个特点是举证责任的平衡。在有反竞争行为证据的情况下，举

① Commission Decision 92/163/EEC, Tetra Pak II, 1991 O.J. (L 72) 1, https://eur-lex.europa.eu/legal-content/en/ALL/?uri=CELEX:31992D0163. 2023 年 4 月 11 日查阅。

② Commission Decision in Case No. M.1672 - Volvo/Scania, 87, https://ec.europa.eu/competition/mergers/cases/decisions/m1672_en.pdf. 2023 年 4 月 11 日查阅。

③ Council Regulation (EC) No. 1/2003, 2003 O.J. (L 1) 1 (EU), https://eur-lex.europa.eu/legal- content/en/ALL/?uri=CELEX%3 A32003R0001. 2023 年 4 月 11 日查阅。

证责任转移到被调查公司，以证明其行为不违反欧盟竞争法，满足第 81 条第 3 款的条件。这一变化旨在简化和加快执法进程，并鼓励公司自行报告违规行为并与欧盟委员会合作。该条例还承认经济分析是评估商业行为的竞争影响并确定它们是否具有反竞争性的重要工具。因此，经济分析是新制度下反垄断调查过程不可或缺的一部分。该条例还引入了一些旨在简化反垄断执法程序的新程序规则。

欧盟还对《1989 年合并控制理事会条例》进行了重大修订。2004 年通过了《第 139/2004 号理事会条例》[①]，取代了《1989 年合并控制理事会条例》，并对欧盟的合并控制框架进行了多项更改，构建了合并控制的"一站式"系统。这意味着寻求合并或收购另一家公司的公司只需寻求欧盟委员会的许可，而不需要欧盟多个国家当局的许可。此外，该条例还引入了评估合并的新测试。根据新的测试，欧盟委员会必须确定合并是否"严重限制有效竞争"（significant impediment to effective competition，SIEC）[②]。这是一个比之前的"支配地位"（market dominace，MD）测试更为细致的测试，后者侧重于合并后的实体是否会在相关市场中占据支配地位。

欧盟委员会在 2004 年首先通过了《涉及委员会根据条约第 81 条和第 82 条开展工作程序的第 773/2004 号委员会条例》[③]，以落实执行《第 1/2003 号理事会条例》的程序，包括程序启动、委员会调查、投诉处理、听证权的使用和信息保密等。该条例经过多次修订，最近一次修订在 2015 年 8 月[④]。

2004 年，欧盟委员会还通过了《实施关于合并控制的第 139/2004 号理事会条例的第 802/2004 号委员会条例》[⑤]具体实施理事会的《合并控制条例》（简称《第 139/2004 号理事会条例》），主要包括如下几个方面：第一，强制通报。要求在经营者集中生效前强制通报，不遵守此通知要求可能会导致相关各方面临罚款和不利的民事法律后果。第二，移交（referral）请求。它允许企业在通知之前请求将符合要求的经营者集中由一个或多个成员国移交给欧盟委员会，反之亦然。此过程需要提供具体信息，以便欧盟委员会及其成员国当局评估是否有必要进行移交。第三，时限和法律程序。该条例规定了通知的条件和有效时限，包括时间段的开

① Council Regulation 139/2004, 2004 O.J. (L 24) 1 (EC), https://eur-lex.europa.eu/legal-content/EN/ALL/?uri=celex%3A32004R0139. 2023 年 4 月 11 日查阅。

② Council Regulation 139/2004, art. 2, 2004 O.J. (L 24) 1 (EC).

③ Commission Regulation 773/2004, 2004 O.J. (L 123) 18 (EC), https://eur-lex.europa.eu/legal-content/EN/TXT/PDF/?uri=CELEX:32004R0773&from=EN. 2023 年 4 月 11 日查阅。

④ Commission Regulation 773/2004, consolidated version, 2015 O.J. (L 123) 18 (EC), https://eur-lex.europa.eu/legal-content/EN/TXT/PDF/?uri=CELEX:02004R0773-20150806. 2023 年 4 月 11 日查阅。

⑤ Commission Regulation 802/2004, 2004 O.J. (L 133) 1 (EC), https://eur-lex.europa.eu/eli/reg/2004/802/oj/eng. 2023 年 4 月 11 日查阅。

始和结束以及可能暂停这些时间段的情况。第四，非正式讨论和问题解决。它为通知方和参与拟议集中的其他人提供了在通知之前和之后与欧盟委员会非正式和保密地讨论该事项的机会。这样做的目的是尽早发现并解决任何实际或法律问题。第五，辩护权。该法规允许通知方对欧盟委员会在其决定中考虑的所有反对意见发表评论，从而尊重辩护权。第六，查阅文件和保护机密信息。该法规规定了个人查阅欧盟委员会文件的权利、代表的条件，明确了商业秘密和其他机密信息的保护措施。第七，承诺评估。该条例规定了申报方提交承诺的程序和时限，以确保经营者集中与共同市场相兼容，包括与其他相关方、第三方和成员国当局进行协商。

《第 802/2004 号委员会条例》于 2013 年做了修订，通过了《第 1269/2013 号委员会条例》①。此次修订包括更改用于评估合并对竞争影响的标准，以及引入新程序来处理国家竞争主管机构提交的案件。2023 年 4 月，欧盟委员会通过了《第 2023/914 号委员会条例》②，从而取代了《第 802/2004 号委员会条例》。根据监管环境的不断变化，该条例对经营者集中审查进行进一步的细化和更新。欧盟委员会进一步推出了关于简化程序的新通知（《简化程序通知》）和关于文件传送的通知（《文件传送的通告》）③。欧盟委员会扩大了无问题合并简化程序的审查范围，并限制了合并通知所需的信息量。为了简化合并通知流程，欧盟委员会还构建了电子通知系统。这些进展旨在减少并购审查准备工作以及并购方向欧盟委员会通知合并的相关成本。

欧盟委员会于 2004 年通过了《技术转让集体豁免第 772/2004 号委员会条例》④。该条例就欧盟竞争规则如何适用于技术转让协议（例如许可或专有技术协议）提供了指导，其目的是促进技术转让和鼓励创新，同时确保竞争不受不当限制。该条例 2014 年到期后，被新的《第 316/2014 号委员会条例》⑤取代。

在纵向限制协议豁免方面，2022 年欧盟通过了新的欧盟委员会《集体豁免 2022/720 号委员会条例》⑥以取代 2022 年 5 月 31 日到期的 2010 年《集体豁免第

① Council Regulation 1269/2013, 2013 O.J. (L 336) 1 (EU), https://eur-lex.europa.eu/legal-content/EN/ALL/?uri=celex%3A32013R1269. 2023 年 4 月 11 日查阅。

② Regulation (EU) 2023/914, 2023 O.J. (L 119) 1, https://eur-lex.europa.eu/legal-content/en/TXT/?uri=CELEX%3A32023R0914. 2023 年 5 月 30 日查阅。

③ European Commission, Simplification of Merger Control Procedures, https://competition-policy.ec.europa.eu/mergers/publications/simplification-merger-control-procedures_en. 2023 年 5 月 30 日查阅。

④ Commission Regulation 772/2004, 2004 O.J. (L 123) 11 (EC), https://eur-lex.europa.eu/legal-content/EN/ALL/?uri=CELEX%3A32004R0772. 2023 年 4 月 11 日查阅。

⑤ Commission Regulation 316/2014, 2014 O.J. (L 93) 17 (EU), https://eur-lex.europa.eu/legal-content/EN/TXT/?uri=uriserv:OJ.L_.2014.093.01.0017.01.ENG. 2023 年 4 月 11 日查阅。该委员会条例将在 2026 年 4 月到期。

⑥ Regulation (EU) 2022/720, 2022 O.J. (L 134) 4, https://eur-lex.europa.eu/legal-content/EN/TXT/?uri=celex%3A32022R0720. 2023 年 4 月 11 日查阅。

330/2010 号委员会条例》[①]，该条例将于 2034 年 5 月 31 日到期。

在横向限制协议豁免方面，通过了《关于条约第 101 条第 3 款对各类专业化协议适用的第 1218/2010 号委员会条例》[②]，这个条例又被称为“专业化条例”。该条例适用于专门生产不同产品或提供不同服务并同意以各种方式合作以实现成本节约和效率提高的公司之间的协议。该条例为此类协议提供了“安全港”，前提是满足某些条件。例如，该条例要求协议各方的市场份额合计不超过 20%，并且协议不包含任何对实现效率收益并非必不可少的限制。该条例还要求协议不允许双方排除与所涉产品或服务相关的大部分竞争。该条例于 2022 年 12 月 31 日到期后，由《第 2022/2456 号委员会条例》[③]延期到 2023 年 6 月 30 日，到期后在 2023 年 6 月被《第 2023/1067 号委员会条例》[④]再次延期到 2035 年 6 月 30 日。

另外，欧盟委员会还通过了一个专门针对研发协议豁免的《关于条约第 101 条第 3 款对各类专业化协议适用的第 1217/2010 号委员会条例》[⑤]，该条例规定了公司之间的研发协议获得反竞争豁免的条件，主要包括：该协议是实现研发项目目标所必需的；该协议不施加超出实现研发项目目标所必需的限制；该协议并未消除大部分市场的竞争；该协议允许第三方参与研发项目；研发项目的结果以合理和非歧视的条件提供给第三方。该法规还规定了特定部门（包括制药和生物技术部门）的研发协议评估的具体规则。该条例同样于 2022 年 12 月 31 日到期后，由《第 2022/2455 号委员会条例》[⑥]延期到 2023 年 6 月 30 日，到期后在 2023 年 6 月被《第 2023/1066 号委员会条例》[⑦]再次延期到 2035 年 6 月 30 日。

欧盟委员会为了更好地指导企业和让企业了解横向协议的反垄断豁免，

---

① Council Regulation 330/2010, 2010 O.J. (L 102) 1 (EU), https://eur- lex.europa.eu/LexUriServ/LexUriServ.do?uri=OJ:L:2010:102:0001:0007:En:PDF. 2023 年 4 月 11 日查阅。该条例是对经 2004 年修订的《1999 年集体豁免条例》的取代。

② Commission Regulation 1218/2010, 2010 O.J. (L 335) 43 (EU), https://eur-lex.europa.eu/legal-content/EN/ALL/?uri=CELEX:32010R1218. 2023 年 4 月 12 日查阅。

③ Regulation (EU) 2022/2456, 2022 O.J. (L 330) 1, https://eur-lex.europa.eu/legal-content/en/TXT/?uri=CELEX%3A32022R2456. 2023 年 4 月 12 日查阅。

④ Commission Regulation 2023/1067, 2023 O.J. (L 142) 1 (EU), https://eur-lex.europa.eu/legal-content/EN/TXT/?uri=CELEX:32023R1067. 2023 年 12 月 1 日查阅。

⑤ Commission Regulation 1217/2010, 2010 O.J. (L 335) 36 (EU), https://eur-lex.europa.eu/legal-content/EN/ALL/?uri=CELEX:32010R1217. 2023 年 4 月 12 日查阅。

⑥ Regulation (EU) 2022/2455, 2022 O.J. (L 330) 1, https://eur-lex.europa.eu/legal-content/en/TXT/?uri=CELEX%3A32022R2455. 2023 年 4 月 12 日查阅。

⑦ Commission Regulation 2023/1066, 2023 O.J. (L 142) 16 (EU), https://eur-lex.europa.eu/eli/reg/2023/1066/oj. 2023 年 12 月 1 日查阅。

2011 年发布了《横向合作协议评估指南》[①]，该指南涵盖范围广泛的横向合作协议，包括联合生产协议、联合研发协议、联合采购协议以及联合销售和营销协议，并为之提供了一个结构化框架，用于评估这些协议并权衡潜在利益与潜在危害。

为了确保数字经济领域的公平竞争，欧盟在 2020 年启动了《数字服务法》（Digital Services Act，DSA）和《数字市场法》（Digital Markets Act，DMA）的立法工作。目前《数字服务法》(《第 2022/2065 号理事会和欧洲议会条例》)[②]已经在 2022 年 7 月通过，并于 11 月生效。该法为包括在线市场、社交媒体平台和搜索引擎在内的数字服务提供新的规则，从而为数字服务提供更高的透明度并建立了问责制。虽然《数字服务法》没有明确解决反垄断问题，但它确实提供了与竞争相关的条款，如要求大型在线平台提供数据访问权限，禁止其存在自我偏好。

2022 年 9 月通过、2023 年 5 月生效的《数字市场法》[③]是专门针对被认为具有强大市场势力的大型在线平台的违法行为，旨在确保这些平台不从事反竞争行为的立法，如利用其市场势力排斥竞争对手，并规定了事前监管和对违规行为处以罚款等措施。

2004 年，欧盟委员会还通过了《横向合并评估指南》[④]，为欧盟竞争法如何适用于公司之间的横向合并提供了指导。该指南提供了欧盟委员会用来评估横向合并的分析框架，包括对合并的竞争影响的详细分析，以及合并后实体提高价格、减少产量或将竞争对手排除在市场之外的可能性。该指南还就欧盟委员会如何界定相关产品和地域市场，以及如何评估合并方的市场份额提供了指导。该指南还讨论了考虑竞争对潜在进入市场的影响的重要性。除了为公司提供指导外，该指南还就如何在横向合并领域执行欧盟竞争法向欧盟国家竞争主管机构和法院提供指导。

---

① Commission Notice, Guidelines for the Assessment of Horizontal Cooperation Agreements, 2023 O.J. (C 259) 1, https://eur-lex.europa.eu/legal-content/EN/ALL/?uri=CELEX:52011XC0114(04). 2023 年 4 月 12 日查阅。

② Regulation (EU) 2022/2065, 2022 O.J. (L 277) 1, https://eur-lex.europa.eu/legal-content/EN/TXT/?uri=CELEX%3A32022R2065&qid=1666857835014. 2023 年 4 月 11 日查阅。

③ Regulation (EU) 2022/1925, 2022 O.J. (L 265) 1 (Digital Markets Act), https://eur-lex.europa.eu/legal-content/EN/TXT/?uri=uriserv%3AOJ.L_.2022.265.01.0001.01.ENG&toc=OJ%3AL%3A2022%3A265%3ATOC. 2023 年 4 月 11 日查阅。

④ Commission Notice, Guidelines on the Applicability of Article 81 of the EC Treaty to Horizontal Cooperation Agreements, 2004 O.J. (C 31) 5, https://eur- lex.europa.eu/LexUriServ/LexUriServ.do? uri=OJ:C:2004:031:0005:0018:en:PDF. 2023 年 4 月 11 日查阅。

欧盟委员会于 2008 年通过的《非横向合并评估指南》①，为评估在供应链不同层面或不同市场运营的公司之间的合并提供了指导。该指南制定了一个分析非横向合并的框架，包括市场界定、竞争效应和效率。该指南强调了分析合并公司之间竞争激烈程度的重要性，以及合并将导致市场排斥或创新减少的程度。该指南也认为非横向合并可以提高效率，如节省成本或提高产品质量，评估时应考虑这些因素。

2020 年，欧盟委员会发起了对《市场界定通知》的评估，2022 年 11 月，欧盟委员会发布了修订后的《市场界定通知草案》，征求公众意见，以便修订 1997 年的《市场界定通知》。《市场界定通知草案》的重要修订主要包括以下内容：对市场界定的原则以及为适用竞争规则而使用市场界定的方式进行说明；更加重视非价格要素，如产品和服务的创新、质量；关于市场界定的前瞻性应用的澄清，特别是在预计将经历结构性转型（例如技术或监管变化）的市场中；有关数字市场界定的新指南，如多边市场和“数字生态系统”（例如围绕移动操作系统构建的产品）；关于创新密集型市场的新原则，明确了如何评估公司在创新方面竞争的市场，包括通过管线产品（pipeline product）②进行竞争；关于地域市场界定的更多指导，包括界定全球市场的条件、评估进口的方法以及提出了按服务区域界定本地市场（例如消费品零售）的方法；关于欧盟委员会在界定市场时可能使用的定量技术的澄清，如小幅但显著且非暂时性的价格上涨（a small but significant non-transitory increase in price，SSNIP）测试；根据欧盟委员会的丰富经验和基于事实的市场界定方法，加强了对可能的证据来源及其证明价值的指导。2024 年 2 月 8 日新的《市场界定通知》③正式发布。

2. 宽大处理制度和经济分析方法的进一步发展

2006 年，欧盟委员会发布新的宽大处理通告④，将宽大处理的范围从原来 1996 年通告限于卡特尔的范围扩大到其他违反欧盟竞争法的行为，如滥用市场支配地位，同时为提供有关其参与非法行为的信息的公司提供了更为完善的违法罚款减免和宽大处理待遇，通告更加强调公司与欧盟委员会之间的合作，并要求公司在整

① Commission Notice, Guidelines on the Application of Article 81(3) of the Treaty, 2008 O.J. (C 101) 97, https://eur-lex.europa.eu/legal-content/EN/TXT/?uri=CELEX%3A52008XC1018%2803%29. 2023 年 4 月 11 日查阅。

② 指处于研发或未投放市场的产品，又可意译为“在研产品”。

③ Commission Notice, Definition of the Relevant Market for the Purposes of Union Competition Law, 2024 O.J. (C 163) 1, https://eur-lex.europa.eu/legal-content/EN/TXT/?uri=OJ%3AC_202401645. 2024 年 2 月 21 日查阅。

④ Commission Notice, Guidelines on the Method of Setting Fines Imposed Pursuant to Article 23(2)(a) of Regulation No 1/2003, 2006 O.J. (C 210) 2, https://eur-lex.europa.eu/legal-content/EN/ALL/?uri=CELEX%3A52006XC1208%2804%29. 2023 年 4 月 12 日查阅。

个调查过程中提供持续的协助。从本质上讲，宽大处理制度为那些参与卡特尔的企业提供了自我报告和移交证据的机会，也有助于欧盟委员会发现秘密卡特尔并获得侵权的内部证据，从而对卡特尔的形成具有威慑作用。但是，宽大处理不适用于纵向限制。

这个时期，经济分析在欧盟反垄断执法中发挥着越来越重要的作用。欧盟委员会和国家竞争管理机构越来越依赖经济理论和模型来理解反竞争行为、合并和协议的影响。这一时期经济分析的一个显著发展是越来越多地使用计量经济学和定量技术来分析市场和竞争。这包括使用调查和计量经济学模型等实证研究方法来分析反垄断做法对价格、创新和消费者福利的影响。

经济分析的另一个重要发展是越来越关注分析数字平台和在线市场的竞争影响。数字市场的独特特征，如多边平台、网络效应和数据驱动的商业模式，需要新的经济理论和模型来理解它们的竞争动态。

欧盟委员会还开发了新的经济工具和方法来应对反垄断执法方面的挑战。例如,欧盟委员会开发了一种方法来评估算法和人工智能在在线市场中的竞争效果。该方法涉及分析算法和人工智能对定价、市场准入和创新等因素的影响。它还涉及检查数据在算法和人工智能应用中的作用，包括与数据访问、所有权和控制相关的问题。利用这个工具，欧盟委员会发现，谷歌的算法有利于其自身的服务，从而损害了竞争和消费者，从而认定谷歌滥用其在搜索领域的主导地位，为其自身的比较购物服务提供非法优势。

3. 反垄断执法

这一时期的一个重要案例是欧盟委员会 2007 年发起的“英特尔案”[①]，该案涉及非法回扣和与计算机制造商签订排他性协议以将竞争对手公司排除在市场之外的指控。具体而言，欧盟委员会发现英特尔从事了两种类型的反竞争行为。首先，它向计算机制造商提供回扣，条件是它们从英特尔购买全部或大部分 x86 CPU。其次，它直接向计算机制造商付款，以停止或延迟推出包含超威半导体公司（Advanced Micro Devices, Inc.，AMD）CPU 的产品。欧盟委员会发现，这些做法人为地将 AMD 排除在市场之外，限制了消费者的选择，并扼杀了竞争。

2009 年 5 月，欧盟委员会因英特尔违反欧盟反垄断规则而对英特尔处以创纪录的 10.6 亿欧元罚款。针对该决定，英特尔向欧洲法院提出上诉，但 2014 年，欧洲法院维持了欧盟委员会的决定。

英特尔案例之所以引人注目，有几个原因。首先，这是欧盟委员会当时在反

① Commission Decision in Case No. AT.37990 – Intel, https://ec.europa.eu/competition/elojade/isef/case_details.cfm?proc_code=1_AT_37990. 2023 年 4 月 12 日查阅。

垄断案件中开出的最大一笔罚款。其次，它表明了欧盟委员会愿意与高科技行业的主导企业较量，在这些行业，网络效应和规模经济会使新进入者难以竞争。最后，它强调了市场界定和分析在反垄断案件中的重要性，因为欧盟委员会的决定是基于其发现 x86 CPU 市场是一个独立于更广泛的半导体市场的独立市场。

“谷歌搜索案”，又称“谷歌购物案”[①]，是指欧盟委员会于 2010 年对谷歌发起的反垄断调查。欧盟委员会认定谷歌滥用其在线搜索市场的支配地位，为其提供非法优势。欧盟委员会调查发现，谷歌在其搜索结果中将自己的比较购物服务放在显著位置，同时将竞争对手的比较购物服务降级。这被认为违反了《欧盟运作条约》第 102 条，该条规定，禁止滥用市场支配地位。谷歌还被勒令在其搜索结果中给予竞争对手比较购物服务同等待遇。该公司有 90 天的时间来遵守该裁决，随后它更改了搜索算法，以提高竞争对手比较购物服务的知名度。2017 年，欧盟委员会以谷歌违反欧盟反垄断规则为由对其处以创纪录的 24.2 亿欧元（约 27.3 亿美元）罚款。

谷歌对欧盟委员会的决定提起诉讼，但欧盟普通法院在 2021 年维持了欧盟委员会的罚款。不过，法院撤销了委员会关于谷歌有义务给予竞争对手比较购物服务平等待遇的部分决定，指出委员会没有建立评估谷歌行为是否滥用的法律测试。2024 年 9 月 10 日，欧洲法院最终维持普通法院的裁决。[②]

欧盟目前还有另外两起针对谷歌的反垄断诉讼案。一起是针对谷歌安卓系统的反垄断诉讼案，欧盟委员会在 2018 年 7 月开出了 43.3 亿欧元的罚单，[③]谷歌对于这个处罚提起了诉讼。再一个案子是针对谷歌广告服务的，欧盟委员会在 2019 年 3 月开出了 14.9 亿欧元的罚单[④]。谷歌提起上诉后，欧盟普通法院在 2024 年 9 月 18 日撤销了欧盟委员会的处罚，尽管欧洲普通法院支持欧盟委员会的大部分调查结果，但是认为欧盟委员会并未真正认定合同中的 3 项条款是否构成对市场支配地位的滥用，以及是否共同构成对《欧盟运作条约》第 102 条的单独和持续侵犯[⑤]。欧洲普通法院的裁决还不是结束，欧盟委员会可能会上诉到欧洲法院。

---

① Case AT.39740-Google Search (Shopping), https://competition-cases.ec.europa.eu/cases/AT.39740. 2023 年 4 月 12 日查阅。

② Judgment of the Court in Case C-48/22 P (Google and Alphabet v Commission (Google Shopping)), ECLI:EU:C:2024:726.

③ Commission Decision in Case No. AT.40099 – Google Android, https://competition-cases.ec.europa.eu/cases/AT.40099. 2023 年 4 月 12 日查阅。

④ Commission Decision in Case No. AT.40411 – Qualcomm (Exclusive Deals), https://competition-cases.ec.europa.eu/cases/AT.40411. 2023 年 4 月 12 日查阅。

⑤ Court of Justice of the European Union, Press Release No. 143/24, https://curia.europa.eu/jcms/upload/docs/application/pdf/2024-09/cp240143en.pdf. 2024 年 9 月 19 日查阅。

“高通案”[①]是另一起备受瞩目的反垄断案[②]。该案始于 2015 年，涉及高通 3G 标准通用移动通信系统（universal mobile telecommunications system，UMTS）的芯片组。欧盟委员会发现高通采取了“掠夺性定价”策略。高通在 2009～2011 年以低于成本的价格向两家具有重要战略意义的客户出售了一定数量的三款 UMTS 芯片组，目的是消灭当时细分市场上提供先进数据速率性能的主要竞争对手 Icera。2019 年欧盟委员会作出裁决，以高通违反欧盟反垄断规则为由对其处以 2.42 亿欧元的罚款。该公司还被勒令停止其反竞争行为，并在未来避免出现任何类似行为。高通公司对该决定提出上诉，2024 年 9 月 18 日欧洲普通法院驳回了高通的抗辩，但是调整了欧盟委员会的罚款金额，从 2.42 亿欧元调整为 2.39 亿欧元[③]。

欧盟委员会针对“万事达卡案”[④]的调查始于 2013 年，当时欧洲议会通过了一项法律，限制银行向零售商收取信用卡的支付交换费。2015 年，欧盟委员会还针对万事达卡的跨境收单规则启动了正式的调查程序，该规则阻止零售商从欧盟其他地方设立的银行所提供的更好条件中受益。欧盟委员会发现，万事达卡对欧洲经济区内的外国卡交易收取人为高额费用，导致欧盟商家和最终消费者的价格更高。调查发现，万事达卡的做法限制了市场竞争，并使商家无法从欧洲经济区以外的银行收取的较低费用中受益。调查得出的结论是，万事达卡的规则阻碍了跨境竞争，违反了欧盟反垄断规则。2019 年，欧盟委员会因违反欧盟反垄断规则对万事达卡处以 5.7 亿欧元的罚款。由于该公司配合调查，欧盟委员会对万事达卡的罚款减少了 10%。

这个阶段，欧盟反垄断执法显示出如下的特点：第一，更加关注数字市场。随着数字经济的兴起，欧盟委员会越来越关注科技行业的反垄断执法。这包括针对英特尔、谷歌、苹果、亚马逊和脸书的案件。第二，强调保护消费者。欧盟的反垄断执法越来越注重保护消费者，而不仅仅是确保竞争。这导致出现了涉及消费者隐私、数据保护和不公平定价行为等的案件。第三，全球执法合作。欧盟越来越多地采取全球反垄断执法方式，与其他司法管辖区合作调查和起诉具有跨境影响的反垄断违法行为。第四，加大罚款力度。欧盟大幅增加了对违反反垄断法的罚款，甚至近年来对某些公司处以了数十亿欧元的罚款。

---

① Case AT.39711- Qualcomm (Predation), https://ec.europa.eu/competition/elojade/isef/case_details.cfm?proc_code=1_AT_39711. 2023 年 4 月 12 日查阅。

② 参见 2.6.3 节的“联邦贸易委员会诉高通案”。

③ Court of Justice of the European Union, Press Release No. 142/24, https://curia.europa.eu/jcms/upload/docs/application/pdf/2024-09/cp240142en.pdf. 2024 年 9 月 19 日查询。

④ Commission Decision in Case No. AT.40049 – MasterCard Inter-Regional MIF Monitoring, https://competition-cases.ec.europa.eu/cases/AT.40049. 2023 年 4 月 12 日查阅。

3.2 中国反垄断立法和实践的发展

3.2.1 概述

中华人民共和国成立之后的近 30 年时间里，我国实行了严格的计划经济体制，不存在市场竞争（吴汉洪等，2008）。在计划经济体制下，国家对经济活动进行了高度集中管理，资源配置主要由政府主导（Lange，1937；Kornai，1992），因而反垄断就无从谈起。

自 1978 年改革开放启动后，我国开始逐步引入市场竞争机制来提升资源配置的效率，但是一直到 1992 年之前，“计划”仍然占据中心或者重要地位。之后，市场开始在经济活动中发挥日益重要的作用。为了维护市场经营者的合法权益，保证市场竞争机制能够在一种有效、合理、良性的状态下运行，我国加强了经济和市场方面的立法（吴汉洪等，2008）。

1992 年，党的十四大确立了社会主义市场经济体制改革目标，特别是 1993 年，中共十四届三中全会通过了《中共中央关于建立社会主义市场经济体制若干问题的决议》后，市场在资源配置中的作用日益重要。如何通过保护和促进竞争，实现社会福利最大化并维护消费者利益的问题日渐凸显。关于维护市场竞争的立法和执法进入了一个全新的阶段。

但是，一直到 2007 年我国才通过第一部《反垄断法》，并于 2008 年 8 月 1 日生效。它是中国反垄断政策体系建设的重要里程碑，标志着中国反垄断政策框架的基本形成（吴汉洪等，2008；倪红福和冀承，2021），不仅是我国经济体制改革的必然结果，而且也是我国经济体制改革深化的重要推动力（王晓晔，2018）。

《反垄断法》通过后，我国建立了分属不同政府行政部门的反垄断执法机构，以落实和加强《反垄断法》的实施。2018 年，我国将分散的反垄断执法机构统一整合到国家市场监督管理总局（简称“国家市场监管总局”），以提高执法效率。

下面按照《反垄断法》通过和反垄断执法体制调整两个时间点，分三个阶段介绍中国反垄断立法和实践方面的发展变化。

3.2.2 2007 年反垄断立法之前

1. 反垄断立法和相关政策

在改革开放初期，为促进经济发展和市场竞争，1980 年 10 月 17 日国务院发布了我国历史上第一个有关竞争的行政法规，即《关于开展和保护社会主义竞争的暂行规定》[①]。该暂行规定旨在明确社会主义竞争的原则和措施，保障国家经济改革的顺利进行。该暂行规定对于推动中国经济改革初期的发展具有重要意义。一方面，它体现了改革开放政策下，我国对市场竞争的重视，推动了国有企业之间的竞争，为提高生产效率和产品质量创造了条件。另一方面，该暂行规定也为市场竞争行为设定了一定的规范，有助于维护市场秩序，防止恶性竞争和市场失序现象的出现。

然而，这一政策在实际操作中仍然存在一定局限性，如对竞争规则的界定不够明确，对市场秩序的保护和监督力度不够强大等。另外，仍然保留了一些计划经济下的错误认识，比如，将“投机倒把”视为违法的行为。

此后，国务院发布的《广告管理条例》和《中华人民共和国价格管理条例》也涉及对不正当竞争行为和固定价格等行为的约束。

1993 年发布的《中华人民共和国反不正当竞争法》是我国第一部市场经济背景下为规范市场经济秩序、保护市场公平竞争、维护消费者利益而制定的法律。该法明确了公平、诚信、自愿、互利等基本原则。该法规定的违法行为中属于垄断行为的包括公用企业滥用市场支配地位、行政性垄断、掠夺性定价、搭售和串通投标等。该法也明确了违反规定的行为应承担的法律责任，包括行政处罚、赔偿损失、承担民事责任等，为维护市场秩序提供了有力的法律手段。但是，该法律的侧重点在于规范市场行为，而非直接针对垄断行为进行规制。

此后，1997 年通过的《中华人民共和国价格法》对价格卡特尔、掠夺性定价和价格歧视作出处罚规定；1999 年通过的《中华人民共和国招标投标法》对串通招投标的行为及处罚作出了规定。

进入 2000 年后，国务院还发布了针对地区封锁和市场经济秩序的行政性规定或者决定[②]，查处行政机关、事业单位、垄断性行业和公用企业妨碍公平竞争，阻挠外地产品或工程建设类服务进入本地市场的行为，以及其他各种限制企业竞争的做法。中华人民共和国对外贸易经济合作部（简称“外经贸部”，2003 年 3 月，根据第十届全国人民代表大会第一次会议审议通过的《国务院机构改革方案》，不再保留对外贸易经济合作部）和中华人民共和国国家发展和改革委员会（简称“国家发展改革委”）等也发布了部门规章，对外资企业并购的反垄断审查和制止价格垄断行为作出了规定[③]。

---

① http://www.reformdata.org/1980/1017/9986.shtml. 2023 年 4 月 21 日查阅。

②《国务院关于禁止在市场经济活动中实行地区封锁的规定》和《国务院关于整顿和规范市场经济秩序的决定》。

③《外国投资者并购境内企业暂行规定》和《制止价格垄断行为暂行规定》。

2. 反垄断执法机构

在这段时间里的反垄断执法机构包括：负责外商并购内资企业审查和进出口贸易中垄断行为查处的对外贸易经济合作部；负责价格卡特尔监管的国家发展改革委；负责查处滥用市场支配地位和滥用行政权力，排除竞争、限制竞争等与价格无关行为的中华人民共和国国家工商行政管理总局（简称“国家工商总局”）（倪娜和万欣，2010）。

依照相关法规获得相应授权的反垄断行政执法分工体系，为日后《反垄断法》通过后的反垄断执法体制埋下了伏笔（李剑，2018）。

3.2.3　2007 年反垄断法通过到 2017 年

1. 反垄断立法和相关政策发展

2007 年 8 月 30 日，中华人民共和国第十届全国人民代表大会常务委员会第二十九次会议通过了《反垄断法》，并于 2008 年 8 月 1 日正式施行。这部法律为中国反垄断执法提供了明确和统一的法律依据，标志着中国反垄断立法和执法进入了一个新阶段。

《反垄断法》的主要内容包括以下几个方面：第一，禁止垄断协议。禁止企业之间达成限制竞争的协议，这些协议包括价格垄断、限制生产和销售、分割市场、限制新技术的研发和应用等。第二，禁止滥用市场支配地位。规定企业不得滥用市场支配地位进行反竞争行为，这些行为包括不正当高价或低价销售、歧视性交易、附加不合理条件的交易、限制交易对方购买其他竞争者的产品等。第三，对经营者集中的审查。对可能导致市场集中度显著提高的经营者集中行为进行审查。企业合并、收购、联合控制等行为均可能构成经营者集中，需要符合一定门槛条件后进行申报和审查。第四，禁止滥用行政权力排除、限制竞争。规定政府部门不得利用行政权力施行排除、限制竞争的行为，如设定排他性交易条件、滥用行政审批等。第五，法律责任和处罚。明确了违反反垄断法的法律责任和处罚措施，包括没收违法所得、罚款、责令停止违法行为等。同时，法律规定了对违法行为举报者的奖励和保护措施。

为了为反垄断执法提供相关市场界定的操作性指导，2009 年 5 月 24 日国务院反垄断委员会发布《国务院反垄断委员会关于相关市场界定的指南》。该指南提出了相关市场界定的基本方法，强调需求替代和供给替代在市场界定中的关键作用；提出了界定相关市场的实质性竞争关系原则，要求关注企业之间的实质性竞争关系，而非仅根据商品的名称或类别判定；该指南兼顾了相关市场的商品市场和地域市场的双重考虑；提出了相关市场界定应综合考虑多种因素，包括商品的功能、用途、价格、质量、生产工艺、销售渠道、消费者偏好等；也强调了相关市场界定应具有动态性，随着市场条件的变化进行调整。

此外，为了进一步完善反垄断法律和政策体系，国务院 2008 年发布了《关于经营者集中申报标准的规定》，国家工商总局 2010 年发布《工商行政管理机关关于禁止垄断协议行为的规定》和《工商行政管理机关关于禁止滥用市场支配地位行为的规定》、2010 年发布《工商行政管理机关制止滥用行政权力排除、限制竞争行为的规定》、2015 年发布《关于禁止滥用知识产权排除、限制竞争行为的规定》，中华人民共和国商务部（简称“商务部”）在 2009～2015 年发布了《经营者集中申报办法》和《关于实施经营者集中资产或业务剥离的暂行规定》等与经营者集中审查相关的规定，国家发展改革委 2011 年开始发布《反价格垄断规定》等与价格垄断有关的规定。

2. 反垄断豁免制度和宽大处理制度

我国《反垄断法》采取了行为豁免与行业豁免相结合的模式（林文，2016）。行为豁免由《反垄断法》第十五条、第二十二条和第二十八条规定。《反垄断法》第十五条规定经营者能够证明所达成的协议属于下列情形之一的，不适用本法第十三条、第十四条的规定①：

（一）为改进技术、研究开发新产品的；

（二）为提高产品质量、降低成本、增进效率，统一产品规格、标准或者实行专业化分工的；

（三）为提高中小经营者经营效率，增强中小经营者竞争力的；

（四）为实现节约能源、保护环境、救灾救助等社会公共利益（public interest）的；

（五）因经济不景气，为缓解销售量严重下降或者生产明显过剩的；

（六）为保障对外贸易和对外经济合作中的正当利益的；

（七）法律和国务院规定的其他情形。

符合上述条件的垄断协议，可以申请豁免，但是申请者需要证明“所达成的协议不会严重限制相关市场的竞争，并且能够使消费者分享由此产生的利益”。《反垄断法》规定的上述豁免条件比欧盟的规定更为宽松，欧盟将效率作为豁免的必要条件，而我国的《反垄断法》中并未将效率作为必要条件，而仅仅是豁免中的一种情形。

第二十八条规定了经营者集中的豁免情形。该条款规定“经营者集中具有或者可能具有排除、限制竞争效果的，国务院反垄断执法机构应当作出禁止经营者集中的决定。但是，经营者能够证明该集中对竞争产生的有利影响明显大于不利影响，或者符合社会公共利益的，国务院反垄断执法机构可以作出对经营者集中

① 豁免与适用除外的关系，存在不同的观点和看法，本书不展开讨论这个问题。

不予禁止的决定”。

第五十五条规定，“经营者依照有关知识产权的法律、行政法规规定行使知识产权的行为，不适用本法；但是，经营者滥用知识产权，排除、限制竞争的行为，适用本法”。

行业豁免涉及特定行业保护（第七条），包括国有经济占控制地位的关系国民经济命脉和国家安全的行业以及依法实行专营专卖的行业。农业豁免（第五十六条），包括农产品生产、加工、销售、运输、储存等经营活动中实施的联合或者协同行为。

《反垄断法》第四十六条第二款规定：“经营者主动向反垄断执法机构报告达成垄断协议的有关情况并提供重要证据的，反垄断执法机构可以酌情减轻或者免除对该经营者的处罚。”这为中国反垄断执法中的宽大处理制度奠定了基础，但是还存在诸多不明确的方面，如需要进一步细化得以宽恕的积极条件，明确规定不得宽恕的消极条件（时建中，2008）。

3. 反垄断执法体制

中国反垄断的执法体制由《反垄断法》第九条和第十条明确了反垄断执法的主管机构和职责。国务院设立反垄断委员会“负责组织、协调、指导反垄断工作”，国务院反垄断执法机构负责反垄断统一执法工作，而且“根据工作需要，可以授权省、自治区、直辖市人民政府相应的机构”。原来形成的反垄断执法分散体制就自然而然成为当然的继承者。实际上形成了“双层次多机构”的体制，这是一种迁就现存体制的制度选择，表现为“多头执法”的模式，在执法过程中不可避免地出现竞相执法与相互推诿并存的情形（时建中，2008）。这一点在外国航空公司和国内航空公司进行航线联营（joint venture，JV）时试图进行申报以获批准的时候，最初陷入申报无门的状况得到了印证。

4. 反垄断执法中经济分析方法的运用

经济分析在我国反垄断研究和实践中经历了一个不断被了解、被接受和在一些案件中得到深度运用的过程（林平，2020）。

2009 年发布的《国务院反垄断委员会关于相关市场界定的指南》中规定了“可以按照‘假定垄断者测试’的分析思路来界定相关市场”，并且也对“假定垄断者测试”的基本思路做出了较为详尽的说明，但是也说明“界定相关市场的方法不是唯一的”，可以在考虑商品价格、特征和用途等因素基础上进行需求替代分析，也可以进行供给替代分析。上述两种思路都可以看作经济分析的方法，前者偏重定量，后者偏重定性。除了相关市场界定中的经济分析外，垄断行为的效果界定也需要采用经济分析方法，而且更需要采用定量分析的方法。

但是，在较长一段时间内，部分反垄断执法机构在反垄断执法中应用经济分析方法的情况仍然不多。比如，国家工商总局公布的 2013～2016 年省级以上机构查处的 32 件反垄断案中，只有 7 件采用了经济分析的方法，占比约为 22%。而同期国家发展改革委查处的反垄断案中采用经济分析方法的占比为 17%(叶卫平，2017)。

对这些案件进行仔细分析，我们进一步发现，针对垄断协议的案件没有一件采用经济分析方法。扣除这些案件后，剩余的涉及滥用市场地位采用经济分析方法的比例上升到 57%。这说明，针对垄断协议基本上采用本身违法原则，按照《反垄断法》第十三条和第十四条，直接认定是否存在违法事实，不分析违法的影响。而在审查滥用市场地位的案件时，应分析市场行为所产生的影响，但是也没有全部都应用经济分析的方法。

2008 年 11 月至 2016 年 4 月商务部公布的 28 件经营者集中案件，高达 97% 的案件采用了经济分析的方法（叶卫平，2017）。经营者集中案件必须考虑集中对市场竞争的影响，才能做出是否禁止集中或者允许集中（或附条件）的决定，因而或多或少需要进行经济分析。比如，至少需要进行定性的相关市场界定的经济分析，或者进行量化的市场集中度分析以及对竞争影响的分析。

2011 年的“奇虎 360 诉腾讯滥用市场支配地位案”是引起国内反垄断界对经济分析注意的案件之一（林平，2020）。原被告双方均聘请了经济分析专业人员对相关市场界定和市场支配地位认定进行详细的经济分析，并出庭作证。2016 年的利乐滥用市场支配地位案中，国家工商总局和利乐双方也均聘请了外部经济学家对涉及的相关市场界定、市场支配地位和市场行为对竞争的影响等进行了经济学的理论和实证分析（王晓茹，2020；林平，2020）。

5. 反垄断执法

在这一段时间里，有影响的反垄断执法案件较多，这里从经营者集中、垄断协议或滥用市场地位、行政性垄断三大类中各介绍一个代表性的案例。

“可口可乐收购汇源案”是《反垄断法》实施后的第一个反垄断审查案件。2008 年 9 月，可口可乐公司宣布以 24 亿美元的价格收购汇源果汁。这将成为可口可乐在中国市场的一次重要投资和扩张。2009 年 3 月 18 日，商务部发布了对该交易的反垄断审查的决定，最终以竞争受损害为由否决了可口可乐收购汇源果汁的交易[①]。

商务部在审查过程中运用了经济分析方法，评估了收购对相关市场的潜在影响。根据审查结果，商务部认为，如果收购成功，可口可乐在中国果汁市场的市

---

① 中华人民共和国商务部公告[2009 年]第 22 号（商务部关于禁止可口可乐公司收购中国汇源公司审查决定的公告）. http://fldj.mofcom.gov.cn/article/ztxx/200903/20090306108494.shtml. 2023 年 4 月 22 日查阅。

场份额将大幅提高，可能导致市场竞争受到损害。此外，商务部还担忧可口可乐在碳酸饮料市场的市场支配地位可能会对果汁市场产生反竞争影响。

这起案件具有重要的历史意义，它标志着中国反垄断审查制度的正式启动。此后，中国在反垄断审查领域的执法力度逐渐加大，对外资企业收购中国企业的交易进行了更为严格的审查。

“高通滥用市场地位案”是一起发生在 2015 年的重要反垄断案件[①]。美国高通公司是全球领先的无线通信技术和芯片制造商，在智能手机关键零部件市场占据重要地位。国家发展改革委通过为期 14 个月的反垄断调查，认定高通公司以高于合理水平的价格收取专利许可费，迫使手机制造商接受不公平的许可条款；将必要专利与非必要专利捆绑销售，迫使许可方接受非必要专利的许可；要求许可方提供免费的专利交叉许可，从而削弱了竞争对手在市场上的竞争力。

2015 年 2 月 10 日，国家发展改革委宣布对高通公司处以 60 亿元人民币的罚款，这是中国迄今为止数额最大的反垄断罚款[②]。这起案件是中国反垄断执法在知识产权领域的一个重要案例，展示了中国政府对知识产权滥用行为的关注和打击力度。

“深圳市卫计委集中采购（group purchasing organization，GPO）行政垄断案”是一起在国家推动医疗用品集中采购以降低医疗用品价格后的一起行政垄断案件。医疗集中采购可以通过买方集中批量采购来降低采购价格，但是通过一个中介组织来实现集中和批量采购，可能会导致政府主管部门指定一家中介机构来操作，从而形成行政垄断。深圳市卫计委 2016 年实施集中采购后，指定了一家中介机构，集药品谈判议价权、采购权、配送权于一体，从而形成了买方的优势，从而向药品生产企业和配送企业提出不合理要求，剥夺了药品生产企业选择配送企业的权利，而且议价规则也不透明。2017 年，国家发展改革委认定深圳市卫计委违反了《反垄断法》第八条和第三十二条，构成滥用行政权力排除、限制竞争的行为[③]。

3.2.4 2018～2023 年

1. 反垄断立法和相关政策的发展

2022 年 6 月全国人大通过了对《反垄断法》的第一次修正。这次修订强化了竞争政策的基础地位，规定“国家建立公平竞争的审查制度”；完善相关的反垄断制度规则；加强反垄断执法保障，加大违法处罚力度。

---

① 参见 2.6.3 节和 3.1.4 节相关高通的案件。

② 国家发展改革委对高通公司垄断行为责令整改并罚款 60 亿元. https://www.ndrc.gov.cn/xwdt/xwfb/201502/t20150210_955999.html. 2023 年 4 月 22 日查阅。

③ 深圳市卫计委承诺纠正公立医院药品集团采购改革试点中滥用行政权力排除限制竞争行为. https://finance.sina.com.cn/roll/2017-04-07/doc-ifyecfnu7636114.shtml. 2023 年 4 月 22 日查阅。

在制度规则建设方面，首先，加强对互联网行业的监管，以解决在互联网领域出现的垄断问题。这包括平台经济、数据和算法等方面的反垄断监管。其次，完善垄断协议的制度规则。在第十八条规定的“固定向第三人转售商品的价格”、“限定向第三人转售商品的最低价格”及“国务院反垄断执法机构认定的其他垄断协议”三种情况下，协议方能够举证证明“不具有排除、限制竞争效果的，不予禁止”。第十八条还为纵向垄断协议建立了“安全港”，即“经营者能够证明其在相关市场的市场份额低于国务院反垄断执法机构规定的标准，并符合国务院反垄断执法机构规定的其他条件的，不予禁止”。最后，完善经营者集中审查制度。未达申报标准的，但是具有或者可能限制和排除竞争效果的经营者集中，仍然需要进行申报。建立反垄断审查的“停表”制度，以适应经营者集中审查需要耗费大量时间的现实需要。

为了更好为经营者提供集中审查指引和明确执法程序，2020 年国家市场监管总局发布了《经营者集中审查暂行规定》，2023 年 3 月根据修订后《反垄断法》做了进一步完善，并发布最终《经营者集中审查规定》。同时为了反映《反垄断法》对禁止垄断协议和滥用市场支配地位的修订，明确执法程序，国家市场监管总局 2023 年 3 月还发布了《禁止垄断协议规定》和《禁止滥用市场支配地位行为规定》，对 2019 年的相关规定进行了完善和细化。

为了强化平台经济的反垄断，2021 年 7 月国务院反垄断委员会发布《关于平台经济领域的反垄断指南》。在支持平台经济创新发展的同时，探索构建符合平台经济发展规律和特定的反垄断执法规则，维护市场公平竞争的秩序，保护消费者利益，从平台经济的垄断协议、滥用市场支配地位和经营者集中三个方面进行了详细的规则建设。

2. 宽大处理制度的完善

2019 年 1 月，国务院反垄断委员会发布《横向垄断协议案件宽大制度适用指南》以完善《反垄断法》中提出的宽大处理原则，鼓励横向垄断协议参与者在意识到自身的违法行为后，尽早向执法机构报告，争取减轻或免除处罚的机会。“先到先得”是该指南确定的宽大制度的最大特点。经营者需要履行相关义务才能获得宽大处理，包括及时提出申请、按指南要求提供关于垄断协议的报告和证据、配合执法机构调查。该指南也明确了执法机构宽大处理的执法程序。

该指南的宽大处理制度仅涵盖横向垄断协议，不包括纵向垄断协议。2023 年 3 月，国家市场监管总局发布的《禁止垄断协议规定》中也包含宽大处理的内容，而这个规定涵盖了纵向垄断协议。

3. 反垄断执法体制的调整

为了改变竞相执法与相互推诿并存的情况，2018 年 3 月，我国对反垄断执法机构进行了整合，成立了国家市场监管总局，将国家工商总局和商务部等的反垄断职责整合到国家市场监管总局下属的反垄断局。整合后的反垄断执法机构使得执法资源和监管力量得到集中，提高了执法效率和一致性；可以消除原来部分机关之间的职权重叠；促进执法部门之间的协作。

4. 反垄断执法

这段时间，我国加大了对平台经济领域的反垄断执法力度。

2020 年 12 月，国家市场监管总局对阿里巴巴集团进行了反垄断调查，关注其“二选一”等排他性行为。2021 年 4 月，阿里巴巴因滥用市场支配地位被处以人民币 182.28 亿元的罚款。这是我国对互联网巨头进行的一次重大反垄断执法行动，标志着政府对互联网行业的监管力度加大[①]。

2021 年，国家市场监管总局对腾讯 2016 年 7 月收购中国音乐集团股权涉嫌违法实施经营者集中行为立案调查。国家市场监管总局依法责令腾讯及关联公司采取三十日内解除独家音乐版权、停止高额预付金等版权费用支付方式、无正当理由不得要求上游版权方给予其优于竞争对手的条件等恢复市场竞争状态的措施[②]。这是《反垄断法》实施以来对违法实施经营者集中采取必要措施恢复市场竞争状态的第一起案件。

中国还对其他互联网企业进行了反垄断调查与处罚。例如，针对滴滴出行、美团等企业的并购交易进行了反垄断审查；对在线教育平台的不正当竞争行为进行了查处。

2018 年，高通计划收购荷兰芯片制造商恩智浦的案子引起了广泛关注。这是一起跨国并购案，涉及全球芯片市场的竞争格局。

在并购审查过程中，全球多个国家的反垄断监管部门对该案进行了审查，大部分国家批准了这一交易。经过深入调查，国家市场监管总局认为，高通收购恩智浦可能会对市场竞争产生负面影响，尤其是在汽车电子市场领域。监管部门担忧收购后，高通可能会在市场上滥用其市场支配地位，损害竞争和消费者利益。

最终，2018 年 7 月，国家市场监管总局未能在规定时间内完成对该交易的审

---

① 市场监管总局依法对阿里巴巴集团控股有限公司在中国境内网络零售平台服务市场实施“二选一”垄断行为作出行政处罚. https://www.samr.gov.cn/zt/qhfldzf/art/2021/art_a10f74fa09cd49ee8db7804ba834db2a.html. 2023 年 4 月 22 日查阅。

② 市场监管总局依法对腾讯控股有限公司作出责令解除网络音乐独家版权等处罚. https://www.samr.gov.cn/xw/zj/art/2023/art_7fe51000dd5c47d993d775b504621805.html. 2023 年 4 月 22 日查阅。

查。高通收购恩智浦的交易未能获得中国反垄断部门的批准。因此，高通和恩智浦被迫放弃了这一交易[①]。

这个案子体现了中国反垄断部门在跨国并购审查中的重要地位，也反映了中国政府对市场竞争的关注。在全球范围内，中国已成为反垄断执法的重要力量，对跨国公司的并购交易产生重大影响。这起案件也凸显了我国政府在保护国内市场竞争和消费者利益方面的决心。

3.3　其他国家或地区反垄断立法和实践的发展

3.3.1　日本

自第二次世界大战结束以来，日本的反托拉斯政策发生了重大变化。战前，日本经济的中坚是财阀，日本政府又奉行对经济的高度干预政策，同时企业之间有一种受到政府鼓励的合作文化，因而反托拉斯就无从谈起（First，2000；Porter and Sakakibara，2004）。这种文化在战后持续了一段时间，但随着日本经济的增长和财阀解散后大公司的再次崛起，人们越来越认识到需要反托拉斯法来防止滥用市场势力（Rotwein，1964）。

1947 年，日本仿照美国谢尔曼反托拉斯法制定了旨在促进公平竞争和防止垄断的《反垄断法》（Antimonopoly Act，AMA）。

但是，由于日本有实施产业政策的长期历史，产业政策影响资源在产业间的配置，从而影响产业发展。1953 年，日本《反垄断法》修正案规定各种卡特尔的豁免，包括萧条卡特尔和合理卡特尔。更重要的是，通产省等经济部委还颁布了一些法律，使特定行业的卡特尔免受反垄断法的影响，这大大影响了反垄断法的有效性（Takigawa，2002）。日本贸易委员会通过与通产省等经济部委的妥协来执行竞争政策，默许使用产业政策下的非正式限制性指导，避免进一步放宽反垄断法和制定豁免法（Iyori，1995）。

因此，许多行业免于《反垄断法》管辖，日本公平交易委员会（Japan Fair Trade Commission，FTC）在反垄断执法中处于弱势地位，反托拉斯政策执行不严，日本的刑事和民事制裁也很轻（Ramseyer，1984；Takigawa，2002；Porter and Sakakibara，2004）。这种状况在 20 世纪 50 年代末才开始有所改变（Iyori，1995）。1977 年，日本通过对《反垄断法》的修订，对非法卡特尔征收附加费，附加费的采用使得对卡特尔的禁令真正有效，且起到了至关重要的作用（Takigawa，2002）。

① 高通公司放弃收购恩智浦半导体公司. https://www.samr.gov.cn/xw/xwfbt/art/2023/art_a51f1c5265144a1095d3dedaf961433b.html. 2023 年 4 月 22 日查阅。

20 世纪 50 年代和 60 年代，日本经历了经济高速增长时期，被称为“日本经济奇迹”。在此期间，许多行业出现了重大整合，被称为“经连会”（keiretsu）的崛起。这些“经连会”的特点是同一集团内的公司之间关系密切，所有权和控制权相互关联，相互之间订立贸易协议。

有人担心这些“经连会”会利用其市场势力，通过订立贸易协议排除竞争对手并从事反竞争行为。作为回应，日本政府开始在执行反托拉斯法方面发挥更积极的作用。根据日本《反垄断法》，“经连会”内部交易的评估与美国《反垄断法》中的内容大致相同。在 1991 年 7 月关于分销和交易惯例的指导方针中，日本贸易委员会对“经连会”内的交易采取了更为严格的立场。

20 世纪 70 年代和 80 年代，日本经济持续增长，日本企业开始向国际扩张。这种扩张导致对日本公司商业行为的审查更加严格，并且有人指控其在国外市场存在反竞争行为。作为回应，日本公平交易委员会开始在调查和起诉日本公司的反竞争行为案件中发挥更积极的作用。

20 世纪 90 年代和 21 世纪初，日本经济经历了一段停滞期，促进竞争和创新的压力加大。作为回应，日本公平交易委员会开始在促进竞争方面发挥更积极的作用，《反垄断法》也发生了重大变化。1997 年，日本对《反垄断法》进行了修订，引入了宽大处理条款，允许公司以配合反托拉斯调查为条件而获得减免罚款或免予起诉的机会。2005 年，日本公平交易委员会进行了重组，以赋予其更强的独立性并强化其执法权。日本公平交易委员会也开始更加重视国际合作，与其他国家的反垄断机构合作调查反竞争行为案件。

近年来最重大的案件之一是 2008 年的“液晶显示屏①卡特尔案”。日本公平交易委员会与其他国家/地区的反垄断机构一起调查了几家 LCD 制造商参与价格操纵的价格卡特尔行为②。

日本公平交易委员会也高度关注数字平台和其他新技术高速发展下新出现的反垄断问题，对包括亚马逊和谷歌在内的几家科技公司展开调查，以确定它们是否存在反竞争行为。

近年来，日本公平交易委员会在其反垄断执法中越来越依赖经济分析。日本公平交易委员会成立了一个经济分析办公室，以促进在其调查和决策过程中使用经济分析。日本公平交易委员会还发布了《反垄断案件经济分析指南》③，概述了在评估行为的竞争影响时要考虑的因素，如市场界定、市场势力、进入壁垒和效

---

① 液晶显示屏（liquid crystal display，LCD）。

② Japan Fair Trade Commission, Press Release (Dec. 18, 2008), https://www.jftc.go.jp/en/pressreleases/yearly-2008/dec/individual-000068.html. 2023 年 4 月 13 日查阅。

③ Japan Fair Trade Commission, Points to Consider When Submitting an Economic Analysis Report and Data (2022), https://www.jftc.go.jp/en/legislation_gls/220617EN.pdf. 2023 年 4 月 14 日查询。

率收益。该准则还强调了经验证据在评估行为的竞争影响方面的重要性。此外，日本公平交易委员会一直从事经济研究，以深化其对特定行业竞争问题的理解。例如，在 2019 年，日本公平交易委员会发布了一份关于电子商务领域的报告[①]，分析了竞争格局并发现了潜在的竞争问题，如差异化定价的使用和主导平台滥用市场支配地位。

总的来说，从早期的倾向于保护国内产业，到促进竞争和关注卡特尔，再到最近更加强调国际反托拉斯问题和新兴技术中的垄断问题，日本反垄断执法的历史反映了该国不断变化的经济和政治格局。

3.3.2　印度

印度的反垄断立法可以追溯到英国殖民时代。这一时期的两项值得注意的立法包含了现代反托拉斯法的前身条款。1872 年，印度《合同法》禁止签订限制贸易或干扰法律程序的协议，尽管它只是允许合理的限制。1913 年，《公司法》包含有关防止不正当竞争和保护股东利益的规定。

然而，直到 1947 年印度独立后，该国才开始制定自己的竞争政策。获得独立后，印度经济存在保护主义盛行和国有企业占比较大的特点。该国的开国元勋们认识到制定全面竞争政策的必要性，他们将相关条款纳入了宪法，制定国家政策的指导原则要求确保国家资源的公平分配并防止财富和经济权力的集中，然而，并未形成具体的反垄断法。印度政府成立了几个委员会来研究垄断、限制性贸易惯例和竞争政策的必要性等问题。其中最重要的是，1964 年，印度成立了垄断调查委员会。垄断调查委员会的建立为印度第一部反垄断立法，即《1969 年垄断与限制性贸易行为法》奠定了基础[②]。

《1969 年垄断与限制性贸易行为法》标志着印度反垄断立法的开始。该法旨在防止经济权力集中，遏制垄断和限制性贸易行为，并保护消费者利益。依据该法，印度设立垄断和限制性贸易管理委员会，负责实施《1969 年垄断与限制性贸易行为法》。尽管《1969 年垄断与限制性贸易行为法》有着反垄断的意图，但由于它仅关注规模而不是竞争，通常将规模等同于反竞争行为。这种方法忽视了促进所有市场参与者之间竞争的重要性（Bhattacharjea，2008）。垄断和限制性贸易惯例委员会在执行该法案的规定方面面临挑战，部分原因是其资源和管辖权有限。此外，该法还无法解决现下的反竞争问题。

---

① Japan Fair Trade Commission, Press Release (Apr. 9, 2019), https://www.jftc.go.jp/en/pressreleases/yearly-2019/April/190409_1.html. 2023 年 4 月 14 日查询。

② The Monopolies and Restrictive Trade Practices Act, 1969, No. 54, Acts of Parliament, 1969 (India), https://www.mca.gov.in/Ministry/actsbills/pdf/The_Monopolies_and_Restrictive_Trade_Practices_Act_1969.pdf. 2023 年 4 月 13 日查阅。

1991 年，印度的经济自由化标志着该国反垄断格局迎来转变。改革导致向外国投资和竞争开放了国内市场，这凸显了《1969 年垄断与限制性贸易行为法》越来越不足以应对日益复杂市场的问题（Saraswathy，2021）。作为回应，印度政府于 1999 年成立了拉加万委员会（Raghavan Committee）来研究这个问题，并提出修改竞争政策的建议。该委员会建议废除《1969 年垄断与限制性贸易行为法》并建立新的竞争法制度，建议关注竞争而非规模；新法律应具备应对新形势下反竞争行为的能力，如滥用支配地位和反竞争兼并；应建立一个新的监管机构，增强其权力和丰富其资源，以有效执行竞争法。

2002 年，印度议会通过了《2002 年竞争法》①，这标志着印度反垄断方式的重大转变。该法案设立了印度竞争委员会（Competition Commission of India，CCI）作为负责执行竞争法的监管机构。新立法旨在促进竞争、保护消费者利益并防止出现对竞争产生不利影响的做法。《2002 年竞争法》涵盖三个主要领域：反竞争协议、滥用支配地位和合并（兼并与收购）。印度竞争委员会有权调查和处罚从事反竞争行为的公司，确保所有市场参与者享有公平竞争环境。

此后，《2002 年竞争法》经过多次修订，以应对新出现的挑战并与国际最佳实践保持一致。主要修订内容包括引入“绿色通道”以加快合并审批速度和修订合并规则。

同时，该法也在印度首次引入了宽大处理制度，并通过《2009 年印度竞争委员会（减轻处罚）条例》②对宽大处理制度做了进一步补充。

《2002 年竞争法》规定了监管合作的原则。但是印度最高法院通过一系列的裁决形成了所谓巴提 · 艾尔特原则（Bharti Airtel principles），即行业监管机构的调查权优先于竞争委员会的管辖权。这造成事实上降低了印度竞争委员会在反垄断执法中的地位，过度拖延或事实上剥夺委员会的管辖权，不利于迅速消除反竞争行为对竞争的负面影响（Singh，2022）。

随着数字经济的不断发展，印度竞争委员会在规范数字市场竞争方面面临着新的挑战。印度竞争委员会必须适应数字市场中新型的反竞争行为，如掠夺性定价、自我偏好和数据驱动的市场势力。同时，传统的市场势力评估工具可能不适合数字市场，需要开发新的框架来评估支配地位。此外，印度竞争委员会必须在促进创新和确保数字市场的公平竞争之间取得平衡，以提高消费者的长期福利（Raychaudhuri，2020；Malinauskaite and Erdem，2021）。

---

① The Competition Act, 2002, No. 12, Acts of Parliament, 2003 (India), https://www.cci.gov.in/images/legalframeworkact/en/the-competition-act-20021652103427.pdf. 2023 年 4 月 13 日查阅。

② Competition Commission of India, CCI (Lesser Penalty) Regulations, 2009, https://www.cci.gov.in/images/legalframeworkregulation/en/cci-lesser-penalty-regulations-20091652175951.pdf. 2023 年 4 月 13 日查阅。

在印度的反垄断执法中，本身违法原则主要适用于《2002 年竞争法》第 3 条规定的某些类型的反竞争协议。例如，根据《2002 年竞争法》第 3 条第 3 款，涉及价格固定、产量限制、市场分配和围标的横向协议本身被视为非法。印度竞争委员会不对这些协议对竞争的实际影响进行详细分析，因为这些协议被认为对竞争有明显的不利影响。

合理原则主要适用于《2002 年竞争法》第 3 条第 4 款规定的纵向协议。纵向协议，如独家经销、独家供应和维持转售价格，不被直接推定为反竞争的行为。相反，印度竞争委员会进行个案分析，以确定此类协议是否会对竞争造成或可能对竞争造成明显的不利影响。此外，根据《2002 年竞争法》第 4 条，合理性原则还适用于涉及滥用支配地位的案件。在这些情况下，合理性原则对相关行为进行详细评估，考虑主导公司的市场势力、相关市场以及行为对竞争的影响等因素。

印度竞争委员会经常采用经济分析来审查各类协议、滥用支配地位和合并控制中的反竞争行为。使用的一些关键方法包括：使用经济工具来界定相关产品和地域市场，并评估相关公司的市场份额，这对于评估支配地位和市场势力至关重要；使用集中度指数，如利用 HHI 来衡量市场竞争程度并确定并购对市场结构的潜在影响；在涉及掠夺性定价的情况下，使用价格成本进行测试，以确定公司的定价策略是否具有掠夺性和反竞争性；使用经济模型来预测商业行为对竞争、消费者福利和市场结果的可能影响。

3.3.3　巴西

1962 年 9 月 20 日颁布的《第 4137 号法律》①是巴西反垄断历史上的一个重要里程碑。这部被称为《反经济权力法》的法律是该国第一部专门的反垄断立法。发布《第 4137 号法律》的主要目标是遏制经济权力的滥用，防止垄断的建立，并保持竞争激烈的市场格局。该法试图通过禁止以下行为来防止滥用经济权力行为：竞争对手之间为固定价格、因限制供应或分割市场而订立的非法协议、卡特尔和串谋；旨在将竞争对手赶出市场的掠夺性定价和其他做法；不正当取得市场支配地位；商业交易中的歧视性做法；其他可能破坏竞争和自由市场的行为。同时，巴西成立经济防御行政委员会作为隶属于司法部的独立行政机构，负责调查、执行和裁决反垄断事务。

但《第 4137 号法律》为反竞争行为的模糊和广泛定义留下了很大的解释空间，使执法变得困难并给企业带来了不确定性。同时，该法并未涵盖所有形式的反竞争行为，如纵向限制或滥用知识产权。经济防御行政委员会在第 4137 号法律

① Lei No. 4.137, de 10 de setembro de 1962 (Braz.), https://www.lexml.gov.br/urn/urn:lex:br:federal:lei:1962-09-10;4137. 2023 年 4 月 14 日查阅。

下的权力相对薄弱，导致执法行动有限，对反竞争行为的威慑力不足。经济防御行政委员会还面临资源限制和专业知识匮乏等困难，这影响了其有效调查和裁决复杂反垄断案件的能力（Oliveira and Fujiwara，2005）。

20 世纪 90 年代成为巴西反托拉斯法演变的一个重要转折点。1994 年，巴西政府通过了《国家竞争保护政策》（*Política Nacional de Defesa da Concorrência*），随后颁布了《第 8884/1994 号法律》①。该法建立合并控制制度，要求经济防御行政委员会审批可能导致重大市场集中的合并、收购和设立合资企业等经济集中行为；引入宽大处理制度，鼓励公司报告反竞争行为，以换取减轻处罚或豁免的机会；承认私人执法行动，允许受反竞争行为影响的各方在法庭上寻求损害赔偿。

同时重组经济防御行政委员会，扩大经济防御行政委员会调查和执行反垄断法规以及对被发现从事反竞争行为的公司处以罚款和其他制裁的权力。成立了经济法秘书处和经济监测秘书处，分别负责调查和分析反垄断案件。这种三管齐下的制度结构使巴西反垄断法的执行更加高效和有效。

2011 年，巴西颁布了《第 12529/2011 号法律》（又称《新竞争法》）②，旨在通过预防和控制反竞争行为、确保消费者福利和培育竞争性市场环境来促进和保护竞争。该法引入合并前通知系统，要求公司将任何可能影响市场竞争的拟议交易通知经济防御行政委员会；进一步强化经济防御行政委员会调查和执行反垄断法规以及对被发现从事反竞争行为的公司处以罚款和其他制裁的权力；推行宽大处理制度，鼓励公司报告反竞争行为以换取减轻处罚或豁免的机会。

再次重组经济防御行政委员会。法律废除了经济法秘书处和经济监测秘书处，将它们的职责转移给经济防御行政委员会，后者成为巴西负责反垄断执法的唯一机构。在经济防御行政委员会下，设立两个独立的部门：总监督（负责调查和批准或质疑合并案件）和行政法庭（负责裁决反垄断案件）。

尽管多年来巴西的反垄断框架有所调整，但该国仍面临一些挑战。其中包括大量冗长而复杂的调查，需要提高决策过程的透明度，以及需要不断适应新的市场趋势和技术进步。

值得注意的是，巴西《新竞争法》下的反托拉斯框架并未以与欧盟相同的方式明确规定集体豁免。但是，经济防御行政委员会的指南、法规和执法实践有助于阐明巴西竞争法对各类协议和实践的处理方式。这种方法为企业提供了一定程度的法律确定性。

---

① Lei No. 8.884, de 11 de junho de 1994 (Braz.), https://cdn.cade.gov.br/portal-ingles/topics/legislation/laws/Law-8884-1994b.pdf. 2023 年 4 月 14 日查询。

② Lei No. 12.529, de 30 de novembro de 2011 (Braz.), https://www.gov.br/cade/en/content-hubs/legislation/laws/law-no-12-529-of-november-30-2011. 2023 年 4 月 14 日查询。

在巴西的反垄断执法中，1999 年经济防御行政委员会做出的第 20 号决议中，确认了巴西反垄断立法中不存在本身违法的原则。无论是纵向协议还是横向协议，均需要逐案分析（Oliveira and Fujiwara，2005）。但是，巴西 2011 年《新竞争法》的颁布改变了这一状况。根据巴西 2011 年《新竞争法》，无论固定价格、市场分配还是串通投标等反竞争行为对市场的实际影响或任何潜在的原因如何，这些做法都被视为违规行为。在巴西，合理原则适用于滥用支配地位、排他性交易和搭售安排等案件。根据合理原则，经济防御行政委员会会评估相关行为的潜在影响及其存在的理由，并将它们与潜在的反竞争影响进行权衡。巴西反垄断执法部门根据被调查行为的类型，遵循本身违法原则和合理原则。双重原则使当局能够有效解决反竞争问题，同时还对更复杂的案件进行细致入微的评估，确保当局以平衡和有效的方式执行竞争法。

在巴西的反垄断执法中，经济分析在合理原则的运用方面发挥着关键作用，在竞争法执法中使用经济分析有助于确保决策建立在对市场动态以及商业行为对竞争的实际或潜在影响的全面理解之上。巴西反垄断机构注意在合并审查、反竞争行为调查、市场研究和行业调查中结合使用定量和定性技术，包括计量经济模型、模拟技术和博弈论模型。随着巴西竞争政策的不断完善，经济分析仍将是反垄断执法过程中所使用的重要工具，有助于在防止反竞争行为和培育竞争性市场环境之间取得适当的平衡。

近年来，经济防御行政委员会也积极与其他反垄断机构开展对话与国际合作，并采用了美国和欧盟等司法管辖区的最佳做法。这提高了反垄断执法的效率，并促使巴西形成更加成熟和稳健的竞争政策。

第 4 章　1984 年前的美国航空运输业反垄断

美国航空运输业反垄断经历了几个重要的节点，即《1934 年航空邮政法》、《1938 年民用航空法》(*Civil Aeronautics Act of 1938*)、《1978 年放松航空公司规制法》和《1984 年民航委员会日落法》。《1934 年航空邮政法》实施之前，美国航空运输业还处于萌芽阶段，政策的主要导向还是如何鼓励和刺激行业的发展。《1934 年航空邮政法》首次将反垄断问题摆在行业经营者面前。《1938 年民用航空法》则用对行业的严格规制取代了行业的反垄断，《1978 年放松航空公司规制法》导致了行业的自由竞争，反垄断仍然由民航委员会主导，直到《1984 年民航委员会日落法》才终止了民航委员会对行业的规制和反垄断监管。

因此，本书将美国航空运输业反垄断的发展演变按照 1934 年及以前、1935～1938 年、1939～1984 年分为了四个阶段，本章将就 1984 年之前美国航空运输业反垄断的情况展开研究。

另外还需要强调的是，无论放松规制前还是放松规制后，美国的民用机场一直归各级政府拥有，并且通过接受联邦政府“机场改扩建计划”(airport improvement prgoram，AIP) 拨款形成不得盈利的约束，与欧洲和大洋洲民用机场已经私有化完全不同，因而作为航空运输业子部门的机场并未受到美国反垄断执法的关注。

4.1　扶持幼稚产业诱发行业垄断问题（1934 年及以前）

4.1.1　扶持政策与行业发展和垄断的显现

尽管美国最早的反垄断法——《谢尔曼反托拉斯法》在 1890 年就已经实施，并且在飞机发明之前就已经在防止消除竞争和限制消费者选择的垄断方面发挥了重要作用，但是 1903 年莱特兄弟发明飞机后，直到 1914 年新年伊始商业航空运输定期航班才在美国佛罗里达州的圣彼得堡和坦帕之间开通 (Heppenheimer TA and Heppenheimer T，1995)。早期商业航空运输的旅客需求有限，商业航空运输的发展受到制约，上述第一条定期商业航空运输航线在运营 4 个月后就停航了。处于行业发展萌芽期的航空运输效率极低，很难生存。

在美国航空运输发展的初期，航空邮件运输更加高效 (Davies，2016)。它始于第一次世界大战临近结束的 1918 年 5 月，由美国军方的飞机和飞行人员承担。3 个月后美国邮政部[①]用自己的飞机和人员接管了全部邮件运输工作（Komons，1978）。此后直到《1925 年航空邮政法》通过之前，所有邮件的航空运输都是由美国政府拥有和运营的航空器承担的[②]。航空邮件运输是当时所有民航航空活动中唯一称得上成功的业务。

而同期，欧洲的商业航空运输明显比美国要成功得多。美国还忙于建立邮件运输网络，欧洲已在建设从马德里到莫斯科、从斯德哥尔摩到伊斯坦布尔的航空旅客运输网络（Davies，2016）。但是欧洲比美国稳定得多的航空旅客运输航线网络得益于政府的补贴而不是其他原因。美国国内就政府是否需要直接对航空运输进行补贴展开了辩论，结果是无论行业内还是行业外，多数人认为直接补贴不符合美国的理念。但是政府可以通过其他方式来支持航空运输业的发展。

因而，1925 年 2 月 2 日美国国会通过《1925 年航空邮政法》（*Air Mail Act of 1925*）允许私营航空公司承担原来由政府部门从事的航空邮件运输业务。根据《1925 年航空邮政法》，美国邮政总长可以和私营航空公司订立合同，委托私营航空公司运输邮件。事实上美国邮政总长通过订立合同，获得了指定私营公司运营航线的权力，私营公司获得的邮件运输航线被称为“航空邮件合同航线”（contract air mail routes，CAM routes）。同时邮政总长还获得了制定与航空邮件运输相关规章的权力。私营航空公司通过承包政府邮件运输业务获得稳定的收入，从而为发展旅客运输提供了资金保障，因而该法案标志着美国商业航空运输的真正开端。

私营航空公司在提供航空邮件运输服务的过程中获得了高额补贴[③]，引发航空公司滥用获得的政府合同、弄虚作假、用非邮件货物冒充邮件、骗取政府费用等行为。1930 年，美国邮政总长布朗推动国会立法，立法通过后，他获得解决航空邮件运输中存在的低效和运价高昂问题的权力。美国国会于 1930 年通过了《1930 年航空邮政法》（*Air Mail Act of 1930*）。该法案通过改变邮件费用的支付方式，力图促使航空公司转向重视旅客运输，同时赋予邮政总长订立 10 年邮件运输合同的权力，以及确定合同展期或者整合航线的权力。随后布朗利用法案赋予他的权力将航空邮件航线合并到三家航空公司手中：飞机和运输联合公司（United

---

① 1775 年 7 月第二次大陆会议期间，美国邮政局（United States Post Office）（又称美国邮政总局）成立。1792 年根据《邮政服务法》升格为美国邮政部（United States Post Office Department）。《1970 年美国邮政重组法》取消了美国邮政部，重组为美国邮政局（United States Postal Service）。

② United States Postal Service, Airmail: A Brief History. https://about.usps.com/who-we-are/postal-history/airmail.pdf. 2023 年 7 月 18 日查阅。

③ Vector (1990)认为截至 1930 年每年航空公司通过运送邮件获得的政府补贴总计 700 万美元。

Aircraft and Transport Corporation）[①]，负责北部跨东西部的航空邮件航线；跨大陆及西部航空公司（Transcontinental and Western Air）[②]，负责中部跨大陆航线；美国航空公司（American Airways）[③]负责南部跨大陆航线（Komons，1978；Vietor，1990）。这三家公司几乎控制了整个行业，它们的主导地位抑制了规模较小的独立航空公司的发展，事实上成为一个没有竞争力的卡特尔。到 1934 年，上述三家航空公司通过持有政府的邮件运输合同，赚取了政府 90%的邮件运费（Levine，1964），其母公司纵向控制了上游的制造业企业。

通过邮件运输收入补贴航空旅客运输，美国航空运输业得到了快速发展，而且成为“大萧条”中没有受到冲击的行业，因此被誉为“抗萧条”的行业（Brady，2000）。旅客周转量从 1929 年几乎为零增长到 1930 年的 8512.5 万客英里，1932 年更进一步增长到 1.27 亿客英里，航空运输业吸收的就业人数在 3 年里增长了 254%（Komons，1978）。

《1930 年航空邮政法》授予邮政总长过大的权力，以及邮政总长整合邮政航线的行为被认为会导致垄断，邮政总长与航空公司之间订立合同的会议被认为是“分赃会议”（spoils conference）（Komons，1978；Davies，2016），引发国会对邮政部的调查和听证，最终导致罗斯福总统在 1934 年 2 月宣布取消所有的航空邮件运输合同，作为临时措施，改由军方承担邮件运输（Vietor，1990）。

随后，包括美联航、环球航空公司等在内的一批航空公司对政府撤销航空邮件运输合同的行为提出了诉讼，要求支付累积的未支付邮件费用、退还履约保证金和进行损害赔偿。美联航虽然讨回了未支付的邮件费用，但是法院在针对美联航的诉讼裁决中认定美联航通过“协议或者合并以防止航空邮件合同的竞争性招标，并且将意图进入行业的人员排除在行业之外”（Godehn and Quindry，1954）。这个裁决从司法上认定了航空公司存在反竞争的垄断行为[④]。

---

① 由波音飞机和运输公司（Boeing Airplane & Transport Corporation）和普惠公司（Pratty & Whitney）在 1929 年成立的一家大型、垂直整合的合并公司，涉及航空各环节的商业利益——机身和飞机发动机制造与航空运输业务的结合，服务于所有航空市场，包括民用航空（货运、客运、私人、航空邮件）和军用航空。

② 1930 年在邮政局局长布朗的推动下由跨大陆航空运输公司（Transcontinental Air Transport）、西部航空快线公司（Western Air Express）、马杜克斯航空公司（Maddux Air Lines）、标准航空公司（Standard）和匹兹堡航空工业公司（Pittsburgh Aviation Industries Corporation）合并成立，以获得邮政运输合同和航线。该公司后来更名为“环球航空公司”（Trans World Airlines，TWA）。

③ 其前身“美国航空公司”（the Aviation Corporation of America）是罗伯逊飞机公司（Robertson Aircraft Corporation）和殖民地航空运输公司（Colonial Air Transport）于 1929 年合并成立的一家控股公司。1930 年该公司成为一家运营公司，并更名为美国航空公司 (American Airways)。1934 年，公司重组并更名为美国航空公司（American Airlines）。

④ 美联航的前身，即飞机和运输联合公司在 1934 年 4 月 18 日提起了诉讼，诉讼一直持续到 1943 年 3 月 1 日，在此期间重新审判的动议被拒绝（Godehn and Quindry，1954）。

国会在 1934 年 6 月通过新的《1934 年航空邮政法》(*Air Mail Act of 1934*)。该法案剥夺了邮政总长确定航空邮件费率的权力，转由州际商业委员会行使，邮政总长仍然保留授予航空邮件运输合同的权力，同时授权商务部部长规定飞行员的最长飞行时间和制定安全飞行规则的权力。成立由总统任命的五人联邦航空委员会，通过对航空业进行全面调查研究，向国会提交报告，提出政策建议。

更为重要的是，《1934 年航空邮政法》在美国首次以立法的形式触及航空运输业的反垄断问题，主要包括如下几个方面。

第一，打破航空公司和飞机制造商之间的纵向垄断[①]。该法案禁止航空运输企业与航空业其他环节的企业相互之间直接、间接持股、参股或者控股。同时个人如果作为其他企业的管理人员、董事或者股东，而这些企业在航空制造业持有股份，或者这些企业本身就从事航空业其他环节业务，则也不得参与履行航空邮件运输合同的活动。因而，它要求生产飞机的公司与提供航空运输服务的公司完全分开，从而削弱了一家公司控制飞机生产和航空运输服务上下游产业链的能力，但是不禁止航空邮政运输企业获取飞行区、机库和地面设施的运营或者维修企业的股份权益。

第二，通过竞争性招标授予航空邮件运输合同[②]。该法案重新确立了竞争性招标作为授予邮件合同的主要机制，以防止串通并确保公平竞争。

第三，防止垄断航空邮政运输市场[③]。法案通过三种途径来防止少数航空公司垄断航空运输市场。一是限制授予航空邮政运输合同数量。该法案对任何一家航空公司可以持有的合同数量进行了限制，不得超过 3 个。二是禁止向拥有主要航线合同的承包航空公司再次授予合同或者延长其他主要航线[④]合同的期限。三是禁止持有航空邮件运输合同承运人之间的合并，从而防止任何一家公司主导该行业。

这些规定的共同目的是打破现有垄断，防止新垄断的形成，并在航空运输业内营造竞争环境。这代表了美国政府对航空业监管方式的转变，从促进整合和效率转向加强竞争和防止反竞争行为。

事实上，《1934 年航空邮政法》包含了相互冲突的对立观念。一方面，《1934 年航空邮政法》采用了"竞争性招标"的概念，这已成为罗斯福"新政"的口号。另一方面，《1934 年航空邮政法》也采用了经济规制的理念，尽管内容还很有限，因为罗斯福的"新政"总体上并不是鼓励竞争的，而是在一定程度上要限制竞争。

---

① Pub. L. No.73-308, §7, 48 Stat. 938 (1934).

② Pub. L. No.73-308, §§3-5, 48 Stat. 938 (1934).

③ Pub. L. No. 73-308, §15, 48 Stat. 938 (1934).

④ 法案要求确定"主要航线"和"二类航线"，但是没有对它们进行定义，只是说明跨大陆以及东、西海岸的航线应包括在"主要航线"内。

这就为《1938 年民用航空法》对航空运输业实施全面经济规制埋下了伏笔。

4.1.2 反垄断执法

《1934 年航空邮政法》对航空公司实施了严格的监管，要求解散航空控股公司，为形成更具竞争力的行业结构铺平了道路。这一政策转变标志着美国航空运输业开始更加积极地实施反垄断执法。这和第 1 章中美国反垄断政策发展第三阶段“国家新政”（1933 年至 20 世纪 60 年代）表现出了一些差异，即航空运输业在 1934 年还不是简单地用规制取代反垄断。航空运输业还没有真正实施过反垄断，而《1930 年航空邮政法》导致了纵向和横向垄断，特别是纵向垄断尤为突出。此时的首要问题是解决行业中出现的垄断问题。因此，罗斯福总统在与参众两院邮政委员会主席商讨新的邮政立法时，就建议要禁止有关联关系的航空公司参与邮政航线的承包，同时也禁止与飞机制造商或者零部件制造商有关联的航空公司承包邮件运输业务。

显而易见，罗斯福总统要强迫拆分航空领域的大型控股公司。在《1934 年航空邮政法》通过后 1 个多月的 7 月 27 日，飞机和运输联合公司就向美国联邦贸易委员会提交公司重组发行股票的申请，以满足“当前和未来”获得航空邮件合同的政府要求①。

纵向关联的飞机和运输联合控股公司被拆分为三个独立的公司，即联合飞机公司（United Aircraft Corporation），包括普惠公司、西科斯基飞机公司、沃特电气公司和汉密尔顿标准螺旋桨公司；波音飞机公司（Boeing Airplane Company）；美联航，该公司可以承接所有的飞行运输业务。拆分工作最终在 1934 年 9 月 26 日之前完成。

飞机和运输联合控股公司的拆分是企业为了继续获得政府的航空邮政合同而主动采取的合规行为，不同于 1911 年“新泽西州标准石油公司诉美国案”或者 1982 年的“美国诉 AT&T 案”，通过司法裁决方式强制拆分大型垄断性企业。

同年，美国航空公司（American Airways）剥离了其中的航空制造业务，最终更名为美国航空公司（American Airlines）。

尽管《1934 年航空邮政法》的发布施行在美国航空运输业反垄断历史上是一个具有里程碑意义的事件，标志着美国政府从单一地促进行业发展，转向了多目标的产业政策。但是这一政策转变，并非标志着美国政府将在航空运输业开始更加积极地、持续实施反垄断执法。因为《1934 年航空邮政法》第 20 节规定了由总统成立一个专门委员会进行广泛的调查研究，向国会“建议一项涵盖航空各个

① “United Aircraft Asks 3-Unit Split,” New York Times,1934/07/28. https://www.nytimes.com/1934/07/28/archives/united-aircraft-asks-3unit-split-two-manufacturing-and-one.html. 2023 年 7 月 19 日查阅。

阶段以及政府与航空业之间关系的广泛政策”，因此美国国会也承认《1934 年航空邮政法》实际上是一项临时立法。

4.2　迅速转向行业高度规制（1935～1938 年）

4.2.1　航空运输业的发展变化

《1934 年航空邮政法》对美国航空运输业有三个方面的影响。

第一，形成了四大寡头独占市场的结构（Levine，1964；Vietor，1990）。《1934 年航空邮政法》建立了四条横跨大陆的航空邮件运输航线，在重组后的美联航、环球航空公司和美国航空公司基础上，增加东方航空公司（Eastern Airlines），营运跨大陆的邮件航线。到 1938 年，四大航空公司占据行业大约 80%的市场份额（收益客英里）[①]，这个航空运输系统与 1930 年“分赃会议”导致的行业卡特尔有类似之处，社会公众对四大航空公司通过串谋和市场分割垄断航空运输业存在恐惧。

第二，整个行业陷入亏损。由于没有任何法律限制行业准入，《1934 年航空邮政法》又确立了竞争性招标制度，航空公司获得政府邮件运输合同的唯一可行方式就是参与竞争性的投标，结果导致航空公司之间在价格上的激烈竞争，投标出价低得离谱。航空公司在一些航线的报价为每飞机英里（aircraft mile）[②]17.5 美分（Komons，1978），远远低于《1934 年航空邮政法》规定的 40 美分的上限[③]。与公众担心垄断不同，行业更为担心内部的“过度竞争”（excess competition）。航空公司认为《1934 年航空邮政法》将行业带到了毁灭的边缘。一个参议院委员会在 1935 年也宣称“这种竞争已经走向极端，往往会破坏承运商的财务稳定性，并危及满足商业需求的运输设施和服务的维护”（Lee，1945）。整个行业在 1934～1936 年一直处于亏损状态，19 家航空公司仅有 6 家盈利，总亏损达 350 万美元（Komons，1978）。

第三，航空公司转向客运来维持运营。航空邮件运输不再是航空公司稳定的收入来源，也无法为航空公司持续运营提供交叉补贴。航空公司认识到商业航空的前景在于客运服务，于是其业务战略发生了巨大变化。公司继续愿意以低于成本的价格运送邮件是这一新战略的一部分，因为根据《1934 年航空邮政法》，邮件承运人不得在其他邮件承运人的航线上开展业务[④]，赢得航空邮件航线还意味

① Air Transportation Association of America, 1940 Annual Report ; Civil Aviation Authority.

② 用于美国 20 世纪 30 年代邮政合同中计算运费，是一种以飞机里程为基础的飞机运营补贴计费单位。

③ Pub. L. No. 73-308, §3(a), 48 Stat. 938 (1934).

④ Pub. L. No. 73-308, §15, 48 Stat. 938 (1934).

着赢得几乎专有的客运航线。同时，1936 年道格拉斯 DC-3 投入到定期客运服务中，飞行速度大大提高，节约了旅客的旅行时间，定期航空运输首次可以收取高于地面运输的费用。到 1937 年航空客运能够比邮件运输为航空公司带来更多的收入（Komons，1978）。

4.2.2 航空运输业与公用事业和公共利益

由于《1934 年航空邮政法》没有提出解决航空运输业问题的永久性方案，而且罗斯福总统在竞选总统时就已经表现出不赞成在运输行业进行无节制的竞争，美国国会参议员帕特·麦卡伦（Pat Mccarran）恰逢其时地提出了航空运输业就如水电气一样属于公用事业的观点。他认为，航空公司运送邮件、快件和旅客，就如城市的水电气供应一样，属于公用事业，就应该像对待铁路部门一样，将航空运输业置于联邦经济规制之下，建立一个独立的经济规制机构，授予其经济规制的权力（Komons，1978）。

民航委员会在 1947 年 8 月 25 日发布的针对“美联航收购西部航空”的决定中，认为对“公用事业”规制的理论基础是某些对公众有重大利益的企业通常具有一定的垄断性，因而有义务以合理的价格向公众提供服务。“公用事业”所提供的服务通常很广泛，并且必须由公众在正常生活过程中使用。其费率对公众的经济影响等同于税收，向“公用事业”提供的补贴也是一种向全体公众征收的税收，而航空公司在邮件运输上享受了“公用事业”的补贴①。

航空运输业确实具有一般“公用事业”的一些特征，如行业主流技术需要大量的固定成本、网络型的“公用事业”具有范围经济和密度经济、存在盈利航线对亏损航线交叉补贴的现象。但是航空运输与铁路运输又有所不同，在 20 世纪 30 年代，航空运输还不是国民经济活动不可或缺的产业。作为新的行业，竞争和创新对行业健康发展也很重要，此外，与传统公用事业不同，航空运输市场存在巨大的竞争潜力，尤其是在繁忙的航线上更是如此（Borenstein and Rose，1994；Morrison and Winston，2010b）。

如果将航空运输业定位为“公用事业”，出于“公共利益”的考量，按照当时广泛采用的对“公用事业”的规制方式，行业准入就应受到严格控制，以确保维持航空运输业良好的经济状况，从而能够稳定地支持达到一定水平的基本公共服务。行业准入的控制就是通过对市场参与者的数量进行控制，从而提前对市场竞争进行干预。因此，仅仅将“公共事业”一词应用于航空运输并没有为保护主义的论点增加任何新的经济实质内容。

---

① Civil Aeronautics Board. 1949. Economic Decisions of the U.S. Civil Aeronautics Board. Vol. 8, 298. Washington, DC: U.S. Government Printing Office.

即便航空运输业不是“公用事业”，航空运输中也隐含了“公共利益”。航空运输背景下“公共利益”的定义受到多种因素的影响，包括立法、规制决策以及不断变化的公共和政治优先事项。一般来说，“公共利益”包含确保航空运输服务能够达到安全、可靠、高效和公众负担得起的目标。此外，航空运输对国防的重要作用在第一次世界大战中得到了初步体现，这也属于公共利益的范畴。《1930 年航空邮政法》就规定邮政总长在授予航空公司邮件运输合同时，要考虑是否增进公共利益[①]。《1934 年航空邮政法》甚至允许邮政总长出于“公共利益”的需要，他可以批准“任何航线”邮件运输合同延长期限，当然也包括对航线距离、延长次数和费率进行限制[②]。

依照《1934 年航空邮政法》设立的临时咨询机构——联邦航空委员会(Federal Aviation Commission) 认为，允许新的运营商提供低劣的服务，通过降低费率来减少老运营商的运输流量，这“显然是对公共利益的破坏”(Komons，1978)。

“公用事业”和“公共利益”已经成为航空运输业寻求限制竞争、进行行业保护的最好盾牌，也成为政府部门扩张权力的最佳说辞。

4.2.3　联邦航空委员会的行业规制建议

联邦航空委员会在 1935 年 1 月 31 日向国会提交一份包括“研究和调查，以及……其关于涵盖航空所有阶段以及美国与其关系的广泛政策的建议”[③]的报告，该报告提出了 102 条建议，这些建议可以分为商业航空运输和非商业航空运输两大类。在其针对商业航空运输的建议中包括对航空运输事务进行全面经济规制的事项。

联邦航空委员会建议“美国的政策应该是保持美国航空运输在航空运输领域的世界领导地位，并提供必要的援助，以确保美国航空公司采用最现代、最高效的设备和方法”[④]。

联邦航空委员会认为，航空运输“应该引入至少一种常见的其他运输形式的管理方式”，即便利性和必要性证书 (certificate of convenience and necessity)。所有经营国内定期运输业务的承运人均应获得便利性和必要性证书。1934 年 12 月 1 日之前从事航空运输的承运商将自动获得证书[⑤]。

联邦航空委员会认为竞争“应该是为了改善服务和技术发展”，要“避免不经

① Pub. L. No. 71-178, §6, 46 Stat. 259 (1930).

② Pub. L. No. 73-308, §3, 48 Stat. 938 (1934).

③ Pub. L. No. 73-308, §20, 48 Stat. 938 (1934).

④ Federal Aviation Commission Recommendation No. 1 in 6 J. AIR L. & COM. 163 (1935).

⑤ Federal Aviation Commission Recommendations Nos. 5-7 in 6 J. AIR L. & COM. 163 (1935).

济的重复航线或设施重复”[①]。

联邦航空委员会建议“规定航空公司的最低服务质量和最低班次频率”。联邦政府将设定服务条件并确定客运、邮件和货运的所有费率[②]。

联邦航空委员会要求“禁止通过控股公司控制多家航空公司”，应严格控制“从事其他活动的公司干预航空公司的股份所有权，或不同航空利益相互关联”。[③]

联邦航空委员会建议设立一个联邦机构，该机构“对民用航空，特别是国内和国际航空运输拥有广泛的监督和规制权力。它应拥有实现其一般监督和规制目的所需的所有权力，包括与民用航空有关的任何主体举行听证会和进行调查的权力”[④]。

罗斯福总统在向国会提交联邦航空委员会报告所附的信函中指出，“对于这个建议我无法苟同”，他认为“我们应该避免交通领域单独规制机构的增加”。[⑤]或许罗斯福总统也没有想到后来“民航委员会”这个单独规制机构的诞生。联邦航空委员会关于设立民航单独规制机构的建议与前面提到的美国国会参议员 Mccarran 的观点倒是相同的。航空公司也赞同联邦航空委员会和 Mccarran 关于设立规制机构的意见（Komons，1978）。

4.2.4 行业组织积极寻求保护性立法

1936 年之前，美国航空公司没有自己的行业组织，仅仅在以航空制造企业为主的“航空商会”（Aeronautical Chamber of Commerce）中，下设有一个航空公司的分支组织（Westwood and Bennett，1966）。为了更好地发挥在美国未来航空运输立法中的影响作用，19 家航空公司在 1936 年初成立美国航空运输协会（Air Transport Association of America）[⑥]，该协会成立的最初目的就是要确保该行业获得国家立法特许——该特许将承认现有承运人的利益，并通过联邦规制，以最少的竞争促进其有序发展。对航空运输业的规制应类似洲际商业委员会对铁路和汽车运输公司的规制，不受航空邮件合同系统所受的变幻莫测的政治影响。

早在《1934 年航空邮政法》通过后，航空运输业对行业内的意见进行了抽样调查，发现 Mccarran 的提议被誉为摆在国会面前的所有措施中“最具建设性”的。《华盛顿先驱报》甚至断言“美国航空运输业坚决支持 Mccarran 法案”（Komons，1978）。美国航空运输协会成立后，积极与参议员 Mccarran 协调立场，试图形成各方都可以接受的法案，甚至聘请律所来帮助其撰写法案文本（Komons，1978）。

① Federal Aviation Commission Recommedation No. 9 in 6 J. AIR L. & COM. 163 (1935).

② Federal Aviation Commission Recommedation No. 4 in 6 J. AIR L. & COM. 163 (1935).

③ Federal Aviation Commission Recommedation No. 13 in 6 J. AIR L. & COM. 163 (1935).

④ Federal Aviation Commission Recommedation No. 102 in 6 J. AIR L. & COM. 163 (1935).

⑤ Congressional Record-Senate, Volume 79, January 3 to August 26, 1935, 1310.

⑥ 现在名为 Airlines for America。

在众议员克拉伦斯·李（Clarence Lea）成为众议院法案发起人后，美国航空运输协会也与其密切合作，参与法案的重新起草工作，并推进法案在众议院通过（Westwood and Bennett，1966）。时任美国航空运输协会主席戈尔（Gorrel）在国会民航法立法听证会上表示航空公司之间残酷的竞争导致了行业严重的经济问题，很难筹措到资金来购买新设备以维持运营，同时缺乏对行业准入的控制导致了严重的安全问题（Comment，1962）。

通过《1938 年民用航空法》，航空公司终于获得了经济特许权，并摆脱了邮政局的控制，获得了运营航线的永久权利，还免除了竞争的威胁。

4.2.5 《1938 年民用航空法》

1937 年 9 月 15 日，罗斯福总统授权成立了一个由六人组成的“民用航空立法跨部门委员会”（Interdepartmental Committee on Civil Aviation Legislation），以此来协调处理民用航空立法问题（Westwood and Bennett，1966），民用航空立法跨部门委员会用了 4 个月时间来起草《民用航空法（草案）》，其中明确要求成立民航独立规制机构，这个草案得到了罗斯福总统的批准。政府决定与众议员 Lea 而不是 Mccarran 合作来推进立法工作。众议员 Lea 同意使用跨部门法案作为起草立法的基础。起草过程中，众议员 Lea 专门向包括美国航空运输协会在内的部分机构和人员征求了意见,此后还在美国航空运输协会参与下重新起草了一稿法案。

最终众议员 Lea 在 1938 年 3 月 4 日向国会提交了 H.R. 9738 法案，基本上又回到了联邦航空委员会最初的想法。罗斯福总统认为，众议员 Lea 的法案符合行业绝大多数人的愿望，并且基本上与部门间委员会的建议相似。法案经过众议院洲际和对外贸易委员会多次听证并对之进行了修改。而参议院辩论的焦点在于是否应该通过立法完全禁止竞争航空公司之间的合并，而不应将权力交由设立的规制机构来行使，以避免出现垄断（Comment，1962）。在两院分别通过各自法案后，两院又对法案中涉及航空安全委员会（Air Safety Board）独立性和组成、总统任命民航委员会委员的权力等差异进行协调。该法案最终由罗斯福总统在 6 月 23 日签署，成为法律，并在 8 月 22 日正式生效。

由于《1938 年民用航空法》涉及民航的方方面面，而本书专注于航空运输业的反垄断问题，因此，仅从反垄断及其相关领域来介绍《1938 年民用航空法》的内容。

第一，声明控制行业竞争。《1938 年民用航空法》第 2 节政策声明 c 款要求航空承运人“不得有不公正的歧视、不当的优惠或优势，或者不公平或破坏性的竞争行为”。d 款规定为了“确保航空运输系统的健康发展”，航空承运人只能“进行必要程度的竞争”，实际上背离了航空运输领域“自由放任”的竞争理念。什么是“不公平或破坏性的竞争行为”，什么是“必要程度的竞争”，法案并没有给出明确答案，而是将控制行业竞争的权力交给了法案设立的行业规制机构，也实现了美国航空运输协会减少行业竞争的目标。

第二，成立了专门的行业规制机构——民用航空署（Civil Aeronautics Authority，CAA）。民用航空署由总统提名、参议院批准的五位人员组成，主要承担航空运输的经济监管，以及安全政策的制定职责。这个机构的设立与参议员Mccarran和联邦航空委员会的建议吻合，偏离了罗斯福总统最初不建立专门的民航业规制机构的设想。民用航空署下另设一名总统提名、参议院批准的航空行政长官（administrator），其主要负责执行民用航空署的安全政策，修建、运营和维护航路系统[①]。民用航空署下面还设立有专门的独立航空事故调查机构——航空安全委员会，其三名成员由总统提名、参议院批准[②]。

第三，通过公共便利性和必要性证书（certificate of public convenience and necessity），以控制行业准入门槛[③]。这个规定与前面提到的参议员 Mccarran、联邦航空委员会和美国航空运输协会的建议或者要求一致。公共便利性和必要性证书本身是对"公用事业"企业市场准入的一种限制手段，其经济合理性在于避免浪费大量固定资源，某些产品的特殊性使得统一管理对于最大限度地满足需求至关重要。尽管美国政府并没有将民航或者航空运输确定为"公用事业"，但是参照公用事业的规制方式来控制行业准入门槛，以确保维持航空运输业良好的经济状况，能够稳定地支持足够水平的基本公共服务。但是在位航空公司如果要获得公共便利性和必要性证书则需要遵循"祖父制"原则，即从 1938 年 5 月 14 日《1938 年民用航空法》提交至国会审议至该法生效之日持续运营的航空公司，只要能够证明运营事实，就有权获得公共便利性和必要性证书，除非民用航空署认为该承运人在此期间提供的服务不充分且效率低下。联邦航空委员会在 1935 年的报告中针对公共便利性和必要性证书的建议也要求遵循"祖父制"原则。

第四，民用航空署和之后的民航委员会取代司法部和联邦贸易委员会成为行业的反垄断执法机构[④]。2.1.4 节中已经分析了罗斯福"新政"下规制机构的兴起是这个阶段反托拉斯执法的一个重要特征，民用航空署实际获得了对行业兼并重组和竞争行为规制的权力。但是这个权力与国会本来的立法宗旨相悖，国会的意图是限制规制机构在批准并购等反垄断执法中的自由裁量权，然而在实际执行中，民用航空署对法条做了不同的解读（Comment，1962；Travers，1966）。

第五，禁止通过纵向控制和其他运输方式对航空公司进行控制[⑤]。《1938 年民用航空法》延续了《1934 年航空邮政法》的做法，不允许有上下游关系的航空制

① 该航空行政长官不是民用航空署的成员, Pub. L. No. 75-706, §§ 201, 301-308, 52 Stat. 973 (1938).

② Pub. L. No. 75-706, §§ 701-702, 52 Stat. 973 (1938).

③ Pub. L. No. 75-706, § 401, 52 Stat. 973 (1938).

④ Pub. L. No. 75-706, §§ 408(b), 412, 52 Stat. 973 (1938).

⑤ Pub. L. No. 75-706, § 408(a)(5)-(6), 52 Stat. 973 (1938).

造业和航空公司之间相互控制，也不允许任何其他的公共承运人以任何方式控制航空公司，但是民用航空署批准的除外。任何其他的公共承运人就是指除航空运输以外的铁路、公路和水上运输企业。

第六，禁止董事会连锁关联①。《1938 年民用航空法》规定。航空公司管理人员或者董事不得在另一家航空公司或者航空业的其他部门任职、担任董事或者控股，航空公司也不得明知或者有意容留这样的管理人员或者董事，即它们的代理人在另一家航空公司或者航空业的其他部门任职、担任董事或者控股，或者经它们的提名在另一家航空公司或者航空业的其他部门任职、担任董事或者控股。但是如果民用航空署根据公共利益批准的则不受限制。

第七，航空运输业获得了有限的反垄断豁免②。如果航空公司是根据《1938 年民用航空法》获得的授权、批准或要求采取的行动，那么这些行动就获得了反垄断的豁免。比如，民用航空署批准的并购重组、连锁关系、联程票价和共享等合作行为就属于此类。它有效地允许政府通过授权活动（例如合并航空公司或制定协调的航线和票价）来管理航空运输业的竞争，而这些行为在传统反垄断法下可能被视为反竞争的行为。然而，值得注意的是，这种豁免是有限的，它仅适用于根据《1938 年民用航空法》相关条款特别授权、批准或要求的行动。航空公司在其他业务领域也不能免于受到反垄断执法的影响，而且它们仍然可能因实施《1938 年民用航空法》未禁止的反竞争行为而面临反垄断诉讼。

《1938 年民航运输法》既不是“公共利益”在行业的实践，也不是行业对政府政策的简单“捕获”。它是各相关利益方博弈妥协的结果，目的在于通过控制竞争实现有效率服务、行业创新和支持经济增长的更好协调。这种做法与大萧条背景下以类似的方式应对其他行业的低迷状况是一致的。

由于这个阶段行业政策处于一个重塑阶段，政府的主要精力是致力于制定一个全面的行业政策，而不是加强行业反垄断执法，因此，行业内没有发生有影响的重大反垄断案。

4.3　高度规制下行业反垄断进入休眠期（1939～1984 年）

4.3.1　行业反垄断立法的发展

1. 行政规制替代了反垄断执法（1939～1978 年）

尽管《1934 年航空邮政法》关注了行业的垄断问题，也禁止了航空公司与航

① Pub. L. No. 75-706, § 409, 52 Stat. 973 (1938).

② Pub. L. No. 75-706, § 414, 52 Stat. 973 (1938).

空其他环节的纵向关联，但是并没有将反垄断鼓励竞争作为航空运输业的政策目标,《1938 年民用航空法》更是用行业规制替代了反垄断法在行业的效力。

这个阶段出现了航空公司就民航委员会的规制权力与反垄断执法之间的关系起诉民航委员会的案件。较早有影响的案件是“美联航诉民用航空委员会案”(United Airlines, Inc. v. CAB)(1946 年)。在该案件中，美国联航质疑民航委员会批准西部航空公司(Western Air Lines)的新航线。美国联航声称民航委员会批准新航线是反竞争的，违反了反垄断法。哥伦比亚特区联邦巡回上诉法院驳回了美联航的论点并维持了民航委员会的决定,认定民航委员会是在其权力范围内行事，并且新航线不具有反竞争性[①]。该案意义重大，因为它确立了反垄断法不适用于民航委员会对航空运输业规制的原则。这一原则在随后的案件中得到重申，包括 1955 年的“北美航空公司诉民航委员会案”(North American Airlines v. CAB)[②]和 1965 年的“美国航空公司诉民用航空委员会案”(American Airlines v. CAB)[③]。

2. 促进竞争最终成为主要的政策目标之一

《1958 年联邦航空法》(*Federal Aviation Act 1958*)取代《1938 年民用航空法》时，国会并没有对《1938 年民用航空法》确立的控制行业竞争政策进行任何调整。直到《1978 年放松航空公司规制法》(*Airline Deregulation Act 1978*)才对控制行业竞争政策进行较大的调整。

首先，第一次在联邦立法中明确了要“防止航空运输中的……掠夺性和反竞争行为”和“避免行业出现集中度不合理、市场支配力过大、垄断势力强”的问题，从而防止“一个或多个航空承运人不合理地提高价格、减少服务或排除航空运输中的竞争”[④]。

其次，鼓励新的市场进入，增强市场竞争。《1978 年放松航空公司规制法》鼓励新航空公司进入航空运输市场,鼓励现有航空公司进入更多的航空运输市场,并继续提升小型航空公司的实力，以确保航空运输业更加有效、更具竞争力[⑤]。

因此,《1978 年放松航空公司规制法》是美国第一次在航空运输业确立了反垄断和鼓励竞争的政策目标。

3. 加强国际航空运输中的竞争行为规制

《1974 年国际航空运输公平竞争行为法》(*International Air Transportation Fair*

① United Air Lines v. Civil Aeronautics Board, 155 F.2d 169, 81 U.S. AD.C. 89 (D.C. Cir. 1946), 172-175.

② North American Airlines v. Civil Aeron. Board, 240 F.2d 867, 100 U.S. App. D.C. 5 (D.C. Cir. 1956).

③ American Airlines, Inc. v. Civil Aeron. Board, 359 F.2d 624 (D.C. Cir. 1966).

④ Pub. L. No. 95-504, § 3(a), 92 Stat. 1705 (1978).

⑤ Pub. L. No. 95-504, § 3(a), 92 Stat. 1705 (1978).

Competitive Practices Act of 1974）是美国第一个专门针对国际航空运输竞争的立法，并于 1975 年 1 月 3 日签署成为法律。该法案授权总统通过交通部部长与外国政府谈判协议，以确保美国航空公司不受歧视。如果外国政府对美国航空公司实施不公平或歧视性做法，该法案还授权总统采取报复行动。该法案赋予民航委员会更大的权力来调查美国航空公司对外国航空公司或政府不公平竞争行为的投诉。如果发现外国航空公司存在不公平行为，民航委员会可以建议采取纠正措施。该法案强调谈判是解决不公平做法的首选手段。鼓励总统和国务院与外国政府合作，达成促进公平竞争的共同协议。如果谈判不成功，并且外国政府继续允许不公平做法使美国航空公司处于不利地位，那么该法案授权总统采取一系列报复行动。这可能包括限制或撤销外国承运人在美国运营的权利，或者征收费用、采取其他限制措施。

《1974 年国际航空运输公平竞争行为法》于 1979 年进行了修订，进一步凸显了美国政府在保护国内航空公司免受不公平竞争方面的作用。1979 年的修正案重点强化了原 1974 年法案的执行条款，并进一步明确了美国政府对外国政府或运营商的歧视性做法进行谈判和报复的权力。

4. 反垄断机构和职责权力的变化

根据 1939 年 4 月通过的《1939 年重组法》(*Reorganization Act of 1939*)[①]，1940 年 6 月罗斯福总统发布《1940 年第三号重组计划》和《1940 年第四号重组计划》[②]，将民用航空署拆分为民航委员会和民用航空局（Civil Aeronautics Administration，CAA）[③]。前者事实上继承了民用航空署的衣钵，继续保持独立运作，被赋予在安全规则制定、事故调查和经济规制方面的权力，也继续负有行业反垄断职责。而民用航空局则负责安全规章的实施、飞行人员和航空器的认证、航路系统的建设和运营[④]。

《1978 年放松航空公司规制法》将航空运输业涉及美国洲际和海外航空运输[⑤]反

---

① Pub. L. No. 76-19, 53 Stat. 561 (1939).

② Reorganization Plan No. III of 1940, Eff. June 30, 1940, 5 F.R. 2107, 54 Stat. 1231, https://uscode.house.gov/view.xhtml?req=granuleid:USC-prelim-title5a-node35-leaf39&num=0&edition=prelim; Reorganization Plan No. IV of 1940, Eff. June 30, 1940, 5 F.R. 2421, 54 Stat. 1234, https://uscode.house.gov/view.xhtml?req=granuleid:USC-prelim-title5a-node35-leaf40&num=0&edition=prelim.2023 年 8 月 1 日查阅。

③ Franklin D. Roosevelt, Statement on the Civil Aeronautics Authority Under the New Reorganization Plans , April 30, 1940, https://www.presidency.ucsb.edu/documents/statement-the-civil-aeronautics-authority-under-the-new-reorganization-plans. 2023 年 8 月 1 日查阅。

④ 事实上是美国联邦航空局（Federal Aviation Administration，FAA）的前身。

⑤ 根据美国《1938 年民用航空法》（Pub. L. No. 95-504），海外航空运输被定义为美国各州与美国海外领地或者属地之间以及美国海外领地或者属地之间的商业航空运输。

垄断执法的权力自 1983 年 1 月 1 日起从民航委员会移交给美国司法部[①]，涉及外国航空运输（foreign air transportation）[②]的反垄断权力从 1985 年 1 月 1 日开始移交至美国司法部[③]。1982 年，《航空保险计划延期五年法》（*An Act to Extend the Aviation Insurance Program for Five Years*）将上述涉及洲际、海外和外国航空运输反垄断的权力全部移交给美国司法部[④]。后来在《1984 年民航委员会日落法》中又将该权力自 1985 年 1 月 1 日开始移交给美国运输部[⑤]，同时规定自 1989 年 1 月 1 日起美国运输部不再拥有除涉及外国航空运输合作协议和反垄断豁免外的反垄断执法权力，相关执法权回到美国司法部手中[⑥]。在 5.1.1 节还将结合美国运输部反垄断权力的变化进一步分析。

5. 反垄断豁免政策的演进

《1938 年民用航空法》和《1958 年联邦航空法》授予了民航业相同的反垄断豁免权。两部联邦法的第 414 节中均规定任何受到民航委员会依据第 408、409 和 412 节发布的命令（order）"影响的"（affected）个人，将自动免于反垄断法的适用，此豁免是上述个人为了执行民航委员会"授权、批准或者要求的命令"，采取任何行动所必需的[⑦]。因此，实际上民航业在两种情况下享有反垄断豁免：第一种情况是被指控的行为是得到民航委员会特定命令批准的或者是这类命令明确涉及的；第二种情况是投诉的行为在民航委员会监察和监督范围内。

联邦法律对民航业的反垄断豁免规定被认为具有较强的反竞争性质，最后甚至导致美国司法部发起了对民航委员会的诉讼。1975 年"美国诉民航委员会案"（United States v. CAB）[⑧]就是民航委员会通过批准三家航空公司削减运力的协议，从而授予这三家航空公司反垄断豁免权的，进而引发了司法部的诉讼。这个案件在下文的航空公司合作协议部分（4.3.7 节）再做更为详细的分析介绍。

另外，《1978 年放松航空公司规制法》对民航业的反垄断豁免做出了重大修订。反垄断豁免不再是民航委员会批准后就自动享有反垄断豁免，而是民航委员会要审慎地考虑豁免是否符合公共利益。也就是说，原来是一个行政行为，依照

① Pub. L. No. 95-504, § 40(a), 92 Stat. 1705.实际上在 1983 年 1 月 1 日并未移交给美国司法部，而是在 1985 年 1 月 1 日移交给了美国运输部。

② 国际航空运输，根据美国《1938 年民用航空法》（Pub. L. No. 95-504），其被定义为"美国境内一点与美国以外任何一点"之间的商业航空运输。

③ Pub. L. No. 75-706, § 40(b)(1)(c), (b)(2), 92 Stat. 1705 (1978).

④ Pub. L. No. 97-309, § 4(b), 92 Stat. 1705 (1982).

⑤ Pub. L. No. 98-443, § 3(a), 98 Stat. 1703 (1984). 民航委员会.

⑥ Pub. L. No. 98-443, § 3(c)(7), 98 Stat. 1703 (1984). 民航委员会.

⑦ Pub. L. No. 75-706, § 414, 52 Stat. 973 (1938); Pub. L.No. 85-726, § 414, 72 Stat. 731 (1958).

⑧ United States v. CAB, 511 F.2d 1315, 1322 (D.C. Cir. 1975).

第 408、409 和 412 节进行审批后，相对人就获得了反垄断豁免，而现在是两个行政行为——审批和授予反垄断豁免[①]。

在 1979 年的“北中部航空和南部航空合并案”(North Central-Southern Merger Case)的决定中，民航委员会也认为国会修订第 414 节酌情授予豁免权的目的是，改变对第 414 节范围内的所有审批进行例行自动豁免的做法。第 414 节现在允许民航委员会仅在允许交易进行的必要范围内，以及只有在民航委员会认为这种豁免是公共利益所必需的情况下授予合并的反垄断豁免权[②]。

6. 程序性的规定和最终决定权

无论是《1938 年民用航空法》还是《1978 年放松航空公司规制法》，对航空公司并购、建立连锁关系还是达成合作协议，均需要当事方向民航委员会提出申请。对于航空公司并购来说，《1938 年民用航空法》规定听证会是必要程序，但是根据《1978 年放松航空公司规制法》，听证会则不是必要程序。对于建立连锁关系和达成合作协议，两个法令均没有明确规定是否需要举行听证会。

1972 年之前的听证会设立审查官 (examiner)，1972 年之后则设立行政法官 (administrative law judge)，由审查官或者行政法官主持听证会，并做出裁决。但是，审查官或者行政法官的裁决不是终局性的，民航委员会可以接受，也可以推翻审查官或者行政法官的裁决。比如，1979 年的“国民航空收购案”(Acquisition of National Airlines)，行政法官驳回了得克萨斯国际航空的合并申请，因为他认为，这将导致休斯敦-新奥尔良城市对市场的实际竞争大幅减少，并导致其他 16 个城市对市场的潜在竞争大幅减少[③]。但是，民航委员会推翻了行政法官的裁决，有条件地批准了此次并购。民航委员会推翻行政法官裁决的理由在于，其根据可竞争市场理论认为市场集中度不能用于航空运输市场中对市场竞争影响的分析上。关于民航委员会对市场集中度的不同观点将在下面的 4.3.2 节中做详细介绍和分析。

4.3.2　反垄断的理论基础和分析范式

1. 理论基础

在《1978 年放松航空公司规制法》出台之前，整个行业的反垄断是建立在

① Pub. L. No. 95-504, § 30(a), 92 Stat. 1705 (1978).

② Civil Aeronautics Board. 1979. Economic Decisions of the U.S. Civil Aeronautics Board. Vol. 82, Part 1, 7. Washington, DC: U.S. Government Printing Office.

③ Civil Aeronautics Board. 1979. Economic Decisions of the U.S. Civil Aeronautics Board. Vol. 84, Part 1, 417. Washington, DC: U.S. Government Printing Office.

《1938 年民用航空法》基础之上的，行业规制的理论基础是“公共利益”，因而民航委员会反垄断的理论实际上也是建立在“公共利益”理论基础之上的。这一点从 4.2.2 的分析中就可以看出来。

由于《1978 年放松航空公司规制法》将促进竞争作为主要的政策目标之一，并强化了对民航企业反竞争行为的约束。民航委员会在这个阶段将可竞争市场理论作为其反垄断行为的理论基础（Gifford and Kudrle，2016）。可竞争市场理论在 1.4 节中已经做了介绍和分析。这里结合航空运输业再简单分析一下。依照可竞争市场理论，即使在市场集中度很高的城市对市场上，如果其他航空公司进入这个市场的成本很低，在位航空公司面临潜在竞争者进入的压力，也只能将价格制定在接近完全竞争的水平，从而不能从其优势地位中获得利益。因为一旦在位航空公司试图借助其优势地位提高票价，其他航空公司就会快速进入这个市场，用更低的票价与其展开竞争，从而削弱其市场地位。故而这个理论的关注点不是在位航空公司的市场地位或者市场集中度，而是市场进入和退出的难易程度或者说代价。

因此，民航委员会在分析航空公司并购时，不认为市场集中度过高是反竞争的，而是应关注是否存在进入壁垒导致较高的进入成本的情况。这一点在下文将进行专门分析介绍。

当然，民航委员会不采用以市场结构为中心的反垄断分析框架，其可以被认为是芝加哥学派理论的践行者，因为芝加哥学派就反对将较高的市场集中度视为垄断，认为反垄断的焦点应该是经济效率，市场集中度提高不一定导致经济效率下降。20 世纪 70～80 年代，芝加哥学派的理论在美国反垄断政策中占据主导地位，成为当时执法实践的重要理论基础。关于芝加哥学派理论在 1.2 节做了详细的分析介绍，请参见相关内容。

2. 反垄断分析中的“公共利益”

在第 4.2.2 节部分就分析了“公共利益”是行业规制的基础，同时，无论是《1938 年民用航空法》还是《1958 年联邦航空法》，民航委员会在审批航空公司并购（第 408 节）还是建立连锁关系（第 409 节）以及达成合作协议方面（第 412 节），均包括一个共同的测试标准——“公共利益”。

那么民航委员会是如何来界定“公共利益”或者进行“公共利益”测试的呢？民航委员会在 1940 年的“美联航收购西部航空快线案”（Acquisition of Western Air Express by United Air Lines）和 1941 年的“海运航空和阿拉斯加航空合并案”（Marine Airways, Alaska Air Transport, Inc.-Consolidation）中均认为《1938 年民用航空法》中的“公共利益”不仅仅指“公共福利”，而是和立法的目标紧密相关的[①]。那么，民航委员会就从《1938 年民用航空法》第 2 节的政策声明中去确定什么是“公共利益”。民航委员会认为，在对航空公司并购进行审查时，要考虑“公共利益”的四个方面：第一，是否鼓励构建满足国内外商业、邮政服务和国防当前和未来需求的航空运输系统[第 2 节（a）款]；第二，是否有利于培育航空运输良好的市场、改善航空承运人之间的关系并协调航空承运人的运输活动[第 2 节（b）款第二部分]；第三，是否以合理的收费促进充分、经济和高效的服务，避免出现不公平或破坏性的竞争行为[第 2 节（c）款]；第四，是否进行必要程度的竞争，以确保航空运输系统的健康发展，并适当满足美国国内外商业、邮政服务和国防的需要[第 2 节（d）款]。

在时隔 30 多年后的“泛国际航空收购土星航空案”（Acquisition of Saturn by TIA）中，民航委员会再一次重申了其对“公共利益”的上述认识[②]。

什么是航空运输良好的经济状况、什么是不公平和破坏性的竞争、什么是必要程度的竞争，《1938 年民用航空法》以及其后的《1958 年联邦航空法》均没有给出法定解释，因而只能依赖于民航委员会的判断。如果将某一特定行业的“良好经济状况”定义为该行业中每个公司的永久盈利能力，那么毫无疑问，改善这些状况的一种方法是利用政府权力压制任何竞争，任何竞争都可以被视为不公平和破坏性的，也是不必要的。民航委员会自己也承认由于“公共利益”测试提供了广泛的自由裁量权，不管一个航空公司的并购案是因为“公共利益”被否决还是批准，在并购审查中反垄断政策都常常被忽视[③]。

《1978 年放松航空公司规制法》删除了原来政策声明中的“必要程度的竞争”、“破坏性竞争”以及“良好的经济状况”等表述，增加了“最大限度地依靠竞争性市场势力以及实际和潜在的竞争”来“提供高效和良好的航空运输系统”“防止航空运输中的不公平、欺骗性、掠夺性或反竞争行为”造成“排除航空运输的竞争”，以及“通过鼓励、发展和维护实际与潜在竞争来构建效率、创新和低廉价格的航空运输系统”[④]等鼓励竞争而不是压制或者限制竞争的表述，从而限制了民航委员会的自由裁量权，使其在进行“公共利益”测试时，不能仅依据政策声明而忽略反垄断政策。

① Civil Aeronautics Authority. 1941. Economic Decisions of the U.S. Civil Aeronautics Authority. Vol. 1, 741. Washington, DC: U.S. Government Printing Office; Civil Aeronautics Board. 1945. Economic Decisions of the U.S. Civil Aeronautics Board. Vo l. 3. 318. Washington, DC: U.S. Government Printing Office.

② Civil Aeronautics Board. 1976. Economic Decisions of the U.S. Civil Aeronautics Board. Vol. 70, 96-97. Washington, DC: U.S. Government Printing Office.

③ Civil Aeronautics Board. 1979. Economic Decisions of the U.S. Civil Aeronautics Board. Vol. 82, Part 1, 22-23. Washington, DC: U.S. Government Printing Office.

④ Pub. L. No. 95-504, § 3(a), 92 Stat. 1705 (1978).

3. 并购中竞争影响分析标准的变化

（1）“反垄断测试”和“公共利益测试”

《1938 年民用航空法》为民航委员会批准航空公司并购规定了必须通过的两项测试标准，即反垄断测试和公共利益测试[①]。就反垄断限制性条款来说，如果一项并购“形成垄断，从而限制竞争或危及”其他与并购无关的航空公司，则民航委员会就不应当批准该项并购。但是，在第 2 节政策声明中的 d 款又规定为了“确保航空运输系统的健康发展”，航空承运人只能“进行必要程度的竞争”。如果并购造成的限制竞争就是能够“确保航空运输系统的健康发展”的“必要程度的竞争”，那么显然就能通过反垄断测试，因此民航委员会实际上拥有很大的自由裁量权。反垄断测试和公共利益测试最终可能就仅仅剩下公共利益测试了。

美国参议院在《1978 年放松航空公司规制法》随附的报告中就明确指出，对现有第 408 节的“根本反对”是它允许民航委员会“未按反垄断法对类似交易的规定进行充分的竞争分析便批准合并”，并且倾向于将合并视为改善经济陷入困境航空公司财务状况的工具[②]。

《1938 年民用航空法》规定的反垄断测试与《克莱顿反托拉斯法》中对企业并购的反垄断测试或者审查标准存在差异。后者使用的是“实质性限制竞争”[③]，即只要并购“实质性限制竞争”就应被禁止。而《1938 年民用航空法》规定的反垄断测试，就算是并购形成垄断，只要没有限制竞争或者危及其他无关航空公司，就应批准。而《克莱顿反托拉斯法》没有形成垄断这个前提，仅考虑是否对竞争有实质性限制。

《1978 年放松航空公司规制法》在公共利益测试外，将反垄断测试调整为两项。第一项就是“谢尔曼法案测试”，即一项并购“是否会导致垄断美国任何地区的航空运输业务”；第二项就是“克莱顿法案测试”，即并购“在美国任何地区的影响可能会实质性限制竞争，或倾向于形成垄断，抑或是以任何其他方式限制贸易”[④]。国会显然打算扩大反垄断条款在航空运输业的适用范围，从而迫使民航委员会更严格地遵循公认的一般反垄断原则，比过去更多地关注并购可能造成的反竞争影响。从这里可以看出，对竞争问题的审查，美国航空运输业也适用一般性的实质性限制竞争标准。

这里还存在两个问题，即并购案通过了反垄断测试后，是否还需要满足公共利益测试条件；并购案没有通过反垄断测试是否可以用公共利益名义获得批准。

---

① Pub. L. No. 75-706, § 408(b), Stat. 973 (1938).

② S. REAT No. 631, 95th Cong., 2d Sess. 79 (1978).

③ Pub. L. No. 63-212, § 7, 38 Stat. 730 (1914).

④ Pub. L. No. 95-504, § 26(a)(2), 92 Stat. 1705 (1978).

针对第一个问题，实际上存在两种对立的观点。一种观点认为，并购案通过反垄断测试后，就应该批准。美国司法部就持这种观点，在 1979 年“北部航空-南部航空合并案”中的申请合并方也持这种观点。它们认为只有在合并没有通过反垄断测试后，才需要考虑公共利益[①]。另一种观点认为，民航委员会不能批准不符合公共利益的并购。这个观点的实质是不应在开放进入和自由化定价之初就鼓励合并，而应依靠航空公司内部增长来提供放松规制所允许的扩展服务[②]。

第二个问题的本质是并购案不能通过反垄断测试，是否可以作为例外予以豁免。《1978 年放松航空公司规制法》授予了民航委员会这样的例外权力，即从公共利益来看，并购交易对竞争的负面影响被并购在满足公众重大交通便利性和需求方面可能产生的影响所抵消，而且此类重大交通便利和需求可能无法通过并购以外对竞争负面影响更小、更合理的方法来实现[③]。

这个例外本质上又和公共利益测试联系在一起了，但是它也对民航委员会在公共利益上的自由裁量权施加了限制，即民航委员会需要权衡并购交易对竞争的负面影响和满足公众重大交通便利性和需求的影响，同时还要考虑是否有其他更为合理的方式来实现。而不像在《1938 年民用航空法》和《1958 年联邦航空法》架构下，民航委员会自行解读“公共利益”，从而将“公共利益”作为限制竞争的借口。

（2）从行业分析范式向通用范式的转向

1976 年“泛国际航空收购土星航空案”分析包括了如下 9 个部分：并购协议、决定标准、并购的益处、竞争影响、国际影响、员工保护条款（labor protection provisions，LPPs）、连锁关系、环境影响和结论[④]。在这 9 个部分中，第四部分“竞争影响”所占比例最大。在这部分分析中，民航委员会认为，尽管泛国际航空（Trans International Airlines, TIA）是一家补充航空承运人（supplementary air carrier），但并没有其他补充承运人会因此受到合并的不利影响，并且补充航空运输（supplementary air transportation）[⑤]在提供低成本服务替代方面对竞争的刺激作用不会受到损害。在航空货运方面，此次合并在目前由定期和全货运公司主导的市

---

① Civil Aeronautics Board. 1979. Economic Decisions of the U.S. Civil Aeronautics Board. Vol. 82, Part 1, 4. Washington, DC: U.S. Government Printing Office.

② Civil Aeronautics Board. 1979. Economic Decisions of the U.S. Civil Aeronautics Board. Vol. 82, Part 1, 4. Washington, DC: U.S. Government Printing Office.

③ Pub. L. No. 95-504, § 26(a)(2), 92 Stat. 1705 (1978).

④ Civil Aeronautics Board. 1976. Economic Decisions of the U.S. Civil Aeronautics Board. Vol. 70, 92-117. Washington, DC: U.S. Government Printing Office.

⑤ 1962 年 7 月 10 日修订 1958 年《联邦航空法》的 Public Law 87-528 中规定的航空运输中的包机服务。《1978 年放松航空公司规制法》中修改为包机航空运输（charter air transportation）服务。

场中增添了新的竞争力。在航空客运市场中，合并后的航空公司在跨大西洋客运量中所占的份额约为 5%，国内客运市场，其份额约为 1.6%。因而不会对客运市场的竞争造成损害①。

在 2.1.4 节中已经提到美国司法部在 1968 年发布了第一部《并购指南》，其中提出了并购的分析框架，即相关市场界定、市场份额和市场集中度分析以及包括破产和经济性等其他因素的分析。直到在 1979 年的“国民航空收购案”中，民航委员会才分别对得克萨斯国际航空和泛美航空的收购申请从市场界定（产品市场和地域市场）、实际竞争分析、潜在竞争分析等方面进行分析②。这是民航委员会对航空公司并购首次通过市场界定，进而分析并购竞争的影响。

1982 年的“伯格特-阿拉斯加国际航空-西部航空-维纳航空收购/控股案”（Bergt-AIA-Western-Wien Acquisition/Control Case）中，民航委员会在其分析中包括相关市场（产品市场和地域市场）、竞争分析、潜在竞争、进入壁垒、邮政服务政策、406 节补贴、419 节补贴、航站楼设施、阿拉斯加航空委员会所实行的政策、进入壁垒结论、例外条款③、总统审核、员工事项、环境和能源关切和结论等④。这个分析范式和早期民航委员会的分析范式有了很大的不同，同司法部的反垄断分析范式有了极大的接近。

（3）更加关注进入壁垒而不是市场集中度

民航委员会在 1979 年的“国民航空收购案”中，第一次通过相关市场界定来分析并购对竞争的影响。但是在这个并购案中，民航委员会表达了对市场份额以及市场集中度在航空运输业中运用的不同看法。

民航委员会认为，市场份额和市场集中度在许多情况下可以作为评估潜在市场势力的有用初步指标，但在航空运输市场，尤其是将它们应用于个别城市对市场，可能会产生误导，因为尽管航空运输业在结构上具有竞争性，但几乎所有城市对市场的统计数据都显示出高度集中⑤。因此，民航委员会不完全依赖市场份额数据。市场份额数据在分析单个城市对市场的可能竞争绩效方面不是特别有用，因此必须考虑通过其他因素来评估市场结构变化对竞争的影响，这些因素包括进

① Civil Aeronautics Board. 1976. Economic Decisions of the U.S. Civil Aeronautics Board. Vol. 70, 102-110. Washington, DC: U.S. Government Printing Office.

② Civil Aeronautics Board. 1979. Economic Decisions of the U.S. Civil Aeronautics Board. Vol. 84, 416-465. Washington, DC: U.S. Government Printing Office.

③ 前面提到的不能通过反垄断测试的例外处理情况。

④ Civil Aeronautics Board. 1982. Economic Decisions of the U.S. Civil Aeronautics Board. Vol. 96, 253-311. Washington, DC: U.S. Government Printing Office.

⑤ Civil Aeronautics Board. 1979. Economic Decisions of the U.S. Civil Aeronautics Board. Vol. 84, 414. Washington, DC: U.S. Government Printing Office.

入机场的直接约束：航班时刻或者登机门的短缺；在特定机场或城市中拥有明显的主导地位可能会产生进入壁垒；在一个区域内，众多枢纽拥有主导地位（或者共享主导地位）可能会抑制潜在竞争者进入该地区的市场；在同一航线网络上，具有相似市场份额的竞争者之间可能会产生默契并串谋[①]。

"国民航空收购案"中，在休斯敦-新奥尔良城市对市场上，截至 1978 年 6 月 30 日，有 5 家航空公司运营，它们分别是国民航空、得克萨斯国际航空、达美航空、大陆航空和东方航空。国民航空和得克萨斯国际航空并购前是该市场上最大的两家航空公司，两家航空公司的市场集中度为 51.6%，并购后则上升到 74.9%。合并后的公司的市场份额和由此产生的两家公司的市场集中度将大于最高法院宣布为非法合并中的相应数据[②]。然而同期，美国最大的 200 个城市对市场中，有 182 个的最大两家航空公司的市场集中度超过 74%。民航委员会认为，如果两家公司的城市对市场集中度为 74%就意味着反竞争行为，那么必然会得出这样的结论，即放松规制后的航空运输业垄断力量猖獗[③]。

的确，市场集中度本身就有缺陷，如无法反映最大的几个企业之间的相对规模情况，也忽略了其余企业的规模分布情况。同时，分析并购时，正如民航委员会的观点，还要分析其他因素对并购后的市场竞争所产生影响，特别是在做出任何可靠的假设竞争绩效之前，必须分析进入壁垒[④]。这一点与民航委员会反垄断分析的理论基础——可竞争市场理论契合，即是否存在由进入壁垒导致的较高进入成本。但是，民航委员会将美国放松规制后最大 200 个城市对市场中的 182 个市场与国民航空和得克萨斯国际航空并购进行简单类比也不太合理。在上述 182 个城市对市场上，最大两家航空公司超过 74%的市场集中度是通过放松规制后的市场竞争形成的，而不是通过并购形成的，与国民航空和得克萨斯国际航空并购后最大两家航空公司市场集中度上升到 74.9%的形成过程完全不同。

"国民航空收购案"中的行政法官也确实存在简单引用美国最高法院在"美国诉费城国民银行案"（United States v. Philadelphia National Bank）中裁决的情况，即一项合并如果导致一家公司控制相关市场的不当比例份额，并且该市场的集中度显著提高，那么该合并本质上很可能会大大减少竞争，除非存在证据证明合并

① Civil Aeronautics Board. 1979. Economic Decisions of the U.S. Civil Aeronautics Board. Vol. 84, 420. Washington, DC: U.S. Government Printing Office.

② 在"美国诉费城国民银行案"中，最高法院确定了一个标准，即并购后企业的市场份额超过 30%，最大两家企业的市场集中度超过 59%，则并购不合法。参见下文相关内容。

③ Civil Aeronautics Board. 1979. Economic Decisions of the U.S. Civil Aeronautics Board. Vol. 84, 422-425. Washington, DC: U.S. Government Printing Office.

④ Civil Aeronautics Board. 1979. Economic Decisions of the U.S. Civil Aeronautics Board. Vol. 84, 415. Washington, DC: U.S. Government Printing Office.

不太可能产生这种反竞争效果，否则合并就必须被禁止。两家银行合并后的市场份额达到 30%，两家最大银行的市场份额达到 59%。最高法院禁止了这次合并行为①。这个裁决事实上遵循的是“本身违法原则”，即并购中的市场份额上升超过一定限度就被认定具有反竞争效果。当然，也不是简单地就此止步，而是需要并购方证明不存在反竞争的效果。得克萨斯国际航空辩称现有为休斯敦-新奥尔良市场提供服务的航空公司，加上在放松管制的环境下为新航空公司进入市场提供了便利性，这些将确保未来的竞争至少保持在与当时市场相同的水平。行政法官驳斥了得克萨斯国际航空的上述辩护②。

民航委员会认为，得克萨斯国际航空在休斯敦-新奥尔良城市对市场上本来就是一个新进入者，但是很快在这个市场上就取得了市场地位，到 1978 年末，市场份额达到 29%，成为最大的承运人。而美国西南航空公司（简称“美西南”）在 1979 年 2 月才进入这个市场，到同年 8 月，其市场份额就达到了 24%，得克萨斯国际航空的市场份额则下降到 20%③。因而，民航委员会认为，当这个城市对市场上现有竞争受到威胁时，存在实际并且有效的进入，就不存在进入壁垒。

至于 4.3.1（6）中行政法官提到的 16 个城市对市场的潜在竞争大幅减少的问题，民航委员会认为这些市场最大的进入壁垒——政府规制已经不存在，自 1978 年 11 月后至 1979 年中，整个美国有 130 多个城市对市场发生了新进入，有一些市场新进入的航空公司还不止一家。如此规模的进入是低进入壁垒的有力证据。在此期间也出现了大量的退出，这也清楚地表明进入壁垒不可能太高。民航委员会还认为商业性的进入壁垒也不高。此外，民航委员会也认为在这 16 个城市对市场两端均有一定数量的航空公司运营其他城市对市场，是进入这 16 个城市对市场可信的潜在进入者。因此，不能认为这 16 个城市对市场的潜在竞争性下降了④。

民航委员会在这里事实上倾向于“合理原则”，即高的市场集中度不一定是反竞争的，还需要进一步分析对市场竞争产生影响的其他因素，这里民航委员会关注的焦点主要集中在行政性的市场进入壁垒（政府规制）取消后的状况。这种分析方法被称为对竞争的“功能性分析”（functional analysis）（Roy，1992）。

然而行政性的进入壁垒消除后，航空运输市场出现了其他形式的市场进入壁

① United States v. Philadelphia National Bank, 374 U.S. 321, 362 (1963), 365.

② Civil Aeronautics Board. 1979. Economic Decisions of the U.S. Civil Aeronautics Board. Vol. 84, 423. Washington, DC: U.S. Government Printing Office.

③ Civil Aeronautics Board. 1979. Economic Decisions of the U.S. Civil Aeronautics Board. Vol. 84, 426. Washington, DC: U.S. Government Printing Office.

④ Civil Aeronautics Board. 1979. Economic Decisions of the U.S. Civil Aeronautics Board. Vol. 84, 435-438. Washington, DC: U.S. Government Printing Office.

垒，包括中枢辐射网络、常旅客计划（frequent flyer program，FFP）、在位航空公司拥有的计算机订座系统（computer reservation system，CRS）、航班时刻和登机门等设施以及向销售代理支付的激励佣金①。上述因素的存在，事实上造成了航空运输市场是不完全可竞争的（imperfectly contestable）。与民航委员会的完美可竞争性模型的假设相反，潜在进入者对在位者的替代不可能立即发生或无成本发生。航空运输服务消费市场不允许潜在进入者在未实际进入获得整个市场供应权的情况下与在位者进行价格竞争。

一些经济学者也根据美国放松航空公司规制后的实际情况，对美国航空运输市场是否属于可竞争市场进行了实证研究。早期的研究认为，美国航空运输市场是可竞争的（Bailey and Panzar，1984），但是后来更多的研究证明航空运输市场不是可竞争的，或者至少是不完全可竞争的（Slovin et al.，1991；Brander et al.，1991；Morrison and Winston，2010a）。实证经济学的研究结果表明，民航委员会完全否认市场集中度和仅关注政府规制这个进入壁垒是不完全符合行业实际情况的。

4.3.3　在位竞争者得到有效保护

竞争理想作为经济企业的调节器，早已成为美国政治思想的一部分。但是，从《1887 年州际商业法》开始，以及随后针对不同运输方式颁布的一系列立法均表明，美国国会试图构建一个建立在规范竞争基础上的国家运输系统。而规范竞争的手段就是前述的“公共便利性和必要性证书”，但是这个认证遵循“祖父制”原则，明显保护了在位者利益，而不利于新的市场进入者。

《1938 年民用航空法》生效后，民用航空署批准的一系列“公共便利性和必要性证书”均属于依照“祖父制”原则范畴。1939 年 2 月到 1940 年 7 月，民用航空署一共收到 23 份依照“祖父制”原则提交的“公共便利性和必要性证书”申请，民用航空署批准了其中的 21 份，仅仅否决了其中的两份②。

被否决的两家航空公司分别是“航空支线系统公司”（Airline Feeder System）和“秃鹰航空公司”（Condor A. L.）。民用航空署认为，航空支线系统公司没有满足在“祖父制”适用期间的运营要求，即 1938 年 5 月 14 日至 8 月 22 日《民用航空法》生效这段时间，申请人服务的充分性和效率存在问题，因为 1937 年 10 月该公司成立后，在批准的航线上每天有两个来回程航班，1938 年 2 月就减少到每

① U.S. Government Accountability Office, Airline Competition：DOT's Implementation of Airline Regulatory Authority, June 1989, 15-16.

② Civil Aeronautics Authority. 1941. Economic Decisions of the U.S. Civil Aeronautics Authority. Vol. 1. Washington, DC: U.S. Government Printing Office.

天一个来回程航班。1938 年 4 月因为陷入财务困境，该公司又提出了破产保护，同时航班减少每周一个来回程。在提交“公共便利性和必要性证书”申请时，破产法院还没有批准其重组计划。在整个“祖父制”适用期间，航空支线系统公司运营了 14 个航班，其中有三个因为天气原因取消，还有两个因航空公司原因取消，实际上仅运营了 9 个航班，收益旅客也仅有 11 位。而同期美国航空公司在相同的航线上运送了 1396 位旅客，说明存在旅客需求①。

而秃鹰航空公司在整个“祖父制”适用期间仅仅运送了一名旅客，民用航空署认为同样没有满足服务的充分性且效率不高②。

从 1938 年到 1970 年上半年，民用航空署及其后续者民航委员会一共拒绝了 100 多份行业进入的申请（Pickrell，1991）。

因此，通过“公共便利性和必要性证书”，新进入者不能进入航空运输市场，从而市场在位者得到充分保护，市场竞争受到抑制。当然，这种市场竞争的抑制程度要看规制机构是怎样认识“必要程度的竞争”的。

同时，民航委员会有权挑选航空公司并授予邮件运输合同，而邮件运输是航空公司主要的收入来源之一。结果就是邮件合同集中在少数大型航空公司手中，从而使重要的市场势力集中在少数几家大型航空公司手中（Winston，1993）。

4.3.4　连锁关系控制严格

连锁关系是《1938 年民用航空法》禁止的行为，除非得到民用航空署基于“公共利益”的批准，然而法律并没有提供明确的法定标准，因此规制部门在授予法定禁止的例外情况时非常谨慎③。它使申请人有责任积极证明“公共利益”不会因特定连锁关系的存在而受到不利影响。

1939 年 2 月到 1940 年 7 月，一共有 3 例向民用航空署提起连锁关系批准的案子。其中一例是大陆航空公司与飞机制造商洛克希德公司的董事会成员关联，民用航空署认为，这种关联会造成重大利益冲突，申请方没有证明“公共利益”不会受到不利影响。因此，民用航空署拒绝批准关联关系申请④。第二例包含两种关联关系，即在加拿大殖民航空公司、一家从事航空投资的公司以及一家从事机

① Civil Aeronautics Authority. 1941. Economic Decisions of the U.S. Civil Aeronautics Authority. Vol. 1, 167-172. Washington, DC: U.S. Government Printing Office.

② Civil Aeronautics Authority. 1941. Economic Decisions of the U.S. Civil Aeronautics Authority. Vol. 1, 593-597. Washington, DC: U.S. Government Printing Office.

③ Ames -Continental Air Lines, Interlocking Relationship (Docket No. 246) in Civil Aeronautics Authority. 1941. Economic Decisions of the U.S. Civil Aeronautics Authority. Vol. 1.United States Government Printing Office.

④ Civil Aeronautics Authority. 1941. Economic Decisions of the U.S. Civil Aeronautics Authority. Vol. 1. Washington, DC: U.S. Government Printing Office.

场和飞行学校业务的公司同时担任董事，最终民用航空署批准了可以在加拿大殖民航空公司和从事机场及飞行学校业务的公司同时担任董事，但是不允许在从事航空投资的公司担任董事。第三例涉及在环球航空公司、从事军用飞机制造的诺斯洛普公司和一家从事航空投资的公司同时担任董事，最终民用航空署批准了在环球航空公司和诺斯洛普公司同时担任董事的连锁关系，而不批准在从事航空投资的公司担任董事。

从上述案例可以看出，由于航空公司在与航空运输飞机制造商进行采购谈判时存在潜在的利益冲突，因此不赞成在这些公司中担任共同董事职务；证明共同董事没有参与与此类购买有关的谈判或决定，并不能消除破坏买方和卖方之间理想的公平关系的风险。在航空公司和持有航空公司投资的公司同时担任董事职务同样会遭到拒绝，因为公司间关联机制可能会被滥用从而损害航空公司的利益。但在一家航空公司和一家军用飞机制造商中担任共同董事，或者在一家航空公司和一家经营机场与飞行学校的公司中担任董事职务，则更可能被认定不存在潜在的利益冲突。

《1978 年放松航空公司规制法》对连锁关系的限制有所放松，将原来从《1938 年民用航空法》到《1958 年联邦航空法》一直坚持的不允许航空公司高管或者董事在其他“从事任何航空业务”（engaged in any phase of aeronautics）的企业担任高管或者董事或持有控股权[①]，修改为“主要从事航空业务”（substantially engaged in the business of aeronautics）[②]。这个修改缩小了必须由民航委员会批准的连锁关系范围。

4.3.5　航空公司之间的并购控制不严

表 4.1 汇聚整理了从民用航空署组建到民航委员会解散的近 48 年里经过其审批的航空公司之间合并以及收购的案件，但不包括涉及航空公司与从事其他航空业务企业并购的审批案件，因为根据《1938 年民用航空法》，纵向并购属于禁止之列，除非经过批准。

表 4.1　1939～1984 年美国航空公司之间的并购案

案件名称	审批时间	民航委员会案卷号	是否批准	原因或者条件
美联航收购西部航空快线	1940/6/19	Docket No. 270	否决	不符合公共利益
环球航空收购马凯特航空（Acquisition of Marquette by TWA）	1940/7/3	Docket No. 315	否决	因为过高的交易价格而不符合公共利益

① Pub. L. No. 75-706, § 409(a), Stat. 973 (1938); Pub. L. No. 85-726, § 409(a), 72 Stat. 731 (1958).

② Pub. L. No. 95-504, § 27(c), 92 Stat. 1705 (1978).

续表

案件名称	审批时间	民航委员会文件号	是否批准	原因或者条件
泛美航空收购泛美航空非洲公司（Acquisition of Pan American Airways- Africa, Ltd. by Pan American Airways, Inc.）	1941/8/28	Docket No. 640	批准	不违背公共利益
维纳阿拉斯加航空公司收购米罗航空服务（Acquisition of Mirow Air Service by Wien Alaska Airlines, Inc）	1941/11/18	Docket No. 552	有条件批准	交易价格合理，不影响财务健康状况。双方应在规定的时间完成交易
海运航空和阿拉斯加航空合并	1942/3/2	Docket No. 358	批准	不违背公共利益
美国航空收购墨西哥美国航空（Acquisition of American Airlines de Mexico , S. A.）	1942/4/14	Docket No. 510	驳回	该收购不需要民航委员会审批
阿拉斯加航空与伍德里航空合并（Alaska Air Lines, Inc.-Woodley Airways Consolidation）	1942/5/5	Docket No. 405	驳回	阿拉斯加航空与伍德里航空合并的目的是获得相关航线的“公共便利性和必要性证书”，但是阿拉斯加航空免于遵守“公共便利性和必要性证书”
泛美航空收购拉弗里航空（Acquisition of Lavery Airways by Pan American Airways, Inc.）	1942/5/5	Docket No. 405	否决	不符合公共利益
西部航空公司收购内陆航空公司（Acquisition of Inland Air Lines by Western Air Lines）	1944/5/23	Docket No. 1106	有条件批准	应在批准后的 30 天内收购剩余的 16.45% 股份
阿拉斯加航空收购科尔多瓦航空（Acquisition of Cordova Air Service, Inc. by Alaska Airlines, Inc.）	1944/6/27	Docket No. 930	否决	不符合公共利益
美联航收购拉姆萨航空（Acquisition of Lamsa, S. A. by United A. L.）①	1943/11/17	Docket No. 854	有条件批准	如果拉姆萨航空运营超出墨西哥范围，美联航需要重新向民航委员会申报

① 实际上和泛美航空竞购同一家航空公司。

续表

案件名称	审批时间	民航委员会文件号	是否批准	原因或者条件
东北航空收购五月花航空（Acquisition of Mayflower Airlines by Northeast Airline）	1944/6/12	Docket No. 1083	有条件批准	收购价格不能超过 1 万美元
美国航空公司收购中州航空案（Acquisition of Control of Mid-Continent Airlines, Inc. by American Airlines, Inc.）	1946		否决	不符合公共利益
北部航空等三家航空公司整合案（Northern Consolidated Air, et al., Consolidation）	1947/5/8	Docket No. 2209	有条件批准	应在批准后 180 天内完成整合
美联航-西部航空资产收购（Acquisition Air Carrier Property, United-Western）	1947/8/25 1950/7/7	Docket No. 2839	有条件批准	对收购后的费率规划的基础范围进行限制。通过仲裁来解决员工保护问题
北大西洋航线转让案（North Atlantic Route Transfer Case）	1950/7/10	Docket No. 3589	有条件批准	遵守员工保护条款
西南航空与西海岸航空合并案（Southwest-West Coast Merger Case）	1951/8/7	Docket No. 4405	否决	不符合公共利益
布兰尼夫航空-中洲航空-大陆航空合并案（Braniff-Mid-Continent Merger Case）	1952/5/26	Docket No. 5376	有条件批准	遵守员工保护条款
达美航空-芝加哥及南部航空合并案（Delta-Chicago and Southern Merger Case）	1952/12/24	Docket No. 5546	有条件批准	补偿受合并影响的员工以及员工资历表整合应遵循公平和公正的原则等员工保护条款
殖民航空-东方航空收购案（Colonial-Eastern Acquisition Case）	1956/1/11	Docket No. 6698	有条件批准	东方航空接管的资产应在转让之日将该资产的账面价值计入东方航空的账簿，并用于制定运输费率；遵循员工保护条款
维纳阿拉斯加航空公司收购拜尔斯航空公司（Acquisition of Byers Airways, Inc. by Wien Alaska Airlines, Inc.）	1956/4/27	Docket No. 7515	有条件批准	收购价格过高，双方不得将收购价格作为制定运输费率的组成部分；遵循员工保护条款

续表

案件名称	审批时间	民航委员会文件号	是否批准	原因或者条件
北中部航空-湖中航空收购案（North Central-Lake Central Acquisition Case）	1957/1/25	Docket No. 5770	否决	不符合公共利益
美联航-首都航并购案（United-Capital Merger Case）	1961/4/3	Docket No. 11699 CAB Order E-16605	有条件批准	受费率制定、会计和员工保护条款及限制的约束，以保护支线航空公司
阿拉斯加海岸航空-埃利斯航空合并案（Alaska Coastal Airlines-Ellis Air Lines, Inc. Merger Case）	1962/3/7	Docket No. 13082	有条件批准	受费率制定、会计和员工保护条款及限制的约束
土星航空和阿西科航空合并案（Saturn-AAXICO Merger Case）	1965/9/21	Docket No. 15675	有条件批准	飞行机组的人员整合要在国际飞行员协会与阿西科航空之间的诉讼了结后进行，遵守员工保护条款
西部航空-北太平洋航空合并案（Western- Pacific Northern Merger）	1967/6/28	Docket No. 17951	有条件批准	限制一些支线航线的运营
边疆航空和中部航空合并案（Frontier-Central Merger Case）	1967/9/27	Docket No. 18571	有条件批准	限制 10 条航线的运营
阿拉斯加航空和科尔多瓦航空合并案（Alaska -Cordova Merger Case）	1968/1/31	Docket No. 18293 CAB Order E-26083	有条件批准	受费率制定、会计和员工保护条款及限制的约束
阿拉斯加航空和阿拉斯加海岸航空合并案（Alaska-Alaska Coastal Merger Case）	1968/3/28	Docket No. 18408	有条件批准	受费率制定、会计和员工保护条款及限制的约束；一些航线不允许停飞以及有最低航班数量要求
阿勒格尼航空和湖中航空合并案（Allegheny-Lake Central Merger Case）	1968/7/1	Docket No. 19151	有条件批准	受费率制定、会计和员工保护条款及限制的约束
博纳让航空、太平洋航空和西海岸航空合并案（Bonanza-Pacific-West Coast Merger Case）	1968/4/17	Docket No. 198996	有条件批准	受费率制定、会计和员工保护条款及限制的约束
北方联合航空-维纳阿拉斯加航空合并案（Northern Consolidated -Wien Alaska Merger Case）	1968/3/28	Docket No. 18305	有条件批准	受费率制定、会计和员工保护条款及限制的约束

续表

案件名称	审批时间	民航委员会文件号	是否批准	原因或者条件
美国航空与泛加勒比航空合并案（American-Trans Caribbean Merger Case）	1970/7/22	Docket No. 21828 CAB Order 70-7-102	有条件批准	受费率制定、会计和员工保护条款及限制的约束，取消部分管理服务合同
西北航空与东北航空合并案（Northwest -Northeast Merger Case）①	1970/12/31	Docket No. 21819	有条件批准	受费率制定、会计和员工保护条款及限制的约束；放弃部分航线
阿勒格尼航空与莫哈克航空合并案（Allegheny-Mohawk Merger Case）	1972/4/10	Dockets Nos. 23682, 23371	有条件批准	受费率制定、会计和员工保护条款及限制的约束
美国航空与西部航空合并案（American-Western Merger Case）	1972/6/13	Docket No.22916	否决	不符合公共利益（对美国本土-夏威夷航线竞争平衡造成破坏）
达美与东北航空并购案（Delta Air Lines-Northeast Airlines Merger Case）	1972/5	Docket No.23315	有条件批准	受会计和员工保护条款及限制的约束；限制一些航线的转移
东方航空收购加勒比-大西洋航空（Acquisition of Caribbean-Atlantic Airlines,Inc. by Eastern Air Lines）	1973/4/11	Dockets Nos. 22690, 22508	有条件批准	受会计和员工保护条款及限制的约束
泛国际航空收购土星航空②	1976/3/19	Docket No. 26951	有条件批准	受会计和员工保护条款及限制的约束；交易双方的其他交易超过一定规模需民航委员会批准
北中部航空和南部航空合并案	1979/6/7	Dockets Nos. 33136, 34430	有条件批准	受员工保护条款及限制的约束
东方航空收购国民航空（Acquisition of National Airlines by Eastern）③	1979/7/12	Docket No. 34266	有条件批准	收购最多 25%的股份，收购的股票置于无投票权信托之下

① 该并购没有实际完成，因为要求合并后的公司放弃迈阿密-洛杉矶航线。

② 本质上是通过将土星航空的股票按照 1 股置换 0.85 股泛国际航空股票的方式合并。（Civil Aeronautics Board Reports Volume 70: Economic Decisions of the US Civil Aeronautics Board. United States Government Printing Office, Washington: 1976, 94.）

③ 与泛美航空和德州国际航空竞购同一家航空公司。1979 年 12 月 13 日，民航委员会准许东方航空放弃收购国民航空（Order 79-12-74）。

续表

案件名称	审批时间	民航委员会文件号	是否批准	原因或者条件
大陆航空与西部航空合并案（Continental-Western Merger Case）	1979/9/27	Docket No. 33465	否决	在12个城市对市场上是主要竞争对手，在另外一些市场是潜在竞争对手
国民航空收购（Acquisition of National Airlines）	1979/10/24	Dockets Nos. 33112, 33283	有条件批准	1979年7月10日，民航委员会取消德州国际航空和泛美航空收购股票上限的限制，1979年10月20日，民用航空委员会准许得州国际航空退出收购，由泛美航空收购。泛美航空收购后应放弃国民航空原来飞行的迈阿密-伦敦航线
阿拉斯加国际航空收购大北方航空（Acquisition of Great Northern by Alaska International）	1980/9/19	Docket No. 39380	准许	无
共和航空收购西航（Acquisition of Airwest by Republic Airlines）	1980/9/23	Docket No. 35893	有条件批准	受员工保护条款及限制的约束
老虎国际航空收购海岸航空（Acquisition of Seaboard by Tiger International)	1980/5/14	Docket No. 34712	有条件批准	受员工保护条款及限制的约束
大陆航空与西部航空合并案①（第二次）	1981/3/31	Docket No. 38733	有条件批准	受员工保护条款及限制的约束
阿维亚航空收购挑战航空（Acquisition of Challenge Air Transport by Avia）	1982/5/14	Dockets Nos. 39898, 40019	准许	无
伯格特-阿拉斯加国际航空-西部航空-维纳航空收购/控股案	1982/7/30	Docket No. 40432	有条件批准	受员工保护条款及限制的约束
大陆航-得州国际航空案（Continental -TXI Acquisition Case）	1982/10/22	Dockets Nos. 40979, 40980，40981	准许	无

资料来源：根据 Civil Aeronautics Authority Reports Volume 1-106；Economic Decisions of the US Civil Aeronautics Authority（Board)整理。

注：民航委员会批准的并购不一定最终成交。

① 1979年9月27日被民航委员会否决后第二次提起的合并案。尽管民航委员会有条件地批准了该合并，但是最终合并没有实际发生和完成。主要原因是双方因合并后的名称为“Continental-Western”还是“Western - Continental”发生争执，最终不能妥协而告吹。

在 1938～1958 年的近 21 年里，航空公司之间的并购案一共有 20 个[①]，否决的有 7 个，占比 35%；而在 1959～1984 年的 26 年里，航空公司之间的并购案一共有 28 个，否决的有两个，占比约 7%。两个时期，最终可以并购的（包括有条件和无条件的），前者占比 65%，后者占比高达 92.9%。总体上来看，民航委员会批准可以并购的案件数量占比都超过了 60%，而且后一个时期的占比增幅巨大。在前面提到根据“祖父制”获得“公共便利性和必要性证书”的 19 家航空公司到 20 世纪 60 年代中期，还有 11 家存在，消失的 9 家航空公司中的 8 家是通过并购重组不复存在的（Travers，1966）。

上述数据表明，民航委员会在 1938～1958 年在航空公司的并购审批上至少比 1959～1984 年更为严格。特别是民用航空委员会成立之初就接连否决了两个收购案，向外界展示了一种基本姿态，即民用航空委员会审批时还是关注了航空运输业并购可能会产生的垄断问题。民用航空委员会在 1940 年“美联航收购西部航空快线案”的决定中认为如果批准该收购，美联航将获得在西海岸的优势地位，西部航空快线作为唯一落基山脉以西、南北向独立承运人的地位将不复存在，不利于维持和鼓励必要程度的竞争[②]。似乎民航委员会要以收购导致垄断为由否决该项收购案，然而在其最终决定中否决该项收购的原因是，该收购不符合公共利益。同样，针对 1944 年的“阿拉斯加航空收购科尔多瓦航空案”，民航委员会认为阿拉斯加航空收购科尔多瓦航空将进一步增强其在阿拉斯加地区的压倒性竞争优势，阻碍了适当竞争的平衡发展，从而不符合公共利益[③]。请注意民用航空委员会这里的逻辑，它认为这个收购不符合公共利益，是因为收购导致了竞争的不平衡，而竞争的不平衡不是由垄断导致的，而是收购方获得了压倒性的竞争优势。竞争优势这里成为航空公司收购被否决的理由。因此，民用航空委员会不是保护竞争，而是以“公共利益”之名，行保护竞争者之实。

上文所分析的美国这个阶段的并购分析标准已经说明在《1978 年放松航空公司规制法》通过之前，航空公司并购审批必须通过反垄断测试和公共利益测试，但是表 4.1 中列出的被否决并购案，全部都是基于不符合公共利益，也就是说，民用航空委员会没有发现这样做可能会形成垄断。即使是 1972 年被民航委员会以不符合公共利益否决的“美国航空与西部航空合并案”（American-Western Merger Case）也仅提及合并案对“美国本土-夏威夷航线竞争平衡造成破坏”而非

① 表 4.1 中显示美国民航委员会在 1938～1958 年接到的并购申请数量是 22 个，但是有两个被驳回，因为不属于需要申报的范围。因此，这里就没有统计这两个申请。

② Civil Aeronautics Authority. 1941. Economic Decisions of the U.S. Civil Aeronautics Authority. Vol. 1, 750. Washington, DC: U.S. Government Printing Office.

③ Civil Aeronautics Board. 1945. Economic Decisions of the U.S. Civil Aeronautics Board. Vol. 4, 712. Washington, DC: U.S. Government Printing Office.

"形成垄断，从而限制竞争"。在"美联航收购西部航空快线案"中，当时的民用航空署也一再强调"建立合理平衡（reasonably balanced）的航空运输系统"[①]。如何才能"建立合理平衡的航空运输系统"呢？民用航空署的路径是维持"建设性竞争"（constructive competition）[②]。"建设性竞争"这个概念又是民用航空署自己提出的，而非当时的《1938 年民用航空法》所提出的，如何解释这个概念就是民用航空署的权力范围了。

就如 4.3.2 节的分析结论，民航委员会在审批航空公司并购案时实际上的测试标准就仅有"公共利益测试"一项了。在 1976 年的"泛国际航空收购土星航空案"中，民航委员会就认为自己不是"反垄断法院"，而法院在自由竞争市场背景下对反垄断法条解释形成的概念和具体标准并不符合联邦航空法制定者所界定的总体"公共利益"标准[③]。民航委员会在具体标准的讨论中开门见山地指出其考虑合并的一般法定标准当然是"公共利益"，[④]而竞争仅仅是其考虑"公共利益"时的因素之一[⑤]。正如前面的分析，为了"公共利益"，竞争实际上被有意无意地忽视了。

《1978 年放松航空公司规制法》通过后，民航委员会在进行航空公司并购审查时开始关注并购对竞争的负面影响。在 1979 年的"国民航空收购案"中，民航委员会就认为泛美航空收购国民航空后，如果将迈阿密-伦敦航线转移给泛美航空，则交易"不能满足公众重大交通便利性和需求"。因为允许将迈阿密-伦敦航线转移给泛美航空不仅会增加泛美航空在美国-伦敦市场的份额，而且还会减少竞争对手的数量，并降低新的低票价竞争对手进入这个市场的可能性[⑥]。所以民航委员会在批准并购的同时采取了结构性的补救措施，即要求泛美航空收购国民航空后，放弃迈阿密-伦敦航线。

民航委员会早期进行公共利益测试时高度关注收购价格，因为收购价格过高会导致并购后航空公司营运成本上升，最终导致航空运输费率上涨，从而影响公

① Civil Aeronautics Authority. 1941. Economic Decisions of the U.S. Civil Aeronautics Authority. Vol. 1, 750. Washington, DC: U.S. Government Printing Office.

② Civil Aeronautics Authority. 1941. Economic Decisions of the U.S. Civil Aeronautics Authority. Vol. 1, 750. Washington, DC: U.S. Government Printing Office.

③ Civil Aeronautics Board. 1976. Economic Decisions of the U.S. Civil Aeronautics Board. Vol. 70, 97-98. Washington, DC: U.S. Government Printing Office.

④ Civil Aeronautics Board. 1976. Economic Decisions of the U.S. Civil Aeronautics Board. Vol. 70, 96. Washington, DC: U.S. Government Printing Office.

⑤ Civil Aeronautics Board. 1976. Economic Decisions of the U.S. Civil Aeronautics Board. Vol. 70, 97. Washington, DC: U.S. Government Printing Office.

⑥ Civil Aeronautics Board. 1979. Economic Decisions of the U.S. Civil Aeronautics Board. Vol. 82, Part 2, 459. Washington, DC: U.S. Government Printing Office.

共利益。在 1947 年“美联航-西部航空资产收购案”中，民航委员会认为其审批航空公司并购案不是要确定或者决定交易价格，而是要确定双方交易的价格是否会对买卖双方以及公众的利益造成不利影响[①]。双方在收购协议中确定美联航支付的对价是 375 万美元，而西部航空取得拟转让的有形资产的原价是 202.24 万美元，到 1947 年 3 月 31 日止，通过计入营业费用的折旧已经累计达到 33.12 万美元。扣除应计折旧后，西部航空在拟转让的有形财产上的投资额剩余 169.12 万美元。因此，美联航的购买价格比有形资产的原始成本高出大约 170 万美元。按照交易时该有形资产的公允市场价格大约是 225 万美元来计算，交易中仍然有 150 万美元作为对无形价值的支付。民航委员会认为，美联航这笔对无形价值的支付实际上是对西部航空原始投资的向上重新估值，那么，收购完成后，美联航会可能将其作为营业成本的一部分纳入费率制定范围，从而向公众收取更高的航空运输费率[②]。

但是，美联航明确表示其不会将针对无形价值支付的 150 万美元纳入确定航空运输费率的范围内，也不会寻求在其费率中包含该无形价值的任何部分[③]。此外，从证券市场来看，航空公司股票的市场价格中也包括了大量的无形资产。比如，1946 年 6 月 30 日，西部航空和美联航的股票市值分别超过了其账目价值的 71%和 50%；而到 1947 年 3 月 31 日，上述比例分别为 31%和 35%[④]。因此，如果美联航通过出售其股票来为此次收购筹措资金的话，将获得远远超过其流通股账目价值的现金收入。而州际商业委员会曾经批准过无形资产价值超过有形资产价值 4～5 倍的收购案[⑤]。美联航之所以支付高达 40%的溢价，是因为其相信第 68 号航线的潜在盈利能力，也相信自己运营这条航线可以获得比西部航空更高的收益[⑥]。故而此次交易的价格按照商业市场的标准并不合理。

民航委员会分析美联航的财务报告后还认为，美联航拥有在不损害其财务状况或损害其运营效率的情况下，支付收购西部航空资金的财务能力。当然，此次收购对美联航未来几年资信的影响则存在较大的不确定性，因为这涉及美联航未

① Civil Aeronautics Board. 1947. Economic Decisions of the U.S. Civil Aeronautics Board. Vol. 8, 298. Washington, DC: U.S. Government Printing Office.

② Civil Aeronautics Board. 1947. Economic Decisions of the U.S. Civil Aeronautics Board. Vol. 8, 312. Washington, DC: U.S. Government Printing Office.

③ Civil Aeronautics Board. 1947. Economic Decisions of the U.S. Civil Aeronautics Board. Vol. 8, 312, 315. Washington, DC: U.S. Government Printing Office.

④ 收购价格中大约 40%是支付给代表盈利能力的无形资产价值的。

⑤ Civil Aeronautics Board. 1947. Economic Decisions of the U.S. Civil Aeronautics Board. Vol. 8, 315. Washington, DC: U.S. Government Printing Office.

⑥ Civil Aeronautics Board. 1947. Economic Decisions of the U.S. Civil Aeronautics Board. Vol. 8, 316. Washington, DC: U.S. Government Printing Office.

来的发展前景。然而，即使按照当时西部航空营运第 68 号航线的年度盈利情况，美联航所投入的 375 万美元收购资金的年度回报率也高达 20%，况且，美联航还相信自己拥有比西部航空更高的盈利能力。因此，这个收购价格并不会影响美联航未来的盈利能力，进而不会损害公共利益。最后，市场价格是对未来营运是否能够获得成功评估的基础，不过它并不代表营运资产未来的盈利能力[①]。在民航委员会最后的批准中，限制美联航收购西部航空第 68 号航线后制定费率的范围不能包括对无形资产价值的支付，这也是美联航自己所做的承诺。

在 1940 年的“环球航空收购马凯特航空案”中，民航委员会没有接受环球航空公司关于溢价收购马凯特航空代表了其未来盈利能力的抗辩，以收购价格过高否决了该收购[②]。

由于民航委员会对航空公司之间并购和航空公司之间合作审批宽松，立法机构——美国国会和反垄断执法行政部门——美国司法部均对民航委员会反垄断不力颇有微词。

4.3.2 节已经介绍和分析了在放松航空公司规制后民航委员会依照可竞争市场理论审批航空公司并购时，不看重市场集中度。如果民航委员会的反垄断执法没有真正发挥作用，反而强化了航空运输市场中的市场势力，那么航空运输业就存在更高的利润。早在 20 世纪 70 年代初，加拿大学者乔丹（Jordan）就认为美国民航委员会的反垄断政策促进了航空公司之间反竞争的合作和并购，导致航空公司获得更高的利润（Jordan，1972）。1991 年，美国学者斯诺文（Slovin）等利用 1965～1988 年 42 个航空公司之间的收购竞标作为研究样本，比较放松规制前后，收购航空公司提出收购竞标后，收购航空公司、目标航空公司和竞争对手的股票投资回报。他们发现收购航空公司、目标航空公司和竞争对手的股票投资超额回报与并购后 HHI 变化呈正相关，并有显著的函数关系。而放松规制后的航空公司并购，则不存在上述关系。研究结论认为，民航委员会控制下的航空公司并购实际上导致了航空公司之间的串谋，进而导致行业垄断（Slovin et al.，1991）。

实证研究也发现，只有在网络经济性对进入不造成重大威胁的情况下，现有市场集中度才没有多大关系。在其他情况下，现有市场集中度很重要（Hurdle et al.，1989）。有学者研究使用了更为直接的测量消费者福利的补偿变量（compensating variation），并计算 1983 年放松规制环境下旅客福利与最佳福利水平下的差。回归分析表明，每增加一个竞争者，每位旅客最佳和实际福利之间的差每英里[③]将减少

① Civil Aeronautics Board. 1947. Economic Decisions of the U.S. Civil Aeronautics Board. Vol. 8, 317-318. Washington, DC: U.S. Government Printing Office.

② Civil Aeronautics Board. 1943. Economic Decisions of the U.S. Civil Aeronautics Board. Vol. 2, 1-15. Washington, DC: U.S. Government Printing Office.

③ 1 英里=1.61 公里。

0.44 美分；而每增加一个潜在竞争者，每位旅客最佳和实际福利之间的差每英里将减少 0.15 美分。一个实际竞争者对福利的影响相当于三个潜在竞争者。结论是航空运输市场中的实际竞争比潜在竞争更为重要（Morrison and Winston，2010a）。

这些结论说明民航委员会审查航空公司并购的理论基础并不牢固，即航空运输业不完全支持可竞争市场理论。

4.3.6　并购审查中重视对劳动的保护

从表 4.1 中可以看出，民航委员会自 20 世纪 50 年代开始就将员工保护作为批准航空公司并购的一个必要条件。为什么民航委员会将员工保护作为批准航空公司并购的一个条件呢？因为航空运输业的员工工资和福利比较特殊。被解雇的员工在被另一家航空公司聘用时通常无法利用他们在原有任期内获得的经验。工资、工时、福利均按资历（seniority）计算，但唯一起作用的资历是在某特定航空公司的资历。如果机组人员想要自愿调动到另一家航空公司，无论他们拥有多少专业知识，他们通常都会从最低的入门级别开始，然后像没有经验的人一样在公司中逐步晋升（Schoder，1994）。因此，民航委员会认为航空公司并购时，有必要保护被收购公司的两类员工：第一类是被裁减的；第二类是留任的。前者需要进行补偿，后者需要保护其资历在新公司得到认可。

最早提出员工保护问题的航空公司并购案是 1947 年的“美联航-西部航空资产收购案”。航空公司飞行员协会（Air Line Pilots Association）要求民航委员会，在批准西部航空向美联航出售第 68 号航线时应附加条件，即丹佛-洛杉矶分部的飞行员必须由美联航接管，并在不带任何偏见的情况下给予充分就业机会和资历权利[①]。然而，西部航空向民航委员会说明此次交易不涉及任何员工裁减，飞行员将继续受雇于西部航空公司，保留他们的资历和其他权利。因此，由于没有任何迹象表明西部航空现有员工的任何权利将因美联航收购和运营第 68 号航线而受到损害，因此民航委员会认为没有理由对此次交易设定任何有关员工的限制条件[②]。

然而航空公司飞行员协会提出了上诉，还有其他的一些劳工组织也要求民航委员会重新考虑其决定，并设定员工保护条款。因受到各方质证，民航委员会也

① Civil Aeronautics Board. 1947. Economic Decisions of the U.S. Civil Aeronautics Board. Vol. 8, 311. Washington, DC: U.S. Government Printing Office.

② Civil Aeronautics Board. 1947. Economic Decisions of the U.S. Civil Aeronautics Board. Vol. 8, 311. Washington, DC: U.S. Government Printing Office.

考虑到国会[①]和州际商业委员会[②]关于在类似情况下（主要是铁路部门）什么是理想的公共政策的决定，最终认为在“美联航-西部航空资产收购案”中为受到不利影响的员工的利益附加条件是公正合理的，并且是符合公共利益的[③]。民航委员会认为，员工遭受不利影响可以获得赔偿的范围包括：因休假或解雇而造成的工资损失；因降职而导致的工资损失；因被迫异地工作而产生的搬家费、交通费[④]。但是，民航委员会决定应该由双方认可的仲裁庭来解决哪些员工受到不利影响的问题，以及应向这些员工支付上述类别中的哪些补偿的问题。同时将每年的赔偿限制在不超过 6500 美元，但是这一限制不适用于飞行人员或签派员[⑤]。

在 1952 年的“布兰尼夫航空-中洲航空-大陆航空合并案”中，民航委员会认为资历整合问题往往是一个棘手的问题，对此问题设定保护性条件是必要的[⑥]。但是，民航委员会的目标是让利益相关方有机会就资历名单的整合达成一致，如果存在分歧，则将整个问题提交仲裁[⑦]。

在 1951 年的“北大西洋航线转让案”最终决定中，民航委员会第一次直接制定了员工保护条款，该员工保护条款一共 12 条，包括资历表合并（integration of seniority list）、向被迫从事低薪工作的员工提供补充工资、解雇津贴、保留被解雇员工的附加福利、支付搬迁费用以及对航空公司与员工之间有关这些条款的争议进行具有约束力的仲裁等（Jr Ris，1978）[⑧]。这 12 条员工保护条款成为以后民航委员会在审批航空公司并购时附加员工保护条款的范本。1981 年的“布兰尼夫航空-中洲航空-大陆航空合并案”（第二次）民航委员会最终决定中的员工保护条款虽然增加到 13 条[⑨]，但是核心内容与 1951 年的“北大西洋航线转让案”的员工保

---

① 实际上美国国会在 1936 年就通过法案将航空运输业劳工保护纳入到《铁路劳工法》（Railway Labor Act）的涵盖范围。

② 1934 年，州际商业委员会在审理铁路并购案中第一次将员工保护纳入条款（Jr Ris ，1978）。

③ Civil Aeronautics Board. 1950. Economic Decisions of the U.S. Civil Aeronautics Board. Vol. 11, 708. Washington, DC: U.S. Government Printing Office.

④ Civil Aeronautics Board. 1950. Economic Decisions of the U.S. Civil Aeronautics Board. Vol. 11, 711. Washington, DC: U.S. Government Printing Office.

⑤ Civil Aeronautics Board. 1950. Economic Decisions of the U.S. Civil Aeronautics Board. Vol. 11, 713-714. Washington, DC: U.S. Government Printing Office.

⑥ Civil Aeronautics Board. 1953. Economic Decisions of the U.S. Civil Aeronautics Board. Vol. 17, 711. Washington, DC: U.S. Government Printing Office.

⑦ Civil Aeronautics Board. 1953. Economic Decisions of the U.S. Civil Aeronautics Board. Vol. 17, 21. Washington, DC: U.S. Government Printing Office.

⑧ 1952 Braniff-Mid-Continent Merger Case in Civil Aeronautics Board. 1952. Economic Decisions of the U.S. Civil Aeronautics Board. Vol. 15, 720-725. Washington, DC: U.S. Government Printing Office.

⑨ Civil Aeronautics Board. 1981. Economic Decisions of the U.S. Civil Aeronautics Board. Vol. 90, 23-30. Washington, DC: U.S. Government Printing Office.

护条款没有本质区别。

民航委员会设定的员工保护条款源于铁路行业的实践，涵盖范围又超越了铁路部门（Schoder，1994）。理论上，并购案件中的员工保护条款可以被视为补偿在受规制行业的劳动要素承担的隐性成本的一种手段，就像航空公司股票的售价超过被收购的资产价值，其中包括了补偿卖方获得受规制企业所有权的成本。出于基本公平的考虑，民航委员会认为劳动者应该获得与股东和债权人类似的福利（Jr Ris，1978）。

然而员工保护条款给航空运输业带来较大的问题，特别是在放松航空公司规制后影响到航空公司之间的整合。首先，对于收购方承运人来说，劳动力供应本身的成本往往已经超过了整合带来的经济效益。一般来说，收购方承运人只对获得新的航线授权感兴趣，因此收购的设备和人员往往是负资产。其次，在放松规制后航线自由进入的政策下，所获得的政府许可证价值将迅速减少。换句话说，获得新航线授权的途径越来越多，而且比并购更合理、成本更低。最后，放松规制的立法针对合并审批制定了严格的反垄断标准。合并或收购在很大程度上仅限于“失败的运营商”，在这种情况下，负资产通常相当高，因此收购的动机也很小。因而在放松规制之后，民航委员会认为在并购审批中加入标准的员工保护条款与其职责不相符合。

4.3.7 对航空公司合作行为较为宽松

航空公司之间订立的协议涉及共享或分摊收入、亏损、运输量、服务或设备，或与制定运输费率、票价、收费有关，或用于维护和提高运营的安全性、经济性和效率，或用于控制、监管、防止，或以其他方式消除破坏性、压迫性或浪费性竞争①，均需要向民航委员会提交，并获得民航委员会批准后才可实施。民航委员会审批时被要求否决任何不利于公共利益的此类协议，并强制民航委员会批准任何符合公共利益的此类协议②。这里强调的是如果航空公司合作协议不利于公共利益，则必须否决；如果民航委员会没有发现航空公司合作协议不利于公共利益，就必须批准，从而控制民航委员会的自由裁量权。

上述协议类型本身显然违反了反垄断法，并且将使航空公司承担反垄断的法律责任，但是一旦经过民航委员会批准，就获得了反垄断豁免权，免于承担法律责任。

从联邦法律的角度看民航业的反垄断豁免规定，那么这些规定都具有严重的反竞争性质，最后甚至导致美国司法部发起了对民航委员会的诉讼。“美国诉民航

① Pub. L. No. 75-706, § 412(a), Stat. 973 (1938); Pub. L. No. 85-726, § 412(a), 72 Stat. 731 (1958).

② Pub. L. No. 75-706, § 412(b), Stat. 973 (1938; Pub. L. No. 85-726, § 412(b), 72 Stat. 731 (1958).

委员会”（United States v. CAB）的导火索是1973年的第一次石油危机。为了应对石油危机，美国通过1973年制定的《经济稳定法修订案》，对包括航空煤油在内的石油产品进行强制分配，民航业的航空煤油配额仅能满足1973～1974年预计消耗量的90%～93%。民航委员会要求航空公司讨论考虑依照航空煤油配额计划调整航班时刻。美国航空公司、美联航和环球航空讨论后达成四份协议，计划在6个月内削减20个城市的航班量。在意见征求过程中，美国司法部、美国运输部和布兰尼夫航空（Braniff Airways）表示反对此类航空公司之间的运力削减协议，达美航空（Delta Air Lines，DL）则表示部分反对[①]。

美国司法部认为，这三家航空公司通过订立四份协议削减20个城市对市场的运力，这个行为本身就是反竞争的。它们也没有证明这些反竞争的协议可以严格地确保公共利益。各家航空公司单独采取行动减少航班量，就可以满足航空煤油配额的要求。布兰尼夫航空则担心减少受协议约束的市场消费将使三家航空公司在非协议市场消耗更多的航空煤油，而像布兰尼夫航空这样的航空公司将遇到航空煤油短缺问题。然而民航委员会却批准了这四份运力削减协议[②]。

后来在阿拉伯国家的石油禁运已经结束后，民航委员会还一再批准运力削减协议的延期，直到诉讼期间的1975年1月仍在批准延期[③]。依照“美国反垄断法”，这些运力削减协议属于卡特尔协议，是违法的，但是，它们经过民航委员会批准，订立协议的三家航空公司就可以享有反垄断豁免权了。故而美国司法部针对民航委员会的行为发起了诉讼。

美国哥伦比亚特区联邦巡回上诉法院认为整个案件背后的事实是《联邦航空法》制定的整个规制计划都“严重反竞争”（severely anticompetitive）[④]。《联邦航空法》第412节下的协议都具有反垄断性质，但根据《联邦航空法》，这些协议一旦得到民航委员会批准，就不受反垄断法的影响。救济措施不是寻求重新进行司法解释，而是应当寻求国会对民航委员会法定权限的修改。法院也认为，民航委员会最初对运力削减协议的批准属于紧急情况下的紧急决定，来不及对相关事实以及反对意见进行审查，从维护公共利益来看也是可行的。但是，民航委员会在1973年10月31日首次临时批准运力削减协议后，一直到1974年7月也未对司法部提出的观点进行详细调查研究，根本没有采取任何行动。因而，哥伦比亚特

① United States v. CAB, 511 F.2d 1315, 1322 (D.C. Cir. 1975), 1318.

② Civil Aeronautics Board. 1973. Economic Decisions of the U.S. Civil Aeronautics Board. Vol. 63, 838-846. Washington, DC: U.S. Government Printing Office.

③ Civil Aeronautics Board. 1975. Economic Decisions of the U.S. Civil Aeronautics Board. Vol. 66, Part 1, 1578-1594. Washington, DC: U.S. Government Printing Office.

④ United States v. C A B, 511 F.2d 1315 (D.C. Cir. 1975), 1323.

区联邦巡回上诉法院推翻了民航委员会后来的批准命令[①]。

直到《1978 年航空公司放松规制法》通过之前，民航委员会仍被授权审批航空运输的运价[②]，上文也多次提到民航委员会并不鼓励航空公司之间的竞争，而价格竞争又是市场竞争的核心要素之一。那么在美国放松航空公司规制之前，美国航空运输市场实际上缺乏价格竞争，同时也就体现为对于行业组织在价格方面的协调采取宽松的态度。按照《谢尔曼反托拉斯法》，航空公司在票价或者费率方面的合作属于违法行为。然而，政府规制有时是应大企业的要求并与大企业密切合作的结果（Gesell and Farris，1991）。

成立于 1945 年的国际航空运输协会（International Air Transport Association，IATA，简称"国际航协"）的主要职能之一是召开运输大会（Traffic Conference），其成员在会上讨论并经常就各种运营和商业做法达成一致。由于这个交通会议涉及讨论票价水平，并形成协议，因此违反了美国的反垄断法。但是，如果国际航协通过运输大会达成的协议能够得到民航委员会的批准，则就获得了反垄断豁免权，不承担违反反垄断法的责任。自 1946 年 2 月 19 日首次临时批准国际航协交通会议协议后[③]，到 20 世纪 50 年代末 60 年代初，民航委员会定期批准国际航协的协议，因为认为它们对于国际航空运输的稳定性和可预测性是必要的。20 世纪 60 年代后，民航委员会开始更严格地审查国际航协协议，但是仍然通过附带条件的方式给予批准。

《1978 年放松航空公司规制法》对需要申报获得批准的航空公司合作协议范围做了极大调整，将范围限制在影响"外国航空运输"[④]的合作协议，也就是说，只有与美国国际航空运输有关的合作协议才能经过审批并获得反垄断豁免[⑤]。而涉及美国国内航空运输的航空公司合作协议则直接受反垄断法约束，不再享有特殊的权利了。而且即使这些影响"外国航空运输"的合作协议没有损害公共利益，属于下列情形的，民航委员会也不得批准：任何实质性减少或消除竞争的协议，除非该协议认为有必要满足重大运输需求或可以获得重要的利益，并且认为此类需求或利益不能通过反竞争程度较低的手段合理获得；不直接从事飞机和航空运输运营的航空承运人与须遵守《州际商业法》公共承运人之间的任何协议；限制

① United States, Congress, Senate, Committee on the Judiciary, Subcommittee on Administrative Practice and Procedure, Appendix to Hearings on Oversight of Civil Aeronautics Board Practices and Procedures, Vol. 5, 94th Cong., 1st Sess., 1976, 3413. United States v. C. A. B, 511 F.2d 1315 (D.C. Cir. 1975), 1327.

② Pub. L. No. 75-706, § 403, Stat. 973 (1938); Pub. L. No. 85-726, § 403, 72 Stat. 731 (1958).

③ Civil Aeronautics Board. 1948. Economic Decisions of the U.S. Civil Aeronautics Board. Vol. 9, 221. Washington, DC: U.S. Government Printing Office.

④ 参见 4.3.1 节（4）。

⑤ Pub. L. No. 95-504, § 28(c), 92 Stat. 1705 (1978).

航空承运人及其竞争市场之间的运力水平并确定航空承运人之间的费率、票价或收费的任何协议[①]。

根据修订后的法律，前述民航委员会批准的三家航空公司削减运力的协议就属于禁止批准之列了。

1978 年 6 月，民航委员会发布命令，要求各方就国际航协协议说明理由，以重新审查是否有必要继续批准豁免[②]。民航委员会发布这个命令的目的就是让国际航协和航空公司知晓民航委员会计划撤回对国际航协协议的反垄断豁免，并邀请利益相关方参加听证会，陈述终止或继续维持反垄断豁免的理由。民航委员会认为，国际航协协议中规定的费率制定活动，将大幅减少往返美国的国际航空运输服务的竞争。但是，民航委员会又认为，尽管国际航协协议具有反竞争性质，但仍然需要继续批准该协议并为其设想的活动提供反垄断豁免，这既是出于国际礼让和外交政策的考虑，也是为了留出更多时间来对国际航协协议进行进一步审查，即使不考虑这些因素，也正如国际航协和其他协议支持者所声称的那样，多边费率设定对于确保某些运输利益是必要的。因而，民航委员会在 1981 年 5 月 6 日批准再次对国际航协协议延期两年，但是美国航空公司不得参加北大西洋-欧洲分区运价会议[③]

卡特尔是商业领域中相互竞争的生产商的共谋组织,鼓励联合协调商业利益。卡特尔并不是绝对的，而是通过一定程度的共谋而存在的。一个卡特尔可能是完整的或完美的，而另一个卡特尔可能是部分的或不完美的。是否趋于完美可以通过涉嫌卡特尔组织所促成的共谋活动的性质来判断（Peterson，1990）。前面提到的三家航空公司的运力削减协议就是一个部分卡特尔，因为协议仅仅涉及 20 个市场的运力削减，还有更大比例的市场运力没有涉及。国际航协也是一个不完整的卡特尔，因为它不控制行业总产量、直接决定价格并直接在其成员之间分配市场、投资或利润。此外，没有正式的书面协议对国际航空运输协会及其成员的综合业务决策具有约束力。但是国际航协通过运输大会允许其成员就价格、投入、产出和商业条件政策进行讨论、谈判和达成一致。根据贝恩的共谋连续体（Bain，1968），国际航协培育了一个部分的或不完美的卡特尔，因为以数量、比例、完整性和执行力来衡量的话，它是一个“不完全观察到的共谋”（incompletely observed

① Pub. L. No. 95-504, § 28(c), 92 Stat. 1705 (1978).

② Civil Aeronautics Board. 1979. Economic Decisions of the U.S. Civil Aeronautics Board. Vol. 82, Part2, 1712-1714. Washington, DC: U.S. Government Printing Office.

③ Civil Aeronautics Board. 1981. Economic Decisions of the U.S. Civil Aeronautics Board. Vol. 89, 468-470. Washington, DC: U.S. Government Printing Office.

collusion)[1]。民航委员会也认为，没有必要将国际航协定性为一个完整的卡特尔，即对国际航空运输服务的所有非价格和价格方面实施控制[2]。尽管成员没有签署正式的书面协议，但国际航协讨论产生的建议基本上得到了采纳(Peterson，1990)。民航委员会也不得不认为国际航协运输大会背后无可争议的基本目的是在可能的最大范围内与直接竞争对手就价格达成一致，其本质上是反竞争的，因此违反了美国反垄断法所体现的实质性政策[3]。

① 行业中的公司之间存在共谋的明示或默契协议，以建立共同的价格和产量，但并非所有卖方都严格遵守。由于一些降价，实际价格不一定遵循约定价格（Bain，1968）。

② Civil Aeronautics Board. 1981. Economic Decisions of the U.S. Civil Aeronautics Board. Vol. 89, 471. Washington, DC: U.S. Government Printing Office.

③ Civil Aeronautics Board. 1981. Economic Decisions of the U.S. Civil Aeronautics Board. Vol. 89, 471. Washington, DC: U.S. Government Printing Office.

第 5 章　1984 年后的美国航空运输业反垄断

第 4 章研究了在民航委员会规制体制下的美国航空运输业反垄断，本章将专门研究《1984 年民航委员会日落法》（*Civil Aeronautics Board Sunset Act of 1984*）生效后美国航空运输业的反垄断问题，因为该项法律完全终止了民航委员会对行业的规制和反垄断监管。

5.1　行业反垄断立法的发展

5.1.1　行业反垄断法体制的新发展

《1984 年民航委员会日落法》不仅是民航委员会的终结，而且是用行业规制取代通用性反垄断法的终结。该项法律不仅明确了 4.3.1 中所提到的反垄断执法权从民航委员会向运输部（1985 年 1 月 1 日至 1988 年 12 月 31 日）再至司法部的转移过程，更为重要的是取消了《联邦航空法》中有关民航领域反垄断法条。

《1984 年民航委员会日落法》规定从 1989 年 1 月 1 日开始，原《联邦航空法》中关于重组、合并和收购控制（第 408 节）、禁止利益（连锁关系）（第 409 节）、共享及其他协议（第 412 节）和反垄断豁免（第 414 节）的规定不再有效。[①]

这个调整就意味着自《1938 年民用航空法》开始的以行业规制替代反垄断法的彻底结束。

尽管《1984 年民航委员会日落法》已经就有关反垄断问题做出了规定，但是美国国会实际上还没有最后下定决心取消航空运输业的特殊待遇。这从《1984 年民航委员会日落法》保留了美国运输部在涉及国际航空运输合作协议以及相应反垄断豁免的管辖权规定就可以看出来。在 1985 年行业反垄断执法权移交给美国运输部时，美国国会要求美国运输部在 1987 年 7 月 1 日之前提交一份研究报告，就行业反垄断是否需要保留特殊待遇问题提出建议[②]。

然而美国运输部本身并不是很希望航空运输业在反垄断中获得特殊的待遇。美国运输部在最后提交的研究报告中认为，由于航空运输业是一个成熟的、放松

---

① Pub. L. No. 98-443, § 3(6), 98 Stat. 1703 (1984).

② Pub. L. No. 98-443, § 6(a), 98 Stat. 1703 (1984).

管制的行业，因此应该像其他行业一样被对待。如果没有第 408 节，航空公司的并购交易将受一般反垄断通知和审查程序的约束……这比第 408 节所要求的更有效、更宽松。经验表明，反垄断法的适用远比《联邦航空法》规定的事先批准要求更适合竞争性行业的动态需求。此外，废除第 408 节和第 409 节将有助于更有效地利用政府资源，因为航空公司并购交易将不再需要两个独立部门同时审查。

行业规制替代反垄断的终结也并不完全意味着民航的主管部门——美国运输部没有任何的反垄断执法权了。

第一，《1984 年民航委员会日落法》将涉及国内、海外和国际航空运输的重组、合并和收购控制（第 408 节）、禁止利益（连锁关系）（第 409 节）、共享以及其他协议（第 412 节）和反垄断豁免（第 414 节）的监管职责移交给了美国运输部[①]。而根据《1982 年航空保险计划延期五年法》的原有规定，这些职责从 1985 年 1 月 1 日起就应该移交给美国司法部。《1984 年民航委员会日落法》规定重组、合并和收购控制（第 408 节）、禁止利益（连锁关系）（第 409 节）、不包括国际航空运输的共享（pooling）及其他协议（第 412 节）和反垄断豁免（第 414 节）在 1989 年 1 月 1 日失效的同时，美国运输部不再享有这些领域的执法权[②]。因而，美国运输部实际上在 1985 年 1 月 1 日至 1988 年 12 月 31 日享有全面的反垄断执法权。

第二，《1984 年民航委员会日落法》保留了美国运输部 1988 年 12 月 31 日以后在涉及国际航空运输共享及其他协议的审批权（第 412 节）和反垄断豁免权（第 414 节，与第 412 节相关的反垄断豁免）[③]。因此，直到目前美国运输部在涉及国际航空运输中的合作协议时仍享有审批及反垄断豁免的权力。

第三，在美国国内和海外航空运输反垄断执法中，美国运输部仍然享有一定权力。《美国法典》第 15 编（商业和贸易）第 21 节（关于州际贸易中的反垄断执法）规定了美国运输部可以接受国内外航空公司关于包括并购在内的垄断投诉，并可以下达行政命令。该条款没有像美国运输部批准并购的权力那样被《1984 年民航委员会日落法》终止，所以仍然有效[④]。因此，美国航空公司的并购实际上存在双轨执法体制，即美国司法部和运输部均有执法权。然而，事实上美国运输部没有行使这项执法权。美国运输部仍然通过自己的航空分析办公室（Office of Aviation Analysis）对相关并购案进行竞争分析，并将分析结果不公开地提供给美

① Pub. L. No. 97-309, § 4(b), 96 Stat. 1453 (1982); Pub. L. No. 98-443, § 3(a), 98 Stat. 1703 (1984).

② Pub. L. No. 98-443, § 3(c)(7), 98 Stat. 1703 (1984).

③ Pub. L. No. 98-443, § 3(c)(6), 98 Stat. 1703 (1984).

④ 15 USC 21 in effect on September 16, 2023. http://uscode.house.gov/view.xhtml?req=granuleid:USC-prelim-title15-section21&num=0&edition=prelim. 2023 年 9 月 18 日查阅。

国司法部[①]。此外，在《美国法典》第 49 编第 41712 节[②]授予美国运输部有权调查国内外航空公司的“不公平和欺骗性的做法和不公平竞争方式”(unfair or deceptive practices or unfair methods of competition)，并可以下达行政命令。这个领域的管辖权本来属于联邦贸易委员会。

此外，在部分航空公司并购案中，美国司法部要求交易双方采取出让航班时刻的补偿方案，这一安排实质上构成了对航班时刻的有偿转让，而航班时刻交易的管辖权在美国运输部手中。因此，对因拟议的航空公司并购而产生的航班时刻交易要经过美国运输部审查。美国运输部还可以通过启动《美国法典》第 49 编第 40101 节（a）有关“公共利益”的兜底[③]授权介入航空公司并购的过程。比如，在 2013 年美国航空和全美航空合并时，美国运输部通过适用第 40101 节“公共利益”政策考虑因素，确保两家航空公司合并后对小型社区的航空运输服务得以维持并进一步加强。运输部与两家签订了一项协议，根据该协议，航空公司承诺将里根华盛顿国家机场的某些航班时刻用于中小型社区。美国运输部在行使其“公共利益”权力时，将与司法部协商，以确保其寻求实施的任何公共利益救济措施与司法部寻求实施的任何反垄断救济相协调[④]。

5.1.2 行业反垄断豁免收紧

《1984 年民航委员会日落法》自 1989 年 1 月 1 日起仅仅保留了美国运输部在涉及国际航空运输合作协议上的反垄断豁免权，而取消了国内和海外航空运输合作协议的反垄断豁免权。《1994 年联邦航空法》再次确立了这个针对国际航空运输合作协议的特定领域反垄断豁免[⑤]，但是强调了批准的前提是这类合作协议不得侵害公共利益。对于严重削弱或消除竞争（ substantially reduces or eliminates competition ）的合作协议，除非只有通过这些协议才能满足巨大的航空运输需求（ serious transportation need ）或者实现重大公共利益（ achieve important public

① https://www.transportation.gov/policy/aviation-policy/competition-data-analysis/mergers-acquisitions. 2023 年 9 月 18 日查阅。

② 49 U.S.C. § 1381 (1985), updated by 49 USC § 41712 in effect on January 14, 2019, https://uscode.house.gov/view.xhtml?hl=false&edition=2018&req=granuleid%3AUSC-prelim-title49-section41712&num=0. 2023 年 9 月 18 日查阅。

③《美国法典》第 49 编第 40101 节(a)列举了 16 种符合公共利益以及公共便利和必要性的情况，另外使用了“及其他”（ among others ）来兜底[49 U.S.C. § 40101(a) (1999), https://uscode.house.gov/view.xhtml?hl=false&edition=prelim&req= granuleid%3AUSC-1999-title49-section40101&num=0. 2023 年 10 月 17 日查阅。

④ U.S. Department of Transportation, Notice of Practice Regarding Proposed Airline Mergers and Acquisitions, 80 Fed. Reg. 2347 (Jan. 16, 2015).

⑤ 49 U.S.C. § 41308 (1994).

benefits），而又没有合理可用且反竞争程度大大降低的替代方案[①]。《1994 年联邦航空法》所做出的该项规定一直到 2023 年最新的《美国法典》第 49 编也没有修订。

然而，2009 年美国国会在讨论《美国联邦航空局再授权法》时，众议院通过的版本第 426 节[②]专门针对航空公司国际联盟反垄断豁免，并意图终结该反垄断豁免授权。第 426 节首先要求美国政府问责署（Government Accountability Office,GAO）针对航空公司国际联盟的反垄断豁免进行研究，并提交报告，提出政策建议，然后国会启动新的立法。GAO 被要求研究的问题主要针对航空公司国际联盟反垄断豁免是否对竞争以及消费者产生了不利影响，并建议取消现有反垄断豁免的时间限制。该法案最后并没有在国会通过并经总统签署成为法律。在《2012 年美国联邦航空局现代化和改革法》（*FAA Modernization and Reform Act of 2012*）和《2018 年美国联邦航空局再授权法》（*FAA Reauthorization Act of 2018*）中均没有出现针对航空公司国际联盟反垄断豁免的条款。要修订或者取消该反垄断豁免存在较大的难度，因为如果取消，航空公司联盟及其商业模式将消失，会导致航空公司无组织性并寻求新的业务结构，也将影响与欧盟的航空运输关系，同时联盟系统为消费者提供的许多选择、功能和好处将消失。

5.1.3 取消禁止纵向关联关系特别限制

在 4.3.4 已经提及《1978 年放松航空公司规制法》对连锁关系的限制有所放松，缩小了必须由民航委员会批准的连锁关系范围。在 4.4.1（2）又提及《1984 年民航委员会日落法》自 1989 年 1 月 1 日终止了禁止连锁关系的法律要求，航空运输业不再有限制纵向关联关系的法律规定。

但是，1914 年的《克莱顿反托拉斯法》有一般性的禁止连锁关系规定[③]，在满足一定的企业规模门槛和竞争性销售额后，不允许一个人同时在两家及以上有竞争关系的企业中担任董事。

5.1.4 美国运输部重获部分管辖权

1998 年，公法 105-277 增加了有关骨干航空公司联营协议的规定。这里所谓的联营协议实际就是合作协议，指 1998 年 1 月 1 日后，有一家骨干航空公司[④]参与的涉及代码共享、包舱协议、长期湿租大量航空器（由运输部部长确定何谓大量）、常旅客计划的合作；两家以上的骨干航空公司订立的其他合作安排（由美国

---

① 49 U.S.C. § 41309 (1994).

② FAA Reauthorization Act of 2009, H.R. 915, 111th Cong, § 426 (2009).

③ Pub. L. No. 63-212, § 8, 38 Stat. 730 (1914).

④ 根据《美国法典》第 49 编第 411 章获得颁证的航空公司，属于美国《联邦航空条例》第 241 部第 4 节中定义三类航空公司中的第三类，即年收入超过 10 亿美元的航空公司。该标准自 1996 年一直沿用至今。

运输部部长确定)。同时，联营协议影响到所有骨干航空公司提供的可用座英里15%以上[①]。这个立法实际上又重新部分授予了美国运输部被《1984 年民航委员会日落法》剥夺的对国内航空公司之间合作协议的管辖权。之所以说美国运输部部分获得对国内航空公司之间合作协议的管辖权，因为合作协议必须要有一家骨干航空公司的参与，且合作经营协议要影响到所有骨干航空公司提供的可用座英里15%以上。因而，没有骨干航空公司参与的合作协议，而且可用座英里不到 15%的，美国运输部没有管辖权。

由于按照美国反垄断法的规定，美国司法部对企业之间的合作协议有反垄断管辖权。为了避免双重管辖，美国运输部部长需要与司法部反垄断局局长协调，避免美国运输部根据上述授权和美国司法部依照反垄断法对上述合作协议进行双重审查。更为重要的是，进一步明确了授予运输部部长的权力不得以任何方式限制美国司法部部长执行《克莱顿反托拉斯法》第 1 节中定义的"反垄断法"的权力。

2000 年，《21 世纪航空投资和改革法》将"有一家骨干航空公司参与的涉及代码共享、包舱协议、长期湿租大量航空器(由运输部部长确定何谓大量)、常旅客计划"修改为"两家及以上的骨干航空公司……"[②]。这个修订进一步压缩了美国运输部管辖航空公司合作协议的范围，因为满足管辖的条件从一家骨干航空公司参与提高到两家及两家以上的骨干航空公司参与。

5.2　反垄断的理论基础和分析框架

5.2.1　美国运输部基本未做调整

根据 5.1.1 的分析，1985 年 1 月 1 日至 1988 年 12 月 31 日期间，美国运输部获得了航空运输业的反垄断执法权，垄断不仅包括航空公司并购和合作行为，也包括不公平和欺诈性的商业行为。

无论是理论基础还是分析框架，美国运输部基本上都承袭了民航委员会的衣钵[③]。美国运输部的合并政策也是基于这样的假设：航空运输市场虽然通常表现出较高的集中性，但也表现出很强的竞争性。因为大多数市场都很容易进入，潜在

① Pub. L. No. 105-277 Division C,§ 110(f)(1). 112 Stat. 2681 (1998).

② Pub. L. No.106-181, §709, 114 Stat. 61 (2000), updated by 49 USC 41720 (2023) (Joint venture agreements, in effect on September 17, 2023), http://uscode.house.gov/view.xhtml?req=granuleid: SC-prelim-title49-section41720&num=0&edition=prelim. 2023 年 9 月 18 日查阅。

③ U.S. Government Accountability Office, Airline Competition: DOT's Implementation of Airline Regulatory Authority, June 1989, 22-23.

的进入足以确保票价和收入保持在有竞争力的水平。分析方法上也延续了民航委员会对竞争的“功能性分析”，主要关注影响竞争绩效的因素，而不是市场集中度。然而，美国运输部与民航委员会一样，都主要关注法律和制度准入壁垒的存在，在大多数情况下忽略了航空公司战略行为产生的壁垒。

在“美西南-缪斯航空并购案”（Southwest Airlines-Muse Air Case）说理命令中，美国运输部重申了其对可竞争市场理论的信奉，它认为在规范的环境下，航空公司可以随意进出国内市场。此外，航空运输业的主要资本资产——飞机具有高度流动性。在没有进入限制的情况下，即使该现有企业拥有相当大的市场份额，新进入的威胁通常也会限制在位企业提高价格或减少服务的市场支配力。然而，机场进入限制等因素可能会导致新的进入更加困难或耗时很长。同样，其他因素，如枢纽运营中的转机客流（feed traffic）[①]等因素，可能会使新进入的成本更加昂贵，至少风险更大。这些因素可以使现有承运人免受潜在竞争的影响，并允许其行使市场势力[②]。需要强调的是，美国运输部在航空公司并购时依照《1978 年放松航空公司规制法》进行《克莱顿反托拉斯法》要求的反垄断测试或者审查时采用了实质性限制竞争的标准，这在此案中也得到了体现[③]。

然而 GAO 于 1989 年 6 月在对美国运输部负责航空运输业反垄断期满后的一份审计报告中认为，运输部并没有通过对行业进行广泛研究或对个别案例进行彻底分析来研究不断变化的航空运输业可能如何影响其对航空公司竞争的理论假设[④]。这份审计报告是应美国国会参议院拨款委员会运输及相关机构小组委员会与众议院能源和商业委员会监督和调查小组委员会的要求而撰写的。

5.1.1 中提到的美国运输部在针对是否继续对航空运输业提供反垄断特殊待遇的报告中，也没有深入剖析该部门反垄断决策的基本原理，更没有针对一些并购案中所涉及的严重反垄断问题进行处理。1986 年，美国运输部在处理“德州航空与人民捷运并购案”（Texas Air Corporation-People Express）时，航空分析办公室主任就认为经过大量并购后，市场环境已经发生了很大变化，美国运输部却没有掌握这些发展变化，不了解市场集中度与收益的关系。如果两者存在相关性，那么德州航空与人民捷运并购会导致市场集中度大幅度提升，最终就会影响收益。

① 指旅客在枢纽机场停留转乘长途航班。本质上，短途航班将旅客中转到长途航班网络中，使航空公司长途航班能够有更多的旅客乘坐。

② Southwest-Muse Air, DOT Order to Show Cause No. 85-5-28, 6-7.

③ Southwest-Muse Air, DOT Order to Show Cause No. 85-5-28, 4.

④ U.S. Government Accountability Office, Airline Competition: DOT's Implementation of Airline Regulatory Authority, June 1989, 2.

因而建议需要深入研究二者之间的关系[①]。

民航委员会和美国运输部信奉的可竞争市场理论对竞争行为的保证取决于三个关键假设：新公司拥有与现有公司相同的技术、价格、成本和信息；沉没成本为零；在位企业识别进入与进入者投放新供给之间的滞后时间，短于其作出价格反应所需的滞后时间（Gifford and Kudrle，2016）。在航空运输业，一些新航空公司的成本往往低于现有航空公司，因为传统航空公司的工会实力往往很强大，一直背负着高昂的劳动力成本（Levine，1987）。技术和信息也不会完全相同。特别是当时的骨干航空公司均拥有计算机订座系统，而新进入者则缺乏这种订座系统来进行收益管理，增加收益。沉没成本是否为零也存在一些分歧，航空公司的飞机等绝大多数资产可以以很小的代价甚至无代价地在任何特定市场上得到"补偿"，要素的可移动性使得潜在的进出较为容易（Bailey and Panzar，1984）。但是，在位大型航空公司和新进入者面临的沉没成本是存在差异的，前者不用承担新进入者需要支付的航线开发费、开办费、起初亏损费等（Levine，1987）。因而，即使航空公司的沉没成本很低，但是不能认为可以完全忽略不计。航空运输业还存在经验经济或者学习效应（Baker and Pratt，1989），在位航空公司为获得经验经济或者学习效应的付出也可以视为一种沉没成本，新进入者必须通过自己的付出才能获得经验经济或者学习效应。当然，新进入的航空公司也可以通过将维修等业务外包来快速获取经验经济或者学习效应。另外，在位者一般很早就知晓新进入者将要进入，因而，与新进入者实际提供供给之间的时间差会较大。在位者有足够的时间来应对新进入者的进入。美国放松航空公司规制的倡导者和实施者、美国民航委员会前主席卡恩（Kahn）也认为如果可竞争市场理论是完美的，就根本不需要反垄断法（Kahn，1987），他批评美国运输部的自由放任政策及其未能利用其反垄断权力阻止反竞争的航空公司合并。

一项针对美国运输部 1985～1988 年对航空公司并购审批的自然实验研究表明，相对于未受合并影响的对照组航线，合并公司提供的航线价格有所上涨。合并可能会带来更高效的运营，但总体而言，效率提升对机票价格的影响完全被市场势力增强对票价的影响所抵消（Kim and Singal，1993）。

美国运输部在 2001 年发布的一份报告中也承认与之前的预期相反，航空运输业的特点是进入壁垒大、市场缺乏竞争性。它有责任对行业中的不公平竞争行为进行干预并采取行动，这与司法部执行反垄断法的长期责任相一致[②]。

---

① U.S. Government Accountability Office, Airline Competition: DOT's Implementation of Airline Regulatory Authority, June 1989, 23-24.

② U.S. Department of Transportation, Enforcement Policy Regarding Unfair Exclusionary Conduct in the Air Transportation Industry (Docket OST-98-3713): Findings and Conclusions on the Economic, Policy, and Legal Issues, January 17, 2001, 20, 27, 67.

5.2.2　美国司法部的一般性和特殊性结合

美国司法部 1989 年 1 月 1 日开始承接包括并购以及国内航空运输市场合作协议的航空运输业反垄断执法权时，美国反垄断的经济理论基础开始发生变化，从过去单纯注重并购的效率提升，转变为重新注重消费者福利被转移的问题，即从芝加哥学派到后芝加哥学派的转变。关于这个转变在第 2 章中已经做了介绍，这里就不再重复，有关内容参见 2.1 节和 2.6 节。

一方面，美国司法部不再将航空运输业反垄断经济理论和分析框架做特别处理，而是在考虑行业技术经济特征的基础上与一般性反垄断的经济理论和分析框架相结合；另一方面，为了改变民航委员会和美国运输部反垄断执法给立法者和社会公众留下的过于宽松的印象，美国司法部更加注重平衡并购对提升效率和消费者福利的不利影响，也更加重视掠夺性定价和合作协议等市场行为对市场竞争和消费者的不利影响。

在航空公司并购分析框架中，美国司法部在《横向并购指南》基础之上，关注网络效应[①]，评估网络效应是否通过增强连通性使消费者受益，或通过减少某些航线的竞争而损害消费者；与民航委员会和美国运输部一样，美国司法部也关注对市场进入壁垒的分析，但是不仅关注政府规制、机场设施和航班时刻等进入壁垒，也关注常旅客计划、计算机订座系统、销售代理激励佣金[②]等市场行为或运营技术等对市场进入的限制。

美国司法部在评估航空公司并购时，在市场集中度问题上也对航空公司做了不同于一般并购的处理。美国司法部并购中定义的相关地域市场一般为城市对市场，在城市对市场上如果只有三家航空公司，其 HHI 一定会超过 3000，依照《2010年横向并购指南》，应属于高度集中型的市场，其中任何两家航空公司并购导致的 HHI 上升都会超过 200，除非有证据证明合并不太可能增强市场势力，否则该合并是违反《反垄断法》的。但是美国司法部明显将航空运输业排除在《2010 年横向并购指南》所规定的高度集中的非法行为的正常推定之外。这一点又与民航委员会和美国运输部不单纯关注市场结构相一致。因为计量经济学的研究结果表明，城市对市场中两家网络型航空公司合并对价格的影响虽然显著，但是较低，即不超过《2010 年横向并购指南》“假定垄断者”测试设定的 5%的“小幅但显著且非暂时性的价格上涨”（Brueckner et al.，2010）。

美国司法部在审查航空公司并购时容忍了一定程度的价格上涨，因为可能的价格上涨被与质量相关的消费者利益所抵消。那么这个与质量相关的消费者利益来自何处呢？就是上面提到的网络效应。大型航空公司的中枢辐射网络对需求方

① 参见 8.1.1 节。

② 参见第 8 章相关内容。

和供应方都有影响，能够带来很大的成本节约。这种生产组织方式降低了消费者在多个城市之间的旅行成本，从而使消费者受益（Borenstein and Rose，2014），因为如果并购航空公司之间的网络在很大程度上不重叠，并购后的航空公司使消费者可以在不更换航空公司的情况下使用并购后更大的网络，从而为消费者提供了更多的便利。而在一般的并购分析中，并购方通常不会产生网络效应，因此没有相应的消费者利益可供评估。这就使得航空公司并购的评估与一般的并购评估存在差异。

还有一点不同的是，民航委员会和美国运输部在进行航空公司并购审批时，可以通过发布行政命令否决并购申请，从而阻止合并，司法部只能通过向联邦法院寻求禁令来对交易质疑。

5.3 航空公司之间的并购控制

5.3.1 美国运输部对航空公司并购控制得更为宽松

1985 年 1 月 1 日至 1988 年 12 月 31 日，美国运输部一共批准或者豁免了 27 份涉及航空公司之间的并购申请（表 5.1），其中有两份并购申请在美国运输部批准后并未真正实施，11 份申请满足豁免条件[①]，并直接给予并购审批豁免。一些合并导致机场的运输活动更加集中。例如，在 100 个最大的机场中，1 家航空公司占据 60%及以上登机旅客量的数量从 11 个增加到 18 个，其中大部分增长发生在大型航空公司合并的机场[②]。美国运输部没有否决一份并购申请，对并购审批的宽松程度超过了民航委员会行使反垄断执法权时的宽松程度。

表 5.1 1985～1988 年美国运输部批准或豁免审批的航空公司并购案

案件名称	批准或豁免审批时间	DOT 命令号
缪斯航空-康特兰航空（Muse Air-Contran）	1985/2/15	DOT Order 85-2-43
全美航空-宾夕法尼亚州通勤航空（USAir-Pennsylvania Commuter Airlines）	1985/5/24	DOT Order 85-5-115
米德瓦夫航空-佛罗里达航空（Midway Airlines-Air Florida）	1985/6/11	DOT Order 85-6-33
美西南-缪斯航空（Southwest Airlines-Muse Air）	1985/6/24	DOT Order 85-6-79

① 与民航委员会一样，美国运输部明确规定豁免空中出租车运营商（air taxi operators）、货运航空公司和包机运营商寻求事先合并批准。此外，还允许任何其他航空公司申请豁免。

② U.S. Government Accountability Office, Airline Competition：DOT's Implementation of Airline Regulatory Authority, June 1989, 29.

续表

案件名称	批准或豁免审批时间	DOT 命令号
总统航空-键航空（Presidential Airways-Key Airlines）	1985/8/30	DOT Order 85-8-94
美联航-泛美太平洋分部（United Airlines-Pan Am Pacific Division）	1985/10/11	DOT Order 85-10-41
人民快运航空-边疆航空（People Express-Frontier Airlines）	1985/11/20	DOT Order 85-12-17
皮埃蒙特航空-帝国航空（Piedmont Aviation-Empire Airlines）	1986/1/23	DOT Order 86-1-45
地平线航空-喀斯卡德航空（Horizon-Cascade）	1986/1/30	DOT Order 86-1-67
人民快运航空-布里特航空（People Express-Britt）	1986/2/19	DOT Order 86-2-34
达美航空-康姆航空（Delta Air Lines-Comair）	1986/7/23	DOT Order 86-7-50
美西北航-共和航空（Northwest Airlines-Republic Airlines）	1986/7/31	DOT Order 86-7-81
美联航-边疆航空（United Airlines-Frontier Airlines）	1986/8/1	—
总统航空-键航空（Presidential Airways-Key Airlines）	1986/8/13	DOT Order 86-8-32
达美航空-捷特美国航空（Delta Air Lines-Jet America）	1986/9/10	DOT Order 86-9-18
阿拉斯加航空-捷特美国航空（Alaska Airlines-Jet America）	1986/9/10	DOT Order 86-9-18
环球航空-奥扎克航空（Trans World Airlines-Ozark Airlines）	1986/9/12	DOT Order 86-9-29
德州航空-东方航空（Texas Air Corporation-Eastern Airlines）	1986/10/1	DOT Order 86-10-2
德州航空-人民快运航空（Texas Air Corporation-People Express）	1986/10/24	DOT Order 86-10-53
达美航空-西部航空（Delta Air Lines-Western Air Lines）	1986/12/11	DOT Order 86-10-44
阿拉斯加航空-地平线航空（Alaska Airlines-Horizon）	1986/12/23	DOT Order 86-12-61
全美航空-太平洋西南航空（USAir-Pacific Southwest Airlines）	1987/3/4	DOT Order 87-3-11

续表

案件名称	批准或豁免审批时间	DOT 命令号
美国航空-加州航空（American Airlines-AirCal）	1987/3/30	DOT Order 87-3-80
世界航空-键航空（World Airways-Key Airlines）	1987/4/28	DOT Order 87-4-70
全美航空-皮埃蒙特航空（USAir-Piedmont Aviation）	1987/10/30	DOT Order 87-10-68
布兰尼夫航空-佛罗里达快线航空（Braniff-Florida Express）	1988/1/21	DOT Order 88-1-46
夏威夷航空-日本航空（Hawaiian Airlines-Japan Air Lines）①	1988/7/5	DOT Order 88-7-73

资料来源：根据 Government Accountability Office, Airline Competition：DOT's Implementation of Airline Regulatory Authority, June 1989 整理；根据美国《信息公开法》，从美国运输部获取的并购审查命令中整理。

5.2.1 中分析了美国运输部反垄断的理论基础和分析框架，其基本延续了民航委员会的做法，因而美国运输部在审查航空公司并购时不关注市场集中度，而是关注市场进入壁垒，特别是高度关注物理性壁垒（physical barriers），如机场是否有容量满足飞机起降需求，是否有足够的登机门上下旅客。也就是说，将机场航班时刻和登机门作为衡量合并是否会排除市场竞争的唯一有意义的衡量标准。在美国运输部公开举办的四个并购案听证会上，有三个并购案的焦点均在物理性壁垒上。但是美国运输部官员认为，运输部并没有将并购分析限制在物理壁垒上，因为合并反对者提出了这些问题，而在听证会的行政法官的决定中仅限于记录相关事实。

美国运输部在审查"德州航空-东方航空并购案"②时，最初在 1986 年 8 月否决了这份并购申请，因为它认为德州航空的一家子公司与东方航空在纽约拉瓜迪亚机场（LaGuardia Airport，LGA）和华盛顿国家机场（Ronald Reagan Washington National Airport，DCA）之间以及纽约拉瓜迪亚机场和波士顿洛根机场（Boston Logan International Airport，BOS）之间的快线市场上存在竞争。依照当时美国联邦航空局的高密度规则（high density rules），纽约拉瓜迪亚机场和华盛顿国家机场均属于"航班时刻受控"（slots-controlled）机场，因而可用的登机门和航班时刻太少，另一家运营商进入参与竞争的可能性不大。美国运输部认为，如果不能为有竞争力的快线服务承运人提供足够的设施，合并将大大减少纽约拉瓜迪亚机场和华盛顿国家机场之间以及纽约拉瓜迪亚机场和波士顿洛根机场之间快线市场上的

① 日本航空通过其子公司收购了夏威夷航空 20%的股份，并未取得控股权或者相对控股权。

② Texas Air-Eastern Case, DOT Order 86-8-77, 86-10-2.

竞争。后来德州航空和东方航空向泛美航空出售了纽约拉瓜迪亚机场和华盛顿国家机场足够数量的登机门和航班时刻，以便泛美航空可以进入两个快线市场，并在两个市场分别提供 15 个来回程航班服务[①]。另外，禁止两家航空公司未经美国运输部批准从泛美航空回购上述航班时刻，允许泛美航空向承诺提供上述两条快线服务的航空公司出售这些航班时刻[②]。同年 10 月美国运输部批准了该合并申请。

1986 年"美西北航收购共和航空案"（Northwest-Republic Acquisition Case）涉及在枢纽机场竞争的两家航空公司。由于美西北航和共和航空是两家以明尼阿波利斯机场为枢纽运营的航空公司，美国司法部认为合并将消除明尼阿波利斯具有竞争性的枢纽服务，因此正确的分析应侧重于如何重新建立竞争机制。美国司法部认为，对于一家新航空公司来说，在枢纽机场获得转机客流至关重要[③]。然而美国运输部认为，司法部的论点没有得到历史材料的支持，因此批准了合并。美国运输部还认为即使司法部的论点得到支持，另一家航空公司也可以在合理的时间内在明尼阿波利斯打造一个竞争枢纽[④]。此后，有实证研究发现，明尼阿波利斯机场的机票价格在并购一年后的上涨幅度比全国平均水平高 11%，在两家重叠的城市对市场上更是比全国平均水平高 23%（Borenstein, 1990；Werden et al.，1991）。

1987 年的"全美航空-皮埃蒙特航空收购案"（USAir-Piedmont Acquisition Case）[⑤]中，为反对该收购案作证的一位经济学家对受拟议合并影响的市场进行了计量经济学分析，他发现航线两端点的登机旅客市场份额与票价之间存在统计学上显著的相关性，这表明航空公司能够在从其占主导地位的机场出发的航线上通过市场势力操控票价。美国运输部的公共律师（public counsel）试图通过自己的计量经济学分析来反驳这项研究。然而，公共律师的研究结果表明，市场份额指标与票价之间的相关性比反对者聘用的经济学家的研究得出的相关性更强。行政法官随后认定这些研究表明市场势力的存在。这种市场势力证明了存在进入壁垒，而常旅客计划、销售代理超额佣金、计算机订座系统和收益管理等营销和运营工具是机场占主导地位的航空公司发挥市场影响力造成进入壁垒的重要方式。根据这些调查结果，行政法官认为该收购是反竞争的，因而建议拒绝合并。与前述民航委员会一样，美国运输部也有权拒绝行政法官的决定。在这个案件中，美国运输部选择不考虑营销和运营等行为策略是否允许占主导地位的航空公司在枢纽机

① Texas Air-Eastern Case, DOT Order 86-10-2, 1.

② Texas Air-Eastern Case, DOT Order 86-10-2, 9.

③ Northwest-Republic Acquisition Case, DOT Order 86-7-81, 12.

④ Northwest-Republic Acquisition Case, DOT Order 86-7-81, 16-17.

⑤ USAir-Piedmont Acquisition Case, DOT Order 87-10-68.

场始发或终到航线上行使市场支配力。美国运输部转而重点关注这些竞争工具在个别城市对市场中的影响，并得出结论认为，对于任何个别城市对市场，这些工具不会显著损害竞争。因此，美国运输部没有分析营销和运营壁垒的综合影响问题，而是根据对各个市场的分析批准了此次合并[①]。

在"美西南-缪斯航空并购案"中，美国运输部也回应了枢纽运营效率的影响问题。它认为尽管枢纽运营的存在可能会影响现有航空公司相对于涉及枢纽的城市对市场的潜在进入者的相对效率，然而其他因素，如在城市对的另一端建立枢纽、低成本结构或获得本地和联程中转旅客的机会，是可以减少枢纽的效率的影响的[②]。就是登机门这些机场设施也不一定能够成为进入的物理性壁垒。美国运输部认为，特定机场的机场运营商无法提供设施，因为这些设施已全部出租，这一事实不一定会成为壁垒。除非现有设施由一家或几家航空公司持有，否则可以通过转租获得这些设施[③]。

美国运输部在"美西南-缪斯航空并购案"中，还运用了破产作为并购可能减少竞争的抗辩理由。由于美国司法部"初步"得出结论，缪斯航空陷入严重的财务困境，如果申请人寻求批准，合并将以符合"失败公司"原则[④]为由得到批准，因而处理该并购案不需要深入讨论其反竞争影响。尽管参与合并的两家航空公司在许多城市对市场中展开竞争，而且两者都在达拉斯和休斯敦这两个枢纽机场运营，但是美国运输部认为这个并购不会产生反竞争效果，因为缪斯航空无论如何都即将破产，离开市场[⑤]。

另外，"地平线航空收购喀斯卡德航空案"（Horizon-Cascade Acquisition Case）也涉及被收购方破产问题。尽管两家航空公司在 11 个直飞城市对市场上是竞争对手，而且其中的 9 个市场没有其他的竞争对手，并购后仅剩一家航空公司。然而，即将被收购的航空公司已经破产，并且仅靠潜在收购方提供的资金才能继续运营。因此，美国运输部认为该交易不会影响任何现有或潜在的竞争。同时，美国运输部借此机会，再次强调其认为航空运输市场本质上是一个可竞争市场，即消除一个可行竞争对手，由于受到新进入者的威胁，通常不会允许幸存者行使市

---

① 转引自 U.S. Government Accountability Office, Airline Competition：DOT's Implementation of Airline Regulatory Authority, June 1989, 25.

② Southwest-Muse Air, DOT Show Cause Order No. 85-5-28, 12.

③ Southwest-Muse Air, DOT Show Cause Order No. 85-5-28, 13.

④ 该原则是 1930 年美国最高法院在"国际鞋业公司诉联邦贸易委员案"（International Shoe v. F.T.C., 280 U.S. 291）中提出的。该原则的核心思想是可能被迫进入清算程序的破产企业会给相关的社区、员工、债权人和所有者造成损害，允许破产但仍然完整的企业与竞争对手合并又会对竞争造成损害。如果前者超过了后者，则就应允许"失败公司"被收购。

⑤ Southwest-Muse Air, DOT Show Cause Order No. 85-5-28, 20-23.

场势力[①]。

美国运输部在"皮埃蒙特航空-帝国航空并购案"（Piedmont Aviation-Empire Airlines Case）中表达了对民航委员会相关市场界定方法的认可，即从国家、城市对市场、服务的单个航点三个层面界定相关地域市场，各相关地域市场上的定期航空运输旅客为相关产品市场[②]。在这样的市场界定方法下，任何航空公司之间的并购在国家层面对市场份额的影响一般都会比较小。关于航空运输业相关市场界定问题将在第 9 章进行专门研究讨论。

在美国运输部主导下的航空运输业并购审查中，反对和支持并购双方的责任也与一般性并购审查不同。一般性并购审查遵循如下的原则：如果并购使公司不能合理地控制市场份额，并且导致集中度显著提升，则被认为是反竞争的，除非有证据表明并购不太可能产生反竞争效果。该原则基于两个命题：在卖家众多而且没有任何一家拥有显著市场份额的情况下，竞争可能最为激烈；美国立法机构意图将市场集中化现象消灭在萌芽状态。因此，并购反对者的任务就更容易了，因为一旦表现出高度集中，举证责任就会转移，并购支持者必须证明并购不会具有反竞争性。

由于美国运输部在反垄断审查中的理论基础是可竞争市场理论，它针对集中效应提出了自己的假设，也就是说，市场集中度和市场势力以及票价之间不存在关系。即使在反对者举证并购将导致市场高度集中之后，运输部仍要求并购反对者承担举证责任，还必须证明并购具有反竞争性。因此，对于并购反对者来说，这是一个比联邦法院标准更难承受的负担，因为后者假定市场集中度上升会导致在位企业获得市场支配地位，而在美国运输部，并购反对者必须证明这种联系。在一项并购案中，如果反对者不能承担证明存在实质性限制竞争的合理可能性的责任，美国运输部就会批准该项并购申请。

并购反对者举证难的问题在前述提及的 1986 年"美西北航收购共和航空案"中得到了很好的体现。该案中美国司法部确认并购将影响 97 个城市对市场，其中两家航空公司同时运营的有分别以明尼阿波利斯圣保罗机场和底特律机场为枢纽的 26 个和 12 个直飞城市对市场，还有 53 个城市对市场仅由其中一家提供服务。听证会行政法官也指出证据明确表明西北航空总裁认为并购对参与者的主要好处之一将来自"消除彼此之间的过度竞争"。尽管如此，行政法官仍认为有必要建议批准该交易，理由是"没有一方承担证明拟议合并将实质性限制任何相关市场竞争的责任"。此次并购不存在传统的设施和航班时刻这些进入限制，美国司法部试图通过明尼阿波利斯圣保罗机场容量有限、新进入者不可能在此复制建立一

① Horizon-Cascade Show Cause, DOT Order No. 86-1-43, 3.

② Piedmont Aviation-Empire Airlines Case, DOT Order 85-12-17, 5.

个枢纽来抵消并购对竞争的削弱，并借此完成举证。但是，行政法官认为美国司法部的支持证据不够具体，而且即使有具体的证据，它也不能满足理论上接纳反对意见的标准，即可能有无限数量的通勤航空或其他新进入者可以用来恢复市场竞争①。而美国运输部则从另一个角度来分析反对者没有承担举证责任。美国运输部认为实际竞争或新进入是多层次的：在明尼阿波利斯圣保罗连接航点的现有枢纽或新建枢纽；通过中间枢纽的经停或者联程服务；有充足的本地运输量的航线，可以满足不需要转机客流的航空公司进入；在受影响城市对市场两端已经有运营的航空公司；通勤航空可以进入短途的薄市场；运营成本低的航空公司等②。

4.3.6 中分析了民航委员会在审查航空公司并购时通常将劳工保护条款作为附加条件。在审查航空公司并购案时，美国运输部也会关注员工保护问题，并要求劳工提供证据，以证明工作条件和工资存在不平等的情况。但同时允许航空公司以合规将严重危害财务和运营作为抗辩理由。因此，如果航空公司能够证明纠正这种不平等的现象将无利可图，那么即使存在不平等，美国运输部也将拒绝在最终命令中纳入员工保护条款，而是要求受影响各方进行集体谈判（Schoder，1994）。在“西北航空收购共和航空案”中，美国运输部认为集体谈判合同将为员工提供必要保护。另外，美国运输部还认为，没有必要审查具体的员工福利或审查承运人将其业务与被收购承运人的业务整合的计划，以确定并购是否符合公平的工资和工作条件的要求③。还有就是，为了防止出现可能扰乱国家航空运输的劳资冲突，美国运输部也会纳入劳工保护条款。在“德州航空-东方航空并购案”中，美国运输部在最后的命令中认为尽管东方航空是该国最大的航空公司之一，但其员工的罢工不会威胁到国家航空运输安全。因而，美国运输部在“得克萨斯航空-东方航空并购案”的裁决中得出结论，不应为了避免可能发生的罢工而纳入劳工保护条款④。这个案子表明即使造成重大不便还不足以强制纳入劳工保护条款。

5.3.2 美国司法部也未显著收紧对航空公司并购的控制

在 2.5.1 中介绍了 1976 年的《哈特-斯科特-罗迪诺反托拉斯改进法》，拟议并购的航空公司需要按照这个法案的要求向美国司法部和联邦贸易委员会提交合并前通知（premerger notification），并等待 30 天（现金要约收购或破产出售为 15

① Northwest-Republic Acquisition Case, DOT Docket No. 43754, Recommended Decision of the Administrative Law Judge, 5, 18, 19, 23-24 (June 17, 1986).

② Northwest-Republic Acquisition Case, DOT Order 86-7-81, 16.

③ Northwest-Republic Acquisition Case, DOT Order 86-7-81, 24-25.

④ Texas Air-Eastern Case, DOT Order 86-8-77, 21.

天），以便反垄断执法部门审查并购是否会对美国商业产生不利影响，甚至违反反垄断法。等待期间，并购企业不得采取任何措施整合业务，如收购方获得被收购方的运营控制权。美国司法部和联邦贸易委员会通过协调，确定由其中一方来审查一项并购。审查期间，反垄断执法部门可以要求并购方提供补充材料，并延长等待期。等待期满后，反垄断执法部门对并购没有异议的，则并购可以向前推进。如果反垄断执法部门对并购有异议，可以通过与并购公司协商谈判，达成同意其并购的协议，其中包括恢复竞争的条款；也可以寻求通过向联邦法院申请初步禁令来阻止整个交易，等待对案情进行行政审理。

美国航空运输业并购的审查均由美国司法部承担，表 5.2 和 5.3 列出了 1989 年 1 月 1 日美国司法部接手航空运输业反垄断执法权后发生的全部航空公司并购案件。美国司法部没有对表 5.3 中航空公司之间的 29 项并购事件提出司法挑战，最后完成合并的有 28 项，有一项被并购方自行终止。表 5.2 列出了美国司法部试图通过司法程序阻止的 6 项航空公司并购案，其中有一项终止，一项则是调整了收购股份比例、放弃控制权，有两项通过签订资产剥离协议、消除对竞争的损害后完成并购，有两项被联邦地方法院裁定禁止。因此，美国司法部负责航空运输业反垄断执法后的 1989～2024 年的 35 年里，也仅仅通过司法程序否决了四项航空公司之间的并购以及联盟，通过率高达 88.5%，比例高于民航委员会的 81%，低于美国运输部的 100%全部放行。

表 5.2　1989 年以后美国司法部试图阻止的航空公司并购案

案件名称	起始时间	结案时间	结果
美国诉美西北航和大陆航（U.S. v. Northwest Airlines Corp. and Continental Airlines, Inc.）	1998 年 10 月 23 日	2000 年 10 月 24 日	美西北航放弃对大陆航的控制权，保证大陆航的独立性
美联航和全美航空（Unitied Airlines-US Airways Group）	2001 年 7 月 27 日	2001 年 7 月 27 日	美国司法部宣布要起诉阻止合并后，并购方主动放弃
美国及部分州诉全美航空和美国航空（U.S., et al. v. US Airways Group, Inc. and AMR Corporation）	2013 年 8 月 13 日	2014 年 4 月 25 日	附条件通过
美国诉阿拉斯加航空和维珍美国航空（U.S. v. Alaska Air Group, Inc., and Virgin America Inc.）	2016 年 12 月 6 日	2016 年 12 月 14 日	附条件通过

续表

案件名称	起始时间	结案时间	结果
美国及部分州诉美国航空和捷蓝航空（U.S. and Plaintiff States v. American Airlines Group Inc. and JetBlue Airways Corporation）①	2021 年 9 月 22 日	2023 年 7 月 26 日	2023 年 5 月 19 日马萨诸塞州联邦地方法院裁定禁止建立“东北联盟”（Northeast Alliance）
美国及部分州诉捷蓝航空和精神航空（U.S. and Plaintiff States v. JetBlue Airways Corporation and Spirit Airlines, Inc.）	2023 年 3 月 7 日	2024 年 3 月 4 日	2024 年 1 月 16 日马萨诸塞州联邦地方法院裁定禁止该并购。3 月 4 日，捷蓝航空宣布终止收购

资料来源：笔者根据美国司法部网站资料整理。

表 5.3　1989 年后美国司法部未干预的航空公司并购事件

并购事件	并购完成时间
美国航空-东方航空：拉丁航线（American Airlines- Eastern Air Lines: Latin Routes）	1990 年 7 月 1 日
美国航空-环球航空：希思罗航线（American Airlines -TWA:Heathrow Routes）	1991 年 5 月 2 日
达美航空-泛美航空（快线和大西洋航线）(Delta Air Lines-Pan Am Airlines :Shuttle and Atlantic Routes）	1991 年 11 月 1 日
美联航-泛美航空：拉丁美洲和加勒比航线（United Airlines-Pan Am:Latin & Caribbean Routes）	1992 年 5 月 16 日
美西南航空-莫里斯航空（Southwest Airlines-Morris Airlines）	1993 年 12 月 31 日
穿越航空-瓦卢杰航空（AirTran Airways-Valujet）	1997 年 11 月 17 日
美国航空-里诺航空（American Airlines-Reno Air）	1999 年 2 月 1 日
达美航空-大西洋东南航空（Delta Air Lines-Atlantic Southeast Airlines）	1999 年 3 月 22 日
美国航空-环球航空（American Airlines-TWA）	2001 年 4 月 9 日
共和航空-美国快线航空（Republic Airways-Shuttle America）	2005 年 5 月 9 日
西天航空-大西洋东南航空（SkyWest-Atlantic Southeast Airlines）	2005 年 9 月 8 日
全美航空-美国西部航空（US Airways-America West Airlines）	2005 年 9 月 27 日

① 该案是针对美国航空和捷蓝航空在美国东北部建立的“东北联盟”。联盟双方同意共享收入，并协调往返波士顿洛根国际机场、肯尼迪国际机场、拉瓜迪亚机场和纽瓦克自由国际机场的航线、航班时刻、机组资源以及使用的机型。因此，美国司法部将其纳入航空公司并购一类。对该案的分析将在后面 5.4 节的“对航空公司市场行为的反垄断监管”中展开。

续表

并购事件	并购完成时间
品尼高航空-科尔根航空（Pinnacle Airlines-Colgan Air）	2007 年 1 月 18 日
达美航空-美西北（Delta Air Lines-Northwest Airlines）	2009 年 12 月 31 日
共和航空-中西航空（Republic Airways-Midwest Airlines）	2009 年 7 月 31 日
共和航空-边疆航空（Republic Airways-Frontier Airlines）	2009 年 10 月 1 日
达美航空-西北航空（Delta Air Lines-Northwest Airlines）	2009 年 12 月 31 日
平博航空-梅萨巴航空（Pinnacle Airlines-Mesaba Airlines）	2010 年 7 月 1 日
美联航-大陆航空（United Airlines-Continental Airlines）	2010 年 10 月 1 日
西天航空-大西洋东南航空-快捷航空（SkyWest-Atlantic Southeast Airlines-ExpressJet Airlines）	2010 年 11 月 15 日
美西南-穿越航空（Southwest Airlines-AirTran Airways）	2011 年 5 月 2 日
阿特拉斯航空-南方航空（Atlas Air-Southern Air）	2016 年 4 月 7 日
阿拉斯加航空-维珍美国航空（Alaska Airlines-Virgin America）	2016 年 12 月 14 日
美联航（经玛娜航空）-快捷航空[United Airlines（via ManaAir）-ExpressJet Airlines]	2019 年 3 月 1 日
南方航空-莫库莱莱航空（Southern Airways-Mokulele Airlines）	2019 年 3 月 11 日
莫库莱莱航空-马卡尼凯航空（Mokulele Airlines①-Makani Kai Air）	2020 年 12 月
边疆航空-精神航空（Frontier Airlines②-Spirit Airlines）	自行终止
南方航空-航空选择一号航空（多航空）[Southern Airways-Air Choice One（Multi-Aero）]	2022 年 7 月 2 日
阿拉斯加航空-夏威夷航空（Alaska Airlines-Hawaiian Airlines）	美国司法部在 2024 年 8 月 20 日审查届满后未提起诉讼③

资料来源：笔者根据美国航空运输协会网站和网络资料整理。

① 位于夏威夷的一家通勤航空公司，2019 年被南方航空收购后，仍然维持独立运营。2020 年收购了另一家也位于夏威夷的通勤航空公司——马卡尼凯航空（Makani Kai Air）。

② 2009 年，被共和航空收购后继续维持独立运营，2013 年被出售给美国一家专门投资航空运输业的投资公司。

③ Warner C D. "Alaska Airlines, Hawaiian Airlines Merger," CNBC, August 20, 2024, https://www.cnbc.com/2024/08/20/alaska-airlines-hawaiian-airlines-merger.html. 2024 年 8 月 21 日查阅。这两家航空公司由于涉及"公共利益"的小社区服务，因此还需要与美国运输部进行磋商，甚至订立协议承诺以确保小社区服务的正常提供（参见 5.1.1 相关内容）。

美国司法部在对并购的通报申请进行反垄断审查时，如果认为不存在对竞争的负面影响，则在等待期期满后，并购可以自动进行，美国司法部也可以提前终止等待期以便推进并购，美国司法部并不像民航委员会或者美国运输部那样需要发布行政命令公告批准并购，因而也很难全面了解和掌握美国司法部是如何看待这些并购案的。只有美国司法部提出异议的并购案，特别是进入司法程序的，才需要公开相应的分析材料。而美国司法部自 1989 年 1 月 1 日承担航空运输反垄断审查职责近 10 年后，才出现第一例针对国内航空公司并购的诉讼案，即发生在 20 世纪末的“美国诉美西北航和大陆航案”[①]。

1998 年初发生的“美国诉美西北航和大陆航案”是一个比较复杂的股权收购案。首先，由于同一家投资机构收购了这两家航空公司的股权，双方形成连锁关系；同时美西北航和大陆航还订立一个为期 6 年的“治理协议”（governance agreement），美西北航获得对大陆航的控制权；双方还达成了“总联盟协议”（master alliance agreement），双方就全面联合营销达成一致意见。美国司法部首先将存在替代关系的机场对或者城市对界定为相关地域市场、将机场对或者城市对之间直飞和有中转的旅客定义为两类不同产品市场，然后就市场集中度和市场进入进行分析。两家航空公司各自运营的三家枢纽机场并不重叠，但是在 7 个“枢纽到枢纽”的城市对市场，两家航空公司在其中的 5 个拥有 100%的市场份额，另外 2 个的市场份额也在 80%以上。新进入者面临成本劣势，还面临难以获得登机门等设施[②]、在位者向销售代理提供激励佣金、常旅客计划等进入壁垒。此外，美西北航和大陆航空在众多城市对市场的中转航班上也占有很大份额。由于这些航线上的运输量较少，且飞往美西北航或大陆航枢纽的航程较短，因此本身枢纽较远的航空公司不太可能因票价大幅上涨而开通或扩展从其枢纽飞往这些目的地的竞争性航班服务。因此，美国司法部认定该交易将极大限制，甚至完全排除“枢纽到枢纽”直飞旅客和两家主导的城市对中转旅客市场的竞争。这些市场的票价协调活动将得到鼓励，票价上涨成为可能，服务质量（航班频率）会下降[③]。因而，美国司法部要求法院发布永久禁令，限制和阻止被告美西北航收购或持有大陆航空的

---

① 相关案件材料参见美国司法部网站：https://www.justice.gov/atr/case/us-v-northwest-airlines-corp-and-continental-airlines-inc. 2023 年 10 月 19 日查阅。

② 美西北航的枢纽明尼阿波利斯和底特律以及大陆航的枢纽纽瓦克出现登机门短缺，因为两家航空公司控制全部或者绝大多数提供租赁服务的登机门。

③ GAO 的一项研究也表明，有 63 个城市对市场的竞争被削弱或消除，有 5 个城市对市场的承运人从两家变为一家，有 24 个城市对市场的承运人从 3 家变为 2 家。两家航空公司在 492 个城市对市场中，20 个城市对市场的份额超过 50%（Government Accountability Office, Aviation Competition: Effects on Consumers from Domestic Airline Alliances Vary, January 1999, 22-27）。

股权[①]。美西北航则利用美国运输部赋予的举证责任进行了抗辩，认为政府没有承担证明美西北航对大陆航空的股权投资可能“实质性……阻碍竞争，或者倾向于形成垄断”的责任。政府没有初步证明（prima facie proof），政府声称的无论是“枢纽到枢纽”航线还是“全系统”航线上的竞争都可能受到损害。现实是，政府预测“价格更高、服务更差”的“枢纽到枢纽市场”价格下降，运力大幅增加。因为要实现美西北航和大陆航通过产权联盟形成网络上运输量的增加，需要扩大而不是收缩这些网络间的连通。反过来，美国司法部也认为美西北航没有完成将效率作为抗辩理由的举证。最后这个案子也没有完成全部司法程序，形成最后的司法裁决，而是达成了和解协议[②]，美西北航保留对大陆航空 7%的投票权，其余 44%的投票权被置于一个独立受托人的投票信托中，从而有效地剥夺了其对大陆航空董事会的控制权；限制两家航空公司之间敏感性竞争信息的流动；限制美西北航干预大陆航与其他航空公司合并或收购的能力，从而保留了大陆航空的独立性。2001 年 1 月美国司法部撤诉。

“美联航与全美航空并购案”虽然没有正式进入司法程序，但是影响很大。2000 年 5 月 24 日，两家航空公司达成协议，美联航通过现金收购股份、债务和飞机经营租赁费用承担等方式收购全美航空公司。如果两家航空公司能够完成并购，无论是按照旅客运输量还是旅客周转量以及收入水平来衡量，都将成为美国当时最大的航空公司。收购全美航空后的美联航每日出港航班数量将比其最接近的竞争对手达美航空多 97%，提供的可用座位英里也比其最接近的竞争对手（美国航空）多大约 50%[③]。由于该案没有进入最后的司法程序，而是两家航空公司主动终止了并购，因而外界不掌握美国司法部全部分析过程，但是美国司法部也发布了对这次并购的简单认定结果。这两家航空公司在华盛顿地区均拥有枢纽，美联航在杜勒斯国际机场运营枢纽、全美航空在里根国家机场和巴尔的摩机场运营枢纽，它们是从华盛顿地区到罗彻斯特和新奥尔良等许多城市的直达服务的仅有的两个重要竞争对手，还是多个枢纽到枢纽市场中最重要的直达航空公司，包括费城-洛杉矶、费城-旧金山、费城-丹佛和匹兹堡-华盛顿城市对市场。两家公司凭借其强大的东海岸枢纽，连接一些东部城市（如伯灵顿和奥尔巴尼）以及一些东南部城

① 1998 年 10 月，美国司法第一次提交诉状后，两家航空公司对股权收购做了小调整。12 月美国司法部再次提交了新的诉状。美国司法部诉状没有提及“总联盟协议”中的代码共享和常旅客计划共享等营销合作安排，对于这部分内容美国运输部也有管辖权（参见 4.4.1 相关内容）。美国运输部针对两家航空公司的股权变更依照《美国联邦航空条例》第 205.5 节的规定进行了符合性合格审查，也对代码共享和联合常旅客计划合作安排进行了审查，在结合常旅客计划做了一定修改后，全部放行。

② 2000 年 11 月 6 日美国司法部与美西北航和大陆航达成和解协议。

③ Government Accountability Office, Issues Related to the Proposed United Airlines-US Airways Merger, Dec. 2000, 11.

市（如格林斯伯勒和罗阿诺克）。合并还会提升东海岸大型商业中心航空运输的市场集中度，可能影响企业和政府采购合同的票价。合并将减少几个跨大西洋市场的竞争①。

GAO 对“美联航与全美航空并购案”的分析也表明此次并购将减少有效竞争航空公司的数量，从而增加在重叠城市对市场上对旅客造成损害的可能性。合并会减少或消除美国 5000 个最大市场中 290 个市场的竞争，其中 43 个市场的竞争者从两家航空公司减少到 1 家，102 个市场上的竞争航空公司从 3 家变为 2 家。合并后的新航空公司占主导地位的城市对市场将增加 126 个。在这些占据主导地位的城市对市场中，有 28 个是两家航空公司枢纽之间的城市对市场②。而这两家航空公司在这些市场控制了包括登机门在内的运营资源，形成市场进入障碍。此外，常旅客计划合并后对于新进入的航空公司或缺乏广泛网络的点对点航空公司来说，也成为市场进入的巨大障碍。另外，并购还能为旅客提供更多无缝隙的旅行体验，并支持其在常旅客计划中累积更多里程，并购后的航空公司也能增强一些城市对市场的竞争，美联航东西网络和全美航空的南北网络融合后将为旅客带来更多目的地、更便捷的出行和更多的选择。但是，与美西北航收购大陆航股权的影响相比，美联航与全美航空的合并对市场竞争的不利影响要大 4 倍，另外，还在多 5 倍的城市对市场中占据了主导地位③。

两家航空公司为了消除美国司法部等对合并减少竞争的担忧，重新调整了合并方案，以便美联航能够收购全美航空的重要资产，即成立一家全新的航空公司——特区航空公司（DCAir），从而为给美联航和全美航空提供大量服务的高利润华盛顿特区-纽约-波士顿市场引入更多竞争。但是这项措施并没有彻底消除美国司法部对并购中竞争问题的关切，最后美联航不得不在 2001 年 7 月 27 日宣布终止收购活动。

以 2001 年的“9 · 11”事件为标志，美国航空运输业进入了 10 年以上的大整合时期。2002～2013 年，美国共有 10 家航空公司破产，35 家航空公司申请破产保护，同时发生了 12 次航空公司之间的并购，美国司法部没有采取任何法律行动，包括 2009 年完成的达美与美西北航合并以及 2010 年美联航与大陆航的合并。直到 2013 年针对美国航空收购全美航空，美国司法部才采取了法律行动。

---

① J. Bruce McDonald, “Antitrust for Airlines,” Remarks by Deputy Assistant Attorney General, Antitrust Division, U.S. Department of Justice, November 3, 2005, https://www.justice.gov/atr/speech/antitrust-airlines. 2023 年 10 月 16 日查阅。

② Government Accountability Office, Issues Related to the Proposed United Airlines-US Airways Merger, Dec. 2000, 17-21.

③ Government Accountability Office, Airline Mergers：Issues Related to the Proposed United Airlines-US Airways Merger, Dec. 2000, 27.

美国最大的 6 家骨干航空公司中除了大陆航外，从 2002 年开始就陆续经历了破产重组，才得以持续经营。全美航空甚至在短短两年多时间就经历了两次破产保护①。应该说，通过并购摆脱经营困境是这些航空公司重要的出路②。

但是如果大型骨干航空公司之间均展开合并会产生什么样的影响呢？在美国国会针对“达美与美西北航并购案”专门召开的听证会上，商务联盟主席认为国会应要求运输部和司法部不要将达美航空与美西北航的合并提议作为独立交易来关注，分析必须包括骨干航空公司彻底整合对行业竞争结构的影响③。来自休斯敦大学法律中心的布什副教授也认为需要考虑如果美联航和大陆航等合并后对竞争的整体影响④。因而，实际上在第一个“超级承运人”（mega-carrier）就要产生时，所有航空公司之间整合对竞争的影响应如何分析的问题就已经提出来了。

经过对达美与美西北航合并 6 个月的审查，2008 年 10 月 29 日美国司法部发布公告，宣布结束对两家合并的调查，认为两家航空公司在绝大多数直达和中转航线上提供定期航空客运服务，与许多其他传统航空公司和低成本航空公司展开竞争。此外，合并可能会提高效率，如会在机场运营、信息技术、供应链和机队优化方面节约成本，从而使消费者受益。消费者还可能受益于通过将两家航空公司互补性强的网络整合到单一所有权下而提升的服务。因此，认定合并没有“实质性限制竞争”⑤。

美国司法部对“美联航和大陆航合并案”的审查结束得就更快了。2010 年 5 月初，两家航空公司宣布通过股票互换进行合并，2010 年 8 月 27 日美国司法部就公告终止了对这个合并案的调查，但是这次终止不是无条件的终止。美国司法部认为，两家航空公司网络基本上互补的，因而并购后导致美联航和大陆航空提供竞争性直达服务航线发生重叠的数量有限。重叠航线中最重要的是，美联航的枢纽机场和大陆航枢纽纽瓦克机场之间的航线，大陆航在纽瓦克机场的市场份额

---

① 破产保护时间：2002 年 8 月 11 日全美航空、2002 年 12 月 9 日美联航、2004 年 9 月 14 日全美航空、2005 年 9 月 14 日达美航空和美西北航、2011 年 12 月 19 日美国航空。

② An Examination of the Delta-Northwest Merger (S. Hrg. 110-413), Hearing Before the Subcommittee on Antitrust, Competition Policy and Consumer Rights of the Committee on the Judiciary United States Senate, One Hundred Tenth Congress, Second Session, April 28, 2008, 1.

③ An Examination of the Delta-Northwest Merger (S. Hrg. 110-413), Hearing Before the Subcommittee on Antitrust, Competition Policy and Consumer Rights of the Committee on the Judiciary United States Senate, One Hundred Tenth Congress, Second Session, April 28, 2008, 12.

④ An Examination of the Delta-Northwest Merger (S. Hrg. 110-413), Hearing Before the Subcommittee on Antitrust, Competition Policy and Consumer Rights of the Committee on the Judiciary United States Senate, One Hundred Tenth Congress, Second Session, April 28, 2008, 15.

⑤ U.S. Department of Justice, “Attorney General Michael B. Mukasey Announces Merger Guidelines,” October 22, 2008, https://www.justice.gov/archive/opa/pr/2008/October/08-at-963.html. 2023 年 10 月 21 日查阅。

很高，同时纽瓦克机场的航班时刻有限，这使得其他航空公司进入特别困难。因而，美国司法部要求将纽瓦克的航班时刻和其他资产转让给美西南[①]，从而解决拟议合并造成的竞争问题关切，并可能使重叠航线上的消费者与其他航线上的消费者一样获益[②]。但是，美国 GAO 的研究表明，除了连接美联航的枢纽机场和大陆航枢纽纽瓦克机场之间的航线外，还有其他两家航空公司运营的枢纽机场之间的航线也仅由这两家航空公司运营，如休斯敦机场（大陆航枢纽）到旧金山（美联航枢纽）和克利夫兰机场（大陆航枢纽）到丹佛国际机场（美联航枢纽）等，并购后，就仅有一家航空公司运营[③]。

美国国会也再次召开了听证会质询此次并购对行业竞争和消费者影响的问题。来自休斯敦大学法律中心的布什副教授再次作证，他指出两家航空公司通过此次合并可能会在包括纽瓦克、休斯敦、芝加哥、洛杉矶、华盛顿、丹佛和克利夫兰在内的许多城市获得并巩固其市场地位。他还特别针对美国司法部在放行达美航空和美西北航合并时的观点"合并可能会提高效率，例如在机场运营、信息技术、供应链和机队优化方面会节约成本，从而使消费者受益。消费者还可能受益于通过将两家航空公司互补性强的网络整合到单一所有权下而提升的服务"，指出美国司法部的这些言论没有提供其做出决定所依据的信息，也没有提供任何审查了哪些反市场竞争的信息，而是仅讨论合并能够推导出效率的提升。好像在航空运输业和反垄断领域，效率似乎才是王道，而不考虑反竞争效应[④]。来自消费者联盟的代表则表示合并的后果是更少的航班和选择、一些地方将失去航空运输服务、票价更高、服务质量下降、开办新航空公司的可能性下降等[⑤]。两家航空公司的首席执行官则为合并进行了辩护。

由于美国司法部已经批准了 2008 年和 2010 年的两次并购，形成了"超级达美航空和超级美联航"，当美国航空和全美航空宣布合并后，它别无选择，只能允

---

① 当时美西南在纽约大都市区仅提供有限的服务，并且在纽瓦克机场没有航班服务。美国司法部要求大陆航将纽瓦克机场的 36 个航班时刻出售给美西南。

② U.S. Department of Justice, "United Airlines and Continental Airlines to Transfer Assets to Southwest Airlines in Response to Antitrust Concerns," December 3, 2010, https://www.justice.gov/opa/pr/united-airlines-and-continental-airlines-transfer-assets-southwest-airlines-response. 2023 年 10 月 22 日查阅。

③ Government Accountability Office, Airline Mergers: Issues Raised by the Proposed Merger of United and Continental Airlines, May. 2010, 18.

④ The United/Continental Airlines Merger: How Will Consumers Fare? (S. Hrg. 111-657）, Hearing Before the Subcommittee on Antitrust, Competition Policy and Consumer Rights of The Committee on The Judiciary United States Senate, One Hundred Tenth Congress, Second Session, May 27, 2010, 9.

⑤ The United/Continental Airlines Merger: How Will Consumers Fare? (S. Hrg. 111-657）, Hearing Before the Subcommittee on Antitrust, Competition Policy and Consumer Rights of The Committee on The Judiciary United States Senate, One Hundred Tenth Congress, Second Session, May 27, 2010, 10-11.

许“超级美国航空”对两者起到制衡和约束作用。

2013 年 2 月 13 日，美国航空和全美航空合并的消息对外宣布后，3 月 19 日美国国会就为此次合并专门召开了听证会。听证会上，消费者联盟代表表示公众再次被告知只有合并才能拯救航空公司，消费者也会得到好处。在过去 10 年中，此类听证会几乎已成为两年一次或三年一次的活动，2001 年的 8 家主要网络航空公司已减少到 2010 年的 4 家①②。美国反垄断协会副主席表示，由于 6 家骨干航空公司的合并极大地改变了航空运输业的构型，从一个枢纽设计用于容纳多家航空公司的系统转变为仅存几个大型航空公司的系统，四大航空公司③可以默契地协调全系统运力紧缩，以维持票价。因此，有必要深入研究这些并购的影响④。

2013 年 8 月，美国司法部和 6 个州联合向法院提起诉讼，做出试图阻止此次合并的努力。在提交的诉状中，美国司法部和 6 个州指控合并将在 1000 多个城市对市场上对竞争造成损害，这些市场上的 HHI 将达到 2500 点以上（高度集中型市场），HHI 上升也将超过 200 点，最为显著的是夏洛特–达拉斯城市对市场的 HHI 从 4648 点上升到几乎垄断的 9319 点⑤。也就是说，这两家航空公司的网络高度重叠，而且合并会严重影响这些市场的竞争，并增强合并后航空公司的市场实力，涉及 1600 多万名旅客，客票收入达 60 亿美元。美国司法部还认为，此次合并将增加剩余网络型航空公司之间协调行为的可能性，从而导致更高的票价、更高的费用和更有限的服务，即通过取消全美航空的优惠票（advantage fares）⑥、限制运力投放、终止美国航空的独立扩张计划来达到上述目的。合并还将在较大程度上巩固两家航空公司在里根国家机场的市场地位，因为两家航空公司在该机场总共占据 69%的航班时刻，是第二位的 6 倍，而该机场的航班时刻极其稀缺，新进入者一般只能从在位者那里购买或者租赁航班时刻。但是作为占据 51%航班时刻的

① 指 2001 年美国航空并购环球、2005 年全美航空并购美国西部航空、2008 年达美航空和美西北航并购，以及 2010 年美联航和大陆航并购后形成的美国航空、全美航空、达美航空和美联航–大陆航。

② The American Airlines/Us Airways Merger: Consolidation, Competition, and Consumers (S. Hrg.113-826). Hearing Before the Subcommittee on Antitrust, Competition Policy and Consumer Rights of the Committee on the Judiciary United States Senate, One Hundred Thirteenth Congress, First Session. March 19, 2013, 11.

③ 六大骨干航空公司合并后形成的三家航空公司再加上美西南。

④ The American Airlines/Us Airways Merger: Consolidation, Competition, and Consumers (S. Hrg.113-826), Hearing Before the Subcommittee on Antitrust, Competition Policy and Consumer Rights of the Committee on the Judiciary United States Senate, One Hundred Thirteenth Congress, First Session, March 19, 2013, 9-10.

⑤ Complaint in U.S., et al. v. US Airways Group, Inc. and AMR Corporation, Case 1:13-cv-01236, 14.

⑥ 如果消费者乘坐该公司的经停航线而不是其他航空公司的直达航线，则可享受高达 40% 的折扣。资料来源：Bill Baer, Remarks as Prepared for Delivery at the Conference Call Regarding the Justice Department’s Lawsuit Challenging US Airways’ Proposed Merger with American Airlines, U.S. Department of Justice, (Nov. 25, 2013).

在位者，全美航空公司不可能将航班时刻出售给新进入者来培育一个竞争对手[①]。而新进入或现有竞争对手的扩张不太可能阻止或抵消合并可能产生的反竞争影响。美国司法部认定，并购将消除全美航空与美国航空之间实际和潜在的竞争、大幅减少网络型航空公司之间的总体竞争，机票价格和辅助费用将高于原来的水平、行业运力将低于原本的水平、服务将会减少，以及里根国家机场航班时刻可获得性将受到严重影响[②]，因此要求法院认定合并违反了《克莱顿反垄断法》第 7 节，永久禁止并限制两家航空公司的合并交易[③]。

但是最终美国司法部等原告与被告还是达成了和解协议，通过资产剥离作为结构性补救措施抵消合并对竞争造成的负面影响。和解协议将向低成本航空公司出售里根国家机场的 104 个航班时刻和拉瓜迪亚机场的 34 个航班时刻，同时要确保运营这些航班时刻所需的设施和资源；向低成本航空公司转让波士顿洛根机场、芝加哥奥黑尔机场、达拉斯爱田机场、洛杉矶国际机场和迈阿密国际机场的两个登机门与相关地面设施的权利和利益[④]。和解协议中并没有涉及诉状中的所有问题，如美国司法部原来关注的全美航空的优惠票和美国航空的独立扩张计划，因为美国司法部认为，将剥离资产的所有权从传统航空公司转移到非网络型航空公司，会带来新的竞争机会，促使行业增长和降低票价。

最终，在短短的 5 年时间里，美国航空运输业通过并购形成了“超级达美航空”、“超级美联航”和“超级美国航空”的网络型航空公司市场结构。在美国国会就“美联航与大陆航空合并”举行的听证会上，美国反垄断协会主席指出，自达美航空与美西北航空合并以来，国会已多次举行听证会，讨论这些合并可能带来的益处。然而，这些益处是否真正实现，始终缺乏明确答案。尽管如此，听证会仍在继续召开，合并案也不断获得批准，却未对更早的合并结果进行系统评估。美国反垄断协会主席提出质疑：听证会是否应重新回到其更根本的问题——达美航空与美西北航空合并所带来的实际后果究竟是什么[⑤]。

5.3.3　行业其他领域的并购案

除了航空公司之间的并购外，美国司法部还处理了涉及通航固定基地运营人（fixed-base operator，FBO）和全球分销系统（global distribution system，GDS）的

① Complaint in U.S., et al. v. US Airways Group, Inc. and AMR Corporation, Case 1:13-cv-01236, 15-31.

② Complaint in U.S., et al. v. US Airways Group, Inc. and AMR Corporation, Case 1:13-cv-01236, 34.

③ Complaint in U.S., et al. v. US Airways Group, Inc. and AMR Corporation, Case 1:13-cv-01236, .34.

④ Final Judement of Case 1:13-cv-01236-CKK Document 170, 7-8, 26-28.

⑤ The Proposed United-Continental Merger: Potential Effects for Consumers and Industry (111-120), Hearing Before the Subcommittee on Transportation and Infrastructure House of Representatives, One Hundred Tenth Congress, Second Session, June 16, 2010, 87.

并购案。

2016 年的“美国诉 BBA 航空有限公司等案”（United States of America v. BBA Aviation plc, et al.）[①]中，主要涉及机场 FBO 服务行业的竞争[②]。BBA 航空有限公司通过其签名飞行支持（Signature Flight Support）子公司寻求从地标美国公司有限责任公司（Landmark U.S. Corp LLC）和 LM 美国会员有限责任公司（LM U.S. Member LLC）手中收购地标航空有限公司（Landmark Aviation）。BBA 航空有限公司和地标航空有限公司都是美国机场 FBO 服务的重要提供商，前者在 70 个机场运营，后者在 60 个机场运营，两家公司同时在华盛顿杜勒斯机场等 6 个机场运营[③]。

美国司法部认为，收购将减少这些机场 FBO 服务提供商的数量，形成垄断或双寡头垄断，从而使 BBA 航空有限公司占据市场支配地位。这可能会导致飞机停放、燃油和其他基本服务的价格上涨，并可能降低向消费者提供的服务质量。美国司法部的担忧不仅在于价格，还在于市场上对创新和服务差异化的潜在抑制，这些创新和服务差异化通常来自多个竞争对手试图超越彼此以吸引客户[④]。

为了解决司法部的竞争关切问题，BBA 航空有限公司同意剥离地标航空有限公司在重叠的 6 个机场的 FBO 服务。这些剥离旨在通过确保独立、有能力的运营商接管地标航空有限公司之前运营的 FBO 服务来保持竞争，从而维持收购前的竞争现状[⑤]。此外，1995 年的“美国诉萨布雷林娜公司案”（U.S. v. Sabreliner Corporation）中，涉及的内容类似，就不再重复。

“美国诉萨布雷公司等案”（U.S. v. Sabre Corp., et al.）是 2019 年发生的一起反垄断案件，涉及萨布雷（Sabre）公司，这是一家全球旅游行业领先的技术提供商，提供包括全球分销系统等服务，旅行社使用该系统预订机票、租车、酒店房间等。萨布雷公司计划收购的菲尔逻辑斯（Farelogix）公司，是一家提供下一代软件工具套件以支持航空公司直接分销（绕过全球分销系统等）的技术公司。美国司法部主要担忧收购将导致航空公司预订领域的竞争减少，从而导致预订服务价格上涨、选择减少以及创新减少[⑥]。

---

① United States of America v. BBA Aviation plc, et al., Civil Action No. 1:16-cv-00174 (ABJ).

② FBO 是经机场授权在当地运营并提供航空服务（如加油、机库、飞机停放、飞机租赁、飞机维护和飞行指导）的商业企业。

③ Complaint in U.S. v. BBA Aviation Plc, Landmark U.S. Corp Llc and LM U.S. Member Llc., Case 1:16-cv-00174, 3-4.

④ Complaint in U.S. v. BBA Aviation Plc, Landmark U.S. Corp Llc and LM U.S. Member Llc., Case 1:16-cv-00174, 6-8.

⑤ Final Judegement in U.S. v. BBA Aviation Plc, Landmark U.S. Corp Llc and LM U.S. Member Llc., Case 1:16-cv-00174, 6-7.

⑥ Complaint in U.S. v. Sabre Corp., et al.,Case 1:19-cv-01548-UNA, 2-5.

此案的一个关键部分是界定相关市场。萨布雷公司辩称自己在广泛的旅游技术领域面临着激烈的竞争，其中包括来自不运营传统全球分销系统的公司的竞争[①]。然而，美国司法部认为，全球分销系统细分市场本身的竞争已经有限，消除像 Farelogix 公司这样的颠覆性参与者将是有害的[②]。一名联邦法官做出了有利于萨布雷公司的裁决，允许此次收购，理由是美国司法部没有充分证明其对竞争的损害。除其他因素外，法院的裁决还考虑了市场不断变化的性质以及其他竞争威胁的存在[③]。然而，英国竞争与市场管理局（Competition and Markets Authority，CMA）出于担心此次并购对竞争和英国消费者的潜在损害[④]，发布命令禁止萨布雷公司收购 Farelogix 公司[⑤]。面对持续的监管挑战和国际反垄断审查的不确定性，萨布雷公司和 Farelogix 公司最终决定终止收购协议。该案例凸显了数字时代定义市场的复杂性，科技公司可能会在不同领域展开竞争，而传统的市场竞争定义可能并不适用。此案也表明监管机构正在关注未来潜在的竞争。如果一家市场份额较小的公司能够推动创新或颠覆行业定价模式，那么它仍然可能被认为在动态竞争中至关重要。

5.3.4　低成本航空公司在并购中所产生的竞争效应

在航空公司并购中，美国运输部和美国司法部均将低成本航空公司的进入作为抵消合并对竞争负面影响的重要手段，也就是所谓的"美西南效应"（Southwest effect），即像美西南这样的低成本航空公司降低了它们进入市场的票价，美国运输部的政策应该是鼓励美西南这样的低成本航空公司的发展（Bennett and Craun，1993）。实证研究数据也证明，自 1998 年以来美西南的竞争可为旅客节省大约 129 亿美元，涉及当年定期航班旅客数量的 20%（Morrison，2001）。因而，国会和美国运输部实行的政策和采取的行动，是在华盛顿里根机场和纽约拉瓜迪亚机场等拥挤的机场在航班时刻分配时采取有利于美西南等新进入航空公司的措施。

上面也提到美国司法部在"美联航-大陆航合并案"中要求大陆航将其纽瓦克机场的航班时刻出售给美西南，就是出于"美西南效应"的考虑。还有研究也发现，当受到美西南进入威胁时，在位航空公司会大幅降价。美西南对现有票价的总体影响有一半以上发生在其开始实际飞行之前（Goolsbee and Syverson，2008）。但是，后来的研究又发现在达美航空与美西北航合并和全美航空与美国西部航合并后，美西南在市场上的票价涨幅高于总体平均票价涨幅，除非该市场已经有另

---

① United States v. Sabre Corp., 452 F. Supp. 3d 97 (D. Del. 2020), 126.

② Complaint in U.S. v. Sabre Corp., et al., Case 1:19-cv-01548-UNA, 17-18.

③ United States v. Sabre Corp., 452 F. Supp. 3d 97 (D. Del. 2020), 128-131.

④ Final Report of Anticipated Acquisition by Sabre Corporation of Farelogix Inc., CMA. 9 April 2020,346.

⑤ The Sabre and Farelogix Merger Inquiry Order 2020,　CMA, 19 June 2020, 2.

一家低成本航空公司进入。而穿越航空公司（AirTran Airways）的存在对于抑制美西南票价上涨发挥了重要作用，显然 2011 年美西南和竞争对手穿越航空合并后，会进一步减少美西南在其他航空公司合并后阻止或抵消市场票价上涨的可能性（Wittman and Swelbar，2013）。因而，我们对“美国航空和全美航空公司合并”中“美西南效应”是否可以发挥抵消合并对竞争影响的效果存疑。

但是又有研究发现，超低成本航空公司（ultral low-cost carrier）——精神航空的存在对机票价格有降低或离散化的作用，即所谓的“精神航空效应”（Spirit effect）（Shrago，2024），还有其他低成本航空公司对票价的降低作用超过了美西南，即“捷蓝航空效应”（JetBlue effect）（Wittman and Swelbar，2013）。

当 2022 年底捷蓝航空发起了对精神航空的收购计划后，美国司法部认为这个拟议的收购消除了捷蓝航空和精神航空之间的正面竞争，将会提高票价、减少创新和旅客选择、其他剩余航空公司协调涨价的可能性增加，最终损害价格敏感的旅客。而且两家公司也未最终确定其拟议的资产剥离，也未确定这些资产剥离将如何完全恢复因此次收购而被削弱的市场竞争。因而，美国司法部联合马萨诸塞州和哥伦比亚特区在 2023 年 3 月提起诉讼，要求禁止该收购[①]。2024 年 1 月 16 日，美国哥伦比亚特区联邦地方法院裁定该项收购违反了《克莱顿反托拉斯法》第 7 节的规定，捷蓝航空提出的将航班时刻和登机门剥离给边疆航空和忠诚航空（Allegiant Air）的补救措施不足以消除收购对竞争的负面影响，因而应予以禁止[②]。2024 年 3 月 4 日，捷蓝航空正式宣布终止了对精神航空的收购[③]。

5.3.5　航空公司并购后的影响评估

自 2010 年以来，为什么航空公司并购较为集中，而且主要涉及骨干航空公司。对过去航空公司合并的实证研究揭示了航空公司合并的内生性。也就是说，当前的合并往往会使后续合并的利润更高。因而航空公司为了提升利润，会不断追求进行合并重组，通过合并帮助航空公司更好地控制运力，并将价格设定为远高于前几年的边际成本。航空公司的股票表现反映了这种新发现的定价能力：美国航空公司的股票在 2013 年合并后上涨了 300%以上，而同期标准普尔 500 指数的涨幅约为 90%。整个行业在重组后都表现出这样的状况，从而引起了资本市场的注意和兴趣。沃伦·巴菲特（Warren Buffet）控股的伯克希尔·哈撒韦公司（Berkshire Hathaway）于 2016 年向美国四大航空公司股票的投资超过了 14 亿美

---

① Complaint in U.S., et al. v. JetBlue Airways Corporation and Spirit Airlines, Inc., Case 1:23-cv-10511, 2.

② United States v. Jetblue Airways Corat, Civil Action 23-10511-WGY (D. Mass. Jan. 16, 2024), 112.

③ U.S. Department of Justice, “Justice Department Statements on JetBlue Terminating Acquisition of Spirit Airlines,” March 6, 2023, https://www.justice.gov/opa/pr/justice-department-statements-jetblue-terminating-acquisition-spirit-airlines. 2024 年 3 月 5 日查阅。

元（Kinder，2017）。而过去，巴菲特从来不投资航空公司的股票。

针对 2008 年以来几次骨干航空公司并购后的市场竞争实证研究的结果不尽相同。达美航空和美西北航合并后两家航空公司原来竞争的重叠航线上的票价在其他条件相同的情况下并没有上涨（Luo，2014）。一项以全美航空公司和美国西部航空公司合并影响为主题的经济研究发现，合并不会对进入行为产生显著的积极影响，但是，对不同航线类别的分析显示，全美航空运营的航线产生了进入劝阻效应，相对于美国西部航空运营的航线来说，竞争对手的进入活动明显增加，而重叠航线上并没有显示出进入活动的增加。因而，竞争主管当局在合并审查中应谨慎评估市场进入对增强市场竞争所产生的作用（Bougette et al.，2014）。

另一项研究也得出相似的结论。这项研究发现当两个枢纽航空公司合并时，剩余未合并的航空公司会增加市场进入。低成本航空公司的反应更为复杂，在某些情况下，它们也会大幅增加市场进入。这两种效应都会抵消，有时甚至完全消除由合并造成的最初市场集中度的上升。然而，在某些情况下，较高的集中度在合并后仍持续很长时间（Benkard et al.，2010）。也有研究发现，并购后的“三大航”重叠直达航线总体上有显著的产出增长和很小的名义票价下降。单独研究三次合并，结果发现，重叠直达航线的产出和运力都出现了显著增长，在达美航空-美西北航和美国航空-全美航空合并之后，名义票价明显下降，而在美联航-大陆航合并之后，名义票价下降并不显著（Carlton et al.，2019）。

围绕“美国航空-全美航空合并案”资产剥离的研究表明，合并后的美国航空公司在里根国家机场的市场份额从两家航空公司合并前 2012 年的合计 32%下降到 2018 年的 25%，但是低成本航空公司在该机场的市场份额没有增加，同期反而从 41.51%下降到 35.55%，原因是四大航空公司中的其他三家在这个机场的运营投入增加了。其他剥离航班时刻的机场情况也不比里根国家机场的情况好（DeGory，2019）。

因此，这些经济分析研究结果表明，考虑到航空公司行为的现实以及合并后实体的市场支配地位对其市场行为的影响，通过新进入增加竞争可能产生的有利于竞争的价格效应存在很大的不确定性。美国司法部可能认为，允许合并对于防止传统航空公司彻底崩溃并增强国内航空公司与外国航空公司的竞争是必要的，但没有考虑合并导致的反竞争影响的严重程度。

5.4 对航空公司市场行为的反垄断监管

5.4.1 国内航空公司联盟的严控

5.3.2 已经提及美国航空和捷蓝航空的“东北联盟”，这个联盟是美国航空与捷蓝航空于 2020 年 7 月 15 日宣布成立的，它包括了许多不同的协议，其中最值得注意的是《东北联盟协议》，该协议规定美国航空与捷蓝航空共享收入并协调波士顿洛根机场、肯尼迪机场、拉瓜迪亚机场和纽瓦克自由机场的网络规划的“各个方面”，包括共同决定航线、航班时刻、机组资源以及使用的机型。此外，《共同增长激励协议》（*The Mutual Growth Incentive Agreement*）还承诺共同分配往返四个机场的航班所赚取的收入，以便无论旅客乘坐的是美国航空还是捷蓝航空的飞机，每个合作伙伴都可以获得相同的收入。这些协议的一个明确目标是让“每家航空公司对旅客选择美国航空还是捷蓝航空对于往返这四个机场的特定航班不感兴趣”。此外，该协议还包括代码共享和在肯尼迪机场与拉瓜迪亚机场共享航班时刻①。

美国航空一直是行业整合的鼓吹者和推动者，其首席执行官在 2012 年就表示“国内整合”仍然是美国航空的“长期工程”之一。美国航空在国际上也积极推动航空公司整合，但是由于跨国界整合目前存在较多障碍，因而美国航空通过一系列“联盟”精心策划了事实上的合并，即创建涉及广泛协调和收入共享的复杂联营企业②。但是，美国司法部认为近年来每一次重大的传统航空公司合并都伴随着服务的大幅减少③。

捷蓝航空过去是反对行业整合的。捷蓝航空认为大型航空公司已经足够大了，让这些巨头变得更大、更强大并不符合消费者或航空公司员工的利益。少数财力雄厚的航空公司拥有的市场势力会对消费者产生影响，表现为选择减少、票价高昂，而且服务质量往往很差。捷蓝航空在航空运输业中以降低票价而闻名，因此赢得了“捷蓝航空效应”的名声。其在 2004 年进入波士顿洛根机场后，逐渐取代了其他大型骨干航空公司，成为市场的领先者，而且迫使包括美国航空公司在内的其他航空公司降低票价④。

美国航空和捷蓝航空在波士顿洛根机场展开了激烈竞争。美国航空试图通过增加航线、航班运力以及增设新登机门来“赢回波士顿”。同样，捷蓝航空也宣布增加往返波士顿的航班。捷蓝航空还寻求在纽约市扩张的机会，并考虑在费城、迈阿密和洛杉矶等美国航空基地进行扩张。捷蓝航空还计划推出从纽约飞往伦敦的跨大西洋航班，并进一步将欧洲纳入服务范围，这有望成为对三大全球航空公

① Complaint of U.S. and Plaintiff States v. American Airlines Group Inc. and JetBlue Airways Corporation, Case 1:21-cv-11558, 9-10.

② Complaint of U.S. and Plaintiff States v. American Airlines Group Inc. and JetBlue Airways Corporation,Case 1:21-cv-11558, 3.

③ Complaint of U.S. and Plaintiff States v. American Airlines Group Inc. and JetBlue Airways Corporation, Case 1:21-cv-11558, 12.

④ Complaint of U.S. and Plaintiff States v. American Airlines Group Inc. and JetBlue Airways Corporation, Case 1:21-cv-11558, 3-4.

司联盟在这些市场垄断的最重大挑战。美国航空则担心捷蓝航空进入大西洋航线后对票价的影响，估计一旦捷蓝航空开始提供直飞服务，波士顿的票价将下降50%～60%[①]。

美国司法部认为，由于美国航空担心捷蓝航空构成重大且日益严重的威胁，因而寻求通过建立前所未有的国内联盟来吸纳捷蓝航空。因为美国航空深知彻底合并将面临应对《克莱顿反托拉斯法》第7节规定的挑战，因此转而寻求通过建立深远的合作伙伴关系，将捷蓝航空的经济激励措施与其自身的经济激励措施结合起来，这种伙伴关系的基础与美国航空用来巩固国际航空旅行业务的同类联盟相同。美国航空和捷蓝航空实际上合并了其在波士顿和纽约市的业务，并消除了为消费者带来实质性利益的竞争，从而违反了《谢尔曼反托拉斯法》第1节的规定[②]。而且，东北联盟威胁的危害远远超出了波士顿和纽约市，因为上面已经提及美国航空的目标是进一步进行“国内整合”。

与5.3.2中讨论的并购重组类似，东北联盟使得美国航空放弃原本有利于消费者的独立增长。通过有效吸收捷蓝航空在波士顿和纽约市的业务，美国航空不仅可以减少其在这些城市的投资，还可以减少在其网络其他部分的投资，后果是全国消费者的选择将减少，票价也会更高。从市场集中度来看，可以推定东北联盟将导致双方同时运营的波士顿洛根机场11个直飞市场和肯尼迪/拉瓜迪亚机场17个直飞市场的竞争受到重大损害[③]。

两家航空公司建立《东北联盟协议》，通过协调竞争对手之间的产量和共享收入形成贸易限制，与明确的横向价格协议具有相同的提高价格和减少产量的倾向，因此常常被认定为本身非法。

5.1.1中介绍了美国运输部对并购以及建立联盟仍然拥有一定的管辖权，特别是在涉及航班时刻时。因此，这个东北联盟也需要经过美国运输部的非正式审查。2020年7月22日，两家公司向美国运输部提交了联盟协议。2021年1月10日，美国航空和捷蓝航空与美国运输部签订了一项协议，其中东北联盟做出了多项承诺，包括出让肯尼迪机场和华盛顿里根国家机场各6对和7对航班时刻[④]。随后

① Complaint of U.S. and Plaintiff States v. American Airlines Group Inc. and JetBlue Airways Corporation, Case 1:21-cv-11558, 6.

② Complaint of U.S. and Plaintiff States v. American Airlines Group Inc. and JetBlue Airways Corporation, Case 1:21-cv-11558, 6.

③ Complaint of U.S. and Plaintiff States v. American Airlines Group Inc. and JetBlue Airways Corporation,Case 1:21-cv-11558, 21-23.

④ Findings of Fact and Conclusions of Law, Civil No. 21-11558-LTS. May 19, 2023, 26-27.

美国运输部宣布结束审查[①]。然而美国司法部认为这些承诺不足以根本消除东北联盟的反竞争性。

因此，在 2021 年 9 月 21 日美国司法部和 7 个州联合发起了对美国航空和捷蓝航空的诉讼，试图阻止东北联盟的建立。2022 年 9 月 27 日，马萨诸塞联邦地方法院开始审理该案，并在 2023 年 5 月 19 日做出裁决。在裁决书中，法官引用了最高法院使用的一个情景假定分析，即联合购买和销售协议本身并不违法，但是如果福特和通用汽车在全国通过一个销售代理联合销售它们的汽车，任何一个法院都会毫不犹豫地禁止这种销售安排。即使没有经过审判，法官也会知道这两家大公司是汽车市场的主要参与者，这种联合销售将消除它们之间重要的价格竞争[②]。因此，美国航空和捷蓝航空有义务提供大量、可信和经验性的证据，以证明它们所建立的东北联盟带来的有利于竞争的利益。两家公司非常强调“东北联盟的根本目的”，它们将其描述为“有利于竞争”的努力，旨在“有效地整合捷蓝航空和美国航空的一些资源”，从而最大化客户价值，甚至将《东北联盟协议》的引言作为联盟可以维护公共利益的自证声明。法院则认定美国航空和捷蓝航空没有履行举证义务[③]。

法院认定美国航空和捷蓝航空是美国东北最重要的竞争对手，东北联盟按照美国航空和捷蓝航空的计划和意图运营，本质上合并了两家航空公司在波士顿和纽约的业务，最终大大削弱了国内航空旅行市场的竞争。法院最后裁决永久禁止两家公司继续推进建立东北联盟[④⑤]。

5.4.2 掠夺性定价认定的困境

在 2.3.3 中讨论了 1911 年“新泽西州标准石油公司诉美国案”中，最高法院认定标准石油公司将掠夺性定价作为垄断石油行业的策略，以及作为其计划的一部分，2.4.6 中提及 20 世纪 60 年代的“犹他馅饼公司诉大陆烘焙公司案”中，法院建立了一种两元测试法来确定定价是否具有掠夺性。在 2.5.3 更进一步讨论了 20 世纪 90 年代的“布鲁克集团诉布朗和威廉姆森烟草公司案”中最高法院加重了掠夺性定价的举证责任，要求原告必须提供证据证明该定价可能损害竞争和消

---

① U.S. Department of Transportation, "Termination of Informal Review of the American/JetBlue Northeast Alliance," https://www.transportation.gov/office-policy/aviation-policy/termination-informal-review-americanjetblue-northeast-alliance. 2023 年 11 月 7 日查阅。

② Findings of Fact and Conclusions of Law, Civil No. 21-11558-LTS. May 19, 2023, 66.

③ Findings of Fact and Conclusions of Law, Civil No. 21-11558-LTS. May 19, 2023, 79-80.

④ Findings of Fact and Conclusions of Law. Civil No. 21-11558-LTS. May 19, 2023, 92-93.

⑤ 2024 年 11 月 8 日，美国第一巡回上诉法院驳回了美国航空的上诉，2025 年 6 月 30 日美国最高法院拒绝审理该案，最终维持了下级法院的裁决。

费者。

然而，最高法院从未在主要由网络经济和范围经济驱动的服务业（例如商业航空）的背景下解决掠夺性定价的问题（Dempsey，2002）。美国放松航空公司规制之后，新的航空公司，特别是低成本航空公司大量涌现进入市场。而现有航空公司为了应对新的竞争，采取了旨在消除这种竞争的做法，特别是大幅削减票价和增加运力，以将新进入者赶出竞争市场。规模更大、资金更充足的现有航空公司将在大幅降价和增加运力期间蒙受损失，但在新进入者被迫离开竞争市场后，现有航空公司将通过大幅减少运力和提高票价来弥补损失。从 1993 年到 1999 年 3 月，美国运输部收到了大约 16 起新进入者的投诉，指控现有企业采取不公平的定价和运力安排来应对新的进入[①]。但是，在位航空公司面对新进入者时，进行价格以及运力调整都是正常的市场竞争行为，如何区分正常的竞争行为和掠夺性定价行为存在较大的难度，特别是美国最高法院要求证明调整定价会损害竞争以及消费者的利益，这对于新进入者来说难度就更大了。

1999 年，美国司法部发起了航空运输业的第一起掠夺性定价诉讼，即“美国诉美国航空公司案”（U.S. v. American Airlines）[②]。美国航空当时在达拉斯福特沃斯堡机场（Dallas Fort Worth International Airport，DFW）运营了其最大的枢纽，作为福特沃斯堡机场唯一的非经停运营人，运送了 70%的直飞旅客，在很多直飞航线上拥有市场势力[③]。美国航空确实在这些航线上收取的票价明显高于其他面临更激烈竞争的航线的票价。较高的票价吸引了包括低成本航空公司在内的初创航空公司。当低成本航空公司进入一条航线时，它提供的票价远低于现有枢纽航空公司的票价，不仅吸引了一直支付较高票价的消费者，还吸引了以前买不起机票的消费者。美国航空则采取了一项防止低成本航空公司在福特沃斯堡机场立足的策略，即如果一家低成本航空公司开始在福特沃斯堡机场的航线上提供服务，那么美国航空将增加该航线的运力并降低票价，直到该低成本航空公司被赶出市场，尽管这在短期内会使美国航空遭受损失[④]。

因而当先锋航空（Vanguard Airlines）于 1995 年 1 月开始提供从福特沃斯堡机场到堪萨斯城的每日 3 趟往返直达航班服务后，美国航空的回应是将其所有福特沃斯堡机场至堪萨斯城航班的票价与先锋航空的票价看齐，到 1995 年 4 月将其平均单程票价降至 80 美元，同时先锋航空将其服务削减为一个往返航班。1995

---

① National Academies of Sciences, Engineering, and Medicine, Entry and Competition in the US Airline Industry: Issues and Opportunities, 1999, 88.

② U.S. Department of Justice, Antitrust Division, “Cases and Proceedings,” https://www.justice.gov/atr/cases/indx199.htm. 2023 年 11 月 8 日查阅。

③ Complaint in U.S. v. American Airline(1999)Civil Action No.: 99-1180-JTM, 8.

④ Complaint in U.S. v. American Airline(1999)Civil Action No.: 99-1180-JTM, 2-3.

年 5 月到 1995 年 7 月，美国航空又增加了每天 6 个往返航班。1995 年 12 月，先锋航空取消了剩余的福特沃斯堡机场—堪萨斯城的直达航班。美国航空立即开始减少服务，从 2 月份的每日往返航班 14 班减少到 11 班，到 7 月份更减至 10 班，并提高了票价。在接下来的 6 个月里，美国航空的平均单程票价从 112 美元到 147 美元不等，比前一年先锋航空提供直飞航班时高出 80%①。随后 1996 年 9 月，当先锋航空再次宣布不仅要恢复福特沃斯堡机场至堪萨斯城的航班，还要增加福特沃斯堡机场至辛辛那提和凤凰城的直飞航班时，美国航空再次采取相同的策略。先锋航空不得不放弃了原来的计划，美国航空随后便提高了上述航线的票价，并削减了运力②。太阳捷运航空（Sun Jet）和西太平洋航空（Western Pacific）也有类似的遭遇。③

美国司法部认为，美国航空采取排他性行为的目的是将先锋航空、太阳捷运航空和西太平洋航空逐出其所服务的以达拉斯为中心的城市对市场。美国航空为了在相关航线上增加航班，不得不增加额外运力资源的投入，从而导致运营成本和飞机拥有成本的增加，还导致了劳动、燃油、餐食和销售等成本的增加。然而，美国航空在这些航线上每一个航班的新增收入低于增加的变动成本，航线上的总收入也低于总成本，因而美国航空公司增加航班的行为看起来是无利可图的。然而在排挤了先锋航空等低成本航空公司后，美国航空通过减少运力，将价格提高到垄断水平。同时这也向外界发出信号，即美国航空将采用掠夺性策略将低成本航空公司赶出以达拉斯为中心的城市对市场，从而阻止其他低成本航空公司未来进入该市场④。

因而，美国司法部指控美国航空在提供达拉斯福特沃斯堡机场多个城市对的航空客运服务以及在这些城市对提供的直飞服务方面拥有垄断地位，美国航空还故意从事反竞争和排他性、掠夺性的一系列行为，其具体目的是垄断以达拉斯福特沃斯堡机场为一端的多个城市对的航空客运服务以及这些城市对的直达服务，这违反了《谢尔曼反托拉斯法》第 2 节的规定⑤。

然而，2001 年 4 月美国堪萨斯州联邦地方法院法官 J.托马斯 ·马腾（J. Thomas Marten）裁决美国司法部败诉。Marten 法官认为，美国航空的定价没有低于适当的成本衡量标准，因为它最多与其竞争对手的价格相匹配，而且通过超竞争定价来收回美国航空所谓的利润的可能性并不存在（即使假设定价低于成本）。就成本而言，证据表明美国航空的票价定价始终高于其平均可变成本。当这些低价航空

① Complaint in U.S. v. American Airline(1999)Civil Action No.: 99-1180-JTM, 13.

② Complaint in U.S. v. American Airline(1999)Civil Action No.: 99-1180-JTM, 13-15.

③ Complaint in U.S. v. American Airline(1999)Civil Action No.: 99-1180-JTM, 15-18.

④ Complaint in U.S. v. American Airline(1999)Civil Action No.: 99-1180-JTM, 18-20.

⑤ Complaint in U.S. v. American Airline(1999)Civil Action No.: 99-1180-JTM, 20.

公司进入美国航空的核心市场时，美国司法部认为，老牌竞争对手在面对新进入者大幅降价的情况下，不应该、事实上也不能偏离其现有的市场战略。而美国航空只是按照传统规则进行竞争，它按照自己的条件与低票价航空公司竞争，它的票价并未低于成本，也并没有降低其他航空公司的票价①。

还有一个掠夺性定价实例就是美西北航与里诺航空（Reno Air）在里诺-明尼纳波利斯市场的竞争，这个实例没有进入最终的司法程序。里诺航空是一家 1992 年在里诺开始运营的低成本航空公司。1993 年 2 月 10 日，里诺航空宣布将从 4 月 1 日起每天运营 3 班里诺—明尼阿波利斯之间的直达航班，单程票价为 95 美元。美西北航空早在 1991 年就放弃了这条航线，因为它认为该航线无利可图。然而，第二天，美西北航宣布也将于 4 月 1 日开通明尼阿波利斯和里诺枢纽之间的每日 3 班直达航班，以及从里诺飞往洛杉矶、西雅图和圣地亚哥的每日直达航班，票价与里诺航空相同。后面 3 条航线是里诺航空提供服务的市场，美西北航以前不提供服务。在美西北航采取这些行动后，里诺航空无法再参与竞争，只得于 1993 年 6 月 1 日退出里诺-明尼阿波利斯市场。里诺航空退出后，美西北航将其折扣往返票价提高到 345～668 美元，并将其无限制往返票价提高到 1476 美元（Goetz，2002）。正当美国司法部启动对这个事件的调查时，美国运输部也介入进来，并约谈了美西北航高管，美西北航决定放弃其对里诺航空枢纽的重新运营的计划②。

5.4.3 固定价格行为的本身违法

根据目前美国司法部公开的资料，可以统计 1983 年 1 月至 2023 年 12 月的数据，其间美国司法部一共发起了 6 件针对美国国内航空运输业固定价格的反垄断调查或者诉讼（表 5.4）。从实践中来看，1978 年美国放松航空公司规制之前，价格属于政府控制的范畴，因而固定价格是政府行为，航空运输领域不存在固定价格的反垄断问题。因而上述 6 件固定价格反垄断案应该就是美国国内航空运输业的全部案件。

从表 5.4 可以看出，这些案件针对的对象分布在：航空客运部门 2 件，航空货运部门 3 件，企业高管或者员工 1 件。

---

① Memorandum and Order in U.S. v. American Airline(1999)Civil Action No.: 99-1180-JTM, 136-137.

② Roger W. Fones, "Predation in the Airline Industry," Remarks by Chief of the Transportation, Energy, and Agricultural Section, Antitrust Division, U.S. Department of Justice, June 12, 1997, https://www.justice.gov/atr/speech/predation-airline-industry. 2023 年 11 月 6 日查阅。

表 5.4 美国航空运输领域固定价格反垄断案统计

时间	案件名称	简单案由
1983 年	美国诉美国航空公司及罗伯特·克兰达尔案（U.S. v. American Airlines Inc. and Robert L. Crandall）	美国航空公司总裁克兰达尔试图与布兰尼夫航空公司串谋固定价格
1992 年	美国诉航空运价出版公司等（U.S. v. Airline Tariff Publishing Co., et al.）	8 家航空公司通过航空票价出版公司固定价格
2010 年	美国诉佛罗里达西部国际航空等（U.S. v. Florida West International Airways, Inc., et al.）	串谋固定哥伦比亚到迈阿密的航空货运费率
	美国诉吉列尔莫·卡贝萨又名威利·卡贝萨等（U.S. v. Guillermo Cabeza, a/k/a Willy Cabeza, et al.）	串谋提高美国到中南美洲航空货运燃油附加费
	美国诉博立货运航空（U.S. v. Polar Air Cargo LLC）	串谋固定美澳之间航空货运费率
	美国诉美西北航空有限责任公司（U.S. v. Northwest Airlines, LLC）①	串谋固定美国国内以及美国国际航空货运费率

资料来源：笔者根据美国司法部网站资料整理。

从案件的进展来看，航空客运的两个案件是通过诉讼方式了结的，而航空货运和个人的案件是通过被告认罪的方式结案的。

1983 年“美国诉美国航空公司及罗伯特·克兰达尔案”②中，美国航空公司和布兰尼夫航空公司两家航空公司均以达拉斯福特沃斯堡机场为枢纽运营，因此有较多的重叠城市对市场，两家航空公司之间竞争较为激烈。美国航空公司总裁罗伯特·克兰达尔（Robert L.Crandall）试图通过与布兰尼夫航空公司总裁霍华德·帕特南（Howard Putnam）达成涨价的口头协议，从而消除两家航空公司在重叠城市对市场上的竞争，形成垄断。1982 年 2 月前的某一天，美国航空公司总裁克兰达尔从其办公室给布兰尼夫航空公司帕特南打了一个电话，后来被作为定罪证据。这就是《谢尔曼反托拉斯法》第 2 节中的“企图”通过与他人固定价格形成垄断。双方的谈话录音如下：

克兰达尔：我觉得我们像基督说的罪过一样在这里拼个你死我活，但一分钱也没赚到是很愚蠢的。

帕特南：你有什么高见吗？

克兰达尔：有，我有个建议。提高你的机票价 20%，明天一早我也提高我的。

帕特南：罗伯特，我们……

① 串谋固定价格的发生时间在美西北航与达美航空合并之前的 2000 年 4 月至 2006 年 2 月，由美西北的子公司——美西北航空货运公司涉案。美西北航与达美航空合并后，达美航空的子公司——美西北航空有限责任公司是美西北航的法定继承企业。

② United States v. American Airlines, Inc., 743 F.2d 1114 (5th Cir. 1984).

克兰达尔：你能赚更多的钱，我也是。

帕特南：我们不能谈定价问题！

克兰达尔：啊，霍华德。我们想谈什么就能谈什么[①]。

《谢尔曼反托拉斯法》禁止相互竞争的企业经理讨论和勾结价格问题。当布兰尼夫航空总裁帕特南把这段谈话的录音带交给司法部时，司法部立即对美国航空公司及其总裁克兰达尔提出起诉。司法部认为美国航空公司总裁克兰达尔已做出限制贸易、非法取得垄断权力的实质性行为，意图联合两家航空公司在其占据主要市场份额的达拉斯枢纽机场的多个城市对的定期航空客运服务市场上形成垄断[②]。

两年以后，美国航空和克兰达尔与司法部达成解决方案，按照这个方案，除了特定情况外，美国航空在 5 年内被禁止与美国航空以外的任何定期客运航空公司讨论或提及任何定期客运航空公司的票价或票价结构[③]。克兰达尔同意对其各种业务活动的限制，其中包括两年内不得在与美国航空以外的任何定期客运航空公司的董事会或管理人员的交流中直接或间接讨论或提及任何定期客运航空公司（包括美国航空）的票价或票价结构[④]。司法部认为这个解决方案可以防止美国航空公司和克兰达尔通过与竞争者讨论航空运输服务价格，从而试图垄断任何一条航线上的客运服务，以保护航空运输业的竞争[⑤]。

1992 年，“美国诉航空运价出版公司等案”[⑥]，美国司法部起诉航空运价出版公司和 8 家航空公司[⑦]，指控后者使用前者提供的电子票价系统从而固定价格。主要的违法行为包括：通过使用开始和最终票价日期、票价代码和脚注指示码等，但不限于上述手段，相互交换更改票价的建议，协商提高票价和变更票价限制条件；在部分城市对市场交换提高票价或者取消折扣票，以换取在其他城市对市场上提高票价；通过相互交换保证，就提高票价、取消折扣票和制定票价限制条件达成一致[⑧]。

---

① Complaint in U.S. v. American Airlines Inc.and Robert L. Crandall, Civil Action No. CA 3-83-0325-D, 8-9.

② Complaint in U.S. v. American Airlines Inc. and Robert L. Crandall, Civil Action No. CA 3-83-0325-D, 9-10.

③ Final Judement of U.S. v. American Airlines Inc. and Robert L. Crandall, Civil Action No. CA 3-83-0325-D Filed: July 12, 1985, 6.

④ Final Judement of U.S. v. American Airlines Inc. and Robert L. Crandall, Civil Action No. CA 3-83-0325-D Filed: July 12, 1985, 8-9.

⑤ Competitive Impact Statement of U.S. v. American Airlines Inc. and Robert L. Crandall, Civil Action No. CA 3-83-0325-D, 26.

⑥ U.S. v. Airline Tariff Pub. Co., 836 F. Supp. 9 (D.D.C. 1993).

⑦ 包括阿拉斯加航空、美国航空、大陆航、达美航空、美西北航、环球航空、美联航和全美航空。这 8 家航空公司也是航空运价出版公司的所有者。

⑧ Complaint in U.S. v. Airline Tariff Publishing Co., et al., Civil Action No. 92-2854 SSH, 9.

上述行为不合理地限制了特定时间下特定城市对市场上被告航空公司之间航空客运服务的价格竞争，从而剥夺了消费者通过在自由和开放竞争的航空运输市场上应有的利益。

此外，司法部还指控被告试图通过协议、会议和一致行动进行串谋，主要包括就计划或预期的票价上涨、票价限制的变化以及取消折扣等问题进行对话；相互通报一个或多个城市对市场的拟议票价变动与其他城市对市场的拟议票价变动之间的联系；监控彼此关于票价上涨、折扣票价取消以及票价限制变更的意图；减少彼此定价意图的不确定性①。

这个案子并没有通过庭审，而是双方就法院裁决达成一致。航空运价出版公司和 8 家航空公司认同美国司法部关于固定价格和试图串谋的指控，并拟定反垄断的合规计划和任命合规负责人负责实施②。

其余涉及固定航空货运费率以及串谋提高航空货运燃油附加费的 4 件案子均以被告认罪认罚结案。在 2010 年前后，美国司法部不仅针对美国的航空运输企业发起了固定航空货运费率的诉讼，还针对大量外国航空公司、个人以及航空货运代理采取了类似的行动，这些内容将在后面的 5.5.3 中分析。

2015 年，美国司法部对达美航空、美国航空、美联航和美西北航之间可能串通限制座位并人为抬高票价展开调查③。美国司法部在调查中提出了一个问题——“航空公司高管是否频繁公开谈论纪律以满足华尔街的利润要求，或者是否有确凿证据表明航空公司高管私下共谋”④，美国司法部所说的纪律是否就是运力纪律（capacity discipline）呢，因为有研究表明美国国内航空公司总运力的下降与每可用座位英里平均收入的增加密切相关，也与国内航空运输总收入的增加密切相关（Hazel，2018）。

但是，要从航空公司高管向华尔街分析师发表的声明和其他信号中推断航空公司之间存在串谋的难度很大。美国司法部后来的调查转向航空公司高管与华尔街之间可能通过主要股东建立的联系。司法部调查人员质疑航空公司是否通过共同大股东作为代理人向竞争对手发出或传达战略信号⑤。然而，到 2017 年 1 月，

① Complaint in U.S. v. Airline Tariff Publishing Co., et al. , Civil Action No. 92-2854 SSH, 11.

② Final Judgement in U.S. v. Airline Tariff Publishing Co., et al. , Civil Action No. 92-2854 SSH, August. 10, 1994, 5-14.

③ “Obama Antitrust Enforcers Won’t Bring Action in Airline Probe,” Wall Street Journal, https://www.wsj.com/articles/obama-antitrust-enforcers-wont-bring-action-in-airline-probe-1484130781. 2023 年 11 月 3 日查阅。

④ “Airlines Under Justice Dept. Investigation Over Possible Collusion,” New York Times, July 1, 2015, http://nyti.ms/1dyF91l. 2023 年 11 月 3 日查阅。

⑤ “Rise of Institutional Investors Raises Questions of Collusion,” New York Times, Apr. 12, 2016, https://nyti.ms/2Gx2fJe. 2023 年 11 月 3 日查阅。

美国司法部实际上终止了调查，因为其结论是航空公司的行为并未超出反垄断违法行为的界限（Kinder，2017）。

5.4.4 国际航协运价协调的式微

1985 年，美国运输部接替行使民航委员会的职责，开展对国际航协运价协调的反垄断豁免审查。国际航协最初要求美国运输部撤销 4.3.7 中提到的民航委员会于 1981 年发布的命令，美国运输部拒绝了这个要求，而是延续了民航委员会的做法。美国运输部尽管也认为国际航协运输大会进行的运价协调是反竞争的，但是出于维持与其他国家良好的航空关系的目的，美国运输部继续批准给予国际航协反垄断豁免权。此次美国运输部没有设定反垄断豁免的期限①。2006 年 7 月，美国运输部决定重新审查依照法律批准并授予国际航协反垄断豁免权，因为国际航协召开的运价协调会讨论了美国与欧洲和澳大利亚之间的票价和费率问题。为什么美国运输部要重新审查国际航线运价协调会要特别提到美国与欧洲和澳大利亚之间的票价和费率呢？这是由于美国与部分欧洲国家以及澳大利亚已经订立"天空开放"协定，与欧盟的"开放航空区"（open aviation area，OAA）协定第一阶段谈判也接近尾声。这些自由化的航空运输协定均给予航空公司自由定价权，因而航空公司参与国际航协的运价协调会就是串谋行为，构成《谢尔曼反托拉斯法》第 1 节所规定的非法共谋。美国运输部在审查中特别关注了国际航协运价协调会中为联程运输制定的"正常票价"（normal fares）和"特殊票价"（special fares）。前者没有使用限制，后者属于折扣价，有使用限制。国际航协认为，没有运价协调会，就不会有"正常票价"，而"正常票价"使得旅客在整个或部分旅程中可以享受几乎任何国际航协成员航空公司的服务，也可以在行程中途将预订从一家航空公司转换到另一家航空公司，还可以在旅程中添加或更改中途停留地，并且可以按照旅客意愿在国际航协成员之间转机。"特殊票价"则限制旅客在出发地和目的地之间的中途停留次数以及更改航线行为等②。

然而，美国运输部认为国际航协联程"正常票价"并不是因为联程旅行有吸引力，或者国际航协"正常票价"为旅客提供了独特的好处，而如果没有运价协调，这些好处是无法获得的。相反，个别航空公司的联程旅行票价似乎很普遍，而且价格往往远低于国际航协同类服务产品的票价。在纽约-伦敦城市对市场，单程航空公司的头等舱和商务舱票价平均为国际航协水平的 79%，普通经济舱票价为国际航协水平的 61%。在美国-南太平洋市场也存在类似的情况③。从国际航协

① Show Cause Order: Order 2006-7-3 (July 6, 2006) (DOT-OST-2006-25307), 17.

② Show Cause Order: Order 2006-7-3 (July 6, 2006) (DOT-OST-2006-25307), 7-8.

③ Show Cause Order: Order 2006-7-3 (July 6, 2006) (DOT-OST-2006-25307), 8-9.

联程“正常票价”的灵活性来看，现在三大联盟制定的票价，对于时间敏感的旅行者来说具有同等水平的灵活性，尽管这些票价通常仅限于旅客乘坐联盟成员运营的航班。许多航空公司也提供具有灵活性的票价，允许与其他航空公司联程[①]。而且这些联盟航空公司均不能参与国际航协的运价协调。

美国运输部认为，国际航协运价协调会为竞争航空公司提供了一个平台，以便可以讨论与同一个航空公司提供的中转（online）服务相竞争的不同航空公司之间联程（interline）服务的票价。而且国际航协章程确立了国际航协在竞争航空公司之间订立涵盖所有国际票价，而不仅仅是联程服务票价的协议的做法。国际航协章程似乎只赋予国际航协成员可以实施与运价协调会商定票价不同票价的有限权力[②]。运价协调会的会议纪要显示，参会航空公司考虑了其他航空公司收取的国际航协票价对其自身服务的潜在竞争影响。参会航空公司有时会敦促竞争航空公司同意提高其市场的票价，以避免降低该竞争航空公司自己主要市场的票价。国际航协章程也不限制对票价的讨论范围[③]。

因此，美国运输部认定国际航协章程损害了竞争，即竞争对手之间的定价讨论实际上总是会削弱竞争，依照《美国谢尔曼反托拉斯法》的原则，就无须进行调查来确定竞争受到损害的程度，也无须证明运价协调会的召开实际上导致票价高于原本应有的票价[④]。

2007 年 3 月，美国运输部最终部分取消授予国际航协运输会议的反垄断豁免权，因为这个会议授权美国和外国航空公司直接或间接讨论并商定票价、费率、服务条件以及价格和费率适用条件。取消反垄断豁免的范围包括：第一，美国和欧盟（以及冰岛、挪威、瑞士和列支敦士登）之间的客运和货运航空运输服务；第二，美国与欧盟成员国海外领土之间的航班，但须遵守美国与欧盟成员国之间的航空运输服务协定；第三，美国和澳大利亚之间的航空运输服务[⑤]。

5.4.5　对不公平和欺骗性行为及不公平竞争方式的监管[⑥]

在 5.1.1 中已经提及《美国法典》第 49 编第 41712 节授予美国运输部有权调查国内外航空公司的“不公平和欺骗性的行为及不公平竞争方式”，并下达行政命令。

---

① Show Cause Order: Order 2006-7-3 (July 6, 2006) (DOT-OST-2006-25307), 11.

② Show Cause Order: Order 2006-7-3 (July 6, 2006) (DOT-OST-2006-25307), 33.

③ Show Cause Order: Order 2006-7-3 (July 6, 2006) (DOT-OST-2006-25307), 35.

④ Show Cause Order: Order 2006-7-3 (July 6, 2006) (DOT-OST-2006-25307), 37.

⑤ Final Order: Order 2007-3-23 (March 30, 2007) (DOT-OST-2006-25307), 52.

⑥ 出于分析上的方便，这一部分分析包括外国航空公司，而不是将外国航空公司放到 5.5 节。

美国运输部这个领域的监管主要涉及广告中的票价，不包括全部费用[①]，没有披露代码共享和长期湿租信息[②]和行李费用或者其他可选费用[③]。截至 2024 年 12 月 31 日，美国运输部针对广告中票价不合规行为的行政处罚数量为 170 件（表 5.5）、代码共享和长期湿租不符合法规要求的数量达到 39 件、行李费用或者其他可选费用披露不合规的数量为 9 件。

表 5.5　美国运输部针对航空运输领域广告票价行为的行政处罚统计

时间/年	数量/件	代表性企业	时间/年	数量/件	代表性企业
2002	9	奥毕兹（Orbitz）	2013	12	美西南，美国航空
2003	12	英国航空，全美航空	2014	6	国泰
2004	8	阿拉斯加航空，捷蓝航空	2015	5	汉莎
2005	5	法航	2016	6	英航
2006	8	意大利航空（ITA Airways），华航	2017	3	海港航空
2007	11	加航，美联航	2018	3	越南航空
2008	10	全美航空，精神航空	2019	1	汉莎
2009	9	美联航，大陆航	2020	0	
2010	19	加勒比航空	2021	0	
2011	20	智游网（Expedia），奥毕兹[④]	2022	1	飞行中心（FlightHub）
2012	22	韩亚，澳航，旅游城（Travelocity）	合计	170	

资料来源：笔者根据美国运输部网站整理而成。

广告票价违法的主体不仅包括航空承运人，也包括销售代理和销售平台（表 5.5）。奥毕兹作为几家骨干航空公司为对抗线上销售新业态在 2001 年组建的门户网站，在成立之初的 2002 年因广告票价问题遭受运输部的处罚，2011 年再次因类似问题被处罚。广告票价问题的高峰期在 2010～2013 年，总数达 73 件，这 4 年的数量占 21 年总数的 43%。美国运输部的处罚通常是要求纠正违法行为，并给予行政罚款。

---

① 14 CFR 399.84-Price advertising and opt-out provisions, https://www.ecfr.gov/current/title-14/chapter-II/subchapter-F/part-399/subpart-G/section-399.84. 2023 年 11 月 6 日查阅。

② 14 CFR Part 257-Disclosure of Code-Sharing Arrangements and Long-Term Wet Leases, https://www.ecfr.gov/current/title-14/chapter-II/subchapter-A/part-257. 2023 年 11 月 6 日查阅。

③ 14 CFR 399.85 - Notice of baggage fees and other fees, https://www.ecfr.gov/current/title-14/chapter-II/subchapter-F/part-399/subpart-G/section-399.85. 2023 年 11 月 6 日查阅。

④ 2015 年已经被智游网收购。

广告票价违法案件以 2018 年越南航空的案例为例做一介绍。根据《美国联邦规章》第 14 部第 399.84 条规定，广告票价应是旅客向承运人或代理商支付的航空运输、旅游等的全部价格。尽管列出的单一总价中包含的费用（例如政府税）可能会单独说明，或者通过显示总价的网站上的链接或“弹出窗口”进行说明，但此类费用不得是虚假或具有误导性的。比如，不得用与总价相同或更大的字号来显示税费类费用。在 2017 年的几个月里，越南航空面向美国的网站在其主页和主页链接的后续页面上显示票价广告，其中包括基本票价，但不包括税费。主页上的广告只列出了基本票价，随后的页面在每个广告票价列表下方显示了以下免责声明：“机票+燃油附加费+税费和公用事业费”。但是，该网页并未列出税费的具体数字。另外，在网站预订过程中，越南航空网站在“税费”标签下的细目菜单中显示了承运人征收的“旅客附加费”。将承运人收取的附加费和非政府征收的其他承运人费用列在“税”（taxes）或“税费”（taxes and fees）的标签下，具有误导性。因此，美国运输部认定越南航空违反了《美国法典》第 49 编第 41712 节的规定，采取了不公平和欺骗性的手段及不公平的竞争方式。

在代码共享违规方面，2014 年 9 月 5 日中国东方航空（简称东航）由于与第三国进行代码共享，所涉及美国的航线没有获得美国运输部批准而被美国运输部处罚。东航于 2012 年 6 月与加拿大航空公司西部捷运（WestJet）达成代码共享协议，东航在北美地区销售西捷航空运营的航班，并使用东航“MU”航班标识。2012 年 6 月至 2013 年 9 月，东航在其网站上以及通过官方航空公司指南（official airline guide，OAG）发布的每月《全球航班指南》中的航班时刻表，销售由西捷航空运营的加拿大和美国之间的部分航班。西捷航空作为上述航班的实际运营方，未向美国运输部申请在外国航空运输中开展代码共享所需的授权声明。美国运输部除了认定东航未经美国运输部适当授权从事外国航空运输违反了《美国法典》第 49 编第 41301 节规定外，还认定东航采取了不公平和欺骗性的手段及不公平的竞争方式，违反了《美国法典》第 49 编第 41712 节的规定。①

5.5　行业反垄断跨越国界

2.4.3 节中介绍了 1945 年的“美国诉美国铝业公司案”，该案通常被认为首次涉及反垄断法的域外适用问题，即境外市场行为，只要对美国的商业活动产生了重大影响，美国的反垄断法律也适用。在 2.5.1 节中也介绍了 1995 年颁布的《国际执法与合作反垄断指南》，该指南为美国反垄断当局与外国竞争当局在调查和

① U.S. Department of Transportation, China Eastern Airlines Corporation Limited Violations of 49 U.S.C. §§ 41301 and 41712, Docket OST 2014-0001, served September 5, 2014, 2-3.

执行反垄断法方面的合作提供了指导。该部分中提及的 1976 年《哈特-斯科特-罗迪诺反托拉斯改进法》也要求加强美国对跨国并购交易的审查。另外，1982 年美国对《谢尔曼反托拉斯法》的修订也进一步明确了美国反垄断法的适用范围，即仅在对美国进口贸易或对美国内部市场具有直接、可预见和实质性效果的国外行为上适用。

由于航空运输具有天然的国际性，随着国际航空运输政策日益自由化，航空公司联盟不断发展壮大，因而航空运输领域跨国反垄断已经成为美国相关政府执法部门一项日常工作。5.1.1 节也介绍了美国司法部和美国运输部在航空运输业跨国反垄断执法上的不同分工，这里就不再重复。

5.5.1　对外国航空公司的并购审查较为宽松

对外国航空公司的并购审查涉及两种情况：一种是一个国家或者地区的两家航空公司并购；另一种是不同国家或者地区的航空公司之间的并购。后一种情况在较长时间内并不存在，因为受到国际航空运输体制下航空公司指定的多数所有权和实际控制权标准限制。但是，在欧盟单一航空运输市场形成后，这种状况开始出现变化。欧洲接连出现了几次不同国家（主要是欧盟成员国）航空公司之间的并购，首先是 2003 年的法航和荷航合并，然后是 2005 年的汉莎收购瑞士国际航空（Swiss International Air Lines）、2009 年的汉莎收购奥地利航空、2010 年的英航和伊比利亚航空合并等。另外其他大陆也出现跨国收购，比如 2012 年的智利航空（LAN Airlines）和巴西天马航空（TAM Airlines）并购。

美国司法部审查外国航空公司之间的并购所采取的方法与 5.2.2 节和 5.3.2 节中介绍的审查美国国内航空公司之间并购的方法类似，主要考虑合并如何影响重叠航线的竞争、票价上涨的可能性、对国际枢纽机场的起降时刻和登机门的影响，以及对全球航空市场的总体影响。审查的目的是确保此类合并不会通过削弱竞争或提高价格来损害消费者。当然，审查外国航空公司之间的并购时，还需要考虑国际法律和协定、跨境的影响、与国外反垄断机构的合作以及国家利益和安全等因素。

截至 2024 年 12 月，美国司法部审查的所有外国航空公司并购案全部通过。在 2020 年开始的“大韩航空收购韩亚航空案”中，美国司法部将大韩航空与韩亚航空业务合并的审查级别提高。美国第二大航空公司——美联航向美国司法部提出该并购会限制竞争。大韩航空与达美航空同属天合联盟（SkyTeam）成员，韩亚航空与美联航同属星空联盟成员。美联航担心，如果韩亚航空退出星空联盟，将会对该联盟成员到美洲的航线以及经中国和东南亚的航线产生不利影响[①]。2023

① “U.S. Justice Department Views Korean Air-Asiana Merger as Restricting Competition,” BusinessKorea, 16 May, 2022, https://www.businesskorea.co.kr/news/articleView.html?idxno=92751. 2023 年 11 月 6 日查阅。

年 5 月有消息称，司法部正在考虑提起诉讼，阻止大韩航空收购韩亚航空的计划，担心收购可能会损害韩国和美国之间的客运和货运竞争。如果美国司法部提起诉讼，这将是美国第一次针对外国航空公司通过诉讼阻止其并购的案件。调查和可能提起的诉讼还引发了敏感的外交问题。此外，美国司法部干预其他国家批准的商业交易可能会在诉讼过程中变得复杂。相关航空公司则可能辩称其合并可以受到国家行为免责的保护①。2024 年 12 月 12 日，大韩航空宣布已经完成对韩亚航空股份的收购②，这说明美国司法部最终无条件放行了此次合并，并未提出异议。

美国司法部与欧盟竞争委员会不一样，没有公布有关对外国航空公司并购审查的信息资料，因而无法做进一步的深入分析。

另外，作为少有的跨国航空货运公司之间的收购案——2013 年发生的“联合包裹运送服务公司（United Parcel Service, Inc.，UPS）收购荷兰的 TNT 快递案”和 2015 年发生的“联邦快递收购荷兰的 TNT 快递案”，美国司法部没有就这两件收购案发布任何公告或者决定，这是由于 TNT 快递的业务基本上都集中在欧洲经济区，没有达到需要向美国司法部或者联邦贸易委员会通知的标准，即被收购方最近一个财政年度在美国境内或向美国产生的销售额超过 5000 万美元（按调整后标准）③。

5.5.2　航空公司联盟审查的松与严

5.1.1 介绍了美国和外国主要航空公司可以根据《美国法典》第 49 编第 41308-41309 节的规定，向美国运输部申请获得美国反垄断法的豁免权，以组建某些商业联盟。豁免权允许这些航空公司在满足某些条件的情况下协调其票价、服务和运力。

美国运输部在审查航空公司联盟时，根据《美国法典》第 49 编第 41309 节的要求，第一步先进行竞争分析。进行竞争分析后通常会出现两种结果：一种结果是联盟协议不存在实质性限制或消除竞争的情况，联盟将获得批准；另一种结果是联盟协议存在实质性限制或消除竞争的情况，然而只有通过联盟协议才能满足重大的航空运输需求或者获得重大公共利益，而又没有合理可用且反竞争程度大大降低的替代方案，联盟仍将获得批准。第二步则进行是否授予反垄断豁免的分析。这里存在三种情况：一是上面第一种结果下获批组建的联盟，美国运输部部长可以（may）酌情决定，“出于公共利益的需要”，使协议各方免除反垄断法的

---

① “Biden administration may sue over Korean airline merger,” Politico, 18 May, 2023, https://www.politico.com/news/2023/05/18/doj-lawsuit-korean-airline-merger-00097547. 2023 年 11 月 6 日查阅。

② "Korean Air Acquires 63.88% Stake in Asiana Airlines," Korean Air, https://www.koreanair.com/contents/footer/about-us/newsroom/list/Korean-Air-acquires-63-88--stake-in-Asiana-Airlines. 2024 年 12 月 20 日查询。

③ 16 CFR 802.50. 调整后 2013 年和 2015 年的申报门槛分别为 7090 万美元和 7820 万美元。

约束，但仅限定允许各方继续进行交易所必需的范围。二是针对第一步中的第二种结果，美国运输部部长“应”（shall）在必要的范围内使协议各方免受反垄断法的约束，以允许它们继续进行交易。三是不属于上述两种情况，即这些协议不利于公共利益，且补偿利益不足，因而不可能给予豁免①。

表 5.6 列出了截至 2024 年 3 月美国运输部批准且仍然有效的航空公司联盟。编号 1～3 的联盟是寰宇一家航空公司之间不同的联盟，编号 4～6 则是天合联盟航空公司之间的联盟，编号 7～11 是星空联盟航空公司之间的联盟。

美国运输部审查的第一个航空公司联盟是 1992 年 9 月 2 日美西北航和荷航提出的联盟和反垄断豁免申请。这个申请的提出甚至比美国和荷兰两国订立“天空开放”协定的时间还要早 1 个多月。这说明两家航空公司早就有联盟的计划，只是缺少订立“天空开放”协定这一前提条件。在两国即将订立“天空开放”协定时，两家航空公司就提前做好了组建联盟的准备工作。美国运输部在 1992 年 11 月 16 日发布的理由陈述命令中就指出批准组建联盟和授予反垄断豁免与美国和荷兰最近签署的“天空开放”协定的要求一致。美荷“天空开放”鼓励其他欧洲国家与美国签订自由化航空协定②。因此，美国运输部实际上把“天空开放”协定作为航空公司联盟获得反垄断豁免的前提条件③。

美西北航和荷航的联盟计划是把两家承运人实际上整合为一家承运人来运营各自所有服务。两家航空公司通过签订一系列附属协议来整合其业务，如为其航空运输服务达成联合营销业务以及协调其航班时刻表的协议。两家航空公司还计划协调定价和库存管理，制订统一的销售代理佣金计划，共享或汇集联合服务的收入等④。美国运输部在理由陈述命令中临时批准组建联盟并授予其反垄断豁免权。1993 年 1 月 11 日，美国运输部发布最终命令批准组建联盟并授予其反垄断豁免权。但是，美国运输部对美西北航董事会中的荷航代表提出了新的回避要求；双方不得以共同名义或者相同品牌运营，否则，需要提前审批；反垄断豁免也没有涵盖两家航空公司各自拥有的计算机订座系统⑤。

美国航空和英国航空 1997 年第一次申请在跨大西洋的美国和英国之间以及通往较多国家的远点航线上建立紧密的联盟。因为当时英国和美国之间正在谈判“天空开放”问题，美国运输部认为同时处理联盟的申请也符合公共利益。但是美国运输部强调启动程序，并不意味着改变要求“天空开放”协定作为批准和授予联盟申请反垄断豁免权的任何决定的基本前提。美国运输部明确表示，英美之间

① Show Cause Order: 2016-11-16 (November 18, 2016) (DOT-OST-2015-0129), 9-10.

② Show Cause Order: 1992-11-17 (November 17, 1992) (DOT-OST-1995-579), 2.

③ Final Order: 1993-1-11(January 11, 1993) (DOT-OST-1995-579), 5.

④ Final Order: 1993-1-11(January 11, 1993) (DOT-OST-1995-579), 4.

⑤ Final Order: 1993-1-11 (January 11, 1993) (DOT-OST-1995-579), 20-21.

的"天空开放"协定必须包括为在伦敦机场（特别是希思罗机场）的新增的和扩大的美国航空运输服务提供充分的保障。尽管受限于希思罗机场容量，但美国航空公司提供此类服务的能力将是美国运输部评估拟议联盟时的一个关键考虑因素。然而，英国在解决伦敦机场准入问题方面尚未取得足够的内部进展，英美之间无法继续就此类"天空开放"协定进行富有成效的谈判。因而美国运输部驳回申请并终止相关的程序①。

2001 年 8 月，两家航空公司再次提出联盟申请，此时，英美之间仍然没有达成"天空开放"协定，不过，美国运输部在 2002 年 1 月有条件地暂时批准了两家航空公司组建联盟的申请。首先，大前提是英美之间达成"天空开放"协定。其次，要求美国航空和英国航空出让希思罗机场每天 32 个航班时刻和相关的地面设施，以支持其他美国航空公司每天运营 16 个从希思罗机场往返美国的航班②。由于两家航空公司对附加的出让希思罗航班时刻数量存在异议，2007 年 5 月美国运输部终止了审批程序。

由于 2007 年 4 月美国和欧盟达成了"开放航空区"协定，美国航空和英国航空组建联盟的前提条件已经成熟。2008 年 8 月，美国航空和英国航空再次提出了在北大西洋航线联盟的申请。美国运输部此次要求两家航空公司出让希思罗机场每天 8 个（4 对）航班时刻和相关的地面设施，以便新进入者每天能够运营美国至希思罗机场的 4 个来回程航班。同时，美国运输部也批准了两家航空公司与寰宇一家的伊比利亚航空、芬兰航空和约旦航空的其他合作。此外，这些航空公司也不得参与国际航协的运价协调活动③。

值得注意的是，美国国内航空公司与其他国家航空公司组建联盟的审批和授予反垄断豁免是两种不同的行政行为。2011 年美国航空和澳航建立联盟时，两家航空公司就仅仅申请了审批联盟，而没有要求授予反垄断豁免权。因为当时美国航空并没有实际运营自己到澳大利亚和新西兰的航班，因此，就不存在航线联营对竞争的损害，因而就没有申请授予反垄断豁免权④。但是，当美国航空和全美航空合并后，准备开通运营自己到澳大利亚的航班时，就需要申请授予反垄断豁免权了，因而美国航空和澳航提出了反垄断豁免申请。

美国航空和澳航于 2015 年 6 月申请在美国本土至澳大利亚航线联营的反垄断豁免时，美国运输部通过竞争分析发现，两家航空公司将在美国本土至澳大利

① Order 99-7-22 (July 30, 1999) (terminating the proceeding) (DOT-OST-1997-2058), 2-3.

② Show Cause Order: Order 2002-1-12 (January 25, 2002) (DOT-OST-2001-10387 and 11029) 1, 60.

③ Order 2010-7-8 (July 20, 2010) (DOT-OST-2008-0252), 23. 另外，所有美国运输部批准联盟的航空公司都不得参与国际航协的运价协调活动。

④ Joint Application of American Airlines, Inc. and Qantas Airways Limited for Approval of Joint Business Agreement (DOT-OST-2011-0111-0001_attachment_1), 24.

亚航线上占据 60%的市场份额，在大约 200 个城市对市场上拥有最大的市场份额[1]。因此，联盟将在网络、国家对和城市对三个层面实质性限制或消除竞争，而拟议的联盟并不是满足巨大的交通需求或实现重要的公共利益所必需的，因而美国运输部没有授予反垄断豁免权。

当美国航空和澳航在 2018 年 2 月再次提出相同的反垄断豁免申请时，情况发生了变化。美国运输部认为包括美联航、新西兰航空和加航在内的航空公司增加了北美与澳大利亚之间的航班服务，美国航空和澳航的市场份额大约为 44%，在大约 150 个城市对市场上拥有最大的市场份额。因而认定联盟不会实质性限制或消除竞争，有条件地批准了组建联盟的申请，并认定授予反垄断豁免权也符合公共利益[2]。附加的条件包括自我评估和审议、允许新进入者联程、始发地和目的地（origination and destination，O&D）调查数据报告、年度报告和不得参与国际航协运价协调活动[3]。

表 5.6　美国运输部批准仍有效的航空公司联盟（截至 2024 年 3 月）

编号	案件名称	主案卷号	相关案卷号
1	美国航空-芬兰航空（American-Finnair）	DOT-OST-2002-12063	DOT-OST-2008-0252 进一步扩大联盟
	美国航空-英航-伊比利亚航空-芬兰航空-约旦皇家航空（American-British Airways-Iberia-Finnair-Royal Jordanian）	DOT-OST-2008-0252	
2	美国航空-日本航空（American- Japan Airlines）	DOT-OST-2010-0059	
3	美国航空-澳航（American – Qantas）	DOT-OST-2018-0030	
4	美西北航-荷航（Northwest – KLM）	Docket 46731	DOT-OST-2007-28644 进一步扩大联盟
	达美航空-法航-意大利航空-捷克航空（Delta- Air France-Alitalia-Czech Airlines）	DOT-OST-2001-10429	DOT-OST-2007-28644 进一步扩大联盟
	达美航空-美西北航-法航-荷航-意大利航空-捷克航空（Delta- Northwest- Air France- KLM- Alitalia- Czech Airlines）	DOT-OST-2007-28644	DOT-OST-2013-0068 进一步扩大联盟
	达美航空-维珍大西洋-法航-荷航-意大利航空（Delta-Virgin Atlantic-Air France-KLM-Alitalia）	DOT-OST-2013-0068	

① Show Cause Order: 2016-11-16 (November 18, 2016) (DOT-OST-2015-0129), 11, 17.

② Show Cause Order: 2019-5-23 (June 3, 2019) (DOT-OST-2019-0030), 6, 10, 13, 15.

③ Show Cause Order: 2019-5-23 (June 3, 2019) (DOT-OST-2019-0030), 15-19.

续表

编号	案件名称	主案卷号	相关案卷号
5	达美航空-大韩航空-法航-意大利航空-捷克航空（Delta-Korean Air-Air France-Alitalia-Czech Airlines）	DOT-OST-2002-11842	
6	达美航空-墨西哥航空（Delta-Aeromexico）	DOT-OST-2015-0070	
7	达美航空-南美航空（Delta-Latam）	DOT-OST-2020-0105	
8	美联航-汉莎（United-Lufthansa）	DOT-OST-1996-1116	DOT-OST-1996-1411 进一步扩大联盟
	美联航-汉莎-斯堪的纳维亚航空（United-Lufthansa-SAS）	DOT-OST-1996-1411	DOT-OST-1996-1434 进一步扩大联盟
	美联航-加航（United-Air Canada）	DOT-OST-1996-1434	DOT-OST-2000-7828 进一步扩大联盟
	美联航-奥地利航空-汉莎-斯堪的纳维亚航空（United-Austrian-Lufthansa-SAS）	DOT-OST-2000-7828	DOT-OST-2001-10575 和 OST-2001-11029 进一步扩大联盟
	美联航-英国中部航空-奥地利航空-汉莎-斯堪的纳维亚航空（United-BMI-Austrian-Lufthansa-SAS）	DOT-OST-2001-10575	DOT-OST-2005- 22922 进一步扩大联盟
	美联航-汉莎-加航-斯堪的纳维亚航空-奥地利航空-英国中部航空-波兰航空-瑞航-葡萄牙航空（United-Lufthansa-Air Canada-SAS-Austrian-BMI-LOT-Swiss-TAP）	DOT-OST-2005-22922	DOT-OST-2008-0234 进一步扩大联盟
	美联航-汉莎-加航-斯堪的纳维亚航空-奥地利航空-英国中部航空-波兰航空-瑞航-葡萄牙航空（United-Lufthansa-Air Canada-SAS-Austrian-BMI-LOT-Swiss-TAP）	DOT-OST-2008-0234	
9	美联航-新西兰航空（United-Air New Zealand）	DOT-OST-1999-6680	
10	美联航-巴拿马航空（United-Copa）	DOT-OST-2000-8577	
11	美联航-韩亚（United-Asiana）	DOT-OST-2003-14202	
12	美联航-全日空（United-All Nippon Airways）	DOT-OST-2009-0350	DOT-OST-2010-0059 进一步扩大联盟
13	斯堪的纳维亚航空-冰岛航空（SAS-Iceland Air）	DOT-OST-2000-7248	

资料来源：笔者根据 DOT Aviation Anti-Trust Immunity Cases.https://www.transportation.gov/office-policy/aviation-policy/dot-aviation-anti-trust-immunity-cases，2024-04-06 整理而成。

在上述批准的反垄断豁免中，一般均附有需要向美国运输部提交年度报告的条件，这表明批准反垄断豁免并非简单的结束，监管部门还需要进行后续的监督。后续监督不仅仅只有年度报告，还包括诸如航班时刻剥离、某些航线上需要保证的运力、跟踪联盟合作协议的实施情况、确保航空公司遵守豁免授予的条款。此外，美国运输部也关注增加消费者福利的更低的票价和更高的航班频率。但是外部利益相关者和公众对美国运输部对上述后续监督工作知之甚少①。造成这一局面的主要原因是监督中涉及航空公司的商业信息，对于这些信息，航空公司是不愿意对外披露的。但是，GAO 则认为运输部应公开豁免批准时的预期效益是否已实现、补救措施是否已由获得豁免权的航空公司实施并达到预期效果等信息，以提高对航空公司联盟反垄断豁免的透明度②。

5.5.3　对国际航空货运固定价格行为的严惩

从 1999 年底到 2006 年，全球 20 多家航空公司串通制定和收取国际航空货运的燃油及其他附加费。从 2006 年初开始，美国司法部和欧盟反垄断监管机构对国际航空货运燃油及其他附加费涉嫌操纵价格发起了联合调查，对主要航空货运公司进行了一系列突击搜查并发出传票（Appel，2008）。

自 2007 年以来，美国司法部一共发起了 42 件针对外国航空运输业及辅助性部门固定价格的反垄断调查或者诉讼（表 5.7）。这些案件针对的对象分布在：航空货运企业 21 件，航空货运代理（freight forwarding）企业 12 件，个人（航空货运企业高管或者员工）9 件。从案件时间上来看，2008～2011 年一共有 36 件，占到总数的 86%。从这些案件的地理分布来看，日本涉及 14 件，数量最多。

表 5.7　美国航空运输领域涉外固定价格反垄断案统计

部门	国家和地区	2007 年	2008 年	2009 年	2010 年	2011 年	2012 年	2013 年
航空货运	英国	1			2			
	韩国	1		1				
	澳大利亚	1						
	日本		1	1	1			
	法国		0.5					
	荷兰		1.5					

① General Accountability Office, International Air Alliances: Greater Transparency Needed on DOT's Efforts to Monitor the Effects of Antitrust Immunity, GAO-19-237, 2019, 26.

② General Accountability Office, International Air Alliances: Greater Transparency Needed on DOT's Efforts to Monitor the Effects of Antitrust Immunity., GAO-19-237, 2019, 29.

续表

部门	国家和地区	2007 年	2008 年	2009 年	2010 年	2011 年	2012 年	2013 年
航空货运	丹麦		1					
	中国香港		1					
	智利			0.5				
	巴西			0.5				
	以色列			1				
	卢森堡			1				
	中国台湾				1	1		
	德国				1			
	瑞士				1			
	新加坡				1			
	小计	3	5	5	7	1		
航空货运代理	百慕大				1			
	瑞士				1			
	日本					7	1	2
	小计				2	7	1	2
个人	澳大利亚		1					
	丹麦		1	1				
	英国		1					
	荷兰			1	1			
	卢森堡				1			
	日本				1			
	法国					1		
	小计		3	2	3	1		
总计		3	8	7	12	9	1	2

表中，0.5 表示该案涉及两个国家。比如，法国和荷兰各自对应 0.5 表示该反垄断案涉及法荷航集团下的法航和荷航。

资料来源：笔者根据美国司法部网站资料整理。

而航空货运企业和航空货运代理部门的案件是通过被告认罪的方式结案的。针对个人的案件中有 4 件提起了起诉，但是案件并未审结。其余的仍然以被告认罪终结。因此，多数以被告认罪的方式结案。

1. 航空货运市场的固定价格

从表 5.7 中可以看出，美国针对航空货运市场的固定价格反垄断案可以分为三类：第一类是针对航空货运市场的核心业务，即航空公司货运活动的反垄断；第二类是针对航空货运的支持性辅助性服务，即货运代理的反垄断；第三类是针对上述公司的高管或者普通员工的反垄断。

概括起来看，航空公司货运活动中的固定价格行为主要发生在 21 世纪初的头 10 年中，涉及 16 个国家和地区的航空公司，分布在亚洲、欧洲、北美、南美和大洋洲。航空货运中的固定价格行为主要包括：通过会议、交流和通信等方式讨论国际航线航空货运的费率；就收取货款货运费率达成一致协议；按照达成的协议收取航空货运运费；通过会议、交流、通信等方式监督和强制实施达成的收费标准。

上述四种行为中任何一种都已经属于《谢尔曼反托拉斯法》认定的重罪行为。

航空货运代理的固定价格行为发生的时间与航空货运固定价格行为的时间基本重叠，只涉及 3 个国家和地区，而且主要集中在日本，即日本货运代理在日美航线及其其他航线上固定货运代理费率。这些货运代理包括收货、打板装箱、交付运输等服务活动，收费包括运费和诸如燃油、安检等附加费与其他杂费。货运代理费有包括在其他杂费中的，也有单列的。航空货运代理的固定价格行为主要包括：通过会议、交流和通信等方式讨论货运代理费的构成；就收取航空货运代理费的具体构成达成一致；按照达成的协议收取航空货运代理费；通过会议、交流、通信等方式监督和强制实施达成的收费标准。

从上面列举的行为来看，不仅不能讨论价格以及就价格水平达成一致，也不能讨论价格的构成部分。一旦涉及，就是违法行为。从实践来看，各货运代理收取的货运代理费构成可能是没有差异的，但是这一前提是不存在任何形式的共谋行为。

2. 针对个人在固定价格行为中的追责

固定价格行为需要有人下达指令，也需要有人去执行和实施，因而在针对固定价格的反垄断案中也包括了对个人的诉讼。表 5.7 中有 9 起针对航空公司高管或者员工的反垄断诉讼案，分布在 7 个国家和地区。

个人的主要违法行为包括：参与、指导、授权或者同意下属参与会议、交流或者通信，讨论国际航空货运附加费或者货运费率以及货运费率的构成等问题；参与、指导、授权或者同意下属参与会议、交流或者通信，讨论不向其货运代理企业支付国际航空货运附加费的佣金；同意固定和协调收取国际航空货运附加费的时间和数量；同意固定和协调收取国际航空货运费率的时间和数额；同意不向其货运代理企业支付国际货运附加费的佣金；依照达成的协议和谅解收取国际航空货运附加费；按照达成的协议和谅解发布提高国际航空货运附加费的通知；按照达成的协议和谅解发布提高国际航空货运费率的通知；按照达成的协议和谅解拒绝向其货运代理企业支付附加费的佣金。

上述行为包括意图固定价格、达成一致意见和实施固定价格。被起诉的个人既包括航空公司货运副总裁、负责销售的副总裁、销售区域总经理等高管，也包括普通员工。在 9 件诉讼案中，有 5 件以被告认罪而结案，但是仍然有 4 件没有结案。

5.6　行业反垄断中的私人诉讼

5.6.1　私人诉讼简介

美国的私人诉讼在反垄断法框架下是一个重要的组成部分，它为受到反竞争行为影响的个人和企业提供了寻求补偿的途径。《克莱顿反托拉斯法》第 4 节允许受到反竞争行为损害的个人或企业提起诉讼，并可能获得实际损失额的三倍赔偿以及诉讼费用和律师费。该法第 5 节还规定在任何公共执行程序中有利于政府的最终法令“应成为针对同一索赔的任何后续私人诉讼的初步证据”。

私人反垄断诉讼通常由受到垄断行为影响的消费者、企业或竞争对手提起。这些案件可能涉及以下几个方面：价格固定、市场分割、排他性交易和掠夺性定价。

私人诉讼的目的不仅是为了获得损害赔偿，而且还旨在作为威慑手段，防止企业从事反竞争行为。诉讼可能导致直接的经济补偿、法院发布命令（如禁止某些商业行为），甚至改变整个行业的商业实践行为。

私人诉讼在美国反垄断法中扮演着“私人检察官”的角色，私人诉讼补充了政府的反垄断执法中的缺陷，提高了违反反垄断法行为的检出率和加大了制裁力度。三倍赔偿的规定为私人提供了强大的经济激励，鼓励受害者提起诉讼，这在一定程度上增加了违法企业的潜在成本。许多个人反垄断诉讼都是作为集体诉讼被提起的。因此，被告的财务风险可能会大幅增加。同时，集体诉讼机制允许有效解决多项对所有集体成员具有约束力的索赔问题（Cavanagh，2009）。私人企业也可以利用私人权利，并将之与政府行动相结合以惩罚占主导地位的企业，战略性地利用政府提起的反垄断案件来提高其主要竞争对手的成本（Sokol，2011）。

5.6.2　有关掠夺性定价的私人诉讼

5.4.2 中提及的美西北航在与里诺航空竞争中涉嫌掠夺性定价的问题，由于美国运输部的介入，最终美国司法部没有提起诉讼。然后，几年后的 2005 年，另一家低成本航空公司——精神航空公司提起针对美西北航掠夺性定价的私人诉讼，即“精神航空诉美西北航案”（Spirit Airlines, Inc. v. Northwest Airlines）。精神航空最初在美国密歇根东区联邦地方法院指控美西北航在底特律-波士顿和底特律-费城的休闲客运航空运输市场上实施掠夺性定价和其他掠夺性策略。但是，地方法院驳回了精神航空将相关市场仅限于低票价或休闲旅客定义的动议，并采用了美西北航对这些城市对市场上所有旅客的市场界定。根据这一结论，密歇根东区联邦地方法院发现美西北航的总收入超过了这些航线的总成本。此外，密歇根东区联邦地方法院认为，即使低票价或休闲客运市场是适当的市场，美西北航的专家提供的证据也表明美西北航的总收入仍然超过其相关成本。密歇根东区联邦地方法院认为，精神航空对美西北航成本和收入的专家证明和分析不可信。因而地方法院认为精神航空的证据并未证明美西北航在这些市场上存在掠夺性定价行为①。

然而美国第六巡回上诉法院推翻了密歇根东区联邦地方法院的判决。第六巡回上诉法院采纳了精神航空将相关市场仅限于低票价或休闲旅客的动议，第六巡回上诉法院认为存在一个单独且独特的低票价或休闲旅客市场②。精神航空提供的支持这一市场的证据包括美西北航自己的营销数据、其营销人员的证词、政府监管机构和精神航空专家的调查结果。根据提供的证据，可以合理地发现一个事实，即美西北航实施掠夺策略期间，两个城市对市场高度集中，美西北航占据压倒性的市场份额，进入壁垒很高。因此，对事实进行合理的推导可以得出结论，美西北航在这两个城市对的休闲客运市场上进行了掠夺性定价，以迫使精神航空退出该业务。最后，根据精神公司专家提供的证据，合理的结论是一旦精神航空退出市场，美西北航就会提高价格，以弥补其在掠夺期间遭受的损失③。因此，2005 年 12 月 15 日第六巡回上诉法院推翻了对美西北航有利的简易判决，并将案件发回地方法院重审④。此后，由于美西北航申请破产保护，随后又被达美航空收购，精神航空也进行了资本重组，改变了商业模式，成为一家超低成本航空公司，精神航空最终放弃了对美西北航采取进一步法律诉讼的行动。

5.6.3 有关计算机订座系统的私人诉讼

在早期，计算机订座系统均为大型骨干航空公司所拥有，因而在航班信息显

① Spirit Airlines, Inc. v. Northwest Airlines, 431 F.3d 917 (6th Cir. 2005), 925, 926.

② Spirit Airlines, Inc. v. Northwest Airlines, 431 F.3d 917 (6th Cir. 2005), 935.

③ Spirit Airlines, Inc. v. Northwest Airlines, 431 F.3d 917 (6th Cir. 2005), 936-951.

④ Spirit Airlines, Inc. v. Northwest Airlines, 431 F.3d 917 (6th Cir. 2005), 952.

示方面可能存在优先显示母航空公司计算机订座系统等不公平竞争行为。1984 年包括美西南、阿拉斯加航空和美西北航等 10 家航空公司向美联航和美国航空提起有关计算机订座系统的集体诉讼，指控美联航和美国航空早年均利用掠夺性定价非法获得垄断权，当时 1.75 美元的预订费属于垄断性过高的收费。美联航和美国航空还利用与被告订立的加入计算机订座系统的合同条款构成对竞争的不合理限制，并利用这些条款非法维持其垄断地位。美国加利福尼亚州中区联邦地方法院裁决 10 家航空公司作为计算机订座系统服务的消费者，可以就被告垄断其各自的计算机订座系统而造成的垄断性收费的损失提出索赔，但是不具备提出试图垄断索赔的资格①。

还有一个涉及计算机订座系统的私人反垄断案件，即 2011 年发生的“全美航空诉萨布雷控股公司案”（U.S. Airways v. Sabre Holdings Corp）。2011 年 4 月 11 日，全美航空在美国纽约南部联邦地方法院对 Sabre 提起了 4 项指控：第一，利用其与航空公司签订的合同中的全部内容条款（full content provisions）对贸易造成非法纵向限制，违反了《谢尔曼反托拉斯法》第 1 节；第二，Sabre 垄断了向其用户提供的全球分销系统服务，违反了《谢尔曼反托拉斯法》第 2 节；第三，指控 Sabre 通过第二项指控的方式合谋违反《谢尔曼反托拉斯法》；第四，Sabre 与其全球分销系统竞争对手之间达成的横向协议违反了《谢尔曼反托拉斯法》第 1 节②。初审法院驳回了全美航空的第二、第三项指控，2016 年 12 月底初审法庭陪审团做出裁决，支持全美航空的第 1 项指控，而没有认可第 4 项指控③。在 Sabre 提出上诉和全美航空反上诉后，2019 年美国第二巡回上诉法院支持了美国纽约南部联邦地方法院对全美航空第 1 项指控的裁决，同时认定美国纽约南部联邦地方法院驳回全美航空的第二、第三指控是错误的，因而发回美国纽约南部联邦地方法院重审。目前这个案件还在审理之中，并未结案。

还有一个私人诉讼案件是由计算机订座系统导致航空公司破产失业而引发的，即 1992 年“夏普等诉美联航案”（Sharp v. United Airlines, Inc.），这个案子是边疆航空（Frontier Airlines）前飞行员、空乘人员、票务代理、预订代理等依照联邦和州反垄断索赔被驳回后提出的上诉。原告指控美联航利用其拥有的计算机订座系统——阿波罗（Apollo）在丹佛的计算机订座系统市场获得垄断地位，对边疆航空加入阿波罗系统收取过高的费用，而且阿波罗系统在机票销售方面不公平地运营，为美联航谋取利益，损害边疆航空利益，最终削弱了边疆航空在航空运

① In re Air Passenger Comp. Res. Sys. Antitrust Lit., 694 F. Supp. 1443 (C.D. Cal. 1988); In re Air Passenger Comp. Reserv. Sys., 727 F. Supp. 564 (C.D. Cal. 1989).

② U.S. Airways, Inc. v. Sabre Holdings, 938 F.3d 43 (2d Cir. 2019), 52.

③ U.S. Airways, Inc. v. Sabre Holdings, 938 F.3d 43 (2d Cir. 2019), 53.

输市场的地位。1986 年 8 月 28 日，边疆航空申请破产保护。原告因此失去了工作，遭受了工资和福利的损失。原告指控美联航的行为违反了《谢尔曼反托拉斯法》第 1 节和第 2 节以及《克莱顿反托拉斯法》第 2 节和第 3 节[①]。

美联航则认为，原告缺乏获得联邦和州反垄断索赔的资格。美国第十巡回上诉法院认为最高法院在不同的案件中列举了反垄断索赔资格时需要考虑的因素，包括：反垄断违法行为与原告受到的损害之间的因果关系；被告人的意图或者动机；原告受到的损害的性质——是否需要通过反垄断法予以补救；原告受到的损害与被指控的反垄断违法行为造成的市场限制之间的联系是直接的还是间接的；所寻求的损害赔偿的推测性质；重复追偿或复杂损失分摊的风险。第十巡回上诉法院认定，虽然边疆航空公司因涉嫌垄断行为的竞争对手而破产，但员工失业与反垄断行为造成的损害之间不具有直接的法律因果关系。第十巡回上诉法院没有接受原告是美联航反竞争计划直接受害者的观点，认为原告在这里受到的伤害至多是间接的。第十巡回上诉法院也不认可原告利用边疆航空 10 年盈利历史来证明其损害并非推测这一立场。因此，第十巡回上诉法院最终认定原告不具有反垄断索赔的资格[②]。

有关计算机订座系统或全球分销系统中的一些具体问题将在第 8.2.2 节做进一步的分析。

5.6.4 旅客提起的私人诉讼

自 2015 年以来，美国航空运输业特别引人瞩目的反垄断进展是针对四大航空公司的集体诉讼，而不是美国司法部反垄断执法（DeGory，2019）。这就是一个合并集体诉讼（consolidated class action lawsuit）案，即“关于国内航空公司旅行反垄断诉讼案”（In re Domestic Airline Travel Antitrust Litigation）。这个案件原本不是集体诉讼，美国多地区诉讼司法小组合并了 7 个地区的 23 起待决相似诉讼，涉及四家主要航空公司通过人为压低运力来固定国内机票价格的指控。司法小组于 2015 年 10 月 13 日将这些合并诉讼移交美国哥伦比亚特区联邦地方法院。随后陆续将其他类似诉讼移交，最后共合并案件 105 起。

在 5.4.3 中提及美国司法部 2015 年对达美航空、美国航空、美联航和美西北之间可能串通限制座位并人为抬高票价展开调查中就涉及“运力纪律”。在这个合并集体诉讼中，原告指控航空公司串通限制各自航空公司的运力，共谋固定、提高、维持/稳定价格，违反了《谢尔曼反托拉斯法》第 1 节和第 3 节。由于这一反

① Sharp v. United Airlines, Inc., 967 F.2d 404 (10th Cir. 1992), 406.

② Sharp v. United Airlines, Inc., 967 F.2d 404 (10th Cir. 1992), 407-410.

垄断违法行为，原告因支付人为抬高的票价而遭受了经济损失，认为该共谋从 2009 年第一季度开始，一直持续至诉讼，并寻求追索自 2011 年 7 月 1 日至诉讼提起日的三倍损失①。

该案的原告在他们的指控中讨论了较多的细节。具体来说，他们认为该行业的高度集中性使其更有利于各大航空公司之间进行勾结②。此外，他们还指出，名为航空公司运价出版公司的定价机制允许每家航空公司监控全国航班的实时定价③。原告还引用了航空公司高管近年来的声明，他们认为这些声明体现了对运力纪律的承诺，并证明了这种做法在行业中的重要作用④。最后，原告援引了 2009～2016 年机票价格上涨的事实，尽管航空燃油价格在此期间“暴跌”且消费者需求减少⑤。总之，原告认为“如果没有串通限制运力，票价将会随着需求的减少和成本的降低而下降”⑥。

法院在审理中首先认定原告具备反垄断诉讼的资格⑦，还认为虽然原告关于航空运输业高度集中性质的一般性指控并不能作为反垄断阴谋的确凿证据，但市场内的整合、普通股股东的集中、被告监控其他航空公司票价结构和定价的能力以及过去使用“跨市场举措”（Cross-Market Initiatives，CMI）⑧的行业惯例都是法院在程序阶段需要考虑的因素，以决定原告是否充分地提供了合理的反垄断法下共谋的证据⑨。原告所依据的这些航空公司高管的陈述从两个方面支持其主张的合理性。首先，被告公开声明了它们对运力纪律的承诺以及在行业内维持运力纪律的重要性。被告对整个行业内运力纪律的必要性的讨论值得注意，因为它不仅仅涉及被告自己运力计划的行为方针的宣布。其次，被告关于注重行使运力纪律的陈述始于 2009 年，与过去的商业惯例背道而驰⑩。法院认为原告声称尽管燃油成本下降，票价却上涨，被告因此获得了创纪录的利润。虽然这一结果可能是由被告在简报中指出的其他因素所导致的，但至少有一些证据支持原告的主张，即

① In re Domestic Airline Travel Antitrust Litig., 221 F. Supp. 3d 46 (D.D.C. 2016), 53-54.

② In re Domestic Airline Travel Antitrust Litig., 221 F. Supp. 3d 46 (D.D.C. 2016), 60.

③ In re Domestic Airline Travel Antitrust Litig., 221 F. Supp. 3d 46 (D.D.C. 2016), 61.

④ In re Domestic Airline Travel Antitrust Litig., 221 F. Supp. 3d 46 (D.D.C. 2016), 62-63.

⑤ In re Domestic Airline Travel Antitrust Litig., 221 F. Supp. 3d 46 (D.D.C. 2016), 64.

⑥ In re Domestic Airline Travel Antitrust Litig., 221 F. Supp. 3d 46 (D.D.C. 2016), 65.

⑦ In re Domestic Airline Travel Antitrust Litig., 221 F. Supp. 3d 46 (D.D.C. 2016), 57-58.

⑧ 也就是多市场接触。多市场接触理论认为，当企业在不同市场展开竞争时，一家企业在一个市场上降价竞争时，其他企业可以在另外的市场上降价反击，从而降低了原来市场上降价的可能，从而维持一个较高的价格。而航空公司在不同城市对市场上运营，具备多市场接触的性质。

⑨ In re Domestic Airline Travel Antitrust Litig., 221 F. Supp. 3d 46 (D.D.C. 2016), 61.

⑩ In re Domestic Airline Travel Antitrust Litig., 221 F. Supp. 3d 46 (D.D.C. 2016), 63.

这种趋势是被告串通限制运力增长的结果[①]。法院还认定原告充分证明了平行行为的存在[②]。被告航空公司的多位高管及时就运力纪律的实施发表了声明，与这些声明相一致的结果是行业内出现了运力增长有限的新趋势。虽然被告并未减少或限制相同数量的运力，然而，原告无须证明被告以完全相同的方式削减或限制运力，即可充分指控平行行为的存在[③]。当然证明了平行行为并不是终点，还需要证明平行行为是经过沟通后实施的，并排除“被调查的企业的行为是独立作出的”这一可能性。

最后，法院得出结论，原告充分确立了提出这一反垄断索赔的资格，并根据《谢尔曼反托拉斯法》第 1 节向每位被告提出了合理的索赔。因此，法院拒绝被告要求法院驳回原告诉讼的请求[④]。

2018 年初，美西南与原告达成和解，同意支付 1500 万美元，但否认在此事中存在任何不当行为[⑤]。不久之后，同年 6 月，美国航空同意向原告支付 4500 万美元，以结束对该公司的诉讼[⑥]。2023 年 9 月 5 日，美国哥伦比亚特区联邦地方法院法官科琳·科拉尔-科特利（Colleen Kollar-Kotelly）裁定驳回被告美联航和达美航空的简易判决动议[⑦]。原告还将面临一场更加艰难的诉讼，然而，不容忽视的是，他们提出了与消费者福利有关的非常具体的担忧。此案最终产生的证据无疑可能是近年来美国航空运输业最透明的证据（DeGory，2019）。

在更早的 2007 年，还发生了一次针对多国和地区的 26 家航空公司的跨国集体诉讼，即“跨太平洋航空客运反垄断诉讼案”（In re Transpacific Passenger Air Transportation Antitrust Litigation），原告指控这些航空公司在美国至亚洲和大洋洲航线上串谋，在长达 10 年的时间里固定航空客运价格，违反了《谢尔曼反托拉斯法》第 1 节[⑧]。该案历经 12 年，被告陆续与原告达成和解，支付和解金。直到 2019

① In re Domestic Airline Travel Antitrust Litig., 221 F. Supp. 3d 46 (D.D.C. 2016), 65.

② 某一行业内经营者在观察和预测竞争对手行为的基础上，在未与竞争对手沟通或共谋的情况下独立地、单方面地调整自身价格以接近或跟随竞争对手价格的行为。

③ In re Domestic Airline Travel Antitrust Litig., 221 F. Supp. 3d 46 (D.D.C. 2016), 69.

④ In re Domestic Airline Travel Antitrust Litig., 221 F. Supp. 3d 46 (D.D.C. 2016), 74.

⑤ “Southwest Airlines to pay $15 million to settle price collusion lawsuit,” Reuters, https://www.reuters.com/article/us-southwest-settlement-idUSKBN1EU02F. 2023 年 11 月 8 日查阅。

⑥ “American Airlines agrees to pay $45 million to settle antitrust lawsuit filed by passengers,” Los Angeles Times, https://www.latimes.com/business/la-fi-antitrust-airlines-lawsuit-20180618-story.html. 2023 年 11 月 8 日查阅。

⑦ In re Domestic Airline Travel Antitrust Litig., MDL Docket 2656 (D.D.C. September. 5, 2023), 70.

⑧ In re Transpacific Passenger Air Transportation Antitrust Litigation, No. C 07-05634 CRB (N.D. Cal. May. 9, 2011), 2.

年 2 月，最后一名被告全日空才与原告达成和解[①]。最终被告航空公司向原告和律师支付的资金总计达 14 740.2 万美元[②]。

从上述两个合并集体反垄断诉讼案来看，耗时都很长，第一个案子历经 8 年的程序争端才开始正式的庭审，此外还经历了一个漫长的庭审期。第二个案子没有进入正式庭审就已经耗时 12 年。因而，除了第一个案子中的美国航空和美联航外，被告航空公司一般选择和解。当然，选择和解的航空公司在程序性阶段已经处于不利地位，继续诉讼下去的风险更大。通过和解了结的反垄断诉讼，被告航空公司不仅要向原告支付和解金，而且还要支付原告的律师费用，遭受较大的经济损失。因而反垄断的私人诉讼在一定程度上可以补充公共诉讼，对垄断行为起到震慑作用。

① In re Transpacific Passenger Air Transportation Antitrust Litigation, Case No. 3:07-cv-05634-CRB (N.D. Cal. Nov. 26, 2019), 2.

② "Frequently Asked Questions," Airline Settlement, https://airlinesettlement.com/eng/mainpage/CommonlyAskedQuestions.aspx. 2023 年 11 月 10 日查阅。

第 6 章　欧盟航空运输业反垄断的发展演变

6.1　欧盟竞争政策适用航空运输业的立法发展

6.1.1　游离于欧共体竞争政策管辖范围外

在 3.1.2 部分已经述及欧盟前身——欧洲经济共同体在 1962 年发布了《实施罗马条约第 85 条和第 86 条的第 1 号条例》(即《第 17/62 号理事会条例》)，授予欧洲经济共同体委员会对涉嫌违反《罗马条约》第 85 条①和第 86 条②的行为进行调查、责令改正和处以罚款的权力。《第 17/62 号理事会条例》本身没有排除任何部门，但是随后在同年 11 月通过的《免于交通运输适用第 17 号条例》(即《第 141/62 理事会条例》)③中，欧洲经济共同体将包括航空运输在内的交通运输部门排除在欧洲经济共同体的竞争政策之外,其中航空运输和海运的不适用没有期限，而铁路、陆地和内河运输的不适用期限截至 1965 年 12 月 31 日。

尽管《第 141/62 理事会条例》将航空运输排除在竞争政策适用范围之外，但是欧洲经济共同体委员会认定《第 141/62 理事会条例》仍然适用于部分航空运输的辅助服务，包括地面服务和计算机订座系统。下面的两个案例就是欧洲经济共同体委员会将第 17 号条例适用于航空运输辅助服务的最早反垄断案。

1984 年 2 月，欧共体委员会收到希腊共同体航空公司协会对奥林匹克航空的投诉，前者指控后者利用其在地面服务市场的垄断地位，将地面服务费提高了 50%，并且对不同客户存在价格歧视。奥林匹克航空则认为依照《第 141/62 理事会条例》，航空运输不受《罗马条约》第 85 条和第 86 条约束，因而就不存在什么违法行为。但是欧共体委员会却认为《第 141/62 理事会条例》排除航空运输的条件是“鉴于运输的独特特征使得只有与提供运输服务直接相关的协议、决定和协调一致的做法才可以免于《第 17/62 号理事会条例》的适用”④，因而《第 141/62 理事会条例》仅排除某些协议、决定和协调一致的做法，以及第 86 条所提及的反

---

① 现《欧洲联盟运作条约》(TFEU)第 101 条。

② 现《欧洲联盟运作条约》(TFEU)第 102 条。

③ Council Regulation No. 141/67, 1967 O.J. (L 62) 1 (EEC), https://eur-lex.europa.eu/legal-content/EN/TXT/PDF/?uri=CELEX:31962R0141. 2023 年 11 月 30 日查阅。

④ Council Regulation No. 141/62, pmbl. ¶ 9, 1962 O.J. (L 26) 1 (EEC).

竞争行为不适用《第 17/62 号理事会条例》，即这些行为本身就是提供运输服务。地面服务本身并不属于运输服务，因此应受到《第 17/62 号理事会条例》的限制[①]。

在 1987～1988 年的伦敦欧洲航空公司（London European Airlines）指控比利时萨贝纳航空公司（Sabena）滥用计算机订座系统市场地位的案子中，欧共体委员会认为，无论是计算机订座系统运营商向航空公司提供服务还是向销售代理提供服务提供的都不是运输服务，因而不属于《第 141/62 理事会条例》排除的范围[②]。

6.1.2　纳入欧共体竞争政策管辖范围

早在 1974 年，欧洲法院就在“委员会诉法兰西共和国案”[③]（又称“法国海员案”）中裁定，《罗马条约》的一般原则，包括第 85 条和第 86 条的竞争规则具有普遍适用性。这个裁定在海商法领域立即生效，不过，该案并未对航空运输业产生太大影响（Gorton，1997）。

在 1984 年的“公共部部长诉卢卡斯・阿杰斯案”[④]中，欧洲法院首次认定共同体竞争政策适用于航空运输。欧洲法院认为，1957 年《罗马条约》第 84 条[⑤]仅指交通运输领域的共同政策规定（第 74～83 条）不自动适用于航空运输和海运，因此，海运和航空运输仍像其他运输方式一样受条约一般规则的约束，其中就包括第 85～90 条的竞争规则。但是，由于还没有在航空运输业实施竞争规则的立法，欧洲法院也认为欧共体委员会无权下令终止违法行为。因而，欧共体委员会及其成员国的竞争主管机构都有权通过立法将竞争规则的执行范围扩大到航空运输业。

6.1.3　在航空运输业实行竞争政策的立法

1987 年 12 月欧共体理事会通过了《规定航空运输业企业适用竞争规则的程序》（即《第 3975/87 号理事会条例》）[⑥]，首次为竞争政策在航空运输业的实行制

① Commission Decision 85/121/EEC, 1985 O.J. (L 46) 51-53 (EEC), https://eur-lex.europa.eu/legal-content/EN/ALL/?uri=CELEX%3A31985D0121. 2023 年 11 月 30 日查阅。

② Commission Decision 88/589/EEC, 1988 O.J. (L 317) 47-54 (EEC), https://eur-lex.europa.eu/legal-content/EN/TXT/?uri=CELEX%3A31988D0589. 2023 年 11 月 30 日查阅。

③ Commission v. French Republic, Case 167/73, [1974] E.C.R. 359, https://curia.europa.eu/juris/liste.jsf?language=en&jur=C,T,F&num=167/73&td=ALL. 2023 年 11 月 30 日查阅。

④ Ministere Public v. Lucas Asjes, Joined Cases 209-213/84, https://curia.europa.eu/juris/showPdf.jsf;jsessionid=9ea7d2dc30dd2a8995e87faa45e98b30a3d6fe552102.e34KaxiLc3qMb40Rch0SaxuRc3b0?text=&docid=93403&pageIndex=0&doclang=EN&mode=lst&dir=&occ=first&part=1&cid=290628. 2023 年 11 月 30 日查阅。

⑤ 该条款规定由理事会决定《罗马条约》在海运和航空运输领域的适用问题。

⑥ Council Regulation No. 3975/87, 1987 O.J. (L 374) 1 (EEC), https://eur-lex.europa.eu/legal- content/EN/TXT/?uri=CELEX%3A31987R3975. 2023 年 11 月 30 日查阅。

定了程序。该条例授予欧共体委员会在航空运输业有权像在其他部门一样行使实行竞争政策的权力。1992 年欧共体理事会通过修订法律[①]，明确规定该条例适用于欧共体范围内机场之间的航空运输，不包括与第三国之间的航空运输。

该条例同时也在第 2 条规定将航空运输业的技术协议排除在适用竞争政策之外，技术协议包括的范围很广，主要目的是“取得技术进步并开展合作”，如航空器、航空器零部件、设备和航空器用品的强制性或推荐性技术标准的出台或统一应用，航空公司之间机票的销售、签注和接受安排（联程）以及为此目的制定的退款、按比例定价和会计计划等。

针对《罗马条约》第 85 条第 3 款的例外豁免问题[②]，需要由企业或者企业协会向欧共体委员会提出申请，申请应在欧共体官方公告中发布摘要，以便第三方发表意见。如果欧共体委员会没有在发布公告后的 90 天内通知申请人不满足豁免条件，豁免自动生效，但是欧共体委员会在 90 天期限届满后、6 年期限届满之前发现不满足适用条约第 85 条第 3 款的条件，也可以发布决定，宣布适用第 85 条第 1 款的禁止规定。

3.1.4 节提及在 2003 年欧盟理事会通过《第 1/2003 号理事会条例》，取代了《第 17/62 号理事会条例》，因而在航空运输领域也面临对《第 3975/87 号理事会条例》进行修订的问题。

欧盟理事会通过了《第 411/2004 号理事会条例》[③]，废除了《第 3975/87 号理事会条例》，仅保留了其中第 6 条第 3 款，即欧盟委员会有权对仍然有效的反垄断豁免进行撤销和修改，直至这些有效的反垄断豁免决定失效。因而，目前航空运输领域除了这项特别规定外，其他已经没有专门针对行业的特殊规定，在竞争政策方面已经普遍适用《第 1/2003 号理事会条例》。

6.1.4 在航空运输业实行竞争政策集体豁免的立法

欧共体以及后续的欧盟在航空运输业实行的集体豁免政策包括三大领域：航空公司运营和市场营销范畴、计算机订座系统和地面服务。欧共体以及欧盟通过立法来细化相关的集体豁免。

第一个细化的是针对航空公司运营和市场营销领域的集体豁免。1987 年，欧共体理事会通过了《关于条约第 85 条第（3）款对航空运输领域某些类别的协议

① Council Regulation (EEC) No. 2410/92, 1992 O.J. (L 240) 18, https://eur-lex.europa.eu/legal-content/EN/TXT/?uri=celex%3A31992R2410. 2023 年 11 月 30 日查阅。

② 有助于改善商品生产、分销或促进技术、经济进步的协议，同时允许消费者公平分享由此产生的利益，从而免于被禁止。

③ Council Regulation No. 411/2004, 2004 O.J. (L 68) 1 (EU), https://eur-lex.europa.eu/legal-content/EN/TXT/?uri=celex%3A32004R0411. 2023 年 11 月 30 日查阅。

和协同做法的适用》(即《第 3976/87 号理事会条例》)[①]。此处的豁免不同于上面提到的《第 3975/87 号理事会条例》中的豁免，这是一个集体豁免，包括联合规划和协调定期航班服务运力，分享定期航班服务收入，就定期航班旅客和行李运输的运价、票价和条件共同制定提案并进行磋商，机场航班时刻分配和机场航班排班，航空运输企业共同购买、开发和运行与时刻表、预订和票务相关的计算机预订系统，包括飞机推出、加油、清洁和安保等在内的机场的技术和运营地面服务，机场旅客、货邮行李的处理，飞行配餐提供的服务。《第 3976/87 号理事会条例》规定的集体豁免还是比较原则性的，因而需要欧盟委员会具体细化以便实施，因此《第 3976/87 号理事会条例》授权欧盟委员会可以制定相关落实集体豁免的条例。

上面提及的《第 411/2004 号理事会条例》限定了《第 3976/87 号理事会条例》第 1 条集体豁免的范围，即仅限于共同体机场之间，从而将集体豁免扩展到与第三国的航空运输活动。不过，《第 3976/87 号理事会条例》已经于 2009 年 6 月 30 日失效。

1988 年欧共体委员会根据《第 3976/87 号理事会条例》授权，通过了《第 2671/88 号委员会条例》[②]对《第 3976/87 号理事会条例》中的联合规划和协调定期航班服务运力，分享定期航班服务的收入，就定期航班旅客和行李运输的运价、票价和条件共同制定提案并进行磋商，机场航班时刻分配和机场排班等的集体豁免进行细化，提出一些具体的豁免条件。比如，在联合规划和协调定期航班服务运力集体豁免方面，要求不得形成对航空公司的强制约束力；规划和协调的目的是确保在一天中不太繁忙的时间、不太繁忙的时段或不太繁忙的航线上提供令人满意的服务；协议、决定和协调一致的做法不包括提前直接或间接地限制参与者提供的运力或共享运力等安排；这些协议、决定和协调一致的做法并不试图影响未参与其中的航空公司所提供的运力或所采用的时刻表等。

上述《第 2671/88 号委员会条例》在 1993 年被《第 1617/93 号委员会条例》[③]取代，取消了“分享定期航班服务收入”的集体豁免权，增加了“在共同体机场之间的新航线或低密度航线上联合运营定期航班服务”的集体豁免权，将运价磋商范围扩大到了航空货运，另外还对豁免条件做了修订。比如，针对联合规划和协调定期航班服务运力，首先要求协调合作不具有约束力，确保在一天中不太繁忙的时间、不太繁忙的时段或不太繁忙的路线上提供令人满意的服务；或者

① Council Regulation No. 3976/87, 1987 O.J. (L 374) 9 (EEC), https://eur-lex.europa.eu/legal-content/EN/TXT/?uri=CELEX%3A31987R3976. 2023 年 11 月 30 日查阅。

② Commission Regulation (EEC) No. 2671/88, 1988 O.J. (L 239) 9 (EEC), https://eur-lex.europa.eu/legal-content/EN/TXT/?uri=CELEX%3A31988R2671. 2023 年 11 月 30 日查阅。

③ Commission Regulation No. 1617/93, 1993 O.J. (L 155) 18 (EU).

通过具有约束力的时刻表，促进参与方所运营服务之间旅客的联运衔接，并为此类时刻表提供最低运力。在满足这两个条件之一的基础上，还需要同时满足若干条件，《第 1617/93 号委员会条例》还对参加航空客货运运价协调豁免提出了限制条件。

欧盟委员会在 1996 年通过的《第 1523/96 号委员会条例》①专门针对国际航协的运价协调和航班时刻分配提供集体豁免，但是没有包括航空货运运价的协调。2002 年欧盟委员会通过《第 1105/2002 号委员会条例》②，该条例延长了授予欧盟航空公司参与国际航协客运价格协调和机场航班时刻分配的集体豁免期限。2006 年欧盟委员会通过的《第 1459/2006 号委员会条例》③再次对国际航协的定期客运运价协调和机场的航班时刻分配授予集体豁免权。该条例至今仍然有效。

1999 年的《第 1083/99 号委员会条例》④取消了《第 1617/93 号委员会条例》“联合规划和协调定期航班服务运力”和“在共同体机场之间的新航线或低密度航线上联合运营定期航班服务”两项集体豁免。该条例在 2005 年 6 月 30 日失效。

第二个细化的集体豁免领域是计算机订座系统。1988 年欧共体委员会通过的《第 2972/88 号委员会条例》⑤规定，计算机订座系统豁免的范围包括：购买或开发共同的计算机订座系统；寻找一个系统供应商来运营和营销计算机订座系统；规范系统供应商或分销商所提供的分销设施。此后，1993 年欧盟委员会通过的《委员会第 3652/93 号条例》⑥，再次规定了计算机订座系统的集体豁免。计算机订座系统的集体豁免于 1998 年 6 月 30 日失效。

第三个细化的集体豁免领域是地面服务。1988 年，欧共体委员会通过的《第 2973/88 号委员会条例》⑦，对在欧共体的国际航空运输机场提供地面服务且只有两个企业参与的协议、决定或协调一致的做法，豁免适用于第 85 条第 1 款的规定。具体的豁免范围包括：在机场地面，一般性提供的所有技术和业务服务，如向机组人员提供必要的飞行文件和信息、停机坪服务，如装卸、安全、飞机维修和加油以及起飞前的操作指导；处理旅客、邮件、货物以及与邮政服务相关的所有服务；提供机上餐饮的所有服务，包括准备、储存和向飞机运送餐食和用品以及餐饮设备的维护。获得上述集体豁免，也需要满足一定条件。比如，不得要求航空公司必须专门从特定供应商处获得上述豁免范围的地面服务，也不得搭售其

① Commission Regulation No. 1523/96, 1996 O.J. (L 190) 11 (EU).
② Commission Regulation No. 1105/2002, 2002 O.J. (L 167) 26 (EU).
③ Commission Regulation No. 1459/2006, 2006 O.J. (L 273) 23 (EU).
④ Commission Regulation No. 1083/99, 1999 O.J. (L 131) 27 (EU).
⑤ Commission Regulation No. 2672/88, 1988 O.J. (L 239) 16 (EEC).
⑥ Commission Regulation No. 3652/93, 1993 O.J. (L 333) 44 (EU).
⑦ Commission Regulation No. 2673/88, 1993 O.J. (L 239)17 (EU).

他的商品或者服务等。该集体豁免于 1991 年 1 月 31 日失效。

《第 3976/87 号理事会条例》于 2009 年 6 月 30 日失效的同时，欧盟理事会通过的《第 487/2009 号理事会条例》[①]继续授予航空运输业集体豁免权，对豁免的地理范围没有限制，也就是适用欧盟内部和与第三国的航空运输，豁免协议和一致行动的范围包括：联合规划和协调航班时刻表，关于定期航班旅客、行李运输和货运运价的磋商，联合运营新的不太繁忙的定期航班，机场航班时刻分配和机场排班，航空运输企业共同购买、开发和运行与时刻表、预订和票务相关的计算机预订系统。与《第 3976/87 号理事会条例》相比，该条例取消了对地面服务和分享定期航班服务收入两项集体豁免，缩小了集体豁免的范围，同时也授权欧盟委员会制定委员会条例，界定集体豁免适用的协议、决定或协调一致做法的类别，并特别规定协议、决定和协调一致做法中可以出现或不可以出现的限制或条款以及必须包含的条款或者其他必须满足的条件。然而实际上目前欧盟委员会并没有制定这样的条例[②]。

比较《第 487/2009 号理事会条例》和《第 1459/2006 号委员会条例》可以发现，前者授予航空公司参与国际航协运价协调的范围更大，包括了航空货运，而仍然有效的《第 1459/2006 号委员会条例》不包括航空货运。

除了《第 487/2009 号理事会条例》授予航空运输业集体豁免权外，航空运输业还可以取得 3.1.4 节所提及的一般性的、普遍性的集体豁免。

6.2　欧盟对航空运输业并购的审查

6.2.1　并购审查的依据和程序

欧盟委员会关于并购审查的法律基础是《第 1/2003 号理事会条例》（在 3.1.4 节做过介绍）[③]，在 2004 年 5 月 1 日之前，其直接依据是经《理事会第 1310/97 号条例》修订的《1989 年合并控制理事会条例》[④]，2004 年 5 月 1 日之后其依据是《第 139/2004 号理事会条例》[⑤]。

欧盟委员会具体开展并购审查工作则是依照实施条例，即《第 802/2004 号委员会条例》（后修订为《第 1269/2013 号委员会实施条例》）以及 2023 年 9 月 1 日

---

① Council Regulation No. 487/2009, 2009 O.J. (L 148) 1 (EU).

② European Commission, “Legislation on Transport and Tourism,” https://competition-policy.ec.europa.eu/sectors/transport-tourism/legislation_en. 2023 年 12 月 1 日查阅。

③ 参见 3.1.4 相关部分。

④ 参见 3.1.3 相关部分。

⑤ 参见 3.1.4 相关部分。

生效的、取代前者的《第 2023/914 号委员会实施条例》[①]。

欧盟的并购审查程序一般包括以下内容。

第一，通知[②]。计划并购且达到一定门槛的公司必须在实施交易前通知欧盟委员会。这些门槛通常基于所涉及公司的全球和欧盟范围内的总营业额。

在正式通知之前，通常会有一个非正式的预先通知阶段，各方与欧盟委员会工作人员进行讨论，以确定潜在的问题。

第二，第一阶段调查[③]。收到正式通知后，欧盟委员会将进行初步（第一阶段）调查，通常持续 25 个工作日。此阶段评估集中是否足以引发对其与内部市场相容性的严重怀疑。

第一阶段的可能结果包括批准和有条件批准两种。如果欧盟委员会发现不存在重大竞争壁垒，则并购获得批准。有时，欧盟委员会会附加条件批准并购，如资产剥离或行为承诺条件。

第三，第二阶段调查[④]。如果仍然存在严重疑问，欧盟委员会将启动更深入的（第二阶段）调查。第二阶段调查的深入评估可长达 90 个工作日（在某些条件下可延长），包括合并对竞争的影响的详细分析。

第二阶段的最终决定包括批准（有条件或无条件）和禁止。欧盟委员会可能会发现并购不会显著妨碍有效竞争或通过补救措施可以消除对竞争的妨碍，因而批准合并。如果发现并购严重妨碍竞争，欧盟委员会可以禁止该并购。

第四，司法审查[⑤]。利益相关方可以将欧盟委员会的决定上诉至普通法院，随后上诉至欧盟法院。利益相关公司或其他方可以在欧盟委员会做出决定后 2 个月内提出上诉。这保证了司法监督的独立性，并确保公司的所有辩护权得到充分尊重。

第五，与国家竞争主管机构的协调[⑥]。如果并购不涉及欧盟，但影响多个成员国，国家竞争主管机构可以将其提交给欧盟委员会或要求自行处理。这一程序确保并购不会形成或强化市场支配地位，从而维持欧盟健康的竞争环境。

第六，承诺[⑦]。如果欧盟委员会担心并购可能会严重影响竞争，并购公司可以做出承诺，即对并购项目做出某些修改，以保证市场上的持续竞争。并购公司可以在第一阶段或第二阶段做出承诺。

---

① 参见 3.1.4 相关部分。

② Commission Implementing Regulation (EU) 2023/914, arts. 2-6, 2023 O.J. (L 139) 1 (EU).

③ Council Regulation (EC) No 139/2004, arts. 6(1)b, 10, 2004 O.J. (L 24) 1 (EU).

④ Council Regulation (EC) No 139/2004 arts. 6(1)c, 8, 10, 2004 O.J. (L 24) 1 (EU).

⑤ Council Regulation (EC) No 139/2004, art. 16, 2004 O.J. (L 24) 1 (EU).

⑥ Council Regulation (EC) No 139/2004, art. 19, 2004 O.J. (L 24) 1 (EU).

⑦ Commission Implementing Regulation (EU) 2023/914,arts. 19-21, 2023 O.J. (L 139) 1 (EU).

欧盟委员会分析拟议的承诺是否可行，确保其足以消除竞争担忧。欧盟委员会还考虑了市场测试中市场参与者的观点。如果承诺被接受，其将对公司具有约束力。之后，欧盟委员会任命一名独立受托人来监督这些承诺的遵守情况。

6.2.2　欧盟内部航空运输业并购审查

表 6.1 列出了从欧盟委员会竞争总司并购案数据库中能够查询到的欧盟内部航空运输业的并购案，一共 35 件，扣除中途撤回的 4 件，最终进入并购审查程序并做出决定的有 31 件。其中，无条件批准的 17 件，有条件批准的 10 件，不批准的仅有 4 件。并购审查通过的比例高达 87%。这个通过比例高于美国民航委员会对并购审查的通过率（81.3%），略低于美国司法部的比例（88.5%），也低于美国运输部 100%的通过率。值得注意的是。不批准的 4 个并购案中有 3 个为低成本航空之间的，而且有两个是同一个并购双方第三次尝试并购，即瑞安航空收购爱尔兰航空。看来，在欧盟，低成本航空之间的并购存在一定难度。

表 6.1　截至 2024 年 8 月，欧盟内部航空运输业的并购案

案件编号	案件名称	是否放行	首次决定时间
M.157	法航/萨贝纳航空（Air France/Sabena）	批准	1992 年
M.259	英国航空/TAT 欧洲航空（British Airways / TAT）	批准	1992 年
M.278	英国航空/丹航空（British Airways / Dan Air）	批准	1993 年
M.806	英国航空/TAT 欧洲航空（第二次)[British Airways / TAT（II）]	批准	1996 年
M.857	英国航空/自由航空（British Airways / Air Liberté）	批准	1997 年
M.967	荷兰皇家航空/联合王国航空（KLM / Air UK）	批准	1997 年
M.1035	霍赫蒂夫/瑞安塔航空/杜塞尔多夫机场（Hochtief / Aer Rianta / Düsseldorf Airport）	批准	1997 年
M.1128	荷兰皇家航空/马丁航空（KLM / Martin Air）	撤回	1998 年
M.1328	荷兰皇家航空/马丁航空（第二次）[KLM / Martin Air（II）]	撤回	1999 年
M.1354	赛尔集团/LTU 航空（SAIR Group / LTU）	批准	1999 年
M.1494	赛尔集团/AOM 法国航空（SAIR Group / AOM）	批准	1999 年

续表

案件编号	案件名称	是否放行	首次决定时间
M.1626	赛尔集团/SAA（SAIR Group / SAA）	批准	1999 年
M.2008	AOM 法国航空/自由航空/滨海航空（AOM/Air Liberté/Air Littoral）	批准	2000 年
M.3280	法航/荷航（Air France / KLM）	有条件批准	2004 年
M.3940	汉莎航空/欧洲之翼航空（Lufthansa / Eurowings）	有条件批准	2006 年
M.4439	瑞安航空/爱尔兰航空（Ryanair / Aer Lingus）	不批准	2007 年
M.5141	荷兰皇家航空/马丁航空（KLM/ Martin Air）	批准	2008 年
M.5335	汉莎航空/ SN 航空控股（布鲁塞尔航空）[Lufthansa / SN Airholding（Brussels Airlines）]	有条件批准	2009 年
M.5364	伊比利亚航空/伏林航空/克利克航空（Iberia / Vueling / Clickair）	有条件批准	2009 年
M.5403	汉莎航空/英伦航空（Lufthansa / BMI）	批准	2009 年
M.5434	瑞安航空/爱尔兰航空（第二次）[Ryanair / Aer Lingus（Ⅱ）]	撤回	2009 年
M.5747	伊比利亚航空/英国航空（Iberia / British Airways）	批准	2010 年
M.5440	汉莎航空/奥地利航空（Lufthansa / Austrian Airlines）	有条件批准	2010 年
M.5830	奥林匹克航空/爱琴海航空（Olympic / Aegean Airlines）	不批准	2011 年
M.6447	国际航空集团/英伦航空（IAG/ BMI）	有条件批准	2012 年
M.6663	瑞安航空/爱尔兰航空（第三次）[Ryanair / Aer Lingus（Ⅲ）]	不批准	2013 年
M.6796	爱琴海航空/奥林匹克航空（第二次）[Aegean / Olympic （Ⅱ）]	批准	2013 年
M.7541	国际航空集团/爱尔兰航空（IAG / Aer Lingus）	有条件批准	2015 年
M.8633	汉莎航空/柏林航空的某些资产（Lufthansa / Certain Air Berlin Assets）	有条件批准	2017 年
M.8672	易捷航空/柏林航空的某些资产（Easyjet / Certain Air Berlin Assets）	批准	2018 年

续表

案件编号	案件名称	是否放行	首次决定时间
M.8869	瑞安航空/劳达航空（Ryanair / Laudamotion）	批准	2018 年
M.9287	联航/弗莱比航空（Connect Airways / Flybe）	有条件批准	2019 年
M.9637	国际航空集团/欧罗巴航空（IAG / Air Europa）	撤回	2021 年
M.11071	汉莎/意大利经济与金融部/ITA 航空（Deutsche Lufthansa / MEF / ITA）	有条件批准	2024 年
M.11109	国际航空集团/欧罗巴航空（第二次）[IAG / Air Europa（Ⅱ）]	2024 年 4 月 26，第二阶段调查结束后，欧盟委员会表示反对收购，8 月 2 日国际航空集团表示取消收购。	2024 年

资料来源：笔者根据欧盟委员会竞争总司网站资料整理。

表 6.1 中，有一个并购案是机场之间的并购案，即 1997 年的“霍赫蒂夫/瑞安塔航空/杜塞尔多夫机场并购案”，这个并购案是德国的霍赫蒂夫和瑞安塔航空共同收购杜塞尔多夫机场 50%的股份。瑞安塔航空在英国伯明翰以及爱尔兰都柏林、香农和科克机场开展机场管理业务，霍赫蒂夫于 2001 年在雅典新机场开展机场管理业务，这些机场和杜塞尔多夫机场距离较远，不存在竞争关系，欧盟委员会认为“集中与共同市场相容”①，因而不反对该项并购。

英国航空公司在 2000 年之前有 4 次对其他航空公司进行收购的经历，均获得批准。其中，对法国 TAT 欧洲航空公司通过 1992 年和 1996 年两次收购，100%控股了这家航空公司。1993 年，英国航空收购丹航空原本没有达到申报的门槛，因为丹航空公司截至 1991 年 12 月 31 日的营业收入为 230 万欧元，没有达到 2500 万欧元的申报门槛，但是依照当时有效的《1989 年合并控制理事会条例》，只要“集中影响成员国之间的贸易”②，欧盟就有权进行管辖，而当时丹航空运营英国到比利时的航线，欧盟委员会因而认为有权管辖。关于依照“集中影响成员国之间的贸易”进行并购审查的规定在目前有效的《第 139/2004 号理事会条例》中仍然保留③。

1989 年，欧洲法院在“艾哈迈德·赛义德航空旅等诉反不正当竞争中心案”和 1994 年初审法院在“法航诉委员会案”的裁决中认定航空运输业的相关地域市

① Decision in Case No IV/M.1035 - Hochtief/Aer Rianta/Düsseldorf Airport, 5.

② Council Regulation No. 4064/89, art. 22(3), 1989 O.J. (L 395) 1 (EEC).

③ Council Regulation (EC) No 139/2004, art. 22(1), 2004 O.J. (L 24) 1 (EU).

场应是一条航线（a route）或者一组航线（a bundle of routes）[①]。关于相关市场界定问题的详细讨论将放到第 9 章展开。

在并购对竞争影响评估方面，“法航和荷航并购案”（M.3280 Air France / KLM）考虑了法航和荷航各自联盟以及合作伙伴的因素，认为交易可以消除其各自合作伙伴，如达美航空、意大利航空、捷克航空、西北航空和肯尼亚航空之间的竞争关系[②]，还认为网络效应不会引发对竞争的损害[③]。

2007 年，低成本航空公司瑞安航空寻求收购另一家低成本航空公司爱尔兰航空时，欧盟委员会发现在重叠的 35 个城市对市场上，有 22 个并购后的实体占据 100%的市场份额，其余的也超过 60%[④]。根据欧盟 2004 年的《横向合并评估指南》，非常大的市场份额（50%及以上）本身就可能是占据市场支配地位的证据[⑤]。2005 年的“通用电气诉欧盟委员会案”中，欧洲初审法院认为，尽管市场份额的重要性可能因市场而异，但非常大的份额本身就是占据支配地位的证据[⑥]。如果认为这是一个非航空运输业的案例，而不适用航空运输业，那么 2006 年欧洲初审法院对“易捷航空诉欧盟委员会”一案的裁决中也认定欧盟委员会要求合并各方在市场份额超过 50%的市场上做出承诺是依照判例对支配地位的推定[⑦]。欧盟委员会认定爱尔兰航空和瑞安航空在爱尔兰相关航线上是互为最接近的竞争对手，而固定效应回归证明爱尔兰航空的价格受到瑞安航空竞争的限制。因而，并购将消除重叠城市对市场的竞争，也将消除潜在城市对市场的竞争。

此外，在与并购后的瑞安航空和爱尔兰航空竞争时，运营往返都柏林的航班存在许多重要的进入壁垒，包括航班时刻短缺、成本差异、品牌认知和旅客转化成本等。这些壁垒远远超出机场拥挤的范畴，尤其与瑞安航空和爱尔兰航空在其总部所在地都柏林的稳固市场地位有关。由于这些壁垒，新进入的可能性不大，甚至在几乎所有重叠的路线上都不可能进入。由于绝大多数重叠航线上没有潜在进入者，并且竞争对手一致表示它们甚至不会考虑与并购后的实体进行大规模的直接竞争（特别是在都柏林设立基地），欧盟委员会的结论是，新进入不太可能，也不及时，且即使进入也不足以对并购后的实体形成充分的竞争约束，也无法消

① Judgment in Case 66/86 - Ahmed Saeed Flugreisen and Other v/Zentrale zur Bekänntfung unlauteren Wettbewerb [1989] ECR 803, ¶¶40-41；Judgment of the Court of First Instance in Case 2/93 Air France/Commission (TAT), of 19.05.1994, [1994], ECR 323, ¶¶ 17, 84, 85.

② Commission Decision in Case No COMP /M.3280-Air France / KLM, 15.

③ Commission Decision in Case No COMP /M.3280-Air France / KLM, 27-29.

④ Commission Decision in Case No COMP /M.4439- Ryanair / Aer Lingus, 81.

⑤ Guidelines on the assessment of horizontal mergers under the Council Regulation on the control of concentrations between undertakings, ¶ 17.

⑥ Judgement of Case T-210/01 General Electric v Commission [2005] ECR II-5575, ¶ 115.

⑦ Judgment of Case T-177/04 easyJet v Commission, of 4 July 2006 ECR [2006], ¶ 174.

除拟议并购可能产生的反竞争影响[①]。

而瑞安航空声称的效率无法验证，也不是合并特有的。即便这些效率存在，这些效率也会影响爱尔兰航空的固定（飞机运营）成本，这使得人们不确定其是否能让消费者受益[②]。《横向合并评估指南》也指出，导致市场地位接近垄断或导致类似市场势力水平的合并极不可能通过效率提升来抵消其潜在的反竞争影响，此类合并将被宣布与共同市场不相容[③]。上述两家航空公司做出的承诺也被认为不足以消除对竞争的负面影响，最后欧盟委员会宣布该合并与共同市场不相容，从而否决了该项合并方案。

2009 年，瑞安航空再次发起了对爱尔兰航空的收购，但是，后来又主动撤回。2012 年瑞安航空第三次提起了收购爱尔兰航空的申请，2013 年再次被欧盟委员会否决[④]。爱尔兰航空最后在 2015 年被国际航空集团收购。[⑤]

2023 年 11 月 30 日，汉莎航空通知其完成收购意大利经济与财政部拥有的意大利航空部分股权的交易。为了消除欧盟委员会担心交易可能对竞争产生的负面影响，2024 年 1 月 8 日汉莎航空向欧盟委员会做出了承诺。但是，欧盟委员会认为该交易可能会削弱连接意大利与中欧国家的短途航线的竞争，还可能会削弱意大利与美国、加拿大、日本和印度之间的某些长途航线的竞争，并进一步巩固意大利航空在米兰利纳特机场（Milan Linate Airport）中的主导地位。而汉莎航空做出的承诺还不足以消除交易对竞争的影响。2024 年 1 月 23 日，欧盟委员会发布公告称对该交易将进行第二阶段深度调查[⑥]。2024 年 3 月 25 日，欧盟委员会发布公告认定该交易将削弱意大利到中欧部分国家短途航线上和意大利到美国、加拿大和日本长途航线上的竞争，会进一步巩固意大利航空在米兰利纳特机场的主导地位，这可能会让竞争对手更难提供往返米兰利纳特的航空客运服务。汉莎航空和意大利经济与财政部可以要求召开口头听证会，也可以提出补救措施，以解决欧盟委员会提出的上述竞争问题[⑦]。

---

① Commission Decision in Case No COMP /M.4439- Ryanair / Aer Lingus, 86-190.

② Commission Decision in Case No COMP /M.4439- Ryanair / Aer Lingus, 321.

③ Guidelines on the assessment of horizontal mergers under the Council Regulation on the control of concentrations between undertakings, ¶¶ 79, 84.

④ Commission Decision in Case No COMP /M.6663- Ryanair / Aer Lingus.

⑤ Commission Decision in Case No M.7541- IAG / Aer Lingus.

⑥ European Commission, "Commission Opens In-Depth Investigation into Proposed Acquisition of Stake in ITA Airways by Lufthansa," January 23, 2024, https://ec.europa.eu/commission/presscorner/detail/en/ip_24_351. 2024 年 1 月 30 日查阅。

⑦ European Commission, "Commission Sends Statement of Objections over Proposed Acquisition of a Stake in ITA Airways by Lufthansa," March 25, 2024, https://ec.europa.eu/commission/presscorner/detail/en/ip_24_1430. 2024 年 3 月 28 日查阅。

2024 年 7 月 3 日，欧盟委员会宣布附条件批准该收购方案。在短途航线上，汉莎航空和意大利经济与财政部将向一两家竞争对手航空公司提供必要的资产，使其能够开通罗马或米兰与中欧某些机场之间的直飞航班。在长途航线上，汉莎收购股份后的公司将与竞争对手达成协议，如通过联程协议（interline agreement）或航班时刻互换，以提高它们在相关长途航线上的竞争力。针对意大利航空在米兰利纳特机场争夺主导地位的问题，汉莎航空和意大利经济与财政部实施了把利纳特机场的航班时刻转让给短途航线的补救措施[①]。

2021 年 5 月，国际航空集团通知欧盟委员会其将收购欧罗巴航空，但是当年 12 月，该交易通知被国际航空集团撤回。2023 年 12 月 11 日国际航空集团再次向欧盟委员会提交其收购欧罗巴航空交易的通知。欧盟委员会初步认为由于国际航空集团和欧罗巴航空在提供西班牙境内、往返西班牙的某些航线上的客运航空运输服务方面是一对强大的竞争对手，因而该交易可能会削弱多条西班牙国内、短途和长途航线客运航空运输服务市场的竞争。首先，西班牙国内航线，特别是高速列车无法替代的航线，以及西班牙半岛与巴利阿里群岛和加那利群岛之间的航线。其次，马德里与欧洲经济区一些主要城市之间的短途航线，以及连接马德里与以色列、摩洛哥、英国和瑞士的航线，双方均提供直航服务。最后，马德里与北美和南美之间的长途航线，双方均提供直航服务。这些直飞航线面临着少数其他也提供直航服务的竞争对手的竞争。因而，欧盟委员会在 2024 年 1 月 24 日发布公告称，将对该交易进行第二阶段深度调查。主要评估如下三个方面：第一，双方强大的航班时刻组合（特别是在马德里巴拉哈斯机场）是否会使其他航空公司更难提供航空运输服务。第二，该交易对中转航线可能产生的影响，特别是对前往南美洲的长途航线，因为其中一方或双方拥有便捷的一次经停联程，但直飞服务有限。第三，该交易可能对其他航空公司依赖双方国内和短途网络进行运营的航线产生的影响，进而可能会影响它们飞往同样由国际航空集团提供服务的国际目的地的服务[②]。2024 年 4 月 26 日，欧盟委员会发布公告，宣布第二阶段深度调查结果，最终认定国际航空集团收购欧罗巴航空在上述三个方面初步认定的损害竞争，从而反对此次收购。同样，国际航空集团有机会回复欧盟委员会的反对声明[③]、查阅欧盟委员会的案件档案并请求召开口头听证会，也可以提出补救措

① European Commission, "Commission Clears Proposed Acquisition of Stake in ITA Airways by Lufthansa, Subject to Conditions," July 3, 2024, https://ec.europa.eu/commission/presscorner/detail/en/ip_24_3604. 2024 年 7 月 5 日查阅。

② European Commission, "Commission opens in-depth investigation into proposed acquisition of Air Europa by IAG," January 24, 2024, https://ec.europa.eu/commission/presscorner/detail/en/ip_24_352. 2024 年 1 月 30 日查阅。

③ 反对声明是欧盟委员会调查涉嫌违反欧盟反垄断规则的正式步骤。欧盟委员会将针对其提出的异议以书面的形式告知有关各方。收件人可以检查欧盟委员会调查档案中的文件，以书面形式答复，并请求召开口头听证会，向欧盟委员会和国家竞争主管机构的代表发表他们对案件裁决结果的评论。

施，以解决欧盟委员会初步认定的竞争关切①。2024 年 8 月 2 日，欧盟委员会表示国际航空集团终止了对欧罗巴航空的收购②。

1992 至 2023 年 11 月，欧盟主要航空公司并购情况，如表 6.2 所示。这些航空公司的成功并购次数都超过 2 次，英航达到 4 次。并购对象不仅包括低成本航空公司和支线航空公司，还包括网络型航空公司。其中法航和荷航并购成立了法荷航集团、英航和伊比利亚并购成立了国际航空集团。

表 6.2　欧盟主要航空公司的并购情况统计表

航空公司	成功并购次数	并购对象商业类型
法航	2	网络型航空公司
英航	4	支线航空公司和网络型航空公司
荷航	3	低成本航空公司和网络型航空公司
汉莎	2	低成本航空公司和网络型航空公司
伊比利亚航空	2	低成本航空公司和网络型航空公司
国际航空集团	2	低成本航空公司

资料来源：笔者根据欧盟委员会竞争总司网站资料整理。

6.2.3　欧盟涉及第三国航空运输业并购审查

表 6.3 汇总了 21 个涉及第三国航空运输业的并购案，其中撤回的有 3 件，否决的有 1 件，有条件批准的有 6 件，无条件批准的有 11 件。欧盟委员会审查的通过率为 94.4%，通过率低于美国运输部和美国司法部对涉及第三国航空公司并购 100%的审查通过率。

这些并购案中，2016 年的海航集团收购空中服务公司是航空公司集团收购一家地服公司，同年海航收购的瑞士航空技术公司从事航空维修业务。剔除撤回的 3 件外，其余 16 件完成了审查程序的并购均发生在航空公司之间。

比利时的萨贝纳航空在 1992 年被法航收购了 37.5%的少数股权后，比利时政府仍然拥有 62.11%的股权。1995 年瑞士航空两次提出收购萨贝纳航空，在第一次撤回后，第二次因附加了一些条件，收购方案得到批准。收购完成后，瑞士航空持有萨贝纳航空 49.5%的股份，比利时政府的股权下降到 50.5%。这个股权结构

① European Commission, "Commission sends Statement of Objections over proposed acquisition of Air Europa by IAG," April 26, 2024, https://ec.europa.eu/commission/presscorner/detail/en/IP_24_2306. 2024 年 5 月 4 日查阅。

② European Commission, "Statement by Executive Vice-President Vestager on the announcement by IAG to withdraw from proposed acquisition of Air Europa," August 2, 2024, https://ec.europa.eu/commission/presscorner/detail/en/ STATEMENT_24_4142. 2024 年 8 月 10 日查阅。

说明，法航就完全退出了萨贝纳航空。

表 6.3　截至 2024 年 2 月，欧盟涉及第三国航空运输业并购案

案件编号	案件名称	是否批准	首次决定时间
M.130	达美航空/泛美航空（Delta Airlines / Pan Am）	批准	1991 年
M.562	瑞士航空/萨贝纳航空（Swissair / Sabena）	撤回	1995 年
M.616	瑞士航空/萨贝纳航空（第二次）[Swissair / Sabena（Ⅱ）]	有条件批准	1995 年
M.1696	Onex/加航/加拿大航空（Onex/Air Canada/Canadian Airlines）	撤回	1999 年
M.1855	新加坡航空/维珍大西洋航空（Singapore Airlines/Virgin Atlantic）	批准	2000 年
M.2041	美联航/合众国航空（United Airlines / US Airways）	有条件批准	2001 年
M.3770	汉莎航空/瑞士航空（Lufthansa/Swiss）	有条件批准	2005 年
M.5181	达美航空/美西北航空（Delta Airlines/Northwest Airlines）	批准	2008 年
M.5841	国泰航空/中国国际航空/国货航（Cathay Pacific Airways/Air China /ACC）	批准	2010 年
M.5889	美联航/大陆航空（United Air Lines / Continental Airlines）	批准	2010 年
M.6570	UPS/TNT 快递（UPS/TNT Express）	否决	2013 年
M.6607	全美航空/美国航空（US Airways /American Airlines）	有条件批准	2013 年
M.6828	达美航空/维珍集团/维珍大西洋航空（Delta Air Lines/Virgin Group/Virgin Atlantic Limited）	批准	2013 年
M.7333	意大利航空/阿提哈德航空（Alitalia/Etihad）	有条件批准	2015 年
M.7630	联邦快递/TNT 快递（Fedex/TNT Express）	批准	2016 年
M.8137	海航集团/空中服务公司（HNA Group/Servair）	批准	2016 年
M.8210	海航/瑞士航空技术公司（HNA Aviation/ SR Technics）	批准	2016 年
M.8361	卡塔尔航空/阿里萨达/梅瑞迪纳航空（Qatar Airways/Alisarda/Meridiana）	批准	2017 年

续表

案件编号	案件名称	是否批准	首次决定时间
M.9489	加拿大航/运输航空（Air Canada /Transat）	撤回	2020 年
M.8964	达美航空/法航荷航/维珍集团/维珍大西洋航空（Delta /Air France-KLM/Virgin Group/Virgin Atlantic）	批准	2021 年
M.10149	大韩航空/韩亚航空（Korean Air Lines /Asiana Airlines）	有条件批准	2024 年

资料来源：笔者根据欧盟委员会竞争总司网站资料整理。

1991 年，达美航空收购泛美航空跨大西洋航线资产是欧盟委员会审查的第一个涉及第三国航空公司并购的案子，甚至比其内部的法航收购萨贝纳航空部分股权案还早一年。在这个案子中，欧盟委员会将相关地域市场界定为连接大西洋两岸门户的航线，或者从需求方来看具有替代性的一组航线。例如，伦敦/纽约航班可能会被巴黎/纽约或阿姆斯特丹/纽约替代，反之亦然。但是，欧盟委员会也认为，对相关市场的正确界定需要对实际需求方的可替代性进行大量研究，特别是要考虑监管壁垒和航线限制的持续存在。在达美航空收购泛美航空跨大西洋航线资产一案中，上述两种相关地域市场的界定都不会进一步巩固达美航空的支配地位，从而导致共同市场内的竞争受到严重限制，因而如果对相关地域市场进行精确定义需要留待以后讨论①。

1995 年，瑞士航空收购萨贝纳航空部分股权时，欧盟和瑞士没有订立双边航空运输协定。2005 年汉莎收购瑞士航空时，欧盟和瑞士的双边航空运输协定已经生效，该协定第 11 条第 1 款授权欧盟对航空公司的并购具有完全的管辖权，而且适用欧盟的立法②。如果没有这个协定，欧盟的管辖权就仅限于瑞士与欧盟之间的航空运输市场。而实际上，欧盟委员会评估了两家航空公司所有的重叠城市对市场。

2010 年，在国泰航空收购国货航 49%股份的案子中，欧盟认定洲际航空货运的相关地域市场为大陆到大陆的方式，因为就货物航空运输而言，相关服务区域大致相当于各大洲。同时货物运输的时间敏感性不如客运，可能会经过更多的中途经停，因此任何非直飞航线通常都可以替代任何直飞航线。而且由于航线两端对航空货物运输的需求可能存在很大差异，航线上各航段的运力和价格也有很大

① Commission Decision in Case No IV/M.130- Delta Airlines / Pan Am, ¶¶ 12, 13.

② Agreement between the European Community and the Swiss Confederation on Air Transport, https://eur-lex.europa.eu/legal-content/EN/TXT/?uri=CELEX%3A22002A0430%2802%29. 2024 年 1 月 30 日查阅。

差异，故而航空货运本质上是单向的。航空货运不再按照货物本身的性质再进行细分[①]。但是，在 2013 年的“UPS 收购 TNT 快递案”和 2016 年“联邦快递收购 TNT 快递案”中，由于这两家货运集成服务提供商与传统的航空货运公司存在较大区别，在相关商品市场的界定中，除了航空货运外，还界定了货运代理和小包裹（small package）递送服务，小包裹递送与航空货运的区分以货物重量 31.5 公斤为界，低于 31.5 公斤的为小包裹递送[②]。关于航空货运的相关市场界定问题留待第 9 章讨论。

2013 年的“UPS 收购 TNT 快递案”和 2016 年“联邦快递收购 TNT 快递案”，前后间隔 3 年，欧盟委员会否决了前一个而批准了后一个，而且并购方也没有做出任何承诺。在“UPS 收购 TNT 快递案”中，主要的问题出现在快递市场，欧盟委员会认为法国邮政（La Poste）和皇家邮政（Royal Mail）这些非集成服务提供商无法基于其商业模式核心的公路业务为欧洲经济区内部提供“长途”国际快递服务。相对于 UPS 和 TNT 快递这类集成服务提供商来说，无论是在效率方面还是在可靠性方面，法国邮政和皇家邮政依赖外包航空运输成为它们经营欧洲经济区内部“长途”国际快递的障碍，因而，这些运营商不太可能愿意并且能够在更广泛地依赖航空运输外包的基础上扩大其目前有限的地理覆盖范围[③]。在欧洲经济区内部的国际快递服务市场，集成服务提供商（UPS、TNT、敦豪和联邦快递）占据了 90%～95%的市场收入份额[④]。

因此，分析重点转向敦豪和联邦快递是否足以构成对并购后实体的势均力敌的竞争。欧盟委员会分析后认为，与其他集成服务提供商相比，联邦快递在欧洲经济区内部快递市场中处于落后地位，市场份额仅为 5%～10%[⑤]。欧洲经济区内的快递包裹递送业务已经构成了一个网络产业，这种网络产业本身要求运营商在整个价值链（从提货、分拣、长途运输、枢纽、航空网络和飞机到地面配送以及 IT 系统）进行大规模的基础设施投资。为了从欧洲经济区内部快递市场的网络效应中受益，这些运营商必须确保其在所有欧洲经济区国家的广泛存在，确保服务覆盖所有欧洲经济区国家。因此，为了合并后的实体和敦豪进行有效竞争，并提高产品质量和扩大规模，联邦快递还需要在多年内进行大量投资。尽管联邦快递正在持续扩张，并且与目前情况相比可能会带来更大的竞争压力，但联邦快递不太可能扩张到足以消除此次交易造成的反竞争影响[⑥]。

---

① Commission Decision in Case No COMP/M.5841- Cathay Pacific Airways/Air China /ACC, ¶¶ 10-16.

② Commission Decision in Case No COMP /M.6570 - UPS/TNT Express, ¶¶37-38, 188, 219.

③ Commission Decision in Case No COMP /M.6570 - UPS/TNT Express, ¶ 452.

④ Commission Decision in Case No COMP /M.6570 - UPS/TNT Express,¶ 509.

⑤ Commission Decision in Case No COMP /M.6570 - UPS/TNT Express, ¶ 514.

⑥ Commission Decision in Case No COMP /M.6570 - UPS/TNT Express, ¶¶ 632-635.

敦豪是合并后实体的强劲竞争对手，其快递市场份额达 40%～50%[①]，和合并后实体的实力旗鼓相当。从集成服务提供商与非集成服务提供商的总体数量来看，合并后仅存 3 家，消费者选择减少；从联邦快递弱小的地位来看，合并后集成服务提供商从 3 家减少到 2 家，从而形成一个高度集中的市场[②]。从 20 世纪末到合并申请的提出，快递市场就没有出现过强大的新进入者，欧洲经济区内部快递市场进入或者扩张的壁垒不仅存在于产品层面也存在于地理层面，而且还需要上面分析联邦快递提到的建设遍布欧洲经济区的复杂基础设施。这一切意味着巨大的成本、风险和时间。因而，任何进入或扩张都不太可能及时且足以消除潜在的反竞争影响[③]。

在效率评估方面，并购双方认为，合并预计将形成非常显著的密度和范围经济、提高服务质量，并通过合并互补网络提高交易效率[④]。依照欧盟《横向并购指南》，效率评估关注的是否能够惠及消费者，一般来说，导致可变或边际成本降低的效率，比固定成本降低的效率更可能与效率评估相关，因为它们更有可能为消费者带来更低的价格。仅仅因为反竞争的产量减少而带来的成本降低，不能被视为有利于消费者的效率提升[⑤]。欧盟委员会经过评估，认为各类成本节约不能满足对相关产品市场预期可能的成本节约的可验证性条件。同时，即使这些成本节省被认为是可验证的，它们也不太可能使消费者受益[⑥]。

最后，欧盟将竞争评估和效率评估细化到各成员国，得出的结论是 UPS 收购 TNT 快递后将对欧洲经济区 15 个成员国的小包裹递送市场的有效竞争造成严重限制[⑦]。而并购方的承诺也没有有效解决上述问题，因而欧盟委员会最终宣布并购与共同市场不相容[⑧]。

从“UPS 收购 TNT 快递案”就可以看出，为什么 3 年后的“联邦快递收购 TNT 快递案”能够得到欧盟委员会的“放行”。欧盟委员会认为，考虑到联邦快递在欧洲经济区的业务规模较小，合并后实体在欧洲经济区内部相关国际快递服务市场的综合市场地位将处于中等水平。在集成服务提供商中，联邦快递和 TNT 快递在欧洲经济区内的国际快递服务方面并不是重要的竞争对手。由于联邦快递欧

---

① Commission Decision in Case No COMP /M.6570 - UPS/TNT Express, ¶ 514.

② Commission Decision in Case No COMP /M.6570 - UPS/TNT Express, ¶¶ 712-720.

③ Commission Decision in Case No COMP /M.6570 - UPS/TNT Express, ¶¶ 741-788.

④ Commission Decision in Case No COMP /M.6570 - UPS/TNT Express, ¶ 817.

⑤ Guidelines on the assessment of horizontal mergers under the Council Regulation on the control of concentrations between undertakings, ¶ 80.

⑥ Commission Decision in Case No COMP /M.6570 - UPS/TNT Express, ¶ 892.

⑦ Commission Decision in Case No COMP /M.6570 - UPS/TNT Express, ¶ 1850.

⑧ Commission Decision in Case No COMP /M.6570 - UPS/TNT Express, ¶ 2106.

洲经济区内部业务规模和密度较小，其在欧洲经济区的业务重点是对欧洲经济区外递送服务有大量需求的客户提供服务。相比之下，TNT 快递由于其在欧洲经济区的业务规模和密度较高，因此更加关注有独立欧洲经济区内国际快递服务需求的客户以及需要国内和延期服务的客户。敦豪和 UPS 是强有力的竞争对手，它们有能力限制合并后的实体。而且，该交易将带来合并特定的效率，这将超过该交易带来的任何潜在竞争损害。因此，该交易不会严重妨碍欧洲经济区内 30 个国家之间国际快递服务的有效竞争①。欧盟委员会还认为，该交易不会对欧洲经济区内 30 个国家运送到欧洲经济区以外世界各地的小包裹递送市场的有效竞争造成重大阻碍②。最终，欧盟委员会无条件批准了该收购方案③。

2000 年“新加坡航空/维珍大西洋航空案”与 2013 年“达美航空/维珍集团/维珍大西洋航空股权案”以及 2021 年“达美航空/法航荷航/维珍集团/维珍大西洋航空案”存在紧密的联系，收购股权的对象均为维珍大西洋航空。2000 年，新加坡航空收购了维珍大西洋航空 49%的股权④；2013 年达美航空从新加坡航空处接手了 49%的维珍大西洋航空股份，其余 51%的股份仍然由维珍集团持有⑤。2021 年，法荷航集团从维珍集团手中收购维珍大西洋航空 31%的股权。最终维珍大西洋航空的股权结构变为：达美持有 49%，法荷航持有 31%，维珍集团持有 20%⑥，达美航空成为维珍大西洋航空的大股东。

2015 年，在“意大利航空/阿提哈德航空案”中，意大利航空通过向阿提哈德航空转让 49%的股权设立了新的意大利航空。为消除欧盟委员会对交易可能导致罗马菲乌米奇诺-贝尔格莱德航线竞争不充分的担忧，交易双方通过做出包括航班时刻释放、特殊比例分成协议⑦和联程协议等承诺获得了“放行”⑧。2017 年“卡塔尔航空/阿里萨达/梅瑞迪纳航空案”中，卡塔尔航空从意大利阿里萨达控股公司手中收购了梅瑞迪纳航空 49%的股份⑨。梅瑞迪纳航空主要提供定期和包机客运服务以及货运服务，目的地主要包括欧洲和北非，以及美洲和亚洲的一些目的地。

针对“大韩航空收购韩亚案”，欧盟委员会于 2023 年 5 月 27 日发表了初步

① Commission Decision in Case No M.7630 - FedEx/TNT Express, ¶¶ 589-591.

② Commission Decision in Case No M.7630 - FedEx/TNT Express, ¶ 805.

③ Commission Decision in Case No M.7630 - FedEx/TNT Express, ¶ 1344.

④ Commission Decision in Case No COMP /M.1855 - Singapore Airlines/Virgin Atlantic, ¶ 5.

⑤ Commission Decision in Case No M.8964 - Delta Air Lines/Virgin Group/Virgin Atlantic Limited, ¶ 6.

⑥ Commission Decision in Case No M.8964 - Delta /Air France-KLM/Virgin Group/Virgin Atlantic, ¶ 10.

⑦ 允许符合资格的竞争对手航空公司从交易双方获得优惠条件，以载运乘坐交易双方在特定航线上需要中转旅行的旅客，将此类旅客转移到竞争航空公司的航班上，从而“养活”竞争对手航空公司相关的航线。

⑧ Commission Decision in Case No COMP /M.7333 - Alitalia/Etihad, ¶¶ 10, 364-375.

⑨ Commission Decision in Case No M.8361 - Qatar Airways/Alisarda/Meridiana, ¶¶ 4, 6.

的反对意见。欧盟委员会认为，大韩航空和韩亚航空在欧洲经济区和韩国之间的客运和货运方面展开了正面竞争。合并后，它们将成为这些航线上迄今为止最大的客运和货运航空公司，合并可能会消除客户一个重要的选择。其他竞争对手在扩大服务方面面临监管和其他障碍，并且不太可能对合并后的实体施加足够的竞争压力。因此，合并可能导致客运和货运服务的价格上涨或质量下降[①]。2023 年 11 月 3 日，交易方已经提出制定相应方案来消除欧盟委员会对有效竞争的担忧。2024 年 2 月 13 日，欧盟委员会最终附条件批准了此次收购[②]。

6.2.4　并购承诺

无论是《1989 年合并控制理事会条例》还是《2004 年合并控制理事会条例》，均允许交易方通过做出承诺以使集中与共同市场兼容，前提是承诺应与竞争问题相称并彻底消除竞争问题。因而，欧盟委员会可以在其决定中附加条件和义务，以确保有关企业及时有效地履行其承诺，从而使集中与共同市场相兼容[③]。

1992 年“法航收购萨贝纳航空案”（M.157 Air France/Sabena）中，双方就出具了承诺书，从而获得了欧盟委员会对收购的批准。承诺的内容包括放弃布鲁塞尔至里昂/尼斯航线上的航班时刻、不反对各自政府当局增加欧盟至非洲以外国际航线的指定航空公司等。

2004 年的“法航和荷航并购案”中，交易双方为了消除拟议集中引起的严重疑虑，提交了一揽子承诺书，承诺内容主要包括：第一，短途/欧洲航线。双方承诺为新进入者在下列城市对市场运营新的或额外的直达每日定期客运航空运输服务所需航班时刻，无须任何补偿：巴黎—阿姆斯特丹（每天 6 班），里昂-阿姆斯特丹（每天 3 班），马赛—阿姆斯特丹（每天 2 班），图卢兹—阿姆斯特丹（每天 2 班），波尔多—阿姆斯特丹（每天 2 班），米兰—阿姆斯特丹（每天 4 班），罗马—阿姆斯特丹（每天 3 班），威尼斯—阿姆斯特丹（每天 2 班）和博洛尼亚—阿姆斯特丹（每天 2 班）。第二，长途/洲际航线。阿姆斯特丹和巴黎机场还将为如下的长途航线提供每天 1 个航班时刻：阿姆斯特丹—纽约、巴黎-底特律、阿姆斯特丹—亚特兰大、巴黎—拉各斯、阿姆斯特丹—拉各斯。第三，双方释放的航班时刻与新加入者要求的时刻可以相差不超过 90 分钟（长途城市对）和 30 分钟（欧洲内部城市对）。第四，航班时刻承诺没有时间限制。但是，根据审查条款，欧盟

① European Commission, “Mergers: Commission Sends Korean Air Statement of Objections over Proposed Acquisition of Asiana,” May 17, 2023, https://ec.europa.eu/commission/presscorner/detail/en/ip_23_2726. 2023 年 12 月 7 日查阅。

② European Commission, “Commission approves the acquisition of Asiana by Korean Air, subject to conditions,” February 13, 2024, https://ec.europa.eu/commission/presscorner/detail/en/ip_24_761. 2024 年 2 月 14 日查阅。

③ Council Regulation (EC) No 139/2004, pmbl. ¶ 30, 2004 O.J. (L 24) 1 (EU).

委员会可决定放弃、修改或替代任何一项或多项承诺。第五，冻结航班班次。承诺在国际航协的六个航季内不增加巴黎-阿姆斯特丹或里昂-阿姆斯特丹的班次，但是在具有一定程度灵活性的情况下增加阿姆斯特丹-纽约的班次。第六，应新进入者的要求，就任何城市对签订联程协议。第七，承诺应潜在新进入者的要求，就真正的 O&D 在法国和/或荷兰境内的运输签订一份特殊比例分成协议（与联盟伙伴相同条件），前提是部分航程涉及巴黎-阿姆斯特丹城市对。第八，按照与联盟伙伴相同的条件，允许新进入者在交易双方的常旅客计划中为已确定的城市对市场实现共享。第九，多式联运协议。应法国和荷兰之间/意大利和荷兰之间运营的铁路或其他地面运输公司的要求，签订多式联运协议。第十，包舱协议（block space agreement，BSA）。应潜在新进入者的请求，双方应就以荷兰为一方，以马赛、图卢兹或波尔多为另一方的具有真实出发地和目的地的运输签订包舱协议，前提是航程的一部分涉及巴黎-阿姆斯特丹城市对。第十一，与票价相关的条件。当合并实体降低巴黎-阿姆斯特丹城市对的公布票价时，只要里昂-阿姆斯特丹城市对没有竞争性航空服务，合并实体就应同意对里昂-阿姆斯特丹城市对的相应票价给予同等的折扣①。

2018 年 11 月 27 日，根据一揽子承诺书的审议条款，法荷航请求欧盟委员会同意免除适用于阿姆斯特丹-纽约城市对市场的所有承诺，即前述航班时刻、冻结航班班次、联程协议和常旅客计划承诺。没有要求获得航班时刻的申请，也没有要求订立联程协议和履行常旅客计划承诺的要求，冻结航班班次也已经到期。2019 年 2 月，欧盟委员会接受荷航关于免除适用于阿姆斯特丹-纽约的所有承诺的请求，但是适用于其他已确定的长途和已确定的欧洲城市对的承诺以及反垄断承诺保持不变②。

2005 年“汉莎收购瑞士航空案”中，双方为了消除收购对竞争的负面影响，提出了一揽子的承诺。承诺包括：6 个州际城市对市场上每周 6 个来回程航班时刻，11 个欧洲城市对市场每天 1 个来回程航班时刻，两家航空公司枢纽之间的航线（苏黎世-法兰克福、苏黎世-慕尼黑）每天 5 个来回程航班时刻；在国际航协 6 个航季内冻结两家航空公司枢纽（苏黎世-法兰克福、苏黎世-慕尼黑）之间的航班班次。另外还包括联程协议、特殊比例分成协议、包舱协议、票价、终止瑞士航空与美国航空和芬兰航空的联盟等承诺。欧盟委员会经过评估，认为这些承诺足以人们消除对拟议交易与共同市场、欧洲经济区协议和航空运输协定的相容

① Commitments Package of Case No COMP /M.3280-Air France / KLM, 2-10.

② Decision on the implementation of the commitments - Waiver of the Commitments of Case No COMP /M.3280-Air France / KLM, 53.

性的所有严重怀疑[①]。2016 年，汉莎和瑞航向欧盟委员会提出免除苏黎世-斯德哥尔摩和苏黎世-华沙城市对市场承诺的申请。负责承诺履行的受托人认为上述两个市场发生了重大变化，但其职责范围并不包括为放弃承诺而提供任何证明或做出评论。而欧盟委员会经过评估，认为市场中没有出现新的进入者，也没有其他特殊情况发生，并且市场条件并未发生根本变化，因此不满足承诺书规定的免除承诺的条件[②]。

2007 年“瑞安航空收购爱尔兰航空案”中，瑞安航空作为收购方为了消除欧盟委员会对竞争问题的担忧，在第一阶段和第二阶段分别做出了承诺，均被认定不足以抵消已确定的竞争问题。随后，瑞安航空又提交了第三份最终承诺，主要内容包括：第一，航班时刻承诺。在希思罗机场，瑞安航空承诺无限期分别向英航和法航提供每日 2～6 对航班时刻。在往返都柏林的重叠城市对市场上，在新进入者通过正常途径不能获得航班时刻的情况下，瑞安航空承诺提供往返都柏林的 4～8 个航班时刻，并对往返香农/科克的航线时刻也做出了承诺。第二，票价/品牌相关承诺。瑞安航空提出立即将爱尔兰航空的短途票价降低至少 10%，取消爱尔兰航空对其长途航班征收的燃油附加费，保留爱尔兰航空的品牌并继续分别运营瑞安航空和爱尔兰航空。第三，冻结航班班次。瑞安航空承诺，在任何重叠航线上，即使有新的进入者，也不会增加新的航班数量，即不超过瑞安航空和爱尔兰航空在每条航线上联合运营的航班数量。期限为合并完成后的 6 个国际航协航季。然而，经过评估，欧盟委员会认为这些承诺不能消除对竞争的负面影响。

2013 年的“UPS 收购 TNT 快递案”中，并购方先后提出了三份承诺，其中包括在并购对小包裹递送市场有效竞争造成严重限制的国家进行业务剥离和使用其航空网络进入这些国家小包裹递送市场[③]，但是欧盟委员会认为，这些承诺仍然没有从根本上消除对有效竞争的严重限制。首先，在被剥离业务的欧洲经济区内，快递业务的可行性在很大程度上取决于买方的特征。其次，剥离业务的合适买家很少。法国邮政和皇家邮政等邮政服务提供商不是合适的买家。最后，需要一个能够“先解决问题”（fix-it-first）或“预先购买者”（up-front purchaser）[④]的解决

---

① Commission Decision in Case No COMP /M.3770- Lufthansa/Swiss, ¶¶ 13-15, 204.

② Decision on the implementation of the commitments - Waiver of the Commitments of Case No COMP /M. 3770-Lufthansa/Swiss, ¶¶ 27, 108.

③ Commission Decision of Case No COMP /M.6570 - UPS/TNT Express, ¶¶ 1851-1942.

④ “预先购买者”指交易双方在承诺中预见到在与资产购买者签订具有约束力的协议之前，并购交易还没有获得欧盟委员会的批准。“先解决问题”指交易双方已在欧盟委员会的程序中确定了该业务的购买者并签订了具有约束力的协议。两种方式的区别在于，就“预先购买者”来说，在授权决定之前，欧盟委员会并不知道购买者的身份[参见：Commission notice on remedies acceptable under Council Regulation (EC) No 139/2004 and under Commission Regulation (EC) No 802/2004, ¶ 50].

方案，然而合并方不能提供这样的方案[①]。

针对“全美航空和美国航空并购案”，欧盟委员会在 2013 年 8 月 5 日发布的决定中指出，经过分析认为并购对双方重叠的伦敦-费城城市对市场有限制和排除竞争的影响，因而需要并购方做出承诺。欧盟委员会要求并购方归还每天一个伦敦（希思罗机场）-费城的航班时刻，以保证新进入者每周 7 个航班的运营频次。同时欧盟委员会还明确“在最终承诺中，航班时刻被定义为允许潜在进入者在特定日期和时间使用伦敦希思罗机场（以及费城机场必要时）的所有机场基础设施，以便在机场根据欧盟航班时刻法令降落或起飞，从而展开运营和提供航空服务”[②]。这里首先强调的是欧盟境内希思罗机场的航班时刻（包括时间和相关的机场基础设施的使用），也指明必要时也包括美国境内费城机场的航班时刻。因此，这个定义表明，航空公司并购案中的航班时刻是指城市对市场两端机场，而非一端的机场。由于费城机场不属于美国联邦航空局的高密度规则管理的机场，航班时刻不一定存在紧缺的问题，因而，欧盟委员会在定义里面提出了“必要时”的前提。而且，希思罗机场的航班时刻归还与全美航空和美国航空在该机场的航班时刻份额无关，仅与并购对伦敦（希思罗机场）-费城造成排除和限制竞争，且新进入者在希思罗机场（或者费城机场）又无法获得航班时刻的情况相关。

在“大韩收购韩亚航空案”中，欧盟委员会附加的条件包括客运和货运两个部分。在航空客运方面，大韩航空承诺为仁川-法兰克福、仁川-巴黎戴高乐、仁川-巴塞罗那和仁川-罗马四条航线的新进入者提供必要的资源，以确保其能够持续运营，从而减少合并对竞争的损害。大韩航空需提供的资源包括航班时刻、航权、西伯利亚航线飞越权、维修、修理和改装服务（maintenance, repair and overhaul, MRO）等。四条航线需要提供的航班时刻分别为每周 7 班、5 班、4 班和 7（夏季）班/4（冬季）班[③]。目前基本确定德威航空（T'Way）为这些航线的运营人。大韩航空承诺，在德威航空开始运营这 4 条重叠航线之前，不会完成合并。航空货运承诺方面，剥离韩亚航空目前拥有并雇用的所有航空货运资产和人员，韩亚航空的航空客运服务业务及其腹舱运营业务仍将保留在韩亚航空，在收购完成后并入大韩航空。大韩航空承诺在规定期限内寻找买方并签订具有约束力的买卖协议，以出售剥离业务，否则由剥离受托人按照规定程序出售剥离业务。此外还要

① Commission Decision of Case No COMP /M.6570 - UPS/TNT Express, ¶¶ 1943-2106.

② Commission Decision in Case No COMP/M.6607 - US Airways/ American Airlines, 36.

③ Passenger Commitments to the European Commission Pursuant to Article 8 (2) of Regulation (EC) No 139/2004 in Case No. COMP/M. 10149 Korean Air Lines / Asiana Airlines, 6-12.

求在剥离后过渡期内，如果资产购买方有要求，那么应与其订立包舱协议[①]。在以往航空公司并购案中，反垄断部门很少对货运部分附加条件。2024 年 11 月 28 日，欧盟委员会发布公告称，批准仁川航空对韩亚航空货运业务的收购，是因为仁川航空独立于大韩航空和韩亚航空，是其他竞争对手面前一个有力且可持续的竞争力量，它拥有航空运营许可证，剥离给仁川航空不会引起竞争问题或存在延迟履行承诺的风险[②]。

6.3 欧盟对航空运输业卡特尔协议的监管

6.3.1 航空公司联盟法律适用问题

如果航空公司联盟的合作范围仅仅限于代码共享、联合常旅客计划和共享头等舱休息室等，适用《欧盟运作条约》第 101 条是没有疑问的。但是，如果合作范围发展到航线联营程度呢[③]？依照欧盟理事会《第 139/2004 号理事会条例》对并购的定义，具有自主经济实体所有功能的联营企业也属于经营者集中的范畴，受《合并控制条例》管辖[④]。

是否所有企业之间的联营均属于《合并控制条例》的管辖范畴呢？为了更好地区分是合作型的联营还是合并型的联营，欧盟委员会提出了四个标准来判断，即是否拥有足够的资源在市场上独立运营、是否参与母公司一项特定职能之外的经营活动、是否与母公司有买卖关系、是否持续经营[⑤]。依照上述四个标准，航空公司之间的航线联营一般来说至少不满足第四个条件，因为航线联营协议一般规定有期限。而且第一个标准也很难说能够满足，往往航线联营中的资源需要依靠母公司来提供。因而，欧盟对航线联营的管辖一般都适用第 101 条第 1 款，而不是《合并控制条例》。

然而，欧盟也发生过一起适用《合并控制条例》的航空公司之间的联营。这就是 1999 年的“荷航/意大利航空联营案”。首先，这个联营案是荷航和意大利航空自己按照经营者集中原则向欧盟委员会提出申请的。其次，它们之间的联盟依

---

① Cargo Commitments to the European Commission Pursuant to Article 8 (2) of Regulation (EC) No 139/2004 in Case No. COMP/M. 10149 Korean Air Lines / Asiana Airlines, 6-10.

② European Commission, “Commission approves Air Incheon as the purchaser of Asiana's global cargo freighter business offered by Korean Air,” November 28, 2024, https://ec.europa.eu/commission/presscorner/detail/en/mex_24_6122. 2024 年 11 月 29 日查询。

③ 参见 8.3.1。

④ Council Regulation (EC) No 139/2004, art.3(4), 2004 O.J. (L 24) 1 (EU).

⑤ Commission Consolidated Jurisdictional Notice under Council Regulation (EC) No 139/2004, ¶¶ 94-105.

照计划是长期的。两家航空公司计划逐步整合其定期客运网络、销售、收入管理和货运业务。根据分担相应成本和收入的原则，设立两家独立的企业，一家提供定期客运服务，另一家提供货运服务①。欧盟委员会也认定两家合资企业是全功能性的实体，属于《合并控制条例》的管辖范畴。后来在两家航空公司做出承诺后，欧盟委员会放行了这个设立联营企业的合并案。当然，这两家航空公司事实上也没有最终达成联营协议。

6.3.2 航空公司联盟的个案豁免

航空公司联盟的内容一般超出了 6.1.4 节提及的《第 487/2009 号理事会条例》所授予航空运输业的集体豁免范围，但是依照现行《欧盟运作条约》第 101 条第 3 款，可以按照个案形式从欧盟委员会处获得豁免。

表 6.4 列出了欧盟委员会授予的航空公司联盟的反垄断豁免个案，一共 15 件。这 15 件反垄断豁免个案可以分为星空联盟 8 件、天合联盟 4 件和寰宇一家 3 件。在这 15 件反垄断豁免个案中，要么经欧盟委员会评估完全符合《欧盟运作条约》第 101 条第 3 款的条件，要么欧盟委员会在评估中认定虽然不完全符合《欧盟运作条约》第 101 条第 3 款的条件，但是可以通过承诺达到第 101 条第 3 款的条件。

表 6.4 欧盟授予的航空公司联盟反垄断豁免案件

联盟	案件号	案件名称	合作内容	授予情况	承诺	审批时间
星空联盟	AT.38234	英国米德兰航空/美联航（PO②/British Midlands/United Airlines）	利润分享、代码共享、联合营销和航班时刻协调	没有启动正式程序	无	2001 年
	AT.37812	英国米德兰航空+汉莎+北欧航空（BM+Lufthansa+SAS）	在往返伦敦希思罗的航线上建立航线联营	有条件授予	航线释放航班时刻	2001 年
	AT.37730	汉莎+奥地利航空（Deutsche Lufthansa+Austrian Airlines）	德国和奥地利之间的航线联营；统一市场营销战略；航班时刻和票价协调；常旅客积分互惠评估；代码共享；服务水平统一以及数据处理集成等	无条件授予	无	2002 年

① Case No COMP/JV.19 - */*** KLM / ALITALIA, ¶¶ 1-4.

② preliminary observations，指这类案件经历了初步意见发布阶段，不代表案件涉及的参与方，后面一些案件中的 PO 也是如此。

续表

联盟	案件号	案件名称	合作内容	授予情况	承诺	审批时间
星空联盟	AT.36201	汉莎+北欧航空+美联航（PO / Lufthansa+SAS+ United）	在大西洋航线上，包括如下内容的协调协议：航线和航班时刻规划；建立和管理营销、广告、销售和分销网络、协调销售代理和其他的委员会；品牌/联合品牌，包括创建徽标和企业标识；代码共享；定价、座位控制和收益管理；收入分享；信息系统、信息技术和分销渠道的整合和发展；协调飞行常客计划；共享机场设施和服务	有条件授予	特定航线释放航班时刻；向新进入者开放常旅客计划；联程协议；不得参加涉及协议范围航线的国际航协运价协调大会	2002 年
	AT.36078	美联航+北欧航（PO/United Air Lines+SAS）	同 AT.36201	无条件授予	无	2002 年
	AT.36076	美联航+汉莎（PO/United Airlines+Lufthansa.）	同 AT.36201	无条件授予	无	2002 年
	AT.37749	奥地利航空+北欧航空（Austrian Airlines + SAS）	全球范围内开展如下合作：联合规划航班时刻、协调价格政策、航线和运力规划	结案，终止调查	特定航线释放航班时刻；冻结航班班次；特殊比例分成协议；向新进入者开放常旅客计划；促进多式联运客运服务	2008 年
	AT.39595	大陆航空/美联航/汉莎/加航（Continental/United/Lufthansa /Air Canada）	大西洋航线上的收益分享航线联营（A++①）	有条件授予	特定航线释放航班时刻；票价组合协议②；特殊比例分成协议；向新进入者开放常旅客计划；报告义务	2013 年

① A++协议规定了双方之间的广泛合作，包括定价、运力和调度协调以及收入共享（Commitments Decision of CASE COMP/AT.39595 -Continental/United/Lufthansa/Air Canada, ¶ 2）。

② fare combinability agreement，即允许新进入者售卖联盟航空公司特定航段的来回程机票中的去程或回程航段，而新进入者自己提供另一相反航程服务，从而组合成完整的来回程服务。

续表

联盟	案件号	案件名称	合作内容	授予情况	承诺	审批时间
天合联盟	AT.36111	荷航+美西北（PO/KLM+Northwest）	代码共享；成本和收益共享的航线联营；联合定价；运力协调；网络开发协调；联合常旅客计划；地服、配餐和维修协调	无条件授予	无	2002 年
	AT.38284	法航+意大利航空（Air France+Alitalia）	创建欧洲多枢纽系统；协调双方的客运服务运营，包括广泛使用代码共享、协调其定期客运网络、销售、收益管理、各自常旅客计划的相互认可、营销协调和休息室使用共享；其他领域的合作，如货运运营、旅客服务、维修、采购、餐饮、信息技术、机队规划和采购、机组培训和收入核算	有条件授予	特定航线释放航班时刻；冻结航班班次；向新进入者开放常旅客计划；促进多式联运客运服务	2004 年
	AT.37984	天合联盟	2006 年，欧盟委员会针对天合联盟在某些航线上的合作可能违反《欧盟条约》第 81 条禁止可能影响贸易、阻止或限制竞争的协议和协同行为，展开调查。2007 年，联盟成员提交了承诺以解决欧盟委员会的竞争关切，然而市场测试表明，这些承诺不能消除对有效竞争造成的阻碍。由于法荷航、达美和意大利航空在 2012 年提出了在大西洋航线上建立收益共享的航线联营的申请（AT.39964），欧盟委员会终止了此案，转而调查新的深度合作			2006 年
	AT.39964	法荷航/达美/意大利航空	在大西洋航线上建立收益共享的航线联营	有条件授予	特定航线释放航班时刻；票价组合协议；特殊比例分成协议；向新进入者开放常旅客计划	2015 年
寰宇一家	AT.38477	英航+SN 布鲁塞尔航空（British Airways+SN Brussels Airlines）	双方在各自的网络中，在定价、飞机排班和运力方面进行合作；代码共享；收入分配协议，规定各航空公司在代码共享航班上运送彼此旅客的补偿方式	有条件授予	特定航线释放航班时刻	2003 年

续表

联盟	案件号	案件名称	合作内容	授予情况	承诺	审批时间
寰宇一家	AT.38479	英航+伊比利亚航空+不列颠航空（British Airways+Iberia+GB Airways）	三方之间的商业合作包括扩大代码共享服务（特别是在英国和西班牙来回程的航线上）；协调定价和佣金政策；共同网络规划；货运活动的共同方法；客运和货运部门的收入和利润分享；交换有关客户服务绩效和客户满意度的数据； 协调控制各自的库存和产量管理以及双方可能商定的任何其他联合或协调活动 英航和伊比利亚航空的专门合作：制定针对欧盟旅客常旅客计划；协调销售和营销，同时保持各自的品牌；地面服务；与旅行社、经销商、总销售代理等组织和个人的联合发包；统一服务和产品标准；联合采购举措和信息技术合作	有条件授予	特定航线释放航班时刻；冻结航班班次；联程协议；向新进入者开放常旅客计划	2003 年
	AT.39596	英航/美国航空/伊比利亚航空（BA/AA/IB）	对大西洋航线上的收益进行分享，开展航线联营	有条件授予	特定航线释放航班时刻；票价组合协议；特殊比例分成协议；向新进入者开放常旅客计划；报告义务；与美国运输部合作	2010 年

资料来源：笔者根据欧盟委员会竞争总司网站资料整理。

2006 年，欧盟委员会主动发起的针对天合联盟的调查，虽然引发了竞争关切，而且承诺也没有通过市场测试，但是欧盟委员会并没有最终认定联盟违反了《欧盟运作条约》第 101 条第 1 款，因为联盟各方采取了更为高级的合作模式，即“法荷航/达美/意大利航空（AF-KL/DL/AZ）”在大西洋航线上建立收益共享的航线联营。欧盟委员会转而调查这个航线联营，最终附条件授予反垄断豁免。

附条件授予反垄断豁免的航空公司案一共有 8 个。联盟航空公司的承诺总的来说包括：特定航线释放航班时刻、票价组合协议、特殊比例分成协议、向新进入者开放常旅客计划、促进多式联运客运服务协议、不得参加涉及协议范围航线的国际航协运价协调大会以及冻结航班频率。不同联盟航空公司的承诺范围不同。

2024 年 8 月 7 日，欧盟委员会启动了针对大陆航空/美联航/汉莎/加航的调查，调查 A++跨大西洋航线联营在往返多个欧洲经济区机场的跨大西洋航线上可能限制竞争的行为。表 6.4 显示，2013 年欧盟委员会是有条件批准这个航线联营的，所附条件包括出让航班时刻和特殊比例分成协议。秃鹰航空（Condor）通过与汉莎航空达成特殊比例协议，获得了汉莎的转机客流，从而进入法兰克福-纽约城市对市场。但是，汉莎航空与秃鹰航空的特殊比例协议在 2024 年 12 月底终止。欧盟委员会担心，没有基于特殊比例分成协议的安排，秃鹰航空会退出法兰克福-纽约市场，从而削弱该市场的竞争。因而欧盟委员会在 2025 年 1 月 15 日发布了补充反对声明，要求汉莎航空恢复与秃鹰航空的协议，允许秃鹰航空获得汉莎航空的转机客流，从而持续运营法兰克福-纽约城市对市场①。2025 年 2 月 27 日，欧盟委员会决定结束针对汉莎航空的临时措施反垄断诉讼，因为欧盟委员会发现，根据《第 1/2003 号理事会条例》第 8 条，下令采取临时措施的条件并未全部得到满足②。

6.3.3　价格卡特尔行为的查处

欧盟调查处理的最大价格卡特尔，就是涉及全球 20 家不同国家货运航空公司的价格卡特尔。该案发端于 2005 年 12 月 7 日德国汉莎航空公司及其控股子公司汉莎货运公司和瑞士航空公司依照欧盟委员会宽大处理制度的申请。随后欧盟委员会在 2006 年 2 月对欧盟各地航空货运提供商的一些场所进行检查，从而获得了进一步的证据。最后查明 11 家欧洲、亚洲和北美的货运航空公司在 1999 年 12 月至 2006 年 2 月期间，在欧洲经济区内提供往返于欧洲经济区和在欧洲经济区内的空运服务时，在燃油附加费、安保附加费和附加费佣金支付方面存在协调定价的行为。2010 年 11 月 9 日，欧盟委员会发布公告，决定对 11 家货运航空公司处以总计约 8 亿欧元的罚款，其中汉莎航空公司及其控股子公司汉莎货运公司和瑞士航空公司依照宽大处理制度，免于罚款。还有部分航空公司由于在欧盟委员会的调查中采取合作的态度，从而获得了 10%～50%的罚款减免。唯一没有获

① European Commission, “Commission sends Supplementary Statement of Objections to Lufthansa to prevent harm to Frankfurt-New York air passengers,” January 15, 2025, https://ec.europa.eu/commission/presscorner/detail/en/ip_25_260. 2025 年 1 月 20 日查阅。

② European Commission, “Commission closes interim measures proceedings against Lufthansa in A++ transatlantic joint venture case,” February 27, 2025, https://ec.europa.eu/commission/presscorner/detail/en/mex_25_638. 2025 年 2 月 28 日查阅。

得减免的航空公司是新加坡航空公司①。

但是，2010 年欧盟委员会发布公告后，除了澳大利亚航空公司外，其他航空公司都向欧盟普通法院质疑该裁决的正当性。2015 年 12 月，普通法院撤销了欧盟委员会针对卡特尔参与者的裁决，认为存在程序错误。但是，普通法院并没有对卡特尔的存在做出裁决。2017 年 3 月，欧盟委员会重新做出了与 2010 年基本类似的最终决定②（表 6.5）。

表 6.5　欧盟调查的价格卡特尔

案件编号	案件名称	决定内容	首次决定时间
AT.36563	国际航协航空货运运价磋商（IATA Cargo Tariff Consultations）	2001 年，欧盟委员会发起对国际航协航空货运运价磋商的调查	国际航协承诺
AT.37070	1105/2002 号条例中条件的监督（Monitoring of conditions in Regulation 1105/2002）	通过《委员会第 1105/2002 号条例》，授予欧盟航空公司参与国际航协客运运价协调和机场的航班时刻分配反垄断集体豁免权③	2002 年
AT.39258	航空货运（Airfreight）	2010 年，欧盟委员会对 20 家货运航空公司通过双边或者多边形式固定燃油附加费以及安保附加费的价格卡特尔行为罚款合计大约 8 亿欧元，经过司法程序后，2017 年欧盟委员会重新做出 2010 年类似的决定	2010 年
AT.39462	货运代理（Freight Forwarding）	2012 年，欧盟委员会对 14 个国际公司集团处以总计 1.69 亿欧元的罚款，原因是它们在 2002～2007 年参与了四个不同的卡特尔，旨在固定国际航空货运代理服务的价格和其他交易条件，违反了欧盟反垄断法规	2015 年

资料来源：笔者根据欧盟委员会竞争总司网站资料整理。

一个涉及范围较大的价格卡特尔案是货运代理价格卡特尔，该案件发端于 2007 年 10 月欧盟委员会发起的对多家国际货运代理服务提供商的经营场所进行

① Summary of Commission Decision of 9 November 2010 relating to a proceeding under Article 101 of the Treaty on the Functioning of the European Union, Article 53 of the EEA Agreement and Article 8 of the Agreement between the European Community and the Swiss Confederation on air transport (Case C.39258 — Airfreight) , ¶¶ 23-29.

② Summary of Commission Decision of 17 March 2017 Relating to a proceeding under Article 101 of the Treaty on the Functioning of the European Union, Article 53 of the EEA Agreement and Article 8 of the Agreement between the European Community and the Swiss Confederation on Air Transport (Case AT.39258 — Airfreight), ¶¶ 20-30.

③ 参见 5.1.1 相关内容。

的突击检查。案件的起因还是由于德国邮政（包括其子公司 DHL 和 Exel）依照宽大处理制度向欧盟委员会提出的豁免申请。货运代理价格卡特尔的定价协调涉及四种不同的附加费：新出口系统、先进舱单系统、货币调整系数和旺季附加费。每项附加费均在不同会议和不同日期针对不同类型的附加费进行了讨论，不仅形成了协议，还对定价协调进行监督。该案涉及 14 家货运代理，固定价格区域主要为欧洲-美国、中国/香港特别行政区-欧洲的航线。持续时间为 2002～2007 年。

2001 年，欧盟委员会发起对国际航协航空货运运价磋商的调查①。欧盟委员会 5 月向国际航协发送了一份反对声明，初步认为国际航协的航空货运运价会议构成《欧洲共同体条约》第 81 条第 1 款所禁止的卡特尔协议。在根据第 81 条第 3 款进行分析的过程中，欧盟委员会承认航空货运运价会议有助于在欧洲经济区内建立全面的联运系统。然而，它认为国际航协未能成功证明这一限制性制度对于在欧洲经济区内为客户提供高效的联运服务仍然是不可或缺的。在欧盟委员会提出反对意见后，国际航协同意结束欧洲经济区内联合制定货运费率的做法。也就是到 2002 年初，各承运人单独制定的货运运价应取代运价会议共同制定的运价②。

6.3.4 航空公司之间的垄断投诉

依照欧盟《第 1/2003 号理事会条例》，欧盟委员会既可以主动也可以依照投诉采取反垄断行动。表 6.6 列出了对航空公司垄断的投诉，实际投诉数量为 3 项，第二项实际上属于隐瞒联盟合作不报，但是由于和第三项投诉实际上同属一个案子，因而就归纳到一起。

从三个投诉案子来看，一般是更小的航空公司投诉较大的航空公司（表 6.6）。三个投诉案涉及不同的商业行为。“太阳航空投诉北欧航空和马士基航空案”是航空公司之间的合作协议。这个案子发端于太阳航空于 1998 年 11 月对北欧航空和马士基航空合作的投诉，而北欧航空和马士基航空在 1999 年 3 月才向欧盟委员会通知其合作，合作也于该月生效。太阳航空在投诉中认为，北欧航空与合作伙伴航空公司的合作比其公开宣布的要更为密切，协调的业务活动也更多。太阳航空要求欧盟委员会调查的正是这种秘密合作的案件③。在随后的欧盟委员会初步调查过程中，合作协议生效之后，马士基航空退出哥本哈根-斯德哥尔摩航线，此前一直与北欧航空在该航线上竞争。与此同时，北欧航空也停止运营哥本哈根-威

① AT.36563- IATA Cargo Tariff Consultations.

② Report from the Commission - XXXIst Report on Competition Policy 2001, ¶¶ 143-148.

③ Commission Decision in AT.37386 Sun-Air/SAS+ Maersk, ¶ 4.

尼斯航线，而马士基航空则开始运营该航线。最后，初步调查显示，北欧航空已退出比隆-法兰克福航线，使得马士基航空成为该航线上唯一的承运商。作为北欧航空和马士基航空之间协议的一部分，这些进入和退出并未通知欧盟委员会[①]。2000 年 6 月，欧盟委员会对两家航空公司进行突击检查，随后两家航空公司才向欧盟委员会提交更多的合作材料，披露更多的合作事项。北欧航空和马士基航空向欧盟委员会通知的合作主要包括 4 条国内航线和 9 条国际航线的代码共享和联合常旅客计划。没有通知欧盟委员会的合作还包括双方对部分航线的市场共享（market-sharing），就如上面欧盟委员会发现的哥本哈根-斯德哥尔摩航线、哥本哈根-威尼斯航线和比隆-法兰克福航线的情况。还有北欧航空要求马士基航空不要与其他航空公司合作，并避免价格竞争[②]。欧盟委员会认为，整体市场共享协议限制了北欧航空和马士基航空之间的潜在竞争，无助于改进商品或服务的生产或分配，也无助于促进技术和经济进步，也就没有任何“最终利益”可以传递给消费者，因而不符合第 81 条第 3 款的豁免条件[③]。最终欧盟委员会要求两家航空公司纠正违法行为[④]，并处以 4900 万欧元罚款。

“维珍大西洋航空投诉英航案”主要是针对英航的三种市场营销行为（表 6.6）。维珍大西洋航空指控英航与旅行社和大型企业客户之间的销售安排违反了第 81 条第 1 款和第 82 条的规定，因为占市场支配地位的英航试图将其竞争对手阻挡在往返英国的航空运输市场之外[⑤]。欧盟委员会首先认定英国航空公司占据了英国大约 40%的航空运输销售代理市场[⑥]，占有市场支配地位，上述营销计划代表了其对该市场支配地位的滥用[⑦]，违反了第 82 条的规定，被处以 680 万欧元罚款[⑧]。

在“劳达航空投诉汉莎和柏林航空案（往返维也纳的航线）”中，欧盟委员会经过初步分析后，认为没有足够的理由对涉嫌侵权行为进行进一步调查，因此驳回劳达航空的投诉[⑨]。

---

① Commission Decision in AT.37386 Sun-Air/SAS+ Maersk, ¶ 5.

② Commission Decision in AT.37386 Sun-Air/SAS+ Maersk, ¶¶ 15, 22.

③ Commission Decision in AT.37386 Sun-Air/SAS+ Maersk, ¶ 77.

④ Commission Decision in AT.37386 Sun-Air/SAS+ Maersk, ¶ 78.

⑤ Commission Decision in AT.34780 Virgin/British Airways ¶ 45.

⑥ Commission Decision in AT.34780 Virgin/British Airways, ¶ 88.

⑦ Commission Decision in AT.34780 Virgin/British Airways, ¶ 96.

⑧ Commission Decision in AT.34780 Virgin/British Airways, arts. 1, 2.

⑨ Commission Decision in AT.40621 Lufthansa - Air Berlin (routes from/to Vienna), ¶ 82.

表 6.6　航空公司垄断的投诉

<table>
<tr><th>案件编号</th><th>案件名称</th><th>案件主要内容</th><th>最终决定</th><th>决定时间</th></tr>
<tr><td>AT.34780</td><td>维珍大西洋航空投诉英航（Virgin/British Airways）</td><td>维珍大西洋航空投诉英航三种市场营销行为违反了第 81 条第 1 款和第 82 条的规定：忠诚折扣、目标折扣和购买长途机票后再购买短途机票将获得奖励。此后，维珍大西洋航空又增加绩效奖励方案投诉</td><td>禁止，罚款</td><td>1999</td></tr>
<tr><td>AT.37444</td><td>北欧航空和马士基航空（SAS + Maersk Air）合作协议</td><td rowspan="2">1998 年 11 月，太阳航空向欧盟委员会投诉北欧航空和马士基航空的合作，1999 年 3 月，后两者向欧盟委员会通告两者的合作。最后欧盟委员会认定北欧航空和马士基航空隐瞒部分合作，违反了第 81 条第 1 款，不符合第 3 款的豁免条件</td><td>禁止，罚款</td><td>2001</td></tr>
<tr><td>AT.37386</td><td>太阳航空投诉北欧航空和马士基航空（Sun-Air/SAS+Maersk）</td><td>禁止，罚款</td><td>2001</td></tr>
<tr><td>AT.40612</td><td>劳达航空投诉汉莎和柏林航空（往返维也纳的航线）（Lufthansa - Air Berlin（routes from/to Vienna)）</td><td>劳达航空投诉汉莎从柏林航空湿租 38 架 A319 和 A320 以及购买航班时刻的行为违反了《欧盟合并控制条例》第 3 条关于经营者集中的规定</td><td>驳回投诉</td><td>2023</td></tr>
</table>

资料来源：笔者根据欧盟委员会竞争总司网站资料整理。

6.3.5　航空公司对机场收费的投诉

表 6.7 列出了 6 个涉及欧盟机场收费的投诉案案件编号为 AT.40570 和 AT.40558[①]的两个案件为瑞安航空针对管理波兰华沙地区两家机场的国营企业——国家机场公司的两个投诉。第一个投诉案中，瑞安航空指控国家机场公司滥用其垄断地位，将瑞安航空的航班从华沙肖邦机场的“航站楼机位”重新分配到“远机位”。这种重新分配只会涉及低成本航空公司，而波兰航空等传统航空公司将继续在“航站楼机位”停靠航班。这种方式导致低成本航空公司的航班由于较长的过站时间而出现严重延误的情况，从而降低了运营效率[②]。但是后来瑞安航空也向欧盟委员会澄清，所谓的“航站楼机位”和“远机位”均需要摆渡车将旅客从航站楼运送到

① 该案件挪威航空快线公司（Norwegian Air Shuttle ）作为第二投诉人参与投诉。

② Commission Decision in AT.40570 and AT.40558, ¶ 20.

飞机旁，前者的过站时间为 49 分钟，后者为 45 分钟[①]。在第二个投诉案中，瑞安航空主要指控国家机场公司滥用其支配地位，通过其作为华沙莫德林机场股东所拥有的否决权，阻止华沙莫德林机场扩建所需的投资，特别是扩建华沙莫德林机场航站楼所需的投资[②]。瑞安航空认为，国家机场公司阻止华沙莫德林机场扩张所需投资的行为，不符合理性股东的行为，其目的只是为了保护华沙肖邦机场和波兰航空公司免受竞争[③]。欧盟委员会认为，其无法追究每一项违反欧盟竞争法的投诉，在决定追究哪些案件时，欧盟委员会会考虑各种因素。此外，投诉程序固有的规定是，投诉人有义务证实指控，而欧盟委员会则根据其确定执法优先事项的权利保留是否追究指控的酌处权[④]。欧洲法院在其判例中指出"投诉必须包含有关事实的准确信息，人们可以从中推断出存在违反《欧盟运作条约》第 101 条和/或第 102 条的行为"[⑤]。

欧盟委员会经过评估，认为根据两个投诉确定存在违反《欧盟运作条约》第 102 条的可能性似乎有限[⑥]。最后，欧盟委员会认为，鉴于市场的本地性质以及投诉的反竞争行为，波兰竞争管理局是更适合解决问题的机构，从而驳回了瑞安航空的投诉[⑦]。

表 6.7　欧盟机场收费投诉案例

案件编号	案件名称	案件主要内容	最终决定	决定时间
AT.39869	易捷航空投诉史基普机场（Easyjet Airline Ltd/NV Luchthaven Schiphol）	驳回易捷航空对史基普机场的收费投诉，因为该投诉已经被荷兰竞争委员会处理并驳回	驳回投诉	2013
AT.39905	瑞安航空投诉阿利坎特机场（Ryanair/Alicante Airport）	指控西班牙机场管理局强迫其使用登机桥，并收取更高的费用	驳回投诉	2015
AT.39942	瑞安航空投诉马拉加机场（Ryanair/Malaga Airport）		驳回投诉	2015
AT.40010	瑞安航空投诉西班牙机场管理局（Ryanair/Spain AENA）		驳回投诉	2015

① Commission Decision in AT.40570 and AT.40558, ¶ 22.
② Commission Decision in AT.40570 and AT.40558, ¶ 28.
③ Commission Decision in AT.40570 and AT.40558, ¶ 31.
④ Commission Decision in AT.40570 and AT.40558, ¶¶ 46-48.
⑤ C-56/12 P EFIM, EU:C:2013:575, ¶ 71.
⑥ Commission Decision in AT.40570 and AT.40558, ¶¶ 60, 92.
⑦ Commission Decision in AT.40570 and AT.40558, ¶¶ 93,97.

续表

案件编号	案件名称	案件主要内容	最终决定	决定时间
AT.40570	波兰机场收费（Polish Airport）	瑞安航空投诉管理波兰华沙地区两家机场的国营企业——国家机场公司滥用市场支配地位	驳回投诉	2021
AT.40558	波兰机场航站楼收费（Terminals at Polish Airport）		驳回投诉	2021

资料来源：笔者根据欧盟委员会竞争总司网站资料整理。

案件编号 AT.40010、AT.39942 和 AT.39905 的三个案子也是瑞安航空作为投诉方，投诉西班牙机场管理局强迫其使用登机桥，并收取更高的费用。这三个投诉案也被欧盟委员会以上面案件类似的理由予以驳回[①]。

最后，在“易捷航空投诉史基普机场收费”一案中，欧盟委员会驳回的理由是荷兰竞争委员会已经处理，而且被荷兰竞争委员会驳回[②]。

6.3.6　其他的反垄断行为

前面已经提及欧盟委员会可以主动发起反垄断行动。除了针对固定价格的卡特尔行为调查外，欧盟委员会还主动发起了其他三起反垄断调查：“国际航空旅客运输服务案”（international airline passenger services，案件编号：AT.39419）、“汉莎和土耳其航空（Lufthansa/Turkish Airlines）代码共享案”（案件编号：AT.39794）和“布鲁塞尔航空和葡萄牙航空（Brussels Airlines/TAP Air Portugal）代码共享案”（案件编号：AT.39860）。

“国际航空旅客运输服务案”始于 2008 年 3 月 11 日，这天欧盟委员会官员与相关成员国反垄断执法人员对一些国际航空公司的经营场所进行了突击检查。这些航空公司在欧洲和第三国之间的长途航线上提供定期客运航空运输服务。欧盟委员会认为，相关公司可能违反了《欧洲共同体条约》关于限制性商业行为的规则（第 81 条）。但是经过 3 年多的调查后，欧盟委员会于 2011 年 11 月宣布终止案件调查。

2011 年，欧盟委员会发起针对布鲁塞尔航空与葡萄牙航空在布鲁塞尔至里斯本航线上的“平行的枢纽到枢纽代码共享”（parallel hub-to-hub code-sharing）是否违反了《欧盟运作条约》第 101 条的调查。2016 年 10 月，欧盟委员会发表反对声明，认为这两家航空公司在布鲁塞尔—里斯本航线上采取了反竞争策略。首先，讨论减少运力（座位数）以及调整航线定价政策；其次，授予彼此无限的权利，

① SG-Greffe (2015) D/2265 C (2015) 1402 final, ¶ 66.

② SG-Greffe (2013) D/6223 C (2013) 2727 final, ¶¶ 4-5.

可以在该航线（它们之前竞争过的航线）上出售对方航班的座位；最后，通过减少实际运力、调整票价结构以及航线票价来落实这些安排[①]。但是在两家联盟航空公司要求召开听证会后，2018 年欧盟委员会认为，收集的证据不足以证实其最初的担忧，因此决定终止调查[②]。

与“布鲁塞尔航空和葡萄牙航空代码共享案”同时开始的“汉莎和土耳其航空代码共享案”，也是一个“平行的枢纽到枢纽代码共享”案件，但是，欧盟委员会并没有采取后续的行动，如发送初步的反对通知，然后召开听证会等，因而事实上认定其没有违法。

另外，在 2001 年和 2002 年还有两个针对 9 家航空公司设立的在线旅行门户（online travel portal）网站 Opodo 的案子：一个是德国线上销售商 TQ3 投诉 Opodo 违反了第 81 和 82 条规定[③]，另一个是欧盟委员会发起针对这家在线旅行门户网站的公众意见征求活动[④]。前一个案子的投诉被欧盟委员会驳回，第二个案子也没有启动正式的调查程序。

① European Commission, “Antitrust: Commission sends Statement of Objections to Brussels Airlines and TAP Portugal on code-sharing on Brussels-Lisbon route,” October 27,2016, https://ec.europa.eu/commission/presscorner/detail/en/ip_16_3563. 2023 年 12 月 12 日查阅。

② European Commission, “Antitrust: Commission closes investigation into Brussels Airlines and TAP Air Portugal codeshare agreement on Brussels-Lisbon route,” November 8, 2018, https://ec.europa.eu/competition/antitrust/cases/dec_docs/39860/39860_4248_3.pdf. 2023 年 12 月 12 日查阅。

③ Commission Decision of AT.38321 TQ3 / OPODO, ¶ 10.

④ Notice pursuant to Article 19(3) of Council Regulation No 17 Case COMP/38.006 Online Travel Portal, https://eur-lex.europa.eu/legal-content/ET/TXT/?uri=CELEX:52001XC1120(02). 2023 年 12 月 12 日查阅。

第 7 章　中国和日本等国航空运输业反垄断的发展演变

7.1　中国航空运输业反垄断的发展演变

正如 3.2 中对中国反垄断立法和执法的介绍，中国反垄断立法和执法的起步都较晚，而在航空运输领域的反垄断实践就更晚了。2002 年民航改革中的三大航重组没有经过反垄断审查是由于当时还没有反垄断法，而 2009 年的东航收购上航是在 2008 年 8 月 1 日《反垄断法》生效后发生的，但是依然没有经过《反垄断法》所规定的经营者集中审查的全部程序。后来也发生了航空公司航线联营涉及中国市场，它们试图主动寻求获得中国反垄断主管部门的批准，而无法确定恰当的主管机构的情形。

随着时间的推移，航空运输领域的反垄断执法逐步深入，不仅涉及航空公司的并购重组，也涉及航线联营的垄断性协议，还涉及滥用市场支配地位，不仅有国内的执法，还涉及跨国管辖的情况。而且中国民用航空局还和国家市场监管总局在 2020 年联合发布《关于建立民航价格监管合作机制的通知》，要求民航企业不得实施垄断协议、滥用市场支配地位等垄断行为[①]。

下面从并购、航线联营和滥用市场支配地位三个方面进行简要介绍。

7.1.1　航空运输业的并购

表 7.1 中列出了可以查询到的《反垄断法》生效后中国航空运输业发生的经过或者没有经过，抑或是不清楚是否经过反垄断主管机构审批的 8 项并购事件。涉及航空公司之间并购的一共有 7 件，明确经过反垄断主管机构审批的有 4 件，其中又有 3 件涉及国外航空公司的并购。无条件批准的有 2 件，附条件批准的有 2 件，还有 1 件仍然在进行中。此外，还有 1 件为机场与航空公司联合设立货站。

---

① 市场监管总局 民航局关于建立民航价格监管合作机制的通知，https://scjg.xingtai.gov.cn/index.php?m=article&a=view&id=4898，2023 年 11 月 4 日查阅。

表 7.1　反垄断法生效后航空运输业的部分并购事件

并购事件	发生时间	是否经过反垄断主管机构审批
东航收购上航	2009 年	不详
国航收购东星航空	2009 年	不详
国航收购深航	2010 年	不详
日航收购春秋航空日本公司股权	2021 年	无条件批准
上海机场集团和东航物流新设合营机场货站	2022 年	附条件批准
大韩航空收购韩亚航空	2022 年	附条件批准
国航收购山航集团	2023 年	无条件批准
全日空航空收购日本货运航空（简称“日货航”）	2023 年	附条件批准

资料来源：根据国家市场监管总局网站资料和相关航空公司资料整理而成。

2023 年的“国航收购山航集团”一案，源于山航集团在新冠疫情背景下的财务困境，国航通过向山航注资，将持股比例从原来的 49.41%提高到 66%，成为山航集团的单一大股东。双方重叠的城市对市场有 43 个，收购完成后，部分城市对市场双方的市场份额很高，如深圳-烟台、北京-青岛和北京-张家界等。但是，一方面，要考虑到此次收购之前国航已经是山航集团的控股股东。另一方面，还要考虑市场进入的难易程度。北京大兴机场投入运营后，北京的航班时刻等市场进入壁垒大幅度下降，新的进入者存在较大的进入可能。而且对于在这些城市对市场两端已经有其他航线运营的航空公司来说，可以随时根据市场情况，快速将城市对市场两端用于其他城市对航线的航班时刻以及地面设施资源调整至这些城市对市场，从而限制和约束并购方的市场势力。最后，这些城市对市场中还存在部分被高铁运输方式替代的情况。因此，这次收购获得市场监管总局无条件批准并不意外。

2022 年，结案的上海机场集团与东航物流在浦东机场设立从事智能机场货站服务的企业，双方分别持股 51%和 49%。国家市场监管总局将此次合营企业交易的相关商品市场界定为机场货站服务、国际航空货运服务和国内航空货运服务。机场货站服务的相关地域市场为浦东机场，国际航空货运服务和国内航空货运服务的相关地域市场分别为中国与其他国家或者地区以及与国内。国家市场监管总局认为，东航物流和上海机场集团在相关市场上的份额分别为 35%～55%、25%～45%（2020 年），双方合计超过 70%[①]。由于合营企业与交易双方的关联关系，交

① 《市场监管总局关于附加限制性条件批准上海机场（集团）有限公司与东方航空物流股份有限公司新设合营企业案反垄断审查决定的公告》，https://www.samr.gov.cn/zt/qhfldzf/art/2022/art_f0539ceabaa64f56a6502d9b242d471b.html，2023 年 11 月 5 日查阅。

易进一步提高了市场集中度，集中后实体具有市场控制力。集中双方通过设立合营企业建立合作关系，可能削弱上海机场集团和东航物流在上海浦东机场货站服务和国际航空货运服务以及国内航空货运服务市场上的紧密竞争关系，对其他竞争者难以形成有效竞争约束。最后交易双方承诺保证业务的相互独立、不得实施《反垄断法》禁止的垄断行为、人员不得兼职、股东权利限制、规定竞业禁止期限、办公场所及信息系统保持隔离、办公系统用户权限限制、不得交换竞争性敏感信息和继续履行与相关客户已经签署的浦东机场货站服务合同等条件，从而获得国家市场监管总局放行①。

2021 年的日航收购春秋航空日本公司股权一案中，由于春秋日本航空在东京-上海之间所占时间敏感旅客市场份额很低，日航收购其股权后，HHI 上升幅度较小，不足以认定收购会导致相关市场竞争受到损害。而且股权收购后实际控制权没有发生改变，因而国家市场监管总局无条件批准了该股权收购。

"大韩航空收购韩亚航空"一案从 2021 年 1 月国家市场监管总局接收到交易方的申报开始，经过多次延期，最终才在 2022 年 12 月底获得有条件批准。此次交易涉及的相关商品市场为定期航空客运服务和航空货运服务，定期航空客运服务的相关地域市场为中韩之间的直飞城市对市场，航空货运服务交易双方的相关地域市场为中国-韩国的双向市场。航空货运市场方面基本不存在交易对竞争的实质性限制。而在定期航空客运服务方面，则存在完全不同的情况。

根据新冠疫情发生前的 2019 年 OAG 数据，大韩航空公司及其子公司真航空公司经营中国与韩国之间 34 个城市对市场，韩亚航空公司及其子公司釜山航空公司经营中国与韩国之间 34 个城市对市场。重叠的城市对市场有 17 对，占各自城市对市场数量的一半。经营者集中后的 HHI 均高于 2500，依照产业经济学理论和欧美反垄断实践，一般认为 HHI 高于 2500 就属于高度集中的市场结构，而且 HHI 上升幅度最高的超过 4000，最低的也有 188，无论是按照欧盟还是美国的反垄断政策，上述 HHI 值通常被视为并购可能增强市场势力的信号，HHI 上升幅度越大的，市场势力也越强。市场势力的增加，必将限制市场竞争，损害消费者利益和社会公共利益。

国家市场监管总局认为，交易进一步增强了集中后实体的市场控制力，消除了相关市场最紧密竞争者之间的竞争，可能增强相关市场竞争者协调价格的动机。而这些市场进入壁垒高，短期内难以出现新的有效竞争者，主要原因首先在于，中韩间大部分航线属于航权管制航线，只有获得航班配额才能进入相关市场，而

① 《市场监管总局关于附加限制性条件批准上海机场（集团）有限公司与东方航空物流股份有限公司新设合营企业案反垄断审查决定的公告》，https://www.samr.gov.cn/zt/qhfldzf/art/2022/art_f0539ceabaa64f56a6502d9b242d471b.html，2023 年 11 月 5 日查阅。

目前部分区域的航班配额已经用尽；其次，部分城市对市场存在严重的航班时刻限制[①]。

经过交易双方几轮提交附加限制性条件承诺方案，最终获得国家市场监管总局认可的承诺包括以下几个方面[②]。

第一，归还航班时刻。在首尔——张家界、首尔—西安、首尔—深圳、釜山—北京和釜山—青岛、首尔—北京、首尔—上海、首尔—长沙、首尔—天津等城市对市场，交易双方和集中后实体将归还其在相应航线上所持有的中国机场、首尔仁川机场或釜山金海机场一定数量的航班时刻给相关机场的航班时刻协调人。

第二，归还航权。经韩国新进入者请求，交易双方和集中后实体应配合韩国国土交通部，归还交易双方和集中后实体所持有的首尔—西安、首尔—张家界、首尔—深圳、釜山—北京等 4 条航线上的部分航权。

第三，在首尔—广州和首尔—大连航线上的每年供应（以航班频次和座位数衡量）保持其 2019 年水平。

第四，续签航空客运协议。交易双方和集中后实体无正当理由，不得拒绝与新进入者在相关航线上签订联程协议、特殊比例分摊协议、代码共享协议的请求；对交易双方和中国航空公司既存的相关协议，不得拒绝中国航空公司提出的续签请求以及由此次集中导致相关协议内容必须进行变更时的重签请求。

第五，保障航空客运辅助服务。主要包括为韩国境内机场航空客运提供地面服务和签订常旅客计划协议等。

第六，还包括合规承诺和每年提交履行承诺的定期报告。承诺有效期为 10 年。最终国家市场监管总局批准了“大韩航空收购韩亚航空案”。

2025 年 6 月 30 日市场监管总局附条件批准[③]的“全日空航空收购日货航”一案的主要焦点在于，如何界定相关商品市场。中日之间的航空货运既涉及传统的货运航空公司，也涉及 UPS、联邦快递和顺丰这类集成服务提供商。全日空和日货航两家航空公司的主要航空货运业务是传统航空货运，即中国国内通常所称的普货，其中也包括向其他一些缺乏运力的快递服务提供商和跨境电商提供舱位。根据相关资料，UPS 和联邦快递在中日之间的全部航空货运市场上占据了 45%～

① 市场监管总局关于附加限制性条件批准大韩航空公司收购韩亚航空株式会社股权案反垄断审查决定的公告. http://www.samr.gov.cn/zt/qhfldzf/art/2022/art_5debb6cce2ce49db8cf2ff3a1b3e967e.html, 2023 年 11 月 18 日查阅。

② 市场监管总局关于附加限制性条件批准大韩航空公司收购韩亚航空株式会社股权案反垄断审查决定的公告. http://www.samr.gov.cn/zt/qhfldzf/art/2022/art_5debb6cce2ce49db8cf2ff3a1b3e967e.html, 2023 年 11 月 20 日查阅。

③《市场监管总局关于附加限制性条件批准全日空控股株式会社收购日本货物航空株式会社股权案反垄断审查决定的公告》，https://www.samr.gov.cn/zt/qhfldzf/art/2025/art_057fcf3f4c864957871cce41ceab79ad.html. 2025 年 7 月 7 日查询。

50%的市场份额，其中既有自营的快递业务，也包括向其他快递商，如顺丰或者圆通提供的快递舱位，还包括向跨境电商和货运代理提供的货物舱位。后面两种货运与全日空、日货航以及其他货运航空公司的货运具有替代性，但是，UPS 和联邦快递以及其他集成服务提供商自营的快递业务部分则与全日空、日货航以及其他货运航空公司的货运不具有替代性。

因此，如果在竞争影响分析中将普货与集成服务提供商自营的快递货物作为同一相关商品市场进行分析，无疑将没有替代关系的两种商品作为同一个市场具有“替代”关系的商品进行分析，可能在较大程度上低估了此次经营者集中对中日之间传统航空货运（普货和外包快递部分）市场竞争的不利影响，从而可能对反垄断当局的审查造成误导。

7.1.2　航空公司航线联营

表 7.2 显示最早的航线联营是国航与国泰和港龙航空之间从香港到北京、重庆和成都的航线，早于《反垄断法》的实施。此后《反垄断法》生效后，南航、东航先后分别与法航、荷航和澳航建立了航线联营，这些航线联营应该属于《反垄断法》第 13 条所禁止的排除、限制竞争的内容，需要依照第 15 条的规定取得豁免，但是由于《反垄断法》刚实施，一些细则也没有制定，还由于《反垄断执法》不健全，因此没有依法取得相应的豁免。国家相关部门也注意到这个问题，反垄断主管机构和行业主管部门也积极协调，最终，国家发展改革委办公厅和中国民用航空局综合司于 2012 年发布了《关于建立航空运输垄断协议豁免审查联席会议工作机制的通知》，其中规定由国家发展改革委统一负责航空运输经营者垄断协议的豁免申请事项。

表 7.2　中国航空公司参与的航线联营

联营方	联营时间	联营的航线	是否向中国反垄断当局提交豁免申请	结果
南航-法航	2010 年	巴黎—广州	2013 年提交	批准
南航-荷航	2011 年	阿姆斯特丹—北京、阿姆斯特丹—广州、阿姆斯特丹—成都、阿姆斯特丹—杭州、阿姆斯特丹—厦门、伦敦—广州	2013 年提交	批准
国航-国泰和港龙航空	2007 年 2009 年更新联营协议	香港—北京、香港—重庆和香港—成都	2014 年提交	批准
东航-澳航	2014 年	上海—悉尼、上海—墨尔本	2014 年提交	批准

续表

联营方	联营时间	联营的航线	是否向中国反垄断当局提交豁免申请	结果
国航-新西兰航空	2014 年	北京—奥克兰	不详	不详
国航-汉莎	2016 年	范围不详	不详	不详
国航-加航	2018 年	范围不详	不详	不详
东航-法荷航	2018 年	武汉—巴黎、昆明—巴黎	不详	不详
南航、厦航-法荷航	2018 年	阿姆斯特丹—北京、阿姆斯特丹—广州、阿姆斯特丹—成都、阿姆斯特丹—杭州、阿姆斯特丹—厦门、伦敦—广州、巴黎—广州	不详	不详

资料来源：根据相关航空公司网站资料和笔者掌握资料整理而成。

上述通知发布后，南航和法航、南航和荷航、国航和国泰及港龙的航线联营补交了豁免申请，东航-澳航则在订立联营协议后立即提交了豁免申请，这些申请在经过国家发展改革委价格监督检查与反垄断局的审查后，上述航线被授予反垄断豁免权。但是，由于没有公开的审查信息，无法对相关的审查进行分析介绍。

另外，还有 2016 年以后的几个涉及国航和汉莎、国航和加航、南航和厦航-法荷航的航线联营，只是从联营方发布的新闻中提及需要获得政府批准，但是从相关政府网站没有查询到相应的信息。

需要指出的是，上述航线联营仅涉及反垄断豁免的审批，并没有涉及航线联营本身这种合作模式的审批问题，这个情况与欧盟的类似。在前面 5.5.2 中分析美国对航空公司之间联盟的管理时，我们曾指出美国的管理包括审批联盟和授予反垄断豁免权两种行政行为。

7.1.3　航空运输业的滥用市场支配地位

2021 年 6 月，云南省市场监督管理局发布了一份行政处罚决定书，被处罚方是中国航空油料有限责任公司云南分公司。事情发端于 2018 年 12 月的举报，有人向云南省市场监督管理局举报中国航空油料有限责任公司云南分公司销售航空煤油时，在收取油费外再额外收取公路运输费（每吨 300～800 元）等第三方费用。

云南省市场监督管理局认定该案的相关商品市场为航空煤油供应和加注服务，相关地域市场为云南全省的机场。由于中国航空油料有限责任公司云南分公司占有云南全省 22 个机场航空煤油供应和加注服务 100%的市场份额，完全控制航空煤油供应和加注服务的价格及其他交易条件，在云南省内的航空煤油供应和加注服务具有不可替代性、无选择性等特点，因而在云南省内的航空煤油供应和加注服务市场占有完全的市场支配地位。

中国航空油料有限责任公司云南分公司在将航空煤油从昆明长水国际机场油库通过公路运输至云南省内其他机场时，在收取航空煤油油费外，还向航空公司收取公路运输第三方费用。云南省市场监督管理局认为，上述行为违反《反垄断法》第十七条关于“（五）没有正当理由搭售商品，或者在交易时附加其他不合理的交易条件”的规定。

7.2　日本航空运输业反垄断的发展演变

7.2.1　概述

第二次世界大战结束后，根据盟军最高统帅的指示和备忘录，禁止日本所有航空活动。直到 1950 年才批准了国内航空运输的“运输和销售”活动。1951 年 9 月，《与日本和平条约》在旧金山签署，这份对日和约中没有限制日本从事任何类型的航空活动（Narahashi，1957），从而为日本重新发展航空运输扫清了道路。由于第二次世界大战开始前的所有民航法和其他规章均被废除，于是 1951 年在运输省下的民航局设立了一个专门委员会来起草民航法，并于 1952 年通过，即《民用航空法（1952 年第 231 号法）》[Civil Aeronautics Act（Act No. 231 of 1952），简称《1952 年民航法》]。该民航法经过多次修订，最新的修订为 2006 年版。

《1952 年民航法》与日本航空运输业反垄断的最直接关系就是确立了航空运输业的反垄断豁免机制。该民航法经过几次修订，最新的修订发生在 2006 年。目前涉及航空运输业反垄断豁免的内容包括国内和国际两个领域。就国内航线而言，在需求下降但客运服务对当地居民仍属必要的情况下，为保障服务的持续性，航空承运人可以与其他航空承运人签订联合管理协议[①]。在国际航线上，航空运输承运人可以与其他航空运输承运人签订联合运输协议、票价协议以及其他与运输有关的协议，以促进公共便利[②]。

航空运输承运人签订上述协议，必须事先获得国土交通省的批准[③]。一般而言，国土交通省事先会与日本公平贸易委员会讨论，征求后者的意见。此外，这

① Civil Aeronautics Act (Act No. 231 of 1952 (up to the revisions of Act No.118 of 2006), art. 110 (i), https://www.cas.go.jp/jp/seisaku/hourei/data/caa.pdf. 2023 年 12 月 18 日查阅。

② Civil Aeronautics Act (Act No. 231 of 1952 (up to the revisions of Act No.118 of 2006), art. 110(ii).

③ Civil Aeronautics Act (Act No. 231 of 1952 (up to the revisions of Act No.118 of 2006), art. 111(i).

两类航空公司之间的协议不会不公平地损害用户的利益、不存在不公平歧视、不存在不公平限制参与和退出的情况、协议的内容应保持在必要的最低限度[①]。

除此之外，航空运输领域不存在其他特殊的反垄断立法，需要受第 3.3.1 节介绍的日本通用性反垄断立法的管辖。

《1952 年民航法》通过后，1953 年日本先后组建了三家航空公司，即国有的日本航空、全日空和东亚国内航空公司（Toa Domestic Airlines）[②]。长期以来，在以供需调节为目的对单条航线单独发放牌照的机制下，市场进入者数量非常有限[③]。而且在 20 世纪 70 年代早期一直到 1980 年中后期，三家航空公司分别运营不同的航线，即日本航空航运营国际航班和国内干线航班，全日空运营干线和都道府县内航班，而日本航空系统公司运营都道府县内航班。这三家航空公司分别服务于国际和国内航空市场的不同组成部分。与此同时，在任何一条航线上只允许一家航空公司运营航班。因此，在较长的时间里，实际上在政府主导下形成了三家航空公司垄断经营不同市场的格局。这种垄断经营的局面一直到 1986 年才被打破，开始允许同一条航线上有两家或三家航空公司运营[④]。

7.2.2　航空公司并购

由于很长时间里日本航空运输市场处于三家航空公司垄断经营的局面，也没有新航空公司的进入，也就不存在航空公司之间的并购。1998 年才有两家新的航空公司进入市场，即天马航空（Skymark Airlines）和北海道国际航空（Air Do Co., Ltd.）。2000 年《民用航空法》修订后，日本开始大规模放松市场准入制度和对票价制度的规制。

2001 年发生的“日本航空与日本航空系统公司业务整合案”（Business Consolidation by Japan Airlines Co. Ltd. and Japan Air System Co. Ltd.）是日本首个涉及主要航空公司的并购案。2002 年 3 月 15 日，日本公平交易委员会发布了一份报告，向两家航空公司表达了对业务整合的担忧，认为会对国内航空客运业务等领域的竞争造成实质性限制。第一，航空公司数量减少导致票价“协同”更加便利。主要航空公司的数量将从 3 家减少到 2 家，从而使各主要航空公司在票价制定方面已经采取的“协同”行动更加便利。第二，折扣票价幅度和航线减少。随着直飞航线的航空公司数量减少，所有航班均提供指定航班折扣票价的航线比例逐渐减少，折扣幅度也随之降低。因此，主要航空公司数量的减少将严重影响竞争。第三，新进入者存在进入壁垒。受拥堵机场航班时刻数量限制等因素影响，

① Civil Aeronautics Act (Act No. 231 of 1952 (up to the revisions of Act No.118 of 2006), art. 111(ii).

② 后来更名为日本航空系统公司（Japan Air System）。

③ OECD, Airline Competition-Note by Japan, DAF/COMP/WD (2014)46, June 12, 2014, ¶ 2.

④ OECD, Airline Competition-Note by Japan, DAF/COMP/WD (2014)46, June 12, 2014, ¶ 3.

新进入者进入市场较困难。因此，新进入者的进入不太可能发挥增强市场竞争的作用。最终，对于航空公司制定的票价没有议价能力的普通消费者很可能会遭受较大的损失①。值得注意的是，日本公平竞争委员会在分析中并没有对相关市场进行专门界定。

针对日本公平竞争委员会对竞争的担忧，两家航空公司提交了补救措施，包括：第一，便利新进入者的措施。向交通国土省交回成田机场的航班时刻，最终合计 12 对去回程航班时刻。如果新航空公司愿意，双方将向新航空公司提供它们目前拥有的机场设施，如登机桥、登机门停车位和值机柜台。第二，票价承诺。双方经营的所有主要航线的正常票价全面下调 10%，且至少 3 年内不再上调。双方与其他主要航空公司竞争的所有主要航线以及双方单独承运的主要航线上的所有航班均享受指定航班折扣票价和预订折扣票价。此类折扣水平将与目前由三家竞争航空公司运营的航线上的普遍折扣水平相同。国土交通省也提出了自己的竞争促进措施。日本公平竞争委员会最终放行两家航空公司的业务整合②。

第二个案子是两家航空公司成立具有完全功能的联营企业，依照日本的《反垄断法》和《反垄断法企业合并审查适用指南》③，这类联营企业也属于并购范畴，需要经过日本公平竞争委员会的审查。这就是 2012 年“澳航/捷星集团与日航设立联营企业案”（Establishment of the Joint Venture by the Qantas/Jetstar Group and Japan Airlines Co., Ltd.）。两家航空公司达成协议设立一家低成本航空公司，从事日本国内航空运输和以日本为始发地与目的地的国际航空运输，其中日本航空和澳航/捷星集团各自持股 33%，剩余 34%股份由另外两家日本企业持有。因此，这家航空公司不仅符合日本对外国资本投资本国航空公司的限制，也符合双边航空运输协定中的多数所有权和实际控制权的指定标准。

该合资企业的成立在出资公司、澳航/捷星集团和日本航空之间形成了间接关联关系。合资公司设立的目的是从事低成本航空业务，并不合并各方现有的全部或部分业务。但各方的经营活动与合营企业的经营活动存在关联性。因此，通过合资企业的管理，双方可以共享有关其提供的个别航空服务的信息，这可能会导致各方之间建立协调关系。

日本公平交易委员会确定了交易方重叠的 7 个国际城市对市场并进行分析，

---

① Business Consolidation by Japan Airlines Co. Ltd. and Japan Air System Co. Ltd. Through Establishment of a Holding Company, Fair Trade Commission, March 15, 2002, 9-11.

② Business Consolidation by Japan Airlines Co. Ltd. and Japan Air System Co. Ltd. Through Establishment of a Holding Company, Fair Trade Commission, April 26, 2002, 2-5, 7.

③ Guidelines to Application of the Antimonopoly Act Concerning Review of Business Combination, Fair Trade Commission, May 31, 2004 (latest version December 12, 2019), https://www.jftc.go.jp/en/legislation_gls/imonopoly_guidelines_files/191217GL.pdf. 2024 年 1 月 10 日查阅。

没有考虑国内城市对市场，因为澳航/捷星集团并未运营日本国内航线的航班，双方之间不存在竞争关系。这里实际上也界定了相关地域市场，但是日本公平交易委员会使用的是“特定贸易领域”（particular field of trade）的概念。

交易方重叠的 7 个国际城市对市场中有 5 个仅由交易双方运营。如果新设立的合资低成本航空公司也在这 5 个城市对市场运营，则三方有可能产生协调行为，从而对竞争产生重大影响。然而，日本公平交易委员会认为，合资低成本航空公司还未建立，因此就不存在在这 5 个城市对市场运营的计划，也就不能做上述设想。因此，日本公平交易委员会认定，该合资企业的设立不太可能实质性限制任何特定贸易领域的竞争[①]。

另外，在 2018 年，日本还发生了一件两家低成本航空公司的并购事件，即“乐桃航空（Peach Aviation）吸收合并香草航空（Vanilla Air）案”。由于这两家低成本航空公司均为全日空航空的子公司，按照《反垄断法企业合并审查适用指南》的规定，是不需要经过日本公平竞争委员会事先审查的。

“大韩收购韩亚航空案”中[②]，日本公平竞争委员会采取的补救措施与 6.2.4 节中介绍的欧盟委员会所采取的补救措施类型一致，包括客运和货运两个部分。航空客运市场方面，日本公平竞争委员会在审查中认为，交易双方在重叠 10 个城市对市场中的 7 个（大阪—首尔、札幌—首尔、名古屋—首尔、福冈—首尔、大阪—釜山、札幌—釜山和福冈—釜山）占有高达 50%～75%的市场份额；特别是在与首尔相关的城市对市场（除东京—首尔外）中，交易双方是唯一的全式服务航空公司，交易将消除全式航空公司之间的竞争；尽管部分竞争对手计划增加航班频率，但由于交易双方也计划增加航班频率，因此交易双方与竞争对手之间的市场份额不会发生重大变化。因此，来自竞争对手的竞争约束将是有限的；不存在新进入者的竞争压力；交易双方在交易完成后存在提交的可能。因此，最终要求交易双方将上述 7 个城市对市场中交易一方的航班时刻剥离给认定的航空承运人。如果上述剥离的航班数量少于交易一方的航班时刻，则剩余的航班数量剥离给非认定的航空承运人[③]。

航空货运方面，针对货运地域市场，日本公平竞争委员会仅关注日本-韩国市场，而不关注韩国-日本市场，因为货运是单向的，不像客运市场是来回程的，因而分析的重点在于该收购对日本货主的影响。在日本-韩国航空货运市场上，交易双方的市场份额高达 60%，远远超过排名第二的市场份额，韩亚航空的货运价格

---

① Major Business Combination Cases in Fiscal Year 2011, Japan Fair Trade Commission, June 20, 2012, 83-85.

② 2024 年 1 月 31 日日本公平竞争委员会作出最后决定。

③ The JFTC's Review Results Concerning Acquisition of Asiana Airlines Inc. by Korean Air Co., Ltd. (Overview), 5-6, https://www.jftc.go.jp/en/pressreleases/yearly-2024/January/240131_2.pdf. 2024 年 2 月 5 日查阅。

在收购之前也低于大韩航空。尽管竞争对手具有一定的供应能力，但双方在能否运营大型专用货机、是否起降日本西部机场等方面存在差异。大量客户对新进入者在发生不可预见情况（例如货物损坏或丢失）时的应对能力表示担忧，因此新进入者对市场在位者所施加的竞争压力将受到限制。来自集成服务商、间接货运、海运代理服务等邻近市场的竞争压力也有限。由于双方与竞争对手之间的差异化，客户很难更换商业伙伴，因此，与之抗衡的买方能力受到限制。经济分析表明，交易双方的价格一直密切相关（历史价格分析），交易后交易双方将存在提价激励（提价激励模拟分析）。因而，日本公平竞争委员会要求交易双方采取剥离韩亚航空货运资产给独立的第三方和与竞争对手订立包舱协议的两项补救措施，以消除收购对日本-韩国航空货运市场竞争的重大不利影响[①]。

7.2.3　航空运输业的卡特尔协议

2002年的“北海道国际航空与全日空之间的业务合作案”通过了日本公平竞争委员会的审查。两家航空公司计划在羽田机场至札幌千岁机场之间的航线上代码共享，以“硬包”（hard block）[②]的方式相互销售代码共享航班的一半座位。双方各自制定自己的票价以及适用不同票价的舱位座位数。这个合作协议是否会对市场竞争造成负面影响呢？第一，两家航空公司仍然独立制定票价等级及相应的座位数，并未实行联合定价。第二，双方采用相互销售代码共享航班一半座位的“硬包”方式后，各自拥有的座位数量和合作前基本一样。第三，双方也承诺如果修改代码共享协议，则需要向日本公平竞争委员会报告修改情况。因而，这种合作不会引发反垄断方面的问题[③]。

与欧美查处航空货运代理固定价格行为几乎相同的时间，2009年3月日本也查处了14家航空货运代理公司。这14家公司就空运收费和国际空运代理业务收费达成协议，向发货人和收货人收取以前没有的燃油附加费、自动舱单系统费用、安保费和爆炸物检查费。最后，其中的12家货运代理被日本公平交易委员会罚款合计90.53亿日元[④]。这个案子的关键是，这些货运代理通过达成卡特尔协议来收取上述费用，而不是征收这些费用本身的问题。

---

① The JFTC’s Review Results Concerning Acquisition of Asiana Airlines Inc. by Korean Air Co., Ltd. (Overview), 6-7, https://www.jftc.go.jp/en/pressreleases/yearly-2024/January/240131_2.pdf. 2024年2月5日查阅。

② 与此相对的是“软包”（soft block）。“硬包”是指双方订立的包座或者包舱数量是一定的，而“软包”则数量不确定。

③ OECD, Airline Competition-Note by Japan. DAF/COMP/WD (2014)46, June 12, 2014, ¶¶ 26-28.

④ Cease and Desist Order and Surcharge Payment Order Against Air Freight Forwarders, Japan Fair Trade Commission, March 18, 2009, https://www.jftc.go.jp/en/pressreleases/yearly-2009/mar/individual-000056.html. 2023年12月18日查阅。

7.3　印度航空运输业反垄断的发展演变

7.3.1　概述

印度的商业航空运输发展得较早。1932 年，塔塔（JRD Tata）创建了印度国际航空公司（Air India）的前身塔塔航空公司（Tata Airlines）。第二次世界大战结束后，塔塔航空公司于 1946 年 7 月 29 日成为一家公众有限公司，更名为印度国际航空公司。1948 年 3 月，印度国际航空公司重组，政府持股 49%，剩余股份由塔塔之子有限公司（Tata Sons Limited）和公众持有。1953 年，印度政府通过了《航空公司法》，将印度国际航空公司和其他 8 家航空公司完全国有化，并将国内服务转移到新成立的印度航空公司（Indian Airlines），印度国际航空公司专门提供国际航空运输服务。在较长的时期里，印度航空运输业仅有两家由政府控制的航空公司[①]。

《1994 年航空公司（业务转让和废除）法》[*The Air Corporations（Transfer of Undertakings and Repeal）Act*, 1994][②]通过后，印度政府开始允许几家私营商业运营商进入国内定期航班服务领域。这些航空公司包括达马尼亚航空公司（Damania Airways）、东西航空公司（East West Airlines）、捷特航空公司（Jet Airways）、沙哈拉航空公司（Sahara Airlines）。

2003 年，德干航空开始提供服务，印度迎来了首个低成本航空公司[③]。香料航空公司（SpiceJet）、快航（GoAir）、靛蓝航空公司（IndiGo）和印度快线航空（Air India Express）公司等其他低成本航空公司接连成立，满足了对具有竞争力的票价的需求，尤其是在短途航线上。

然而，由于这些新的航空公司缺乏资本、政府限制这些航空公司进入需求旺盛的航线，以及缺乏专业的管理层和技术人员，部分航空公司纷纷破产或者重组。2007 年发生了三次大的重组，即捷特航空与沙哈拉航空合并、翠鸟航空与德干航空合并和印度国际航空有限公司与印度航空公司合并[④]。

《2002 年竞争法》禁止反竞争协议和企业滥用支配地位，并规范对印度境内竞争造成或可能造成明显不利影响的合并（收购、控制权获取和兼并与收购）。印度竞争委员会对航空运输业的并购进行审查，对航空公司的合作或联盟是否构成

---

① Competition Issues in the Air Transport Sector in India by Asci Research and Consultancy, 1, https://www.cci.gov.in/images/marketstudie/en/docs1652440130.pdf. 2023 年 12 月 7 日查阅。

② https://www.civilaviation.gov.in/sites/default/files/2023-01/moca_000720_0_0%20%281%29.pdf. 2023 年 12 月 7 日查阅。

③ OECD, Airline Competition-Note by India, DAF/COMP/WD (2014)71, June 3, 2014, ¶ 12.

④ Competition Issues in the Air Transport Sector in India by Asci Research and Consultancy, 7.

卡特尔展开调查，也对航空公司部分定价行为是否涉及价格卡特尔和滥用市场支配地位等进行调查。下面对这三个方面的反垄断执法进行介绍。

7.3.2 航空运输业的并购

印度竞争委员会对航空公司之间的并购审查与美国和欧盟的做法基本一致，包括相关市场界定、分析市场竞争状况、市场进入壁垒、并购效率、补救措施等。并购审查范围包括完全的并购和部分股权收购。

表 7.3 中列出最近 10 年印度竞争委员会审查的 5 个并购案件，其中仅有一个附条件通过，其他都是无条件通过。

表 7.3 印度航空运输业近年的部分并购案件

案件编号	案件名称	主要内容	是否批准	时间
C-2013/05/122	阿提哈德航空收购捷特航空（印度）部分股权和商业合作案	阿提哈德航空收购捷特航空（印度）24%股权，并在后者 6 个席位的董事会中占据 2 个，且担任副董事长。商业合作包括航线和航班时刻协调、联合定价、联合营销等内容	无条件批准	2013 年
C-2013/05/144	阿提哈德航空收购捷特优享私人有限公司	作为捷特航空 100%持股的子公司，捷特优享私人有限公司运营和管理捷特航空的常旅客计划——捷特优享常旅客计划。阿提哈德航空收购捷特优享私人有限公司 50.1%的股份	无条件批准	2014 年
C-2021/07/855	德里弗里快递（Delhivery）与联邦快递印度股权和资产交易	交易包括两个部分：第一部分为联邦快递印度公司收购德里弗里快递 2.9%的股权；第二部分为德里弗里快递收购联邦快递印度公司和 TNT 印度公司的运营资产	无条件批准	2021 年
C-2022/04/922	印度航空与亚航印度整合案	印度航空收购亚航印度 16.33%的股权，并接受其母公司塔塔集团转让的 83.67%股权，成为亚航印度的 100%股权持有公司	无条件批准	2022 年
C-2023/04/1022	印度国际航空公司与维斯塔拉航空等[Tata SIA Airlines（Vistara）]并购	首先将塔塔集团 100%持股的塔拉斯（Talace）与塔拉斯 100%持股的印度国际航空合并，然后印度国际航空与维斯塔拉航空（塔塔集团与新加坡航空合资航空公司）合并，再向新加坡航空发行股票，新加坡航空最终在合并后的印度国际航空中持有 25.1%的股权	附条件批准	2023 年

资料来源：笔者根据印度竞争委员会网站资料整理而成。

“阿提哈德航空收购捷特航空（印度）部分股权和商业合作案”[1]中除了阿提哈德航空收购捷特航空24%的股份外，还包括范围广泛的商业合作：航线和航班时刻协调、联合定价、联合营销、联合/互惠机场代表和处理、联合/互惠技术装卸和腹舱以及专用货运运力服务；阿提哈德航空将推荐捷特航空高级管理层候选人；捷特航空将使用阿布扎比作为往返非洲、北美、南美和阿联酋的定期航班的独家枢纽；捷特航空不会与其他航空公司签订任何具有以下效果的代码共享协议：绕过阿布扎比，作为往返上述地点的交通枢纽，不利于商业合作协议预期的合作。

印度竞争委员会在分析中发现阿提哈德航空和捷特航空有 38 条往返印度和其他目的地的重叠航线，并且该航线上至少有1家竞争对手。其中，阿提哈德航空和捷特航空仅在7条航线上的市场份额合计超过50%。在这7条航线中的3条航线上，两家航空公司呈现一家大、另一家小的格局，即要么是捷特航空，要么是阿提哈德航空的市场份额不足5%。例如，在孟买—布鲁塞尔航线上，捷特航空的市场份额为 72.90%，阿提哈德航空的市场份额为 3.30%。在阿穆达巴（Ahmedabad）—布鲁塞尔航线上，捷特航空的市场份额为83.10%，而阿提哈德航空的市场份额为2.61%。[2]因此，交易后市场份额的变化对于合并后的实体来说是微不足道的，并且交易不会改变竞争动态。

印度竞争委员会在使用 O&D 竞争评估方法外，还适当考虑了拟议合并的网络效应潜力。双方商业合作协议的一项条款要求捷特航空使用阿布扎比作为往返非洲、北美、南美和阿联酋的定期航班的独家枢纽，并且捷特航空将无法在某些O&D 航线上与其他航空公司进行代码共享，如孟买—芝加哥、德里—芝加哥、新德里—纽约、孟买—纽约、孟买—约翰内斯堡等城市对，捷特航空必须取消与其他航空公司的代码共享，并通过阿布扎比进行运输。因而，在没有其他强大竞争对手的情况下，捷特航空取消与其他航空公司的代码共享协议可能会导致市场封锁和滥用市场支配地位。然而，所有这些航线都面临着其他可靠参与者的竞争，如美国航空、印度国际航空、阿联酋航空、南非航空、卡塔尔航空等，这将限制阿提哈德航空的市场势力。在大多数此类航线上，捷特航空和阿提哈德航空的市场份额合计不到30%，同时此类航线上还有其他强大的参与者。此外，阿提哈德航空已经在印度少数城市飞往芝加哥和约翰内斯堡的航线上拥有强大的影响力。然而，捷特航空在此类航线上的份额可以忽略不计，交易后市场份额的变化也可以忽略不计。因此，在所有这些 O&D 城市对市场上，不会出现市场份额集中的竞争问题。因而，最终印度竞争委员会批准了这次股权收购和商业合作方案。

---

① https://www.cci.gov.in/combination/order/details/order/818/4/orders-section31. 2023年12月23日查阅。

② Competition Commission of India. Order under Section 31(1) of the Competition Act, 2002 (Combination Registration No. C-2013/05/122), 14, 2.11.2013.

“印度国际航空公司与维斯塔拉航空等并购和股权交易案”[①]不仅涉及印度国际航空与维斯塔拉航空的合并，还包括新加坡航空在合并后的印度国际航空公司中收购 25.1%的股权。合并的两家航空公司有 48 条重叠国内航线，24 条重叠国际航线。印度竞争委员会的初步意见是并购对竞争造成重大损害。针对印度竞争委员会的初步意见，交易方做出了答复。交易方认为，并购会降低成本和获得规模效率。在国内重叠市场上，靛蓝航空是一个强劲的竞争对手。航班时刻除了在诸如德里等少数机场短缺外，其他机场的航班时刻并不紧张。航空运输市场进入的资本要求不高，因而其他新进入者进入也较为容易。

针对印度竞争委员会提出的对并购对竞争的担忧，交易双方承诺在 7 个城市对市场上将航班频率限定在不低于 2023 年国际航协夏季航班的数量水平上。在新加坡到德里城市对的市场上，印度航班将航班数量维持在 2023～2024 财年第一季度的水平，参与股权交易的新加坡航空将航班数量维持在新冠疫情发生前的 2019 年水平。另外，两家航空公司还承诺将新加坡—孟买、新加坡—钦奈、新加坡—蒂鲁吉拉帕利的航班频率维持在新冠疫情发生前的 2019 年水平。

最后，印度委员会认为，交易方的承诺措施可以消除交易对竞争的不利影响，从而批准了这个交易。

7.3.3　滥用市场支配地位或价格卡特尔案件

航空运输市场是一个典型的寡头垄断市场，而在寡头垄断市场上主要参与者之间更有可能发生串谋，形成卡特尔。在航空运输业随着多市场接触度的提升，航空公司之间票价的差异较小，刚性更大，表现出航空公司之间存在串通行为。代码共享协议的存在会导致票价更具有刚性，但与票价之间的差异没有关系（Ciliberto et al.，2019）。

印度竞争委员会在市场上较为严格地实施《2002 年竞争法》。根据《2002 年竞争法》第 19 条，印度竞争委员会既有权力根据自己的发现对卡特尔开展调查，也会根据政府其他监管机构移交的线索开展调查，还有权根据任何媒体和从任何人处收到的信息对任何卡特尔进行调查。

表 7.4 列出了印度竞争委员会开展了调查的 9 个涉嫌卡特尔或者滥用市场支配地位的案件。其中，案件号中标有“Suo Motu”[②]就表示印度竞争委员会主动发起的调查案；标有“Reference”的案件是法定机关或政府部门向印度竞争法委员会提交寻求《2002 年竞争法》方面意见的案例；标有“RTPE”（restrictive trade

① https://www.cci.gov.in/combination/order/details/order/1272/0/orders-section31. 2023 年 12 月 23 日查阅。

② 拉丁术语，意思是“自行运动”。在法律监管的背景下，它是指法院或监管机构等在没有任何外部投诉或请愿促使该行动的情况下，主动采取的行动。

practices enquiry，限制性贸易做法调查）的案件是《2002 年竞争法》实施后，过渡期内依照原来 1969 年《垄断和限制性贸易行为法》调查的案件；没有特别标识的案件均为印度竞争委员会收到的举报案件。

表 7.4　2010 年后印度航空运输业卡特尔和滥用市场支配地位部分案件

案件编号	案件名称	主要内容	是否认定	时间
RTPE Case No.5/2009	国内航空公司卡特尔（In Re: Domestic Air Lines）	印度航空、翠鸟航空、靛蓝航空和帕拉蒙特航空等国内航空公司是否形成价格卡特尔。面对 2008 年的金融危机，航空运输需求下降，为了刺激需求，上述航空公司在 2009 年 1 月降低票价，但是在 2 月又提高票价	否	2010 年
Case No. 4/2009	M.P. Mehrotra 先生举报翠鸟航空等（M.P. Mehrotra vs Kingfisher Airlines Ltd. & Ors.）	捷特航空和翠鸟航空之间的联盟限制供给和市场分割，被认定构成《2002 年竞争法》禁止的垄断协议	否	2012 年
Case No. 14/2009	印度旅行社协会举报汉莎等 9 家航空公司（Travel Agents Association of India vs Lufthansa German Airlines. & Ors.）	2008 年 11 月 1 日开始，汉莎等 9 家航空公司停止原来支付给旅行社的 5%销售代理佣金，涉嫌滥用市场支配地位	否	2011 年
Suo-Motu Case No.2/2010	国内航空公司卡特尔	在 2010 年排灯节前后，印度国内航空公司利用需求增加的机会，一致向旅客收取过高的票价。据称，虽然需求上升，但由于航空公司之间的默契勾结，大量飞机被停飞	否	2010 年
Reference Case No. 01/2011	国内航空公司价格平行行为	靛蓝航空、捷特航空、翠鸟航空、香料航空和快飞航空是否存在价格平行行为	否	2011 年
Case No. 35/2012	印度国际航协销售代理协会投诉印度航空公司联合会等（IATA Agents Association of India vs Federation of Indian Airlines & Ors.）	印度国际航协销售代理协会投诉印度航空公司联合会成员，如印度航空、捷特航空和海湾航空等在几乎同一时间将支付给销售代理的佣金从 3%下调到 1%，涉嫌价格卡特尔和滥用市场支配地位	印度竞争委员会认为，该案不存在初步证据确凿的条件，该案应立即结案	2012 年

续表

案件编号	案件名称	主要内容	是否认定	时间
Case No. 79/2012	印度航空货运代理协会举报国际航协等（The Air Cargo Agents Association of India vs International Air Transport Association & other.）	印度航空货运代理协会举报国际航协以及国际航协印度有限公司通过“代理人大会”、“服务大会”和“运价大会”，无视市场惯例和职能，损害举报人的利益，并行使对印度航空公司货运代理人的注册、认证和监管的监管权。根据“801号决议”，引入货物账户结算系统（cargo account settlement system，CASS）。国际航协还根据“016aa 号决议”规定了向货运代理支付的佣金率上限。CASS和“016aa 号决议”具有反竞争性，并且影响了货运代理的利益	总干事（director general）通过调查发现“016aa 号决议”于2006年后不再有效，佣金率需要货运代理与航空公司双方商定。由于举报人和民航部的坚持，向货运代理支付5%佣金的做法才得以继续沿用。因此，不能认为国际航协通过协议固定价格。CASS就是航空公司与货运代理或货运代理之间简化的计费和结算系统，并没有限制印度的国际航空货运，也不能认为国际航协通过协议限制了供给 印度竞争委员会在总干事报告、举报人和国际航协意见基础上，认定国际航协没有违反《2002年竞争法》关于禁止垄断协议的规定	2015年
			举报人就2015年印度竞争委员会决定向竞争上诉法庭上诉，竞争上诉法庭要求总干事重新调查举报事项。总干事重新调查的思路是，首先确定国际航协是否构成《2002年竞争法》认定的“企业”；如果是，相关市场是什么，国际航协在相关市场是否占据支配地位；如果国际航协占据支配地位，是否滥用了支配地位；最后再看是否有新证据证明违反了禁止垄断协议的规定。总干事认定国际航协不能被认定为“企业”，而仅仅是一个行业组织，也没有新的证据来证明其违反了禁止垄断协议的规定。印度竞争委员会综合各方意见后，维持原来的认定	2021年
Case No. 30/2013	（印度快递协会举报捷特航空等5家航空公司）[Express Industry Council of India Vs. Jet Airways（India) Ltd. & Others.]	2008年5月部分印度国内航空公司开始对航空货运收取燃油附加费，并且在同一天开始收取相同的费率，涉嫌价格卡特尔	印度竞争委员会最后认定，捷特航空、靛蓝航空和香料航空在确定和修改燃油附加费率时采取一致行动，从而违反了该法案第3（1）条与第3（3）（a）条的规定，每家航空公司被处以营业额1%的罚款	2015年
			三家被处罚航空公司提出上诉，竞争上诉法庭裁决发回重审。印度竞争委员会重审后，仍然维持对三家航空公司的违法认定，但是把罚款的基数从全部营业额的1%修改为货运营业额的3%	2018年

续表

案件编号	案件名称	主要内容	是否认定	时间
Suo Moto Case No. 03/2015	航空公司业涉嫌卡特尔化（In Re: Alleged Cartelization in the Airlines Industry）	2012 年 4 月至 2014 年 3 月，捷特航空、靛蓝航空、香料航空和快飞航空德里-孟买-德里、德里-班加罗尔-德里、德里-海得拉巴-德里和德里-浦那-德里航线涉嫌卡特尔	否	2021 年

资料来源：笔者根据印度竞争委员会网站资料整理而成。

这些案件涉及范围广泛，既包括代码共享和联程协议这类常见的商业合作，也包括价格和运力控制卡特尔，还涉及滥用市场支配地位。但是被认定为违反了竞争法的比例很小，仅有一个案件。这说明，尽管印度竞争委员会发起了较多针对航空公司的反垄断调查，但是能够确定违法的可能性还是不大。当然，印度竞争委员会经常性发起这类调查，对航空公司也起到了一种威慑作用，可以抑制航空公司串谋形成卡特尔的冲动。

2009 年发生的“M.P. Mehrotra 先生举报翠鸟航空等案”[①]中的指控，包括商业合作和滥用市场支配地位。M.P. Mehrotra 先生举报捷特航空和翠鸟航空在一些领域进行合作，限制了航空运输市场的供给，并进行市场分割，涉嫌违反《2002 年竞争法》关于垄断性协议的规定：国内和国际航班的代码共享、联程协议、联合燃油管理、共同地面服务、使用通用全球系统平台交叉销售航班座位、联合推进网络合理化和协同、同类机型机组人员的交叉使用、常旅客计划互惠。另外，在航油价格升高时，两家公司还同时增加燃油附加费，但是航油价格降低时，两家公司并没有降低燃油附加费。它们还利用自己的市场支配地位，发售机票套票，试图削弱竞争对手。

印度竞争委员会收到举报后，认定这是一个存在初步证据的案件（prima facie case），并指定总干事进行调查[②]。总干事的调查围绕两个问题：第一，两家航空公司是否滥用支配地位；第二，两家航空公司的联盟是否违反《2002 酿竞争法反垄断法》第 3 条规定的禁止性垄断协议。

针对第一个问题，总干事认为除了捷特航空和翠鸟航空外，还有印度航空和靛蓝航空，这四家航空公司分别占有 17%～27%的市场份额，这些航空公司均具

① https://www.cci.gov.in/antitrust/orders/details/390/0. 2023 年 12 月 25 日查阅。

② 依照印度《2002 年竞争法》的规定，订立垄断协议和滥用市场支配地位由按照《竞争法》任命的总干事进行调查，并向印度竞争委员会提交报告。印度竞争委员会根据总干事的报告和当事人对报告的意见，做出最后决定。

备独立竞争的能力，因而捷特航空和翠鸟航空具有市场支配地位的说法没有充分的证据。

对于第二个问题，总干事指出，两家公司董事长兼总经理的联合声明给人留下了双方将在市场上共同运营的印象。而且在宣布上述联盟后，双方会在不同场合会面。总干事也发现当航空煤油价格上涨 12.25%后，两家航空公司的燃油附加费同时上涨了 400 卢比，但是当航空煤油价格下降 5.7%后，两家航空公司的燃油附加费没有下降。两家航空公司不分航段距离，收取统一的燃油附加费。联盟后，两家航空公司的市场份额和利润都增加了。该联盟并没有导致服务提供方面的任何改善，而是运力减少，从而导致航空公司服务的可用性减少，也没有为消费者带来利益。总干事得出的结论是，联盟尚未最后成立，但是，联盟的许多条款已经实施并仍在实施。协议条款包括运力削减，导致供给受限、市场分享、成本和收益的协同。此外，燃油附加费的平行定价行为是一个严重的竞争问题。两家航空公司的这些做法是反竞争的，因此违反了《2002 年竞争法》第 3 条的相关规定。

竞争委员会赞同总干事对第一个问题的调查结论，即依照现有的证据不能证明两家航空公司具有市场支配地位。

对于总干事对第二个问题得出的违反了《2002 年竞争法》第 3 条相关规定的结论，捷特航空和翠鸟航空均坚称，它们宣布的所谓联盟并未产生此影响，它们只是打算缔结联盟，以加强商业和运营合作伙伴关系，帮助两家航空公司合理化运作，降低成本，提高公众出行的服务水平。而且所有这些协议或者安排都是行业惯例，它们与大量的企业都签订了此类协议或者安排。此类协议未违反该法第 3 条的规定。

印度竞争委员会认为，两家航空公司已经签署了联程协议、特别再保护协议[①]、电子客票和备忘录等协议，这些协议都没有起到决定票价、限制供给以及分享市场的作用。联程协议是世界各地航空公司合作为旅客提供旅行便利的国际通行做法，这一点也没有争议。捷特航空已与包括印度航空和翠鸟航空在内的全球 140 家航空公司签订了联程协议。同样，翠鸟航空与包括印度航空在内的多家航空公司签订了 88 份此类协议。特别再保护协议是一项应用有限的协议，只有在其中任何一方的航班计划受到干扰时才可以援引。第三份协议是为联程协议提供技术支持的协议，仅促进联程电子客票文件的签发，不涉及任何商业利益。第四份协议是双方于 2009 年 5 月 25 日签署的技术谅解备忘录，也是航空运输业的通行做法。

印度竞争委员会认为，双方并未签订其他协议，也没有任何记录证据可以证

① 由于不可预见的原因，当事人无法履行职责。当出现这种情况时，航班时刻表被中断的航空公司可以将其旅客转移到同一航线上运营的另一家航空公司。

明双方所宣布的联盟已全面生效。如果公开宣布的联盟已经生效，并且双方的协调得到了最大限度的拓展，那么鉴于捷特航空和翠鸟航空的市场份额之和达到了48%，可能会引起竞争担忧。

因此，印度竞争委员会没有认同总干事对第二个问题的结论，而是认为其没有违反《2002 年竞争法》。

2011 年发生和结案的“国内航空公司价格平行行为案”[①]，由印度企业事务部向印度竞争委员会提起，总干事调查后认定靛蓝航空、捷特航空、翠鸟航空、香料航空和快航通过控制运力提高价格，存在平行价格行为，然而印度竞争委员会却给出了相反意见，但是印度竞争委员会中有一名成员提出了不同意见，他赞同总干事的意见，认为应对上述航空公司处以营业收入 10%以下的罚款。

在 2015 年的“航空公司业涉嫌卡特尔化案”（Alleged Cartelization in the Airlines Industry）[②]中，对于平行定价行为，总干事认为航空公司利用收益管理系统，遵循动态定价机制，使用不同的动态定价管理软件，通过考虑当前/预期需求条件、实际预订、竞争对手价格、季节性等因素动态更新机票价格，并为每个航班更新票价设置相应的预订限额，以优化与航班座位数对应的收入。动态定价是印度乃至国际上可接受的定价策略。此外，由于所有航空公司都采用类似的策略，机票定价成为吸引尽可能多的旅客的最重要因素。因此，机票定价主要由竞争决定，成本计算退居次要地位。技术进步使竞争进一步复杂化，因为每家航空公司都可以实时监控竞争对手的定价。因此，平行定价已成为市场驱动的结果，但不能说是任何协议或一致行动的产物。最后印度竞争委员会也认同总干事的意见。

7.4　巴西航空运输业反垄断的发展演变

7.4.1　概述

巴西航空运输业在第二次世界大战结束后经历了一个快速发展的时期。大量美国价格低廉的 DC-3 飞机涌入市场，巴西一下成立了 20 多家航空公司。然而随着 20 世纪 50 年代末更大、更快的喷气式飞机投入市场，巴西原有的这些航空公司开始面临严重的生存问题（Monteiro et al.，2009）。随后巴西航空运输业经历了近 10 年的整合过程，并确立了“受控竞争”（controlled competition）的规制原则，即减少因服务集中在主要航线上而被认定的“资源过度支出”。因而，巴西航空运输业在随后军人统治时期的 20 世纪 70～80 年代受到严格规制，运力和运价由政

① https://www.cci.gov.in/antitrust/orders/details/349/0. 2023 年 12 月 25 日查阅。

② https://www.cci.gov.in/antitrust/orders/details/37/0. 2023 年 12 月 25 日查阅。

府直接确定，成立新的航空公司也受政府掌控。因此，这个阶段也就不存在航空运输业的反垄断问题了。

1989 年，军人统治结束后的民选政府启动了一项基于亲市场改革的雄心勃勃的经济现代化计划。航空运输业也逐步终止政府的价格控制政策，航空公司可以在市场上进行自由竞争。2005 年，巴西设立了独立的监管机构——巴西国家民航局（National Civil Aviation Agency，ANAC），该民航局负责按照联邦政府发布的指导方针和政策，监管民用航空活动以及航空和机场基础设施。在反垄断方面，巴西国家民航局在经济防御行政委员会所处理的反垄断执法案件中发挥了重要作用，其利用专业知识为经济防御行政委员会的并购和反垄断案件调查提供了专业支持[①]。

7.4.2 航空运输业并购

表 7.5 列出了 2010 年以来巴西反垄断主管部门——经济防御行政委员会审查的航空运输业并购案件。从并购性质来看，既有航空公司之间的完全并购，如巴西天马航空和智利航空的合并；也有航空公司之间的部分股权收购，如美联航收购哥伦比亚国际航空控股公司 17%的股权；还有联合设立合营企业的，如蓝色巴西航空和巴西邮政电报公司设立合资企业。这些案件多数涉及横向关系，也有涉及纵向关系的。比如，蓝色巴西航空和巴西邮政电报公司设立合资企业就涉及纵向关系。蓝色巴西航空和巴西邮政电报公司设立的合资企业从事航空运输、货邮运输业务，与巴西邮政电报公司的地面配送网络形成上下游关系，通过建立合资企业，蓝色巴西航空与巴西邮政电报公司也形成上下游关系。同时，这些案件多数涉及其他国家的航空公司并购，只是这些并购对巴西的航空运输市场产生了影响，如联邦快递收购 TNT 快递以及国际航空集团收购欧罗巴航空就属于此类情况；也有仅仅涉及巴西自己的航空公司，如 GTX 航空收购 MAP 航空就属于此类情况。

表 7.5 巴西航空运输业 2010 年以来的部分并购案件

案件编号	案件名称	主要内容	是否批准	时间
08012.009497/2010-84	巴西天马航空与智利航空合并（TAM S.A. and LAN Airlines S.A.）	两家航空公司合并设立新的拉美航空（Latam）	附条件批准	2011 年
08700.009559/2015-12	联邦快递收购 TNT 快递（FedEx Corporation and TNT Express N.V.）	联邦快递收购 TNT 快递 100%的股份	无条件批准	2015 年

① OECD, Airline Competition-Note by Brazil, DAF/COMP/WD (2014)25, May 23, 2014, 2-4.

续表

案件编号	案件名称	主要内容	是否批准	时间
08700.006413/2016-98	海航集团收购航空辅助服务运营公司（HNA Group Co. and SERVAIR）	海航集团收购航空辅助服务运营公司 49.99%的股份	无条件批准	2016 年
08700.006556/2016-08	拉美航空与卡塔尔航空股权交易（Latam Airlines Group S.A. and Qatar Airways）	卡塔尔航空收购拉美航空 10%的股份	无条件批准	2016 年
08700.004588/2018-22	蓝色巴西航空和巴西邮政电报公司设立合资企业（AZUL Linhas Aéreas Brasileiras S/A and Empresa Brasileira de Correios e Telégrafos.）	两家公司联合创建一家专注于提供综合物流解决方案的公司，通过空运和陆运提供定期与不定期的货物和邮件运输服务。蓝色巴西航空持股 50.01%，巴西邮政电报公司持股 49.99%	无条件批准	2018 年
08700.006045/2019-21	拉美航空和达美航空股权交易（Latam Airlines Group S.A. and Delta Airlines）	达美航空收购拉美航空 20%的股份	无条件批准	2019 年
08700.000442/2020-22	国际航空运输集团收购欧罗巴航空（IAG and Air Europa）	国际航空运输集团收购欧罗巴航空 100%的股份	无条件批准	2020 年
08700.003746/2021-22	GTX 航空收购 MAP 航空（GTX S.A. and MAP Transportes Aéreos Ltda.）	GTX 航空收购 MAP 航空 100%的股份	无条件批准	2021 年
08700.005173/2021-71	美联航和哥伦比亚国际航空控股公司股权交易（United Airlines Inc. and Avianca Holdings S.A.）	美联航收购哥伦比亚国际航空控股公司 17%的股权	无条件批准	2021 年

资料来源：笔者根据巴西经济防御行政委员会网站资料整理而成。

这些并购案，除了 2011 年的巴西天马航空与智利航空的合并案有补救措施外，其他案件均为无条件批准。巴西经济防御行政委员会认为，这个合并对于两国之间的圣保罗—圣地亚哥城市对市场竞争造成严重损害，要求合并方每天出让 2 对航班时刻，以便竞争对手增加航班或者有利于新进入者进入，同时要求合并方在原来分属不同的星空联盟（巴西天马航空）和寰宇一家（智利航空）中选择加入一个联盟[①]。

① The Role of Economists and Economic Evidence in Merger Analysis by the Merger Working Group of ICN, April 24-26, 2013, 60.

在这些并购案中，巴西经济防御行政委员会采取了与欧盟和美国类似的分析过程，即首先界定相关市场，然后做市场竞争分析，接下来是进行市场进入分析，最后看并购是否最终会对竞争造成损害，是否可以通过补救措施加以弥补。

在相关商品的市场界定方面，巴西经济防御行政委员会一般考虑了定期客运市场和货运市场。定期客运市场方面一般没有进一步细分为时间敏感和时间不敏感旅客市场。在联邦快递收购 TNT 快递和蓝色巴西航空与巴西邮政电报公司设立合资企业中，巴西经济防御行政委员会与欧盟委员会类似，它们都考虑了快递市场和货运代理市场。针对定期客运采用城市对市场的方法来界定相关地域市场；对于货运业务，将区域与区域之间作为相关地域市场，包括国家与国家，区域与区域或者国家与区域之间，如“国际航空集团收购欧罗巴航空”一案中就是将巴西与欧洲之间双向的航空货运市场作为相关地域市场；对于快递市场，则将某一区域作为相关地域市场，如蓝色巴西航空与巴西邮政电报公司在成立合资企业时，他们将巴西整个国家区域作为相关地域市场，联邦快递收购 TNT 快递也是这样考虑的。

在航空公司并购案审查中，巴西经济防御委员会特别强调航空运输市场的可竞争性问题。它认为，航空客运市场是可竞争市场的一个例子，航空公司可以自由进入和退出。因而，巴西经济防御委员会关注新公司进入市场的可能性，或现有航空公司在尚未运营的特定航线上进入的可能性，因为它们将能够遏制现有航空公司在其拥有高市场份额的航线上的市场势力。

因此，对进入壁垒和竞争的分析将旨在确定阻碍甚至使竞争对手无法进入竞争市场的主要壁垒，并考虑竞争对手或进入者争夺市场份额的能力。对于定期客运航空运输市场，巴西经济防御委员会通常考察的因素是机场基础设施限制和监管限制①。

7.4.3 航空公司联盟

与欧盟类似，巴西的反垄断机构经济防御行政委员会也负责航空运输业的联盟或者合作审批，而在美国，涉及国际联盟的则由美国运输部负责管理。表 7.6 所列的联盟合作案，不仅涵盖航线联营和代码共享，还涉及销售领域的合作。除了 2016 年的“拉美航空下属天马航空-伊比利亚航空和英国航空航线联营案”（TAM Airlines Linhas Aéreas S.A. and Iberia/British Airways）通过承诺补救措施获得批准外，其他的均为无条件通过。

① Opinion No. 15/2021/CGAA4/SGA1/SG., ¶¶ 96-101, 141-156.

表 7.6　巴西航空运输业部分联盟合作案

案件编号	案件名称	主要内容	是否批准	时间
08700.000517/2015-16	VRG 航空-阿根廷航空和阿根廷南方航空（VRG and AR/AU）	VRG 航空与阿根廷航空和阿根廷南方航空的代码共享	无条件批准	2015 年
08700.006571/2015-67	拉美航空-英国航空（Latam Airlines Group S.A. and British Airways）	两家航空公司在欧洲至拉美航线上的代码共享	无条件批准	2015 年
08700.004211/2016-10	拉美航空下属天马航空和伊比利亚航空/英国航空	在欧洲至南美航线上的客货运联营	附条件批准	2016 年
08700.003715/2017-95	美国航空-拉美航空（American Airlines, Inc. and Latam Airlines Group S.A.）	涉及北美（美国、加拿大）到南美（巴西、智利、哥伦比亚、巴拉圭、秘鲁和乌拉圭）之间的航线联营	无条件批准	2017 年
08700.003258/2020-34	拉美航空-达美航空（Latam Airlines Group S.A. and Delta Airlines）	涉及北美（美国、加拿大）到南美（巴西、智利、哥伦比亚、巴拉圭、秘鲁和乌拉圭）之间的航线联营	无条件批准	2020 年
08700.006518/2020-23	美国航空-高尔航空（American Airlines, Inc. and GOL Linhas Aéreas S.A.）	已同意增加其当前的商业安排，包括不时参与商定的促销活动和增加联合双方的销售机会。该交易属于联合协议，仅限于巴西和美国之间的旅客航空运输。美国航空和高尔航空表示，它们将保留对各自业务各个方面的完全控制权，包括定价和航线决策	无条件批准	2021 年
08700.001134/2022-86	美国航空-高尔航空	美国航空通过对高尔航空的股权投资（6.6%优先股）以及此类投资的其他附属协议，加强涉及美国-巴西走廊（“联盟”）的现有商业合作关系	无条件批准	2022 年

资料来源：笔者根据巴西经济防御行政委员会网站资料整理而成。

拉美航空下属“天马航空伊比利亚航空-英国航空航线联营案”中，经济防御行政委员会认为，航线联营是竞争对手之间的协议，无论是否存在资产交易，联营航线都会像单个公司一样定义其运营策略，协调供应、价格、产能、销售、营销等。虽然双方的网络总体上明显是互补的，但重叠的两条航线（圣保罗—伦敦、圣保罗—马德里）约占申请人在巴西和欧洲之间运输的收入、提供的座位和旅客量的一半。即使中转航班被视为相关市场的一部分，圣保罗和伦敦之间的航线直飞航班仍具有垄断性，存在高度集中的情况（70%～80%）；圣保罗和马德里之间的市场也高度集中，双方在直飞航班的市场份额达到 60%～70%，在包括可能的中转航班的情况下仍然达到 60%～70%。而且双方占据巴西-欧洲客运市场 31%的份额。而市场进入分析表明，双方不太可能引入在上述两条航线上运营直飞航班的市场进入者，因而双方联营后，在圣保罗至马德里以及圣保罗至伦敦航线的有效竞争严重受损。而联营带来的效率提升是否能够惠及消费者则存在较大的不确定性。因而联营协议将带来供应减少、价格上涨、质量下降的风险①。

最后，联营双方提出了补救措施以获得监管机构的放行。承诺的补救措施包括：第一，免费出让航班时刻。伦敦希思罗或者盖特威克机场，每天一班的进出港航班时刻。第二，联程协议。与竞争对手或者新进入者订立联程协议。第三，航班班次冻结。如果圣保罗-伦敦航线没有新进入者，合作双方 7 年内不得减少航班班次。第四，增开航线。拉美航空应在巴西和欧洲之间增开两条航线，其中一条从圣保罗和里约热内卢以外的一个城市出发。第五，效率惠及消费者。确保各方通过联营获得的效率至少部分地传递给消费者②。

7.4.4　机场特许经营中限制纵向和横向关系

自 2011 年以来，巴西机场基础设施一直在引入私营部门参与提供机场服务。采取这一举措的主要原因是巴西机场需要大量投资，以应对旅客流量的大幅增加和巴西政府有限的资源。巴西政府选择的模式是建设-经营-转让（Build-Operation-Transfer，BOT）特许经营权（concession），其中私营公司被授予在有限时间内运营机场的权利，并获得由此产生的收入③。本书不在机场特许经营权方面展开更多分析和研究，而是聚焦在机场特许经营过程中如何预防可能的垄断。

首先是限制纵向关联关系。巴西机场特许经营权招标公告包含旨在限制机场运营商和航空公司之间纵向整合的条款。航空公司及其关联公司不得参与机场拍卖，除非作为联营体的一部分，并且只能持有少量股份且不参与公司治理。在特许经营的不同轮次中，监管机构还为投标联营体中的航空公司设定了不同的最高股权：10%（第一轮）；2%（第二轮）；4%（第三轮）；再次是 2%（第四轮至

---

① 08700.004211/2016-10，TAM Airlines Linhas Aéreas S.A. and Iberia/British Airways，Opinion by CADE, ¶¶ 83-111, 129-141, 418-421.

② Merger Control Agreement Referring to Merger NO. 08700.004211/2016-10, Part II-VI.

③ OECD. 2022. OECD Competition Assessment Reviews: Brazil, OECD Competition Assessment Reviews. Paris: OECD Publishing, 49.

第六轮）[①]。

此外，根据第一轮和第二轮的特许经营合同，在特许经营的前 5 年内航空公司拟增加在特许经营公司中持股的交易须经巴西国家民航局批准。从第三轮后，特许经营合同则明确规定，无论任何时候此类航空公司在特许经营公司增持股份的交易均需要巴西国家民航局批准。

其次是限制横向关联关系。机场之间的竞争是巴西政府强调支持机场特许经营权的主要原因之一。巴西政府对机场交叉所有权施加了一定的限制。巴西政府实施第二轮特许经营权时还规定，单个参与者（包括关联公司，单独或联合体）可以投标所有三个机场，但只能中标其中一个机场。在实施第三轮特许经营权时，进一步收紧了限制，限定一家公司只能经营一个机场，并规定在第二轮特许经营权中获得特许经营权的机场股东及其关联公司不得参与拍卖（联合体除外，最高持股比例为 15%，且不参与公司治理）。最后，在实施第四轮特许经营权时，巴西政府规定，同一家公司或财团可以投标所有正在拍卖的机场，但每个地区只能获得一个机场[②]。

① 每一轮机场特许经营权拍卖包含的机场不同，比如第一轮到第三轮包含了巴西最大的五家机场。OECD. 2022. OECD Competition Assessment Reviews: Brazil, OECD Competition Assessment Reviews. Paris: OECD Publishing, 56.

② OECD. 2022. OECD Competition Assessment Reviews: Brazil, OECD Competition Assessment Reviews. Paris: OECD Publishing, 60.

第 8 章　影响航空运输市场竞争的因素

反垄断的本质就是要维护市场竞争，同时反垄断执法也不再简单地拘泥于本身违法原则，而是结合具体的商业行为或安排，遵循合理性原则进行分析判断。因而，在反垄断执法过程中，政府执法部门就需要考虑影响某一个行业市场竞争的因素在特定商业行为或者安排中，能够消除该行为或安排对竞争的负面影响还是加剧了负面影响，从而决定应采取的措施。影响航空运输市场竞争的因素很多，可以分为技术经济特征、市场营销体系、航空公司之间的合作，以及航班时刻、基础设施和政府政策等，本章将从这几个方面来分析航空运输市场竞争的影响因素。需要强调的是，这些影响因素在一定条件下可能构成航空运输业的市场进入壁垒。有关掠夺性定价已经在 5.4.2 和 5.6.2 节做了分析，就不再重复。

8.1　主要技术经济特征

本部分并不全面分析航空运输业的技术经济特征，而是仅仅聚焦于影响航空运输市场竞争的主要技术经济特征。这些主要技术经济特征决定了航空运输业竞争的基本态势，特定商业行为或者安排虽然不能改变这些技术经济特征，但是可以更好地适应这些技术经济特征，从而获得更大的利益。比如，航空公司的并购在一定条件下可以更好地体现网络型产业所具有的包括范围经济和密度经济在内的网络经济性。

8.1.1　网络型产业

航空运输业与通信、电力供应、城市供水、公路、铁路等产业类似，属于网络型产业，这些网络型产业在现代生活中发挥着至关重要的作用。从需求侧来看，网络型产业均具有网络外部性（network externalities）或者网络效应（network effects）（Katz and Shapiro，1985；Economides，1996；Birke，2009）。从供给侧来看，网络型产业的“网络经济”是成本结构。诸如信息产业这类网络型产业具有显著的规模经济（Shy，2001），但是航空运输业究竟是规模经济还是密度经济，抑或是范围经济，学界的意见则不一致（Caves，1962；Eads et al.，1969；Reid and Mohrfeld，1973；Caves et al.，1984；Cree and Farell，2001；Johnston and Ozment，2013）。从网络构型上来看，航空运输业的网络包括中枢辐射和点对点两大类型。

其中，在中枢辐射网络中，枢纽航空公司拥有市场势力，能够收取更高的票价（Borenstein，1989；Lederman，2008；Borenstein and Rose，2014；Gaggero and Luttmann，2023）。下面就从网络效应、网络经济性和枢纽机场价格升水等方面进行讨论。

1. 网络效应

早期的学者多使用“网络外部性”一词，后来学者们认为“网络外部性”和“网络效应”两个概念存在差异。一些学者指出，网络效应不一定是外部性的。他们认为，网络外部性是“一种特定类型的网络效应，在均衡状态下表现为网络中未被利用的潜在收益”（Liebowitz and Margolis，1994）；而网络效应是消费者从产品或者服务消费中获得的效用随着消费该产品或者服务的其他主体数量的增加而增加（Lemley and McGowan，1998）。由于“网络外部性”被大多数早期文献所使用，这个术语仍然被视为和“网络效应”等同的概念（Birke，2009）。

网络效应包括直接效应和间接效应（Katz and Shapiro，1985；Economides，1996；Clements，2004；Birke，2009）。如果一种商品的质量或者价值与同一商品的其他消费者数量直接相关，则产生直接网络效应。直接网络效应表明个人的效用函数与其他个人的消费选择存在密切关系（Economides，1996；Birke，2009）。随着其他人出现在同一网络中，个人的效用会增强。网络间接效应则主要产生于互补商品之间（Katz and Shapiro，1985；Economides，1996；Clements，2004）。从经济学的角度来看待网络外部性或者网络效应，都应该包括正反两个方面的影响，但是，对网络效应的研究更多地关注其正面的影响。

与供给侧规模经济利益仅被一家或者少数公司享有不同，网络效应通常不限于一家公司的用户，而是整个兼容不同公司产品或者服务网络中的所有用户，即网络中所有的消费者均受益于网络效应（Katz and Shapiro，1985；Birke，2009）。

在航空运输网络效应中，既存在直接网络效应，也存在间接网络效应。如果有更多的人使用航空旅行，不同航空公司运营的城市对市场就更多，旅客可以通过不同航空公司的中转航班前往更多的旅行目的地，消费者将从更多旅行目的地中受益。将不同航空公司提供的不同航段服务看作互补品，这就是间接网络效应。航空运输中也存在正的直接网络效应，航空出行的旅客越多，航班频率就会越高、航班被取消的可能性也越小，单个旅客享受的航空运输服务质量也就越高，这就是正的直接网络效应。另外，航空出行的旅客越多，可能会导致拥堵，从而降低这种运输模式的排他性，即旅客可能转向使用替代的运输方式，或者说降低了航空运输服务的质量和旅客感知的价值，这就是负的直接网络效应。

间接网络效应的关键是不同产品之间的兼容性（Katz and Shapiro，1985；Rietveld and Schilling，2021）。消费者要获得间接网络效应的前提是，厂商的互补产品或服务要兼容。一个典型的例子就是，智能手机和应用程序（App）之间的关系。苹果手机使用的操作系统和三星、小米等手机使用的操作系统就不兼容，而三星和小米等手机的操作系统则是兼容的，因为它们都是以安卓系统为基础的。因而，一个应用程序如果能够在三星手机中运行，那么也能在小米等手机中运行，但是不能在苹果手机中运行。从这个角度来看，安卓系统手机的消费者和应用程序开发者享有比苹果手机更大范围的间接网络效应。

航空运输领域的间接网络效应是如何产生的呢？假设 A、B 两个城市之间的航班要经过 H 中转，航空公司 i 运营 AH 航段，航空公司 j 运营 HB 航段。如果一名旅客要完成从 A 到 B 的旅行，那么需要乘坐两家航空公司的航班来实现，从而两家航空公司提供的航班服务产生了互补性。扣除旅客在 H 的必要行走时间，如果旅客在 H 的等待时间为零，则可以将两家航空公司的两个航段航班服务看作完全兼容，因而旅客在 H 等待连接的时间越长，两家航空公司产品的兼容性也就越差。

航空公司如何来看待这种兼容性呢？与通常的网络模型一样，拥有不对称网络或技术的企业在生产兼容产品方面受到不同的激励：实力较强的企业通常不喜欢兼容性，而实力较弱的企业则更喜欢兼容性。然而，如果一家航空公司同时运营上述两个航段，且航空公司会关注自己的航班在 H 的连接时间，那么就会提升自己航班在 H 的兼容性。假设一家航空公司同时在 H 运营连接更多目的地，比如 C、D、E……，则 H 就有发展成为该航空公司枢纽机场的可能。

航空公司并购对网络效应会产生什么样的影响呢？不同航空公司网络一般都存在一定的互补性，即它们可能会结合起来形成不同的旅行行程。一个旅行行程不同航段的兼容性取决于上面提到的中转等待时间。那么网络互补性越强的航空公司之间的并购则有利于减少中转等待时间，提高不同航段航班的兼容性，从而增强旅客获得的间接网络效应。航空公司之间网络重叠性越强，旅客从航空公司并购中获得间接网络效应的增加值就越低。同时，并购后，网络中旅客总人数一般不会受并购影响，因而旅客获得的直接网络效应可能不会有变化。

因此，航空公司并购中直接网络效应一般不会有较大的变化，能够发生较大变化的是间接网络效应，并购后增加的间接网络效应越强，并购对竞争的损害也就越小。如果间接网络效应增加得少，则意味着多数航线中竞争者的数量在减少，即交易双方的网络高度重叠。

2. 网络经济性

航空运输的“网络经济”是成本结构（即供应方）的结果。1978 年，美国放松航空公司规制之前的大多数研究结论认为，航空运输业不存在规模经济（Murphy，1969；Keeler，1972；Särndal and Statton，1975），还有研究认为，航空公司的规模经济范围有限（Proctor and Duncan，1954；Wheatcroft，1956；Caves，1962；Jordan，1970）。美国放松航空公司规制前有一篇文献认为，航空公司存在规模经济（Eads et al.，1969），而另一项研究发现存在规模不经济（Reid and Mohrfeld，1973）。根据研究文献，当时的总体共识是航空运输业表现出规模报酬不变，而且这些研究被用作 1978 年放松航空公司规制的依据。

在美国放松航空公司规制后，又出现不少学者开始研究放松规制后航空公司是否存在规模经济，其中部分学者研究发现存在规模报酬递增（Sickles et al.，1986；Viton，1986；Kumbhakar，1990；Creel and Farell，2001）；而其他的研究则发现规模收益不变（Caves et al.，1984；Gillen et al.，1985；Kirby，1986）。最近的一项研究认为，航空公司存在适度的规模经济（Johnston and Ozment，2013）。

学者们比较一致的意见是，在网络中运营的航空公司存在密度经济和范围经济（Caves et al.，1984；Brueckner and Spiller，1994；Basso and Jara–Díaz，2005）。密度经济是指在服务的航点、平均航段长度、平均客座率和投入价格保持固定的情况下，所有投入按比例增加，从而使产出按比例增加。如果产出增加比例大于投入增加比例，就存在密度经济或者递增密度报酬（Caves et al.，1984）。航空公司的范围经济分为两种情况：一是地理空间上的范围经济。比如，航空公司已经在两个机场开通有其他目的地航线，现在开通这两个机场之间的航线，由于航空公司在这两个机场已经开始运营，增加的设施和人员的投入则远远低于新进入这两个机场的航空公司开通航线的投入，单位成本会下降。二是多产品的生产。航空公司一个航班上有不同的舱位产品，不同舱位的产品共同分摊成本。

在量化分析航空运输的规模经济时，需要保持网络中的运输密度不变，所以也有学者认为，所谓的航空运输业规模经济不变，实质上是指运输网络服务节点扩大的同时密度经济保持不变，不存在幅员经济（economies of size）[①]。如果现实中服务节点的增加有利于产生密度经济，则应认为存在幅员经济（荣朝和，2001），幅员经济实际上综合反映了密度经济和规模经济的效应（Lakew，2014）。

因此，密度经济和多产品生产以及空间上带来的范围经济或者幅员经济，使得航空公司可以通过调整合并后的网络，优化市场覆盖范围，获得比仅仅增加每条航线密度更大的经济效益，这也是美国大型航空公司合并的经济理由。因此，航空公司合并并非追求传统意义上的规模经济，而是追求更高的范围经济和密度经济或者幅员经济，从而降低单位生产成本。

① 幅员经济是指通过扩大特定系统、网络或行业内的运营规模而产生的成本优势，主要存在于运输、电信、公用事业等基于网络的服务等行业。制造业和生产性行业中的规模经济则侧重于扩大生产或经营规模所带来的成本优势。

8.1.2 高固定成本和低边际成本

航空运输业具有独特的成本结构，固定成本较高，边际成本相对较低（Ben-Yosef，2005）。这一独特的技术经济特征在塑造行业的运营策略、定价机制和整体动态方面发挥着关键作用。

1. 高固定成本

航空运输业是资本密集型行业，需要对飞机、基础设施、维修设施和技术进行大量投资，购买和维护飞机、租赁机场设施以及实施安全和安保措施在很大程度上构成了固定成本。这些固定成本占航空公司总支出的很大一部分，并且无论产出或活动水平如何都会产生。这一点在新冠疫情期间表现得特别突出，2020 年，全球航空客运运力比 2019 年下降了 56.5%[①]，除部分航空器退租外，航空公司必须承担所有停场航空器的费用成本。此外，航空公司必须遵守严格的监管要求，这进一步增加了固定费用。高昂的固定成本给航空公司带来了财务压力，需要持续的收入来源来支付这些费用，并从中获取利润。由于新冠疫情造成航空出行需求大幅度下降，同时航空公司还需要承担高昂的固定成本，2020 年全球航空公司亏损严重，达到创纪录的 1377 亿美元[②]。

高固定成本是否意味着高的沉没成本呢？如果航空运输业存在较高的沉没成本，则新进入者会面临较高的壁垒，因为进入壁垒可以定义为由寻求进入一个行业的厂商所承担的，而已经在行业内的厂商并不承担的生产成本（Stigler，1983），那么航空运输业就会具有自然垄断属性。但是，航空公司多数资本成本并不是沉没成本。比如，航空公司最为昂贵的资产——飞机流动性较强，可以以很小的代价甚至无代价地转让出去，也可以重新调配到不同的航线上去，要素的可移动性使得潜在的进出较为容易。

但是，也不能简单地认为航空运输业就没有沉没成本。首先，供飞机起降的机场以及为保障飞机起降的空管导航设备、飞机维护和其他地面服务活动的设施投资构成了沉没成本，然而这个沉没成本不是由航空运输业的主体——航空公司承担，而是由独立的实体——机场、政府或者私营空管机构以及地面服务公司承担。其次，特定市场的许多沉没成本都与无形资产相关，其中包括开办费、当地广告成本（Borenstein，1992）以及组织运营、获得登机门和航班时刻等涉及的交易成本。在位航空公司拥有更有吸引力的常旅客计划和计算机订座系统，也会在

① IATA, Air Passenger Market Analysis, https://www.iata.org/en/iata-repository/publications/economic-reports/air-passenger-monthly-analysis---december-2020/. 2024 年 3 月 30 日查阅。

② IATA, Regional Financial Performance Recovering, But Still Varied, https://www.iata.org/en/iata-repository/publications/economic-reports/regional-financial-performance-recovering-but-still-varied/. 2024 年 3 月 30 日查阅。

一定程度上形成沉没成本（Boudreaux and Ellig，1991）。

高固定成本对航空运输市场竞争的影响是重大且多方面的，影响着市场动态、进入壁垒、定价策略和竞争格局。第一，在一定程度上成为寻求进入航空运输市场新竞争者的进入壁垒。尽管航空运输业的高固定成本不一定意味着高沉没成本，但是购买飞机、满足监管要求所需的大量资本投资，在一定程度上还是会阻碍新进入者的进入，从而限制竞争和市场进入。第二，高固定成本鼓励航空公司通过最大限度地提高运力利用率并将固定成本分摊到更多的航班和旅客上来获得范围经济、密度经济或者幅员经济。拥有广泛航线网络和较高市场份额的大型航空公司受益于范围经济和密度经济或者幅员经济，获得成本优势和竞争实力。第三，高固定成本有助于航空运输业的市场集中和整合。拥有雄厚财力和大量基础设施的老牌航空公司更有能力承受竞争压力并保持市场支配地位。第四，高固定成本会激励航空公司提高运营效率和进行成本管理，以尽量减少固定费用对盈利能力的影响。航空公司在机队优化、航线规划和燃油效率提升方面进行投资，以降低运营成本并增强竞争力。第五，高固定成本促使航空公司之间形成战略联盟、合作伙伴关系和进行合并，寻求实现成本协同效应、网络密度经济和范围经济。合作协议使航空公司能够共享资源、优化航线网络并巩固市场竞争地位。

2. 低边际成本

与航空公司的高固定成本相比，航空公司运输一名额外旅客或运营额外航班的边际成本相对较低。边际成本主要包括与每次航班直接相关的费用，如燃油、机组人员工资、餐饮和起降费。这些成本往往随着活动水平的提升而逐渐增加，但与固定成本相比，增加速度较慢。随着航空公司扩大业务，密度经济和范围经济在降低边际成本方面发挥着至关重要的作用。

从竞争的角度来看，低边际成本对航空运输市场竞争有多方面的影响。第一，低边际成本使航空公司能够提供有竞争力的票价，刺激市场内的价格竞争。航空公司可以调整票价吸引对价格敏感的旅客，导致平均票价下降，从而加剧了航空公司之间的竞争。第二，低边际成本降低了新的和在位航空公司的进入和扩张壁垒。新进入者可以更容易地进入市场，从而加剧竞争并增加消费者的选择。在位航空公司可以在不增加大量成本的情况下扩大航线网络并增加航班班次，从而促进服务不足的市场的竞争。第三，航空公司利用较低的边际成本来扩大航线网络并增强连通性，从而加剧国内和国际市场的竞争。增加新目的地和提供便捷转机的能力巩固了航空公司的市场地位，并吸引了来自竞争对手的旅客。第四，低边际成本使航空公司能够投资于服务差异化和产品创新，以获得竞争优势。航空公司可能会提供更好的设施、机上服务和通过常旅客计划来吸引和留住旅客。对旅客体验的关注促进了基于质量和增值服务的竞争。第五，航空公司优化运力利用率，以最大限度地降低单位成本并最大限度地提高效率。低边际成本使航空公司能够调整航班频率，部署适当大小的飞机，并使运力与需求波动相匹配。这种运力管理的灵活性通过提高客座率或者载运率和单位收入来增强竞争力。第六，低边际成本可能会导致市场分散并降低航空运输业的集中度。随着新进入者进入市场和现有航空公司扩大业务，市场份额变得更加分散，导致竞争加剧并削弱现有航空公司的主导地位。

高固定成本和低边际成本对航空运输市场竞争的影响存在对立的情况。比如，高固定成本可能导致航空运输市场减少竞争，而低边际成本又会加剧市场竞争。这在一定程度上反映了航空运输市场具有寡头性质的同时，也存在激烈价格竞争的现状。因此，需要综合和全面地评估这两个特征对航空运输市场的影响，而不能孤立或者片面地看待。

8.1.3 中枢辐射网络与枢纽机场价格升水

美国放松航空公司规制后的一个显著特征是“中枢辐射网络”（hub-spoke network）普遍出现，航空公司将其作为获取密度经济和范围经济从而提高运营效率以及提升竞争能力的重要手段（Borenstein and Rose，2014；Gifford and Kudrle，2016）。同时，中枢辐射网络也为往返枢纽的旅客增加了更多的航班选择，还为需求不足以支持直飞服务的航线提供了更多和更便宜的中转服务。当然，中枢辐射网络无论对航空公司还是旅客来说都存在一些不利之处，本书并不再就这方面的问题展开讨论，主要还是聚焦于中枢辐射网络对竞争的影响。

在中枢辐射网络运营下，很少有机场具备支持多个大规模枢纽运营航空公司所需设施资源的能力，因而中枢辐射网络成为枢纽运营航空公司阻碍新进入者进入枢纽机场的壁垒。同时，枢纽运营的航空公司通常持有更多的过剩运力，从而对竞争对手构成了可信的威胁，即如果竞争对手进入运营一条连接其枢纽的航线，其将面临“运力倾销”（capacity dumping）反应（Ben-Yosef，2005）。因此，枢纽机场的竞争通常相当有限，这为航空公司在自己的枢纽机场带来了巨大的市场势力（Gifford and Kudrle，2016）。

2001 年，美国运输部发布了一份《独占枢纽的票价》（*Dominated Hub Fares*）研究报告。该报告认为，网络承运人独占枢纽机场的票价，总体上比其他有低成本承运人的枢纽机场的票价高出 41%（受影响的旅客达 24 700 万人次）；没有低成本承运人的短途枢纽机场，票价比有低成本承运人的类似枢纽机场高出 54%。

枢纽票价升水（hub premium）的原因在于缺乏竞争[①]。

其他学者的研究也证明，枢纽机场的枢纽运营航空公司有能力提高以枢纽机场为始发地或目的地的航班票价的能力（Borenstein，1989；Berry et al.，1996；Gaggero and Luttmann，2023），这种提价能力并不为其他非枢纽运营航空公司提供“保护伞”，即其他非枢纽运营航空公司不能“搭便车”提价。由于商务旅客的需求缺乏价格弹性，针对商务旅客的票价升水是休闲旅客的 4 倍，后者的价格提高了 4%（Berry et al.，1996）。枢纽航空公司在航线和机场的市场份额影响其提价能力（Borenstein，1989）；常旅客计划也有助于提升枢纽航空公司的提价能力，贡献了提价中的 25%（Lederman，2008）。然而，如果目的地机场是另一家航空公司的枢纽，则始发地枢纽航空公司的提价能力将受到限制（Gaggero and Luttmann，2023）。

也有学者对枢纽票价升水问题提出了异议。他们认为，没有控制商务旅客/休闲旅客的差异才导致了枢纽票价升水（Lee and Luengo - Prado，2005）。针对商务旅客需求价格弹性小和服务商务旅客比休闲旅客成本较高的论点，有学者研究发现，这种成本差异的大小无法解释机场之间的价格差异（Borenstein，1989）；由支付低票价旅客比例构建的“休闲旅客份额”变量有助于说明平均票价较低，但是这也不能解释机场之间的价格差异（Borenstein and Rose，2014）。此外，也有观点认为，由于网络购票增强了低成本航空公司之间的竞争，枢纽票价升水大幅下降（Gifford and Kudrle，2016）。

这种枢纽票价升水是否就一定会损害消费者福利呢？有学者认为，在一两家航空公司占主导地位的枢纽机场，航班频率远远超过本地航空出行需求，因而服务质量的提高可能会部分或全部抵消独占航空公司票价升水带来的损失（Borenstein and Rose，2014）。

8.2　市场营销体系

8.2.1　销售代理超额佣金

销售代理分销航空公司机票的票务费用是由航空公司通过销售佣金支付的，基本佣金不会激励销售代理偏向销售某一航空公司的机票。然而，自美国放松航空公司规制后，航空公司获得自由定价权。为了尽可能地实现收益最大化，航空公司提供的票价类型激增。此后，其他国家或者区域也逐步取消或者放松对航空

① Office of the Assistant Secretary for Aviation and International Affairs, DOT, Dominated Hub Fares, January, 2001, 2-3.

公司定价的规制，航空公司多种票价的定价体系在全球成为一种普遍现象。票价类型数量的增加导致消费者更加依赖销售代理[①]，因此在一段时间里大多数航空公司的航班都由销售代理预订。

航空公司为了激励销售代理向旅客销售自己的机票，普遍推出了所谓的“销售代理超额佣金”（travel agent commission overrides, TACO），最初，它是在基本佣金之外支付的，后来到 21 世纪初，全球航空公司开始减少基本佣金的支付。2002 年，美国的航空公司完全取消了基本佣金支付，欧洲除部分航空公司保留了国内的基本佣金，也逐步转向不支付基本佣金[②]，销售代理完全通过获得超额佣金来取得销售机票的收入。

由于超额佣金是基于机票预订数量来获得的，因此集中销售一家有更多航班航空公司的机票对销售代理就更有吸引力，因为这样就更容易达到获得超额佣金的销售标准。因而“销售代理超额佣金”又被称为销售代理的“常旅客计划”（Borenstein，1992）。

超额佣金激励销售代理诱导旅客选择能让自己赚取更多超额佣金的航空公司，那么在由一家航空公司主导的枢纽机场中，航班数量相对较少的新航空公司就不容易通过销售代理获得预订。为了改变这种处境，新航空公司就不得不为每张机票提供更高的基本佣金以抵消竞争航空公司较高的总佣金支付优势。这样新航空公司的佣金成本将比其竞争对手更高，这可能会使其更难以在市场中立足[③]。但是，也没有任何研究通过建模来分析超额佣金对航空公司之间竞争的影响。美国运输部监察长办公室也认为，受超额佣金协议及其支付的保密条款以及其他营销和运营因素的影响，确定超额佣金对竞争的影响变得很困难[④]。

8.2.2 计算机订座系统

1. 计算机订座系统与航空运输市场的竞争

计算机订座系统自 20 世纪 50 年代末 60 年代初开始在美国的航空公司投入使用，经历了从航空公司内部的订座系统，到向销售代理开放以及多个航空公司共享的订座系统，再到不仅仅提供航空客票预订与出票的全球分销系统的发展过程。放松规制后，计算机订座系统得到普遍使用，在反垄断领域引发了广泛的讨

① Government Accountability Office, Airline Competition：DOT’s Implementation of Airline Regulatory Authority, June 1989, 15.

② Amadeus, Service Fees and Commission Cuts：Opportunities and Best Practices for Travel Agencies, 2007, 4-5.

③ Government Accountability Office, Factors Affecting Concentration in the Airline Industry, September 22, 1988, 8.; Government Accountability Office, Airline Competition：DOT’s Implementation of Airline Regulatory Authority, June 1989, 16.

④ Office of Inspector General, DOT, Report on Travel Agent Commission Overrides (CE-1999-060), March 2, 1999, 7.

论，因为这涉及航空公司与支持性部门的纵向一体化。

首先，由于计算机订座系统在发展之初完全由航空公司拥有，因而人们担心拥有计算机订座系统的航空公司利用其系统确保首先显示所有者的航班，从而获得相对于竞争对手的优势，即所谓的显示偏向性（screen bias），这是计算机订座系统行业中的一个严重问题，显示偏向性在“美联航诉民航委员会案”中被定义为“以有利于（计算机订座系统所有者）自己航班的方式显示航班信息”[①]。美国民航委员会认为，这种做法限制了航空公司之间的竞争，因此于 1984 年予以禁止[②]。这个销售代理预订机票中的显示偏向性，又被称为“光环效应”（halo effect）[③]。美国运输部在 1988 年进行了研究，研究发现即使对超额佣金进行了大致控制，拥有计算机订座系统的航空公司仍从销售代理那里获得了更高比例的预订份额。当然，这个结果既可能反映了计算机订座系统以外的因素产生的影响，也反映了显示偏向性的内生性影响（Borenstein，1992）。

但是，显示偏向性是否有利于拥有计算机订座系统的航空公司，也存在不同观点。无论是民航委员会还是此后的美国运输部都认为，航空运输业的竞争是激烈的，那么在一个竞争激烈的行业中，如果销售代理不看显示屏底部或者不滚动到后面的屏幕来查找航班，为旅客搜寻价格更优的航班，就会流失旅客，旅客就会转向其他愿意搜索和查看更多屏幕的销售代理那里。即使在计算机订座系统中，首先列出的航班始终比后面列出的航班享有优势，这时候发挥作用的就是科斯定理了。拥有计算机订座系统的航空公司为获得显示优势是付出了代价的，其他航空公司为了获得显示优势，也可以支付更高的价格。

其次，对非计算机订座系统股东的小型航空公司使用计算机订座系统的收费具有歧视性。非计算机订座系统股东的小型航空公司为了加入计算机订座系统以便销售代理能够销售其机票，不得不为每张机票支付更高的预订费。当非计算机订座系统股东的小型航空公司与计算机订座系统所有者直接竞争时更是如此。每张机票的预订费越高，消费者的票价也就越高，就会减少非计算机订座系统股东的小型航空公司获取盈利的机会。此外，如果占主导地位的航空公司拥有枢纽服务区域内大多数销售代理所使用的计算机订座系统，则任何试图参与该枢纽竞争的航空公司都会发现自己处于竞争劣势[④]。

最后，通过计算机订座系统高速传输复杂信息也引发了人们对航空公司之间

---

① United Air Lines, Inc. v. C.A.B, 766 F.2d 1107 (7th Cir. 1985), 1110.

② Carrier-Owned Computer Reservations Systems, 49 Fed. Reg. 11,644 (1984). Government Accountability Office, Airline Competition：DOT’s Implementation of Airline Regulatory Authority, June 1989, 16.

③ DOT, Study of Airline Computer Reservation Systems, May 1988, 4.

④ Government Accountability Office, Airline Competition：DOT’s Implementation of Airline Regulatory Authority, June 1989, 17.

相互勾结的担忧。比如，某家航空公司通过计算机订座系统宣布其某条航线的价格将从未来某个日期开始上涨一定数额，然后等待查看其他航空公司是否跟进提价。如果其他航空公司也跟进提价，第一家航空公司就会涨价。如果其他航空公司不这样做，建议提价的航空公司将撤回提价或推迟实施日期。其他航空公司可能会以较小的涨幅回应还价，并在首次涨价后的第二天生效。然后，第一家航空公司可能会进行较小的加价，或者再次还价。所有这一切都发生在航空公司没有改变实际销售价格的情况下。

2. 与计算机订座系统相关的反垄断诉讼

第 5.6.3 节中介绍了 2011 年发生的“全美航空诉萨布雷控股公司案”。这里主要介绍 1991 年的“阿拉斯加航空诉美联航案”（Alaska Airlines, Inc. v. United Airlines, Inc.）。

“阿拉斯加航空诉美联航案”的原告包括阿拉斯加航空、缪斯航空公司（Muse Air Corporation）、中途航空公司和美西北航空，被告是拥有阿波罗计算机订座系统的美联航和拥有 Sabre 计算机订座系统的美国航空。原告指控被告将计算机订座系统作为“垄断杠杆”（monopoly leveraging）进行控制，从而使它们无法使用“基本设施”（essential facilities）。

垄断杠杆指利用在一个市场获得的垄断权力在另一个市场获得竞争优势的行为，这种行为违反了《谢尔曼反托拉斯法》第 2 节的规定，即使没有试图垄断第二个市场[①]。原告认为，美联航和美国航空正在利用它们在计算机订座系统市场的影响力，来获得相对于那些不拥有计算机订座系统的航空公司在航空运输市场的竞争优势。但是，原告也承认不存在企图垄断理论下的索赔，因为美联航或美国航空都不存在垄断下游市场的危险。法院仔细审查了垄断杠杆理论，拒绝将垄断杠杆理论作为独立的责任理论。第九巡回上诉法院指出，“伯基摄影公司诉伊斯达曼柯达案”（Berkey Photo, Inc. v. Eastman Kodak Co.）的“垄断杠杆”学说只有两个相当宽松的要素：第一，在某个市场中必须存在垄断权力；第二，这种权力必须在另一个市场“行使……以损害竞争”。法院认为，“伯基摄影公司诉伊斯达曼柯达案”错误运用了《谢尔曼反托拉斯法》第 2 节的规定，因为一家公司仅仅通过在第二市场获得竞争优势就违反了第 2 节，即使没有试图垄断杠杆市场[②]。

反垄断中的“基本设施原则”要求控制基本设施的企业有义务为其竞争对手提供合理地进入该设施的机会。第九巡回上诉法院发现，为了使某个设施被视为“必要”，该设施必须具有“消除下游市场竞争的权力”。第九巡回上诉法院认为，

---

① Berkey Photo, Inc. v. Eastman Kodak Co., 603 F .2d 263 (2d Cir. 1979), 275.

② Alaska Airlines, Inc. v. United Airlines, Inc. 948 F.2d 536 (9th Cir. 1991), 547.

被告拥有计算机订座系统 Sabre 或阿波罗的控制权，但是原告可以自由退出 Sabre 或阿波罗，因而计算机订座系统并不是必要设施，被告不具备足以排除或实质限制竞争的市场力量①。

3. 计算机订座系统的演变与规制演变

鉴于对计算机订座系统削弱航空运输业竞争的关切，美国民航委员会在 1984 年出台了第一部针对计算机订座系统的规则，此后美国运输部在 1992 年进行了修订，并多次延长②。欧盟在 1989 年通过了《第 2299/89 号理事会条例》，为实施计算机订座系统行为准则，该条例经过了多次修订③。加拿大则在 1995 年采用整套计算机订座系统行为准则④。国际民航组织（International Civil Aviation Organization，ICAO）也在 1991 年制定了一个向成员国推荐使用的计算机订座系统准则⑤，有 30 个国家采用了这个计算机订座系统准则。

此后，随着互联网时代的到来，机票销售的渠道也发生了重大变化，除了过去的三种销售形式（使用计算机订座系统的销售代理、航空公司预订中心和航空公司售票处），还出现了多种多样的利用互联网的销售方式，如虚拟销售代理、航空公司网站直销和多航空公司门户网站销售等。这种发展一方面是航空公司为了提高自己对销售渠道掌控力的结果，另一方面又是计算机订座系统为了维持自己在航空客票销售中的主导地位，发展新的销售方式的结果。

在这个背景下，20 世纪 90 年代中期后，航空公司所有者开始出售计算机订座系统中的股份。1996 年 7 月 Sabre 从美国航空独立出来，并在当年 10 月首次公开募股（initial public offering，IPO），成为一家上市公司。Sabre 在 2000 年 3 月后就已经 100%地为公众持有。1997 年，美联航所有的 Galileo⑥也成为上市公司，并在 2001 年成为 Cendant 公司的全资子公司。达美航空和环球航空拥有的 Worldspan 在 2003 年 6 月也出售给了私人投资者。这些变化表明在订座领域航空公司的纵向一体化已经基本终止。直到 2003 年，欧洲的主要计算机订座系统服务提供商 Amadeus 仍然由航空公司控制，但是到 2012 年，航空公司控制的股权下降至不到 10%，社会公众持股超过 90%。

因此，美国运输部在 2000 年 7 月 24 日开始了对计算机订座系统行为准则的

① Alaska Airlines, Inc. v. United Airlines, Inc. 948 F.2d 536 (9th Cir. 1991), 545.

② Carrier-Owned Computer Reservations Systems，Part 255 Title 14.

③ Council Regulation (EC) No. 323/1999, 1999 O.J. (L 41) 1 (EU); Regulation (EC) No. 80/2009, 2009 O.J. (L 35) 1 (EU).

④ Canadian Computer Reservation Systems (CRS) Regulations (SOR/95-275).

⑤ ICAO Code of Conduct on the Regulation and Operation of Computer Reservation Systems.

⑥ 原阿波罗计算机订座系统。

审议，要求有关利益方对计算机订座系统行为准则审议提出建议和意见。2002 年 11 月，美国运输部发布公告，决定再次继续实施多数计算机订座系统行为准则，但是同时要求继续对是否需要这样一个准则提出意见。在综合考虑包括美国司法部、航空公司、计算机订座系统服务提供商、销售代理以及虚拟销售代理在内的意见后，美国运输部最终决定在 2004 年 1 月 31 日废止除两条行为准则①之外的所有计算机订座系统行为准则，保留的两条也已经在 2004 年 7 月 31 日失效。美国运输部是从如下几个方面判断维持计算机订座系统行为准则的必要性。第一，任何对市场的规制都应该首先考虑市场是否可以规范市场行为。如果市场可以规范市场行为，那么就没有必要加以规制了。第二，计算机订座系统服务提供商是否具有统治航空公司的市场力量。第三，计算机订座系统的行为是否会破坏航空公司之间的竞争。第四，计算机订座系统是否可以维持其市场统治力。第五，计算机订座系统航班信息是否具有显示偏向性的能力。在综合分析了上述几个方面后，美国运输部的结论是，没有必要维持计算机订座系统的行为准则。

欧盟 2009 年修订生效的计算机订座系统行为准则②目前仍然有效。

8.2.3　常旅客计划

1. 常旅客计划简介

航空公司的常旅客计划是一种客户忠诚计划，最初由美国航空于 1981 年 5 月首次推出，这是航空公司为了在放松规制后日益激烈的竞争中吸引旅客乘坐自己的航班而采取的一种营销方式（de Boer and Gudmundsson，2012）。这种营销方式的出现也与计算机订座系统的出现紧密相关，因为计算机订座系统对于收集、保存和分析乘坐航空公司航班旅客的基本信息至关重要，而美国航空拥有计算机订座系统 Sabre，Sabre 成为美国航空管理常旅客计划的理想工具。

最开始的常旅客计划类似于一种“遗产计划”（legacy programs）（de Boer and Gudmundsson，2012），即奖励飞行里程多或者飞行次数高的旅客，达到一定出行门槛后赠送机票。由于常旅客计划里程的边际价值随着会员接近阈值而增加，因此常旅客计划会激励旅客将所有飞行集中在一家航空公司内。后来，航空公司也开始与酒店和租车公司以及代码共享航空公司合作出售里程，也与银行合作发行联名信用卡。此后，为了更好地将客户价值与常旅客计划提供的奖励结合起来，航空公司开始对其常旅客计划进行重大调整。例如，一些航空公司推出了基于消费的资格计划，即会员必须在航空公司花费一定金额才能获得资格，而不是飞行距离或飞行次数。

---

① 禁止显示偏向性和航空公司加入计算机订座系统协议的公平性。

② Regulation (EC) No. 80/2009, 2009 O.J. (L 35) 1 (EU).

常旅客计划不仅提高了旅客对航空公司忠诚度，防止了旅客流失，也深入了解和掌握了客户的行为和偏好，并鼓励旅客为达标再次购买服务，最终增加了航空公司收益和利润（Nunes and Drèze，2006）。常旅客计划为航空公司带来巨大的价值，已经有一些常旅客计划完全脱离其核心航空公司，如加航拥有的“飞机”（aeroplan）常旅客计划、巴西南美航空拥有的“多重积分”（multiplus）常旅客计划、墨西哥航空拥有的“优享”（club premier）常旅客计划和澳航拥有的“澳航飞行常客”（qantas frequent flyer）计划成为独立运营、获取利润的商业实体（de Boer and Gudmundsson，2012）。

2. 常旅客计划与市场竞争

常旅客计划除了提高了旅客对航空公司的忠诚度，增加了航空公司利润外，对市场竞争产生了什么样的影响呢？

第一，作为阻止竞争对手进入的手段。在枢纽机场取得主导地位的航空公司会拒绝向试图进入其堡垒枢纽竞争的低成本航空公司出售常旅客计划的使用权（Dempsey，2002）。比如，1994 年边疆航空进入丹佛运营一系列城市对市场时，美联航拒绝向边疆航空出售其“前程万里”（Mileage Plus）常旅客计划的使用权。而丹佛的绝大多数旅客都加入了美联航的“前程万里”常旅客计划，由于这些旅客无法在边疆航空上赚取里程并累积到“前程万里”常旅客计划，因此他们不会购买边疆航空的产品。此外，由于无法提供有吸引力的常旅客计划，为了吸引旅客购买其航班，在机场不占主导地位的航空公司必须提供较低的价格。通过迫使竞争对手提供这种“额外”降价，占主导地位的航空公司在机场推广常旅客计划，可以降低仅提供从该机场出发的一小部分航线的航空公司的利润。从这个角度看，常旅客计划会进一步提升枢纽营运航空公司在枢纽机场的票价升水。

第二，常旅客计划鼓励旅客根据获得最佳票价以外的因素选择一家航空公司而不是另一家航空公司[①]。与小型航空公司相比，旅客往往更喜欢覆盖更多通航点的大型航空公司，因为乘坐这些航空公司航班更容易增加累计的里程。如果旅客将其旅行分配给不同航空公司的常旅客计划，这些积分不仅会停止增长或者增加缓慢，甚至还会贬值[②]。特别是当旅客接近常旅客计划的某一个目标时，旅客更有可能预订该航空公司的吸引力低于竞争对手的航班（Orhun et al.，2022）。在 1987 年“全美航空-皮埃蒙特航空收购案”中，合并方辩称，它们相对较小的航线结构

① Government Accountability Office, International Aviation Alliances and the Influence of Airline Marketing Practices, GAO/T-RCED-98-131, March 19, 1998, 18.

② U.S. Department of Transportation, Airline Marketing Practices: Travel Agencies, Frequent Flyer Programs, and Computer Reservation Systems, 39.

意味着旅客需要更长的时间才能积累里程以获得免费机票，而且它们提供的有吸引力的目的地更少，这意味着里程累计对旅客的价值较小[①]。此外，由于商务旅客一般被雇主允许保留在商务旅行中积累的常旅客里程或者积分，因此商务旅客会更喜欢乘坐可以增加常旅客里程或者积分的航空公司的航班，并且他们可能不太关心票价或其他服务安排[②]。当然，从经济学角度来看，既然旅客愿意为常旅客计划下的里程或者积分累计支付更高的票价，那么常旅客计划实际上在航空公司之间创造了差异化的服务产品。如果常旅客计划阻碍了价格竞争，那么航空公司就会在常旅客计划上展开竞争以增加会员和培养旅客忠诚度。20 世纪 80 年代末，某些航空公司给予旅客常旅客计划下 3 倍里程的奖励，同时有些航空公司建立联盟，以“拓展其网络，从而使它们的常旅客计划更具吸引力”[③]。

因此，常旅客计划对航空运输市场的竞争会产生一定影响，特别是阻止新进入者的进入。在第 6.3.2 节中，欧盟委员会在授予三大联盟的反垄断豁免时的补救措施中，一般都要求向新进入者开放常旅客计划。2004 年的“法航和荷航并购案”中也有相关的附加条件。国家市场监管总局在有条件批准大韩航空收购韩亚航空的案件中也有并购方与新进入者签订常旅客计划协议的要求。

8.3 航空公司之间的合作

8.3.1 商业联盟

1. 联盟的产生和发展

自商业航空运输诞生以来，一些航空公司就建立了合作关系，如票务和行李协议（ticketing-and-baggage agreements）、运力购买协议（capacity purchase agreements）等。推动国际联盟出现的根本动力是世界经济的全球化，经济全球化不仅带动了商务旅客的出行，也刺激了休闲旅客的出行。但是，许多长途国际旅行无法通过一家航空公司来完成，于是不同航空公司之间通过订立“联程协议”来满足旅客的旅行需求，即当两家或多家航空公司同意签订双边或多边协议来接收其他航空公司的旅客时，旅客就可以购买包含两家或多家独立航空公司航班的单一机票。一家航空公司无法独自承担旅客在全球无缝隙旅行的原因，主要包括

① U.S. Department of Transportation, Docket 44719, USAir-Peidmont Acquisition Case, Exhibit JA-T-l, May 22, 1987, 16-l7.

② Government Accountability Office, Airline Competition：DOT’s Implementation of Airline Regulatory Authority, June 1989, 15.

③ U.S. Department of Transportation, Airline Marketing Practices: Travel Agencies. Frequent Flyer Programs, and Computer Reservation Systems, 39.

经济性和政策性两个方面。前者是 8.1.1 里面讨论过的规模经济问题，后者主要是国际航空运输体制的限制。

联程协议属于航空公司合作的最低形式，这种合作并没有达到通过整合可能实现的效率，而且不同航空公司或机场的联程产品的质量可能存在很大差异。例如，旅客面临多次办理登机手续、登机门或航站楼转机之间的距离较长、行李丢失的可能性更大，以及因错过转机或相关旅行中断而导致的客户服务责任的不确定性等问题。于是，航空公司转而尝试通过结成联盟来提高联程旅行的质量（Brueckner and Pels，2003）。

荷航和美西北航于 1988 年组建了第一个代码共享协议的双边联盟，随后在 1992 年发展成为一个全面的航空公司国际联盟。

表 6.4 也可以看出来，不同航空公司之间的合作范围存在差异，既有联合常旅客计划、共享头等舱和公商务旅客休息室等较为初级的在特定航线进行的有限合作，也有为发展共同航线网络进行的广泛合作，包括代码共享、协调价格政策和佣金政策、共同网络规划、统一服务和产品标准、联合采购、联合规划航班时刻、协调航线和运力规划等更大范围的商业联盟。这种合作最后发展为类似并购一体化的航线联营（图 8.1），在航线联营的模式下，联盟航空公司共享成本和收益，共担经营风险。三大联盟均在大西洋航线建立了航线联营，即星空联盟的大陆航空/美联航/汉莎/加航航线联营、天合联盟的法荷航/达美/意大利航空航线联营和寰宇一家的英航/美国航空/伊比利亚航空航线联营。

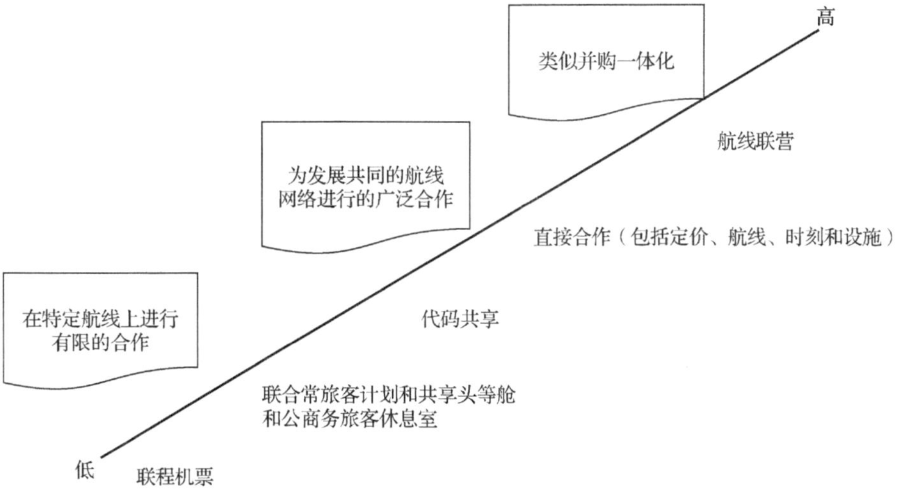

图 8.1　航空公司之间不同的合作关系

资料来源：European Commission，the United States Department of Transportation .Transatlantic Airline Alliances: Competitive Issues and Regulatory Approaches.
https://www.icao.int/sustainability/Documents/Compendium_FairCompetition/Practices/EC-DOT-2010_JointAllianceReport.pdf.

航空公司之间的合作和联盟不仅仅局限于国际层面。早在 1998 年，占美国国内航空运输量近 70%的六大航空公司宣布有意组建三个联盟，合作伙伴包括西北航空和大陆航空、达美航空和美联航、美国航空和全美航空。联盟的范围从有限的营销安排（如互惠飞行常旅客计划）到更复杂的协议（如涉及代码共享或一个合作伙伴拥有另一合作伙伴业务中的股权的协议）①。

2. 联盟对竞争的影响

从竞争政策或者相关反垄断法的角度来看，航空公司之间的合作或联盟属于横向协议，但是联盟和代码共享也会引发纵向问题。大多数航空公司既是其他航空公司的竞争对手，又是其客户。当两家航空公司都向同一名旅客出售在同一城市之间旅行的座位时，它们就是直接的横向竞争对手。当这两家航空公司相互转机运送旅客时，它们本质上是通过旅客相互进行买卖，因此是一种纵向关系。当两家纵向相关的航空公司签订联盟或代码共享协议时，之前从联盟一方获得联程旅客的其他航空公司可能会发现联盟伙伴彼此相互输送旅客，以至于其无法再获得联程旅客。

航空公司联盟在美国属于"本身违法"或需要通过"合理原则"（参见 2.3.2）分析来确定其合法性。航空公司之间的大多数合作或联盟协议都需要遵循"合理原则"进行分析，因为它们可能有利于竞争，或者至少是竞争中立的（Fones，2014）。因此，航空公司联盟均需要政府监管部门的审批。在美国，批准航空公司国际联盟和授予联盟反垄断豁免的权力属于美国运输部（参见 5.1.1 和 5.1.2）。欧盟则为横向协议和纵向协议制定了一般性的集体豁免条例（参见 3.1 相关部分），同时也授予了航空运输业一些领域集体豁免权（参见 6.1.4），但是航空公司的联盟已经超出了《第 487/2009 号理事会条例》所授予航空运输业的集体豁免范围，需要按照个案形式从欧盟委员会获得豁免。在中国，符合一定条件的垄断协议，也可以向市场监管总局申请豁免，但是申请者需要证明"所达成的协议不会严重限制相关市场的竞争，并且能够使消费者分享由此产生的利益"（参见 3.2.3）。

在国际航空联盟中，从门户到门户和经过门户中转的旅客受到的影响可能并不相同。图 8.2 显示了 A 国的航空公司 1 和 B 国的航空公司 2 进行联盟，两国在 A 国的门户 H 和 B 国的门户 K 之间是重叠航线，门户之后的航线则由两家航空公司分别运营。联盟的反垄断豁免对 W 到 Y 的联程票价和 H 到 K 的票价究竟会产生什么样的影响呢？如果 W 到 Y 的联程票价在联盟获得反垄断豁免后降低了，联盟航空公司是否有动力通过增加通过 H 和 K 的座位数量来抵消低票价的影响呢？

① Government Accountability Office, Aviation Competition Effects on Consumers from Domestic Airline Alliances Vary, RCED-99-37, January 1999, 1.

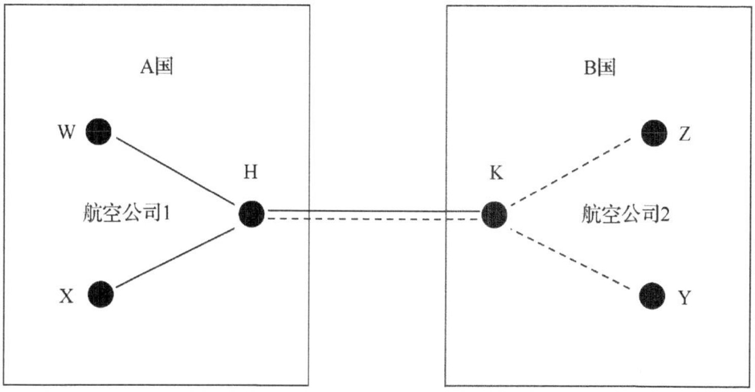

图 8.2　航空公司联盟

资料来源：Brueckner J K, Singer E. Pricing by international airline alliances: A retrospective study. Economics of Transportation. 2019, 20, 100139.

有观点认为，从 W 或 X 经过 H 和 K 到 Z 或 Y 的双向联程票价在航空公司 1 和航空公司 2 联盟后会比联盟前的更低。航空公司合作减少而不是增加联程票价，这一事实看起来有悖常理，航空公司联盟导致联程票价下降的主要理论依据是航空公司联盟避免了“双重边际化”（double marginalization）（Brueckner and Whalen 2000；Whalen，2007；Gillespie and Richard，2011；Brueckner and Singer，2019；Brueckner and Flores-Fillol，2020）。诺贝尔经济学奖得主让·梯若尔在《产业组织理论》一书中对“双重边际化”问题进行过讨论。在纵向外部关系中，下游零售商做出对中间产品增加一单位购买决策中，并不考虑制造商的利润增量，因而倾向于做出低于最优水平消费中间产品的决策。因而纵向一体化的目标就是消除“双重边际化”（梯若尔，2015）。“双重边际化”最早是 Spengler（1950）讨论 A、B、C 三阶段的厂商定价时提出来的。关于航空运输业中的“双重边际化”问题，一般是这样来分析的，上述航空公司 1 和航空公司 2 需要在 H 和 K 承运对方输送过来的中转联程旅客。如果每家航空公司都独立于另一家航空公司而最大化自己航班的利润，就会对其承运的航段定价过高，从而出现双重边际化。也就是说，联合产品的提供者之间的合作会导致价格低于非合作行为下出现的价格。

根据 8.1.3 讨论的枢纽票价升水现象，我们也有理由认为两家联盟后的航空公司会提升在两个门户枢纽 H 和 K 之间旅行而不需要中转旅客的票价。联盟减少了竞争对手的数量，并可能赋予联盟航空公司限制产量和提高价格的权力（Youssef and Hansen，1994）。授予联盟的反垄断豁免许可可能会导致在门户城市对市场中联盟航空公司明知旅客没有其他服务选择的情况下，以反竞争的方式提高票价（Brueckner and Pels，2003）。

较多的实证研究也确实证明，从 W 或 X 经过 H 和 K 到 Z 或 Y 的双向联程票价在航空公司 1 和航空公司 2 联盟后会比联盟前的更低。Brueckner 和 Whalen

（2000）就发现，联盟合作伙伴收取的联程票价比非联盟航空公司的票价低约 25%。Brueckner（2003）进一步研究了代码共享、联盟成员资格和反垄断豁免三种情况对联程票价的影响，发现代码共享将票价降低了 7%，联盟成员资格额外降低了 4%，反垄断豁免又进一步降低了 16%。所有三种类型合作导致联盟伙伴之间运输服务的总票价降低了 27%。Whalen（2007）的研究也表明，与非联盟的联程航班相比，代码共享降低了 9%的票价，反垄断豁免进一步降低了 18%的票价。这项研究中，票价的总体降幅与 Brueckner（2003）的结果类似。Brueckner 等（2011）利用 1998～2009 年的数据进行了新的研究，结果表明，航空公司代码共享、联盟成员资格和反垄断豁免带来的票价下降低于以前的估计，只有 11%，而不是以前估计的 27%。Gillespie 和 Richard（2011）的研究结果与以前的研究结果相比，联盟成员资格以及反垄断豁免对票价的影响则要小得多。与非联盟联程票价相比，没有反垄断豁免的联盟成员资格仅使票价降低约 1%，而获得反垄断豁免后，最多可进一步使联程票价降低 1.8%，总计约能降低 3%的票价。Calzaretta 等（2017）也发现航空公司合作降低了联程票价，而航线联营导致的票价降幅再次高于非合作的联程票价，降幅大约为 8%。Brueckner 和 Singer（2019）又再次证实反垄断豁免和航线联营可以降低联程票价。

针对图 8.2 中联盟是否导致门户 H 到门户 K 票价上升的问题，较长一段时间内，实证研究都没有发现存在这样的现象。Brueckner 和 Whalen（2000）及 Brueckner（2001）经过实证研究后认为，门户到门户市场中联盟损害竞争的证据尚不明确，因为影响在统计上并不显著。一直到 Gillespie 和 Richard（2011）才首次实证发现，在大西洋航线上，门户到门户之间的航空公司联盟会对竞争造成损害，即会提高票价。Brueckner 和 Singer（2019）也证实，航空公司联盟反垄断豁免或者航线联营等于消除了航空公司 1 和航空公司 2 相互之间的一个竞争对手，将提高门户机场之间的票价。

3. “双重边际化”的争论

经过分析，我们发现，图 8.2 中 W 经过 H 和 K 到 Y 的航线在加入票价联盟后比联盟前更低，其原因在于“双重边际化”，此概念最早是由 Brueckner 和 Whalen（2000）提出来的，此后一些学者也赞同这个观点。消除“双重边际化”也成为美国运输部授予航空公司联盟反垄断豁免的重要依据。

但是，也有学者对此提出了质疑，认为航空运输联程票价中的“双重边际化”理论完全是凭空产生的，没有考虑有利的供需和效率条件影响 20 世纪 90 年代跨大西洋航线价格的可能性，如同期的运力增长了 54%，错误地将所有观察到的变化归因于联盟伙伴之间的合作定价（Horan，2010）。而且 Bilotkach 和 Hüschelrath（2011）发现，在具有和不具有反垄断豁免权的国际联盟中，联程机票的经济舱票价没有什么不同。在针对不具有反垄断豁免权的美国国内联盟的实证研究中，研究者发现，联盟代码共享航班的联程票价也下降了（Bamberger et al.，2004）。

获得反垄断豁免的国际航空公司联盟有助于消除“双重边际化”的理论主要由 Brueckner 提出。然而，由于其在 2000 年前后近 10 年间曾接受美联航的报酬，一些学者质疑其研究的中立性，并指出其观点是有偿辩护。（Horan，2010）。

美国司法部对“双重边际化”的观点也提出了不同的看法。司法部认为，尽管联盟可以通过减少每家航空公司对中转旅客额外加价的激励来降低票价，但实现这一结果并不需要反垄断豁免。实证研究表明，获得反垄断豁免的航空公司收取的联程票价低于非反垄断豁免航空公司，但这并没有证明航空公司需要反垄断豁免才能提供较低的票价。也就是说，没有证据证明，航空公司只能通过从事引起反垄断关切的活动才能消除“双重边际化”。而且美国司法部的实证研究表明，反垄断豁免的联盟票价高于非反垄断豁免联盟的票价，并不支持关于反垄断豁免授予与“双重边际化”的观点[①]。

针对司法部的质疑，美国运输部仅仅表示认真对待和理解，但是认为美国司法部的经济分析没有证明航空公司只能通过从事引起反垄断关切的活动才能消除多重加价（即“双重边际化”），当然美国运输部也认为，不应该通过损害竞争的行为来消除多重加价。然而，美国运输部坚持认为，Brueckner 提出的航空公司联盟可以消除“双重边际化”的理论与航空公司联盟的经验是一致的，即航空公司联盟可能会大幅降低联程航线的票价。联盟合作伙伴通过将各自网络联合起来进行合作，增加了整体客流量和收入，为每个合作伙伴提供了必要的激励，以避免在其运营的特定细分市场上出于私利加价，这对消费者和整个联盟都有好处。如果没有联盟协议，联盟的许多协同效应就不会出现[②]。因此，有观点认为，美国运输部将“双重边际化”从一篇孤立的论文中的理论转变为一项既定的反垄断规则，并排除了对该规则进行事实或逻辑质疑的可能，表面上看起来是在进行公共利益评估，但实际上却使公共利益标准变得毫无意义（Horan，2010）。

4. 部分排除和金属中性航线联营

早期，美国运输部为了避免联盟对门户到门户城市对市场竞争的削弱，还采取了将双方同时运营的门户到门户城市对市场排除（carve-out）后才授予反垄断豁免的方法。1996 年 5 月 20 日，美国运输部在最终批准美联航和汉莎联盟反垄断豁免时，部分排除了双方均运营的芝加哥—法兰克福和华盛顿—法兰克福城市

① Public Version Comments of the Department of Justice on the Show Cause Order-Comments on Joint Application of Air Canada et al., to Amend DOT Order 2007-2-16, 35, 49-51.

② Show Cause Order: Order 2010-2-8 (February 13, 2010), 30-31.

对直飞航线，不允许双方在这两条航线上进行定价、收益管理协调和在收益共享时享有反垄断豁免[①]。1997 年，在美联航与加航的类似联盟中，美国运输部也排除了芝加哥—多伦多和旧金山—多伦多城市对市场[②]。1999 年的美国航空-智利航空和 2001 年美联航-新西兰航空的反垄断豁免中也有类似排除。但是，在此后的类似联盟反垄断豁免中，美国运输部就很少使用类似的排除了[③]。美国运输部之所以放弃反垄断豁免中的排除方法，是因为有研究质疑排除的有效性，认为排除可能扭曲联盟网络的资源配置，阻碍航空公司提高效率和降低成本，从而破坏恢复竞争的目标，而不是防止对竞争造成损害（Brueckner and Proost，2010）。因而，在 2007 年以后的三大联盟反垄断豁免中，没有增加新的重叠城市对市场排除[④]。

此后，美国运输部转而通过要求建立金属中性航线联营（metal-neutral joint ventures）来取代部分排除。2005 年，美国运输部对于授予航空公司联盟反垄断豁免提出了限制性条件，即除非航空公司建立金属中性航线联营。“金属中性”是一个行业术语，意思是联盟中的合作伙伴在联合营销服务时，对于谁运营“金属”（飞机）并不关心。如果没有金属中立的销售环境，合作伙伴就有强烈的经济动机在自己的飞机上预订旅客，以便为自己保留更大份额的收入，这可能不符合消费者或整个联盟的最佳利益。金属中性可以通过收入/综合利益分享安排来实现[⑤]。因此，在金属中性航线联营下，即使联盟航空公司 A 的航班满载，而另一家联盟航空公司 B 的航班空载，利润（或损失）也会在航空公司 A 和航空公司 B 之间平均分配。实际上，航线联营就是特定国际航线上的合并。

美国运输部认为，在存在金属中性航线联营的情况下，排除会抑制效率的提升，从而抑制这些效率带来的公共利益[⑥]。因此，作为决策者，美国运输部在权衡估计损害和效率方面行使自由裁量权，当联盟申请人承诺实施“金属中性航线联营”并享有反垄断豁免时，美国运输部并未要求申请人对门户枢纽到门户枢纽城市对市场进行排除。但是，也有学者认为，金属中性航线联营是除了直接合并之外对竞争损害最大的替代方案。也就是说，美国运输部坚持将进一步反竞争共谋作为反垄断豁免的先决条件（Dempsey，2018）。

此外，美国运输部认为，基于航班时刻剥离的补救措施，可以让新进入者进入门户机场航班时刻有限的城市对市场，从而更好地降低联盟对特定航线的竞争

① Show Cause Order: 96-5-12 (May 9, 1996) (DOT-OST-1996-1116). Appendix A, 1; Final Order: 96-5-27 (May 20, 1996) (DOT-OST-1996-1116). Appendix A, 1.

② Show Cause Order: 97-6-30 (June 26, 1997) (DOT-OST-1996-1434). Appendix A, 1.

③ 2009 年批准的星空联盟综合性航线联营的反垄断豁免中重申了前面两个排除（Order 2009-4-5,27）。

④ Show Cause Order: Order 2010-2-8 (February 13, 2010), 28.

⑤ Joint Application of American Airlines, British Airways PLC et al.(August 14, 2008), 11.

⑥ DOT Order 2009-7-10, 20.

损害[①]。比如，5.5.2 中提及 2010 年批准的美国航空与英国航空联盟的反垄断豁免中出让希思罗机场的航班时刻，还有 2016 年批准的达美航空与墨西哥航空联盟的反垄断豁免中要求出让墨西哥机场和纽约肯尼迪机场的航班时刻均属于此类[②]。

表 6.4 列出的欧盟授予的航空公司联盟反垄断豁免的承诺中，也不包括排除部分城市对市场的情况，主要也是采取通过剥离航班时刻给新进入者的方式来恢复受影响市场的竞争。

8.3.2　交叉所有权和共同所有权

1. 交叉所有权和共同所有权简介

在图 8.1 中，航空公司合作的最高形式就是航线联营，但是，航空公司之间的合作已经发展到交叉所有权（cross-ownership），即在行业竞争中，直接持有对手的股份（Schmalz，2021）。例如，截至 2023 年底，达美航空持有东航 2.09%的股份，东航持有法荷航 4.58%的股份，达美航空持有法荷航 2.8%的股份[③]；国泰航空持有国航 16.23%的股份，同时，国航持有国泰航空 29.99%[④]。前一个例子是同一个联盟航空公司之间的交叉所有权，三家航空公司均为天合联盟的成员；后一个例子是不同联盟航空公司之间的交叉所有权，国航是星空联盟的成员，国泰是寰宇一家的成员。交叉所有权可以是单向的，达美航空、东航和法荷航之间就是“单向交叉所有权”（one-sided cross-ownership）（Hariskos et al.，2022）；也可以是“双向交叉所有权”（two sided cross-ownership），即每家公司都拥有少量对方股权的“交叉参股”（Fanti and Buccella，2021），上面后一个例子即是这种情况。

还有更复杂的直接和间接联系的“多重参股”，在 20 世纪 90 年代初，达美航空持有瑞航 5%的股份，瑞航又持有北欧航空（Scandinavian Airlines Systems，SAS）5%的股份，北欧航空同时持有大陆航 18.4%的股份[⑤]。在这个交叉所有权例子中，不仅有直接的参股，还有间接参股，达美航空间接拥有北欧航空和大陆航的股份，瑞航也间接拥有大陆航的股份。在上面提到的达美航空、中国东航和法荷航的持股中，达美不仅直接持有法荷航的股权，通过中国东航也间接持有法荷航的股份。

① GAO-19-237. International Air Alliances: Greater Transparency Needed on DOT's Efforts to Monitor the Effects of Antitrust Immunity, 12.

② DOT Order 2016-12-13, 1.

③ 中国东方航空 2023 年年度报告，第 112 页和第 114 页；2023 Universal Registration Document of Air France-KLM Group，第 191 页。

④ 中国国际航空公司 2023 年度报告，第 99 和 172 页。

⑤ Competition in the Airlines Industry- Hearing Before the Subcommittee on Economic and Commercial Law of the Committee on the Judiciary House of Representatives, One Hundred Third Congress First Session, June 9 1993, 181-182.

从这些例子可以看出，不同国家航空公司之间的交叉所有权比公众意想的时间更早，甚至早于 8.3.1 中提到的最早的美西北和荷航之间的联盟。之所以出现这样的情况，是因为美西北和荷航之间的联盟需要以两国订立“天空开放”协定为前提，并且需要获得美国运输部的批准以及授予反垄断豁免权。而在传统双边航空运输协定“多数所有权和实际控制权”的严格限制下，外国航空公司也不可能对本国航空公司大量投资以获得控股权，航空公司之间就可以通过少量的股权形成运营和市场合作关系，获得对方航空公司的旅客供给，产生协同收入，获得次优回报[①]。

有学者认为，交叉所有权属于共同所有权（common ownership）中的一种情况（O’Brien，2017），而共同所有权也是航空运输业存在的一种普遍现象，在美国更是如此。2016 年第二季度，美国最大的四家航空公司，即美国航空公司、达美航空公司、美联航-大陆航和美西南的 10 家较大的机构投资者中，均包括伯克希尔·哈撒韦、黑石、先锋领航和富达等投资机构（Azar et al.，2018）。截至 2023 年 12 月 31 日，这四家航空公司的 10 家较大的机构投资者中，均包括先锋领航、Primecap 管理公司、道富银行和贝莱德等机构投资者，其中三大全式服务航空公司的 3 家较大的机构投资者均为先锋领航、Primecap 管理公司和贝莱德，同时 Primecap 管理公司又属于先锋领航旗下的投资基金，因而这两家机构投资者分别拥有美国航空公司、达美航空公司、美联航-大陆航 17.1%、14.6%和 22.6%的股份（表 8.1）。与 2016 年第二季度相比，除了巴菲特的伯克希尔哈撒韦和富达外，其余机构投资者仍然在最大 10 家持股者之列。

表 8.1　美国四大航空公司最大的 10 家机构投资者（截止到 2023 年 12 月 31 日）　单位：%

美国航空		美联航-大陆航		达美航空		美西南	
机构投资者	持股比例	机构投资者	持股比例	机构投资者	持股比例	机构投资者	持股比例
先锋领航	11.49	先锋领航	13.88	先锋领航	11.15	先锋领航 c	10.94
贝莱德	5.80	Primecap 管理公司	8.76	贝莱德	6.20	资本世界投资者	8.94
Primecap 管理公司	5.65	贝莱德	7.96	Primecap 管理公司	3.44	Primecap 管理公司	8.26
道富银行	3.17	资本国际投资者	6.78	道富银行	3.43	道富银行	6.79

① Competition in the Airlines Industry- Hearing Before the Subcommittee on Economic and Commercial Law of the Committee on the Judiciary House of Representatives, One Hundred Third Congress First Session, June 9 1993, 180.

续表

美国航空		美联航-大陆航		达美航空		美西南	
机构投资者	持股比例	机构投资者	持股比例	机构投资者	持股比例	机构投资者	持股比例
Geode 资本管理公司	2.33	资本世界投资者	4.24	资本国际投资者	3.24	贝莱德	5.51
景顺有限公司	1.78	道富银行	3.79	资本世界投资者	2.32	普莱斯联营公司	4.01
美国全球投资	1.44	Geode 资本管理公司	2.84	Geode 资本管理公司	2.19	普特南投资有限责任公司	2.20
摩根士丹利	1.30	景顺有限公司	1.94	摩根士丹利	1.86	Geode 资本管理公司	2.19
两个西格玛	1.08	Citadel 顾问有限公司	1.76	纽波特信托	1.62	工匠合伙人有限合伙企业	1.80
嘉信投资	0.89	摩根士丹利	1.65	惠灵顿管理集团有限公司	1.33	T. Rowe Price 投资管理公司	1.71

资料来源：根据笔者掌握的金融信息资料整理而成

2. 对竞争的影响分析

交叉所有权对竞争会产生什么样的影响呢？航空公司在现实竞争中实际上面临一种“囚徒困境”，这一点在燃油价格上涨时得到了很好体现，即航空公司仍然出售很高折扣的机票，而不敢通过提高票价来弥补燃油成本上涨的损失，只得通过集体收取燃油附加费来抵消燃油成本的增加。交叉所有权的存在在一定程度上摆脱了产品竞争下的“囚徒困境”，那么实际上是通过这种交叉的股权结构形成了串谋，减少了竞争[①]。

此外，产业组织领域的大量理论文献预测，重叠的投资者对自然竞争者的部分共同所有权会削弱企业的竞争动机，因为企业积极竞争虽可能带来市场份额增加等好处，但这或许要以牺牲企业的利益为代价。那么属于同一投资者投资组合一部分的公司之间进行竞争就会降低投资组合总价值（Azar et al.，2018）。因此，从理论上来看，交叉所有权和共同所有权可能将产品或者服务市场推向垄断，导致价格上涨，对消费者福利都会产生负面影响（Posner et al.，2016），但经验证据存在较大争议。

① Competition in the Airlines Industry- Hearing Before the Subcommittee on Economic and Commercial Law of the Committee on the Judiciary House of Representatives, One Hundred Third Congress First Session, June 9 1993, 180.

有研究发现，话语权、激励措施和投票，以及什么也不做，即不推动更激烈的竞争，能够合理地对在自然竞争对手中持有大量股份的投资者实施反竞争激励，共同所有权导致美国航线的平均票价比单独所有权的票价高出 3%～7%（Azar et al.，2018）。然而，有研究发现，上述票价上涨的结论不具有稳健性（Lewis and Chugh，2019）。同时，其他学者采用 Azar 等的样本数据进行了两个安慰剂检验，发现共同所有权与机票价格之间正相关性源于共同所有权衡量标准的市场份额组成部分，而不是所有权和控制权组成部分（Dennis et al.，2022）。Azar 在后面的研究中从一般均衡的角度出发，发现行业内共同所有权的增加与较高的航空运输价格相关，而行业间共同所有权的增加与较低的航空运输价格相关，总体效应为零。“三巨头”（黑石、先锋集团和道富银行）共同持股与较低的航空公司价格相关，而除三巨头之外的股东共同持股则与较高的价格相关（Azar and Vives，2022）。

此外，鉴于指数基金对公司治理事务的影响程度和性质的不确定性，共同所有权和交叉所有权的损害理论也被诟病。一些学者在方法论和理论基础上对其有效性提出了质疑，最基本的批评源于对资产管理行业的根本误解。上面提到的投资机构作为资产管理人，代表资产所有者的客户管理资产，其行使持有股份所附权力的能力受到与客户订立协议的限制（Burnside and Kidane，2020）。

而且，当共同所有者没有拥有足够的投票权来影响生产水平、定价、广告等管理决策时，尚不清楚共同所有或者交叉所有权如何诱导多个公司之间的协调以改变产品市场的竞争状况（Hariskos et al.，2022）。正因为很难确定共同所有者减少竞争的具体方法，如告诉高管不要竞争或制定高管薪酬以阻止竞争，美国的反垄断执法当局如果不能向法庭证明共同所有权或者交叉所有权这种商业行为对竞争的损害，就不能适用《谢尔曼反托拉斯法》。尽管《克莱顿反托拉斯法》第 7 节明确禁止股东利用股票收购来减少竞争，但是又规定了仅出于投资目的而购买的股票的例外情况，这使其对共同所有权或者交叉所有权的适用性受到质疑。因此，法院强调展示“损害机制”以及《克莱顿反托拉斯法》的例外情况，使其难以在《谢尔曼反托拉斯法》和《克莱顿反托拉斯法》的传统范围内进行监管。共同所有权和交叉所有权的损害理论同样也不符合欧盟法院要求的证明标准（Burnside and Kidane，2020）。

已经有学者提出了对共同所有权和交叉所有权进行限制的措施。一种方法是，反垄断当局应该对 MHHI（修正的 HHI）①超过 2500、MHHI 上升超过 200 的任何行业内多元化机构投资者的交易进行审查，以便确定这些横向股票收购是否提高了价格或可能会提高价格（Elhauge，2015）。另一种方法是，对共同所有权施加

① Azar et al.（2018）根据共同所有权对传统的 HHI 的修正。

硬性限制，在寡头垄断中持有超过一家有效公司[①]股份的机构投资者或个人最终不得拥有超过 1%的市场份额，除非股份由严格遵循被动投资原则的独立指数基金持有[②]（Posner et al.，2016）。

8.3.3 运力纪律

1. 运力过剩与运力纪律

无论是规制时代还是放松规制后，运力过剩都是航空运输业的普遍现象。运力过剩的原因是多方面的。第一，航空运输需求具有很强的周期性，每年、每周、每天都存在需求高峰和需求低谷，运力供给很难和波动的需求完美匹配。第二，运力是按照整架飞机供给的，而需求是由一个一个的旅客构成的。第三，客座率越高，需求溢出也就越高。需求溢出意味着晚订票的高收益旅客可能流失。波音的研究表明，当航班客座率达到 70%时，21%的航班就会满员，产生需求溢出（Tretheway and Oum，1992）。第四，在航空公司之间的竞争中，过剩运力可以作为不惧怕价格竞争的可信承诺。第五，航空器的订货周期都比较长，需要以年为单位来计算从订立购买合同到交货的时间。因此，航空运输业的运力过剩很难消除。

尽管运力过剩难以完全消除，但是，当航空公司面临亏损，需要削减成本、改善盈利状况时，如何控制固定成本中的主要部分——运力成本就成为重中之重，同时，也需要通过削减运力来提高票价，从而增加收入。因而 2001 年“9 · 11”以及此后飙升的油价对美国航空运输业造成巨大冲击后，美国航空公司不仅开始削减运力，而且提出了通过实施“运力纪律”来增加收入。美联航在 2007 年年度报告中总结其 2006 年和 2007 年单位收益分别比上年增长 9%和 7%的原因时，将其归结为“通过持续的运力纪律和收益增收计划”[③]。全美航空在 2007 年的年报中将其单位收益比上年增长 3.7%的首要因素归为行业运力削减和持续“运力纪律”[④]。2012 年，德国汉莎航空在其年报中也将“运力纪律”视为影响其收益的一个重要因素[⑤]。因而，有学者将“运力纪律”定义为“航空公司限制可用座位或航班的数量，从而允许更高的票价”（DeGory，2019）。2008 年，美国运输部也认为，持续的燃料价格压力促使整个行业严格控制成本和实行运力纪律，削减不盈利的

① 如果机构投资者投资于一家以上的公司，并且其持有任何股份的所有公司的总市场份额大于寡头垄断中的 *HHI*/10000，则该机构投资者投资于多家有效公司（Posner et al.，2016）。

② 纯粹被动投资者是指在寡头垄断中可以持有多家有效公司 1% 以上股份的投资者，如果他们放弃投票权和与公司高管沟通，使其对任何公司治理决策没有影响力（Posner et al.，2016）。

③ FORM 10-K of UAL Corporation for the fiscal year ended December 31, 2007, 34.

④ FORM 10-K of US Airways Group for the fiscal year ended December 31, 2007, 36.

⑤ Annual Report 2012 of Lufthansa Group, 121.

运力。经济状况的进一步恶化会导致航空公司进一步削减运力①。

2. 运力纪律引发的竞争问题

5.4.3 中提及美国司法部 2015 年对达美航空、美国航空、美联航和美西北航之间可能通过“运力纪律”串谋，从而提高机票价格进行调查。尽管最后美国司法部认定，航空公司的行为并未超出反垄断违法行为的界限，但是也提出了一个严肃的问题，即航空公司之间是否可以通过实行运力纪律来影响市场竞争。

单个航空公司进行运力削减和实施“运力纪律”就是一个简单的市场竞争行为，但是如果所有航空公司都采取相同的行为，是否构成串谋呢？当然一种默契的独立行为所形成的平行行为并不违反《反垄断法》。但是，航空公司之间是否可以通过发送信号进行串谋，实施“运力纪律”呢？“运力纪律”是否真正提高了票价呢？也就是说，“运力纪律”是否是一种反竞争的行为，是否对消费者利益造成了损害。

一般经济理论表明，供给限制将导致价格上涨。航空公司的“运力纪律”策略限制了大多数市场的可用航班和座位数量。然而，运力限制和更高的机票价格之间是否存在直接关联呢？

一项针对 2007～2012 年机票价格的研究（Wittman and Swelbar，2013）发现，网络型航空公司平均票价的增长在很大程度上可以归因于“运力纪律”策略的影响。美西南的平均票价同期上涨了 25%，而捷蓝航空同期的平均票价仅上涨了 3%。美西南与捷蓝航空有一个很大的不同点，就是在中小型机场实施了“运力纪律”。但是，该研究也承认皮尔逊相关性检验表明，“运力纪律”与票价之间的相关性很弱。

另一项研究使用 1995～2016 年数据分析了美国国内市场的航空公司运力增长情况及其对收入的影响（Hazel，2018），结果表明，美国航空公司国内总运力的变化与单位收入的变化成负相关，而且 2011～2015 年国内运力平均同比增幅低于过去的水平。行业分析人士和航空公司高管的传统观点是，有限的运力增长或“运力纪律”是提高航空公司盈利能力的关键，并且运力增长不应超过 GDP 增长②。

① DOT's Role in the Airline Industry's Ongoing Restructuring- Statement of Michael W. Reynolds, Acting Assistant Secretary for Aviation & International Affairs, U.S. Department of Transportation, before the Aviation Subcommittee of The Transportation and Infrastructure Committee U.S. House of Representatives, May 14, 2008. https://www.transportation.gov/testimony/dots-role-airline-industry%E2%80%99s-ongoing-restructuring. 2024 年 6 月 18 日查阅。

② Ted Red, Southwest Airlines' Capacity Gains Are Panned by Wall Street Analysts, TheStreet (May 20, 2015), https://www.thestreet.com/investing/stocks/southwest-airlines-capacity-gains-are-panned-by-wall-street-analysts-13156983. 2024 年 5 月 2 日查阅。

航空公司运力减少会导致单位收入的增加，并改善航空公司的盈利状况。那么航空公司的“运力纪律”是如何构成协同或者有意识的串谋呢？是单个航空公司认为要实现持续盈利和获得投资者信任的途径是通过加强“纪律”来管理其运力以及成本、资本支出和业务的其他方面，还是航空公司认识到需要在运力方面协调，从而有意实施的集体行业纪律呢①？

美西南于 2015 年 5 月 19 日在沃尔夫研究运输会议期间宣布其 2015 年运力增长 7%～8%的计划，立即引起了其他航空公司的担忧，它们接连强调“运力纪律”的重要性。在 6 月 7～9 日的国际航协会议上，达美航空的巴斯蒂安表示，达美航空正在“继续遵守市场所期望的纪律”，美国航空的帕克则指出，他认为业内每个人都从过去的价格战中“吸取了教训”。2015 年 6 月 11 日，《纽约时报》的一篇文章援引美西南凯利的话称“我们本周已采取措施，开始缩减下半年的产能，以管理 2015 年的运力增长”②。可以认为，美西南利用沃尔夫研究运输会议来发送沟通信号，在遭到其他航空公司反对后，顺理成章地实施“运力纪律”。因而，这不是一个简单的平行行为，而是经过沟通后的协同共谋行为。

航空公司之间有多种途径进行沟通和发送信号。一项研究表明，美国传统航空公司通过财报电话会议与其他传统航空公司协调，在竞争性航线上提供更少的座位。研究人员通过文本分析方法分析传统航空公司是否在财报电话会议中使用与“运力纪律”概念相关的关键词，以向同行传达它们愿意在正面竞争的市场中减少所提供座位的意愿。当在城市对市场运营的所有传统航空公司就运力规则进行沟通时，该市场提供的平均座位数会减少 2.02%。而在不进行沟通的对比市场中，传统航空公司的运力平均增长 3.67%（Aryal et al.，2022）。

5.6.4 中分析的“关于国内航空公司旅行反垄断诉讼案”，2023 年 9 月 5 日，美国地方法官 Colleen Kollar-Kotelly 在一份长达 70 页的裁决中指出，“被告承认并公开对国内航班实施运力纪律，其结果是运力减少，进而导致行业利润更高”。原告不仅证明了平行行为模式的存在，还证明了排除被告独立行事的一个或多个附加因素③。这个判决可以说初步认定了四家航空公司存在有沟通的平行行为，当然还需要法庭最后的正式裁决。

“运力纪律”还有可能和 8.3.2 中的共同所有权产生关联，即作为航空公司共同股东的投资基金向持股航空公司施压，要求实施严格的“运力纪律”来提高收入，从而增加上市航空公司的价值，推高股价，获取更高的回报。这样就有可能造成航空公司形成一种事实上的运力卡特尔。针对美西南 2015 年的运力增长计

---

① In re Domestic Airline Travel Antitrust Litig., Misc. No. 2015-1404 (D.D.C. 2023), 7.

② In re Domestic Airline Travel Antitrust Litig., 221 F. Supp. 3d 46 (D.D.C. 2016), 13.

③ In re Domestic Airline Travel Antitrust Litig., Misc. No. 2015-1404 (D.D.C. 2023), 68-70.

划，华尔街分析师普遍抵制运力增长，认为这会导致票价下降和每可用座英里收入下降，不仅对不断扩张的航空公司而言是如此，而且对竞争对手而言也是如此[①]。美联航于 2018 年 1 月宣布，计划将运力每年提高 4%～6%，投资者立即对该计划进行了猛烈抨击，美联航的股价在接下来的三天内下跌了 16%[②]。

8.4　航班时刻、机场设施和政府政策

8.4.1　航班时刻

1. 机场容量和航班时刻

机场容量（airport capacity）一般有两种定义方法：第一种认为，容量是在特定时间内以及能够容忍的平均延误水平下飞机起降的数量，称为实际容量（practical capacity）；第二种认为，容量是在特定的、有持续航班起降服务需求的时间内飞机起降的最大数量，称为极限容量（ultimate capacity）（Horonjeff and McKelvey，1994）。二者的区别焦点在于是否考虑延误，显然不考虑延误水平的极限容量要高于实际容量[③]。

人们普遍认为，机场容量是空中交通增长最重要的长期限制之一。容量限制可以通过建设新设施得到减少，但受到地理、环境或社会经济限制，以及建设周期长和政治等因素影响，增加机场容量不是一蹴而就的。另外，容量限制还可以通过需求管理来减少。需求管理涉及解决两个方面的问题，即确定机场航班时刻容量（airport slot capacity）和航班时刻的分配。机场航班时刻容量是在机场容量基础上，综合考虑各种因素后，确定的机场单位时间内起降航班架次[④]。确定了机场航班时刻容量，就明确了可以分配的航班时刻总数。

那么什么是航班时刻呢。下面介绍不同来源的航班时刻定义。

《全球航班时刻指南》（Worldwide Slot Guidelines，WSG）对机场航班时刻（或“航班时刻”）的定义“是协调员针对计划运营给予的许可，允许其使用在特定日

① Ted Red, “Southwest Airlines' Capacity Gains Are Panned by Wall Street Analysts,” TheStreet, May 20, 2015, https://www.thestreet.com/investing/stocks/southwest-airlines-capacity-gains-are-panned-by-wall-street-analysts-13156983. 2024 年 5 月 2 日查阅。

② Shawn Tully, “Why United’s Big Expansion Plans Made Investors Freak Out,” Fortune, Jan. 26, 2018, http://fortune.com/2018/01/26/united-airlines-stock-capacity. 2024 年 5 月 2 日查阅。

③ 中国又称“实际容量”为“机场运行容量”，参见 2010 年中国民航局发布的《机场容量评估暂行办法》，https://www.caac.gov.cn/XXGK/XXGK/ZFGW/201601/t20160122_27643.html，2024 年 5 月 8 日查阅。

④ 2010 年中国民航局发布的《机场容量评估暂行办法》。

期和时间到达或离开三级机场所需的全套机场基础设施”①。

欧盟在《第 95/93 号理事会条例》中对航班时刻的定义为“协调员根据本条例给予的许可，允许使用在协调机场在特定日期和时间运营航空服务所需的全部机场基础设施，以便完成由协调员根据本条例分配的着陆或起飞”②。

美国联邦航空局认为航班时刻是“在机场协调的背景下，在指定时间段内的特定日期在特定机场起飞或着陆的授权”③。

中国民航局在《民航航班时刻管理办法》（2018 年）中将航班时刻定义为“航空器在指定日期和时间，为抵离某个机场而使用相关基础设施与服务的权利”。

上述四个定义中的共同点是均强调航班时刻是一种权利、授权或者许可，并且涉及一个特定的时间，如航班的起飞或者着陆的时间。此外，除美国联邦航空局的定义外，其他三个还强调航班时刻涉及对相关机场基础设施的使用。也就是说，航班时刻不仅仅是一个特定的时间问题，还涉及飞机起降时使用的物理空间，如滑行道、跑道、登机门等设施。因而，航班时刻实际上包括时间和机场基础设施两个方面。但是，本部分并不具体讨论机场设施对航空运输市场竞争的影响，而是放到 8.4.2 再分析。

2. 航班时刻分配办法

航班时刻的分配则有三种办法：没有具体的航班时刻分配办法、行政分配办法和基于市场的分配办法。

没有具体的航班时刻分配办法主要用于容量没有限制的机场，在容量不受限制的机场，航空公司通常可以与机场运营商协调，按照自己的意愿安排航班。

全球范围内的行政分配办法是迄今为止分配稀缺机场容量的最常用方法。各国一般参考国际航协、国际机场理事会（Airports Council International，ACI）和世界机场协调员组织共同制定的《全球航班时刻指南》④中确定的航班时刻分配规则，同时考虑本国的具体情况，再制定行政分配办法。比如，中国 2018 年发布的《民航航班时刻管理办法》中，采纳了《全球航班时刻指南》中的“祖父制”原则和“不用即失”（use-it or lose-it）原则⑤，但是在新进入航空公司和在位航空公司之间配置航班时刻时，采用航班时刻配置基数量化规则和效能配置系数量化规则

① Worldwide Airport Slot Guidelines (Edition 3), 10.

② Council Regulation (EEC) No. 95/93, 1993 O.J. (L 14) 1, art. 2 (EEC).

③ https://www.faa.gov/about/office_org/headquarters_offices/ato/service_units/systemops/perf_analysis/slot_administration/slot_definition, 2024 年 5 月 9 日查阅。

④ 2020 年之前由国际航协单独制定，之后由三方制定。目前最新的第三版“Worldwide Airport Slot Guidelines”于 2024 年 4 月 1 日生效。https://www.iata.org/en/programs/ops-infra/slots/slot-guidelines/，2024 年 5 月 9 日查阅。

⑤ 一般规定航班时刻使用率不低于 80%。

来确定优先顺序。而美国联邦航空局对肯尼迪国际机场、拉瓜迪亚机场和里根华盛顿国家机场限制航班时刻，另外，在不与美国法律、规则或程序相冲突的前提下，仅在纽瓦克机场、肯尼迪机场、洛杉矶国际机场、芝加哥奥黑机场和旧金山国际机场按照《全球航班时刻指南》进行航班时刻分配①。欧盟则没有采用《全球航班时刻指南》中对机场采取的三级分类方式②，而是采用了两级分类方式③。根据国际航协资料，目前全球有 160 多家二级机场和 200 多家三级机场，50%的航空旅客是通过三级机场出行的④。

基于市场的分配办法，包括航班时刻拍卖、二级市场交易和高峰定价或者拥堵定价。2008 年，美国政府提出了拉瓜迪亚机场、肯尼迪机场和纽瓦克机场航班时刻拍卖的提案，遭到纽约港务局和航空公司的强烈反对，国会提出了禁止航班时刻拍卖的修正案（Borenstein and Rose，2014）。中国民航局于 2015 年 12 月 30 日在广州白云机场试点拍卖九组航班时刻对组合使用权，拍卖金额达到 5.59 亿元人民币⑤。但是，此后，中国民航局没有再进行新的拍卖。墨西哥《联邦经济竞争法》则规定每年对墨西哥城枢纽机场的一定比例航班时刻进行拍卖，但这一机制尚未付诸实践（Egeland and Smale，2017）。美国在 1986 年开始就允许航班时刻的二级市场交易⑥。欧盟关于航班时刻分配的《第 95/93 号理事会条例》没有明确允许进行航班时刻二级市场的交易。但是，欧盟委员会在 2008 年 4 月 30 日第 227（2008）号通告中肯定了二级市场交易的优势，也承认一些成员国机场存在用金钱换取航班时刻的情况，但表示不会对以透明方式进行此类交换的成员国寻求侵权诉讼⑦。英国政府早在 1977 年就允许航空公司之间进行希思罗机场航班时刻的二级交易（Graham，1994）。高峰定价的优点是，航班时刻将分配给最看重的航空公司，然而，高峰期和非高峰期定价之间的差异必须非常大，航空公司才能接受在

---

①其中除肯尼迪机场外，其他四家机场被认定为《Worldwide Airport Slot Guidelines》定义的二级机场，https://www.faa.gov/about/office_org/headquarters_offices/ato/service_units/systemops/perf_analysis/slot_administration. 2024 年 5 月 9 日查阅。

② 一级机场（航班时刻容量不受限制）、二级机场（特定时段存在潜在的拥堵）和三级机场（在一定的时间内需求超过机场容量）（Worldwide Airport Slot Guidelines (Edition 3)）。

③ 欧盟的航班时刻配置办法中定义了“时刻协调机场”（schedules facilitated airports）[Council Regulation (EEC) No. 95/93, 1993 O.J. (L 14) 1 (EEC)], https://eur-lex.europa.eu/legal-content/EN/TXT/?uri=CELEX%3A01993R0095-20221026，2024 年 5 月 9 日查阅。

④ https://www.iata.org/en/programs/ops-infra/slots/. 2024 年 5 月 9 日查阅。

⑤ “广州白云机场航班时刻拍卖结果正式发布”，http://zn.caac.gov.cn/ZN_DQYW/201604/t201 60425_35220.html?COLLCC=3182084412&COLLCC=44745020&COLLCC=3517628732&. 2024 年 5 月 9 日查阅。

⑥ FAA 对航班时刻进行管理的机场一般不允许航班时刻的交易。

⑦ Communication from The Commission to the European Parliament, the Council, the European Economic and Social Committee and the Committee of the Regions on the application of Regulation (EEC) No 95/93 on common rules for the allocation of slots at Community airports, as amended. COM (2008) 227 final, Brussels, 30.4.2008, 6.

非高峰期使用机场带来的运营不便。

本书并非专门研究航班时刻管理或者分配，对上述航班时刻分配办法不展开更深入的研究或者分析，但是分配办法本身可能造成市场进入的壁垒，因此，下面将从航班时刻以及航班时刻分配对市场竞争的影响角度进行分析研究。

3. 航班时刻成为航空运输市场进入的壁垒

（1）现行航班时刻分配制度对市场竞争的影响

欧盟和欧洲自由贸易联盟国家的航空公司管理者将主要机场缺乏航班时刻视为进入航空运输市场最严重的壁垒（Kappes and Merkert，2013）。特别是航班时刻行政分配办法中的“祖父制条款”，使在位航空公司具有竞争优势，因为拥有大量航班时刻的在位航空公司更容易通过重新安排现有航班时刻以排挤新进入者的航班来对进入做出积极反应，从而限制新进入者的市场份额。因此，许多拥挤机场的航班时刻流动性较小。在最拥挤的欧盟机场中，只有盖特威克机场在 2011 年之前的几年中，航班时刻持有量发生了重大变化[①]。“祖父制”还容易导致“囤积航班时刻”（slot hoarding），因为在位航空公司担心竞争对手的进入，即使航班时刻闲置，也不愿意放弃[②]，从而造成一些机场拥堵，航班时刻需求远远超过供给，但是仍然有 10%的航班时刻没有使用，使得有效容量闲置。同时，为了遵循“不用即失”原则，在位航空公司也可能大量使用小型飞机来充分利用囤积的航班时刻以满足使用标准，从而减少新进入者的进入机会[③]，这也导致实际利用率不高，从而限制了在有限容量范围内可运输的旅客数量。因而，想要进入拥挤机场的航空公司面临着大多数经济上可行的航班时刻已经分配给现有航空公司的情况。

中国《民航航班时刻管理办法》（2018 年）中对“新进入航空承运人”进行定义，认为其特征包括“在特定机场特定运营日持有（航班）时刻少于 3 个（含）”，欧盟的《第 95/93 号理事会条例》中则规定为“少于 5 个”。这种新进入者规则会导致航班时刻碎片化，即将少量航班时刻分配给大量不同的航空公司，这些航空公司可能会在机场没有足够的运力的情况下进行有效竞争[④]。

---

① European Commission. Impact assessment of revisions to Regulation 95/93 Final report (sections 1-12), March 2011, 123.

② National Academies of Sciences. Engineering, and Medicine. (1999). Entry and Competition in the US Airline Industry: Issues and Opportunities, 112-113.

③ Government Accountability Office. Airline Competition: The Average Number of Competitors in Markets Serving the Majority of Passengers Has Changed Little in Recent Years, but Stakeholders Voice Concerns about Competition GAO-14-515, June 11, 2014, 43.

④ European Commission, Impact assessment of revisions to Regulation 95/93 Final report (sections 1-12), March 2011, 196.

现有的航班时刻分配制度还可能导致次优或不良的并购，从而加剧市场集中。合并或收购将整合参与交易的航空公司之前持有的所有航班时刻。尽管集中可能会产生协同效应，但买方也可能仅将集中用作获取航班时刻的手段，特别是拥堵机场的航班时刻，而不会因合并而产生更高的效率。即使竞争主管机构可能要求剥离某些已收购的航班时刻，其他航班时刻仍成为收购航空公司的航线资产。比如，根据 2012 年 2 月的航班时刻持有情况，美国航空和全美航空合并后将控制拉瓜迪亚机场 1/3 的航班时刻以及华盛顿里根机场 2/3 的航班时刻[①]，即使在此后与美国司法部的和解协议中向低成本航空公司出售华盛顿里根国家机场的 104 个航班时刻和拉瓜迪亚机场的 34 个航班时刻[②]，合并后的美国航空公司仍然无疑占据两家机场航班时刻的主要份额。

由于机场不允许对稀缺的航班时刻收取市场出清费用，因此也会出现效率下降的情况。那些重视高峰时段航班时刻并准备为此付费的航空公司，却没有机会这样做，因此，在特定机场的在位航空公司支付的费用可能低于市场原本对该航班时刻的定价，从而赚取“经济租金”。

（2）航班时刻二级交易或租赁对市场竞争的影响

美国运输部于 1985 年修订了有关规则，允许航空公司在二级市场相互买卖或租赁航班时刻后，GAO 就表达了允许航空公司购买和出售航班时刻会减少竞争的担忧[③]。此后在 20 世纪 90 年代，GAO 发现航空公司加强了对航班时刻的控制，以至于它们可以限制在任何航班时刻受限机场始发或终止的航线的进入。由于航班时刻数量基本是固定的，并且这些航班时刻的持有集中在少数老牌航空公司手中，因此出现了卖方市场，航班时刻变得非常昂贵[④]。美国联邦航空局官员估计，每个季节记录的航空公司交易或租赁数量超过 5000 次[⑤]。伦敦希思罗机场的航班时刻价格最为昂贵，美国航空在 2015 年以 6000 万美元购买了北欧航空的一对航班时刻，阿曼航空随后在 2016 年以 7500 万美元从法荷航购买了一对航班时刻[⑥]。

为了在市场上提供有竞争力的服务，航空公司通常需要大约 6 个航班时刻，其中至少有 3 个航班时刻在高峰期，以便航空公司能够提供对商务旅客有吸引力

① Government Accountability Office, Airline Mergers：Issues Raised by the Proposed Merger of American Airlines and US Airways, June 19, 2013, 23.

② Final Judement of Case 1:13-cv-01236-CKK Document 170, 7-8.

③ Government Accountability Office, Airline Takeoff and Landing Slots: Department of Transportation’s Slot Allocation Rule, GAO/RCED-86-92, January 31, 1986.

④ Government Accountability Office, Airline Deregulation: Barriers to Entry Continue to Limit Competition in Several Key Domestic Markets, RCED-97-4 , October 18, 1996, 3.

⑤ Government Accountability Office, Slot-Controlled Airports: FAA's Rules Could Be Improved to Enhance Competition and Use of Available Capacity, GAO-12-902, September 13, 2012, 36.

⑥ https://simpleflying.com/inside-airport-slots/，2024 年 5 月 9 日查阅。

的航班时刻表。因此，对于新航空公司来说，购买有效竞争所需的航班时刻的成本可能令人望而却步。即使可以安排融资，但是对于新成立的航空公司来说，购买时刻也极其困难，因为在位航空公司很少出售其时刻，而即使出售，买家通常也是在机场已经拥有大量时刻的在位航空公司了①。也就是说，在航班时刻有限的机场中，占主导地位的航空公司可能会购买多余的航班时刻以阻止其他航空公司进入。

在位航空公司向其他航空公司出租航班时刻的目的也是为了达到“不用即失”的标准，因而，一般租期较短，不能满足新进入者的长期需要。

一项研究发现，虽然持有航班时刻的航空公司确实将其航班时刻出售给其他航空公司，包括新进入的航空公司和竞争对手航空公司，但出售给它们的航班时刻数量太有限，致使这些航空公司无法增加在拥堵机场的运力布局。此外，对航班时刻租赁数据的研究也发现，竞争对手航空公司获得的航班时刻租赁机会也不理想（Fukui，2010）。

新进入者无法获得航班时刻而引发竞争问题的一个典型就是，1995 年瓦鲁捷航空（Valujet Airlines）对环球航空公司和达美航空提起的诉讼。瓦鲁捷航空指控环球航空将其拉瓜迪亚机场航班时刻出租给达美航空而不是瓦鲁捷航空，而达美航空有意租赁航班时刻的真正原因是为了阻止瓦鲁捷航空进入拉瓜迪亚-亚特兰大市场（Gleimer，1995）。

美国司法部长期以来也一直在审查占主导地位的航空公司在容量受限机场收购航班时刻的情况，阻止可能消除现有或潜在枢纽竞争的航班时刻收购，包括 1989 年东方航空提议将登机门有限的费城国际机场的 8 个登机门出售给全美航空，以及 1991 年东方航空提议将里根华盛顿国家机场的时刻和登机门出售给美联航②。2010 年，达美航空和全美航空提议永久交换拉瓜迪亚机场的 280 个航班时刻和华盛顿里根国家机场的 84 个航班时刻，并寻求联邦航空管理局的豁免，因为目前的政策禁止永久转让华盛顿里根国家机场航班时刻③。美国司法部称，此次交易将使全美航空在华盛顿里根国家机场的航班时刻份额从 44%增至 54%，达美

① Government Accountability Office, Airline Deregulation: Barriers to Entry Continue to Limit Competition in Several Key Domestic Markets, RCED-97-4, October 18, 1996, 5-6.

② Joel I. Klein, Competition in The Airline Industry. Testimony of Assistant Attorney General Antitrust Division U.S. Department of Justice Before the Committee on Commerce, Science and Transportation United States Senate Charleston, SC March 12, 1999, 2.

③ FAA Waiver Request Letter, Docket No. FAA-2010-0109, February, 9, 2010, 1, https://downloads.regulations.gov/FAA-2010-0109-0001/attachment_1.pdf.

航空在拉瓜迪亚机场的航班时刻份额从 24%增至 49%[①]。美国联邦航空管理局曾提议批准此次交易，但前提是双方必须剥离拉瓜迪亚机场的 40 个航班时刻和华盛顿里根国家机场的 28 个航班时刻[②]。美国司法部提交了支持美国联邦航空管理局提议的意见，认为剥离将消除其竞争担忧[③]。然而因达美航空和全美航空决定不接受这些条件而终止了交易。但双方后来重新制定了交易方案，并同意剥离拉瓜迪亚机场的 32 个起降时刻和华盛顿里根国家机场的 16 个起降时刻。美国联邦航空管理局于 2011 年批准了重新制定的交易[④]。后来这些时刻分别被西捷航空公司和捷蓝航空公司购买。

2015 年，美国司法部还发起了一项针对美联航-大陆航空长期租赁达美航空在纽瓦克机场航班时刻的诉讼，即“美国诉美联航-大陆航空和达美航空案”(U.S. v. United Continental Holdings, Inc., and Delta Air Lines Inc)。此前两家航空公司订立协议，达美航空以 1400 万美元的费用在 2015 年 3 月到 10 月航季和全年两种方式向美联航-大陆航空分别租赁 2 个和 22 个纽瓦克机场的航班时刻。而且租赁协议是自动续期，因而属于永久性长期租赁[⑤]。美国司法部认为，交易之前美联航-大陆航空就占有纽瓦克机场航班时刻的 73%，而且每天还有 82 个航班时刻闲置未用。美联航-大陆航空通过向达美航空租赁更多的航班时刻，从而囤积航班时刻，阻止竞争对手进入或扩张，强化了纽瓦克机场本来就很强大的市场进入壁垒。因此，纽瓦克机场的旅客将面临更高的票价和更少的选择[⑥]。后来美国联邦航空局在 2016 年 4 月 1 日取消了纽瓦克机场的航班时刻限制，将其从航班时刻受限的三级机场调整为二级机场，从而增加了纽瓦克机场的航班时刻供给，为新进入者的进入创造了条件，随后美联航-大陆航空和达美航空也取消了航班时刻租赁的交易[⑦]。

---

① U, S. Department of Justice. Comments of the United States Department of Justice Before the Federal Aviation Administration Department of Transportation, Docket No. FAA-2010-0109, March 24, 2010, 5-6, https://www.justice.gov/sites/default/files/atr/legacy/2010/04/14/257463.pdf.

② Notice on Petition for Waiver of the Terms of the Order Limiting Scheduled Operations at LaGuardia Airport, Docket No. FAA-2010-0109, May. 11, 2010, 1.

③ U.S. Department of Justice. Comments of the United States Department of Justice Before the Federal Aviation Administration Department of Transportation, Docket No. FAA-2010-0109, March 24, 2010, 17-18.

④ Notice on Petition for Waiver of the Terms of the Order Limiting Scheduled Operations at LaGuardia Airport, Docket No. FAA-2010-0109, Oct. 13, 2011, 1.

⑤ Complaint of U.S. v. United Continental Holdings, Inc., and Delta Air Lines Inc.,3-4.

⑥ Complaint of U.S. v. United Continental Holdings, Inc., and Delta Air Lines Inc., 2-3.

⑦ U.S. Department of Justice, United Airlines Abandons Attempt to Enhance its Monopoly at Newark Liberty International Airport, April 6, 2016, https://www.justice.gov/opa/pr/united-airlines-abandons-attempt-enhance-its-monopoly-newark-liberty-international-airport. 2024 年 3 月 15 日查阅。

2017 年 8 月，德国柏林航空公司申请破产清算，破产清算管理人通过竞标的方式出售其资产，2017 年 9 月 15 日选定汉莎航空公司进行独家收购资产的谈判，其中包括柏林航空公司两家子航空公司——德国航空股份有限公司（Luftfahrtgesellschaft Walter GmbH，LGW）和尼基航空公司（Niki Airlines，NIKI）（包括这两家航空公司持有的航班时刻），另外还包括柏林航空公司在奥地利、德国和瑞士的几家机场航班时刻的资产包（在交易完成前，转移给德国航空股份有限公司）。此后，汉莎航空公司放弃收购尼基航空公司，仅收购德国航空股份有限公司和准备转移给德国航空股份有限公司的资产包。因此，欧盟委员会把重点放在评估汉莎航空在不同机场收购的航班时刻资产是否能够限制竞争对手进入或扩大其在这些机场航空客运的市场规模上。欧盟委员会经过分析最终认定汉莎航空公司此次收购柏林航空公司航班时刻资产，会对杜塞尔多夫机场的竞争造成负面影响，在其他机场对竞争没有负面影响，因为这些机场要么航班时刻充裕、要么汉莎航空公司航班时刻规模还不足以对竞争造成负面影响。最终汉莎航空公司承诺在收购中减少在杜塞尔多夫机场的航班时刻转移，仅转移满足两架飞机运营的航班时刻，最终汉莎航空公司的航班时刻份额仅增加了 1%，竞争对手的航班时刻份额保持在 50%的水平①。

4. 小结

拥堵机场的航班时刻本来就构成了一个天然的市场进入壁垒，现行的航班时刻行政分配办法进一步加强了这个市场进入壁垒，对新进入者的优惠待遇并不足以形成对在位者有效的竞争压力。二级市场交易与政策制定者的初衷并不一致，没有形成在位航空公司向其他航空公司出售自己空闲航班时刻的市场。因而，航空公司对航班时刻的控制阻止了新进入，并可能会提高机票价格。

8.4.2 机场设施

8.4.1 中分析航班时刻定义时就指出，其中包括了对机场相关设施的使用，然而拥堵机场的航班时刻是通过行政性方式分配的，机场设施基本通过市场化的方式配置，所以有必要单独分析登机门等机场设施对航空运输市场竞争的影响。

1. 登机门等设施的使用模式

一般来说，登机门等机场设施的基本使用模式有三种，即独占专用（exclusive-

① Commission Decision in Case No COMP/M.8633 - Lufthansa / Certain Air Berlin Assets, ¶ 313.

use）、共同使用（common-use）和优先使用（preferential-use）[①]。实际上，机场设施的使用可能不是采用单一模式，而是一种混合模式，即不同设施使用不同的模式。比如，对机位和登机廊桥采用独占专用或优先使用模式，而对行李处理设施采用共同使用模式[②]。限于研究范围，本部分不就航空公司与机场之间的设施使用和租赁协议展开分析和讨论。

1）独占专用模式。这种模式赋予了航空公司在一特定时间内对登机门及设施的独占使用权，在事先取得机场管理当局书面许可的情况下，可以对其独占的设施进行转租。

2）优先使用模式，又被称为共享使用（shared-use）模式。此模式下，签约航空公司依据航班时刻营运时，对登机门和相关设施享有基本的使用权利。同时航空公司也承认机场对登机门和相关设施的控制权，在一定条件下同意其他航空公司使用这些设施。

机场给予承租航空公司的“优先权”各不相同。比如，有的制定一个最低的利用标准线，只要达到这个标准，则该承租航空公司享有绝对的优先权。如果达不到最低标准，则承租航空公司必须受“使用或共享”（use-it or share-it）规则或者受“不用即失”规则的约束。

3）共同使用模式，又称之为机场控制（airport-controlled）模式。它完全处于机场的控制之下。机场以临时的方式分配登机门，或者采取短期（如 30 天）的方式分配登机门。它为机场向新进入的航空公司分配登机门以及相关设施提供了便利，也方便了打算扩展业务的航空公司。

2. 登机门与市场进入壁垒

美国在放松规制之初，就已经意识到机场登机门对于竞争性航空运输系统运作的重要性，关注如何制定避免登机门浪费的机制，从而确保新进入者或扩张中的航空公司能否以竞争性条件获得登机门等机场设施。但是，拥挤机场的基础设施仍然是一个关键的进入壁垒，特别是在枢纽机场。

长期限的独占使用模式遭到美国运输部、GAO 等[③]的强烈反对，认为它造成市场准入壁垒。因为当一个新进入的航空公司必须向享有独占权的在位航空公司租赁登机门及相关设施时，后者一般来说会向前者收取较高的转租费，提供的使

---

① National Academies of Sciences, Engineering, and Medicine, Entry and Competition in the US Airline Industry: Issues and Opportunities, 1999, 118-119.

② FAA/OST Task Force Study, Airport Business Practices and Their Impact on Airline Competition, October 1999, 36.

③ General Accountability Office, Airline Deregulation：Changes in Airfares, Service Quality, and Barriers to Entry, RCED-99-92, March 1999, 16.

用时间也是较差的时段，并且强迫前者使用自己的地面人员和其他设备，或者为了减少竞争对手，干脆拒绝转租。这种模式可能造成机场没有可使用的设施或者利用率不高的设施不能通过竞争方式发挥效益。而美国联邦航空局认为优先使用模式排除了原有的航空公司对打算进入航空公司造成的准入壁垒，也避免了设施的低利用率[①]。此外，共用登机门等机场设施能使机场更灵活地分配登机门并方便进入，也更能提高设施的利用率。

但是，一项早期对机场生产率的研究却得出了一些不同的结论。这项研究认为，共同使用和独占专用登机门的比例越大，效率降低的幅度也就越大。因为共用登机门意味着机场控制登机门的使用，从而确保它们得到最有效的使用。同样，当一个登机门被授权航空公司独占专用时，有效地使用资源符合航空公司的最佳利益。随着优先使用登机门的比例上升，效率会下降。享有优惠待遇的航空公司可能会尝试将控制登机门作为进入壁垒，但不一定能够有效地使用它们（Gillen and Lall，1997）。因而，这项研究并不认为独占专用模式会降低登机门使用效率，也不认为优先使用模式会提升登机门的使用效率，反而会降低效率。

当然这项研究主要关注的是效率，而不是市场准入。效率高，不等于市场进入不存在壁垒。有研究反而证明，登机门控制和高峰小时登机门的高效率使用会阻止其他竞争者进入（Dresner et al.，2002），进而发现新航空公司不太可能在允许航空公司独占专用登机门的机场运营航班（Hartmann，2006）。也有研究将登机门独占专用与 8.1.3 中枢纽票价升水结合起来，进一步探求发现枢纽票价升水的关键决定因素就是登机门专用，如果承运人控制的登机门比例从 10%增加到 30%，则价格将上涨 3%。不过，只有当机场的登机门相对于出发航班数量而言较少时，对登机门的独占控制才能解释高票价（Ciliberto and Williams，2010）。因而，增加稀缺的登机门或者如何分配好登机门才是解决拥堵机场进入难，进而增强竞争的关键。

航空公司获得登机门等设施的独占专用权，一般需要订立长期合同，平均期限大约为 28 年[②]。从机场和航空公司互动的角度来看，这种长期合同就形成了一种纵向关系。这种纵向关系在社会福利和竞争力方面可能会产生消极和积极的影响。航空公司和机场之间的长期合同可能对旅客有利。然而，机场可以与其占主导地位的航空公司进行战略合作，这可能会进一步增强这些公司的市场势力。航空公司之间的并购不但加剧了拥堵机场登机门等设施的集中，更强化了这种纵向

① FAA/OST Task Force Study, Airport Business Practices and Their Impact on Airline Competition, October 1999, 41.

② FAA/OST Task Force Study, Airport Business Practices and Their Impact on Airline Competition, October 1999, 7.

运输协定的谈判来进行国际航空运输服务贸易。双边航空运输协定都是建立在对通航点、航权、航空公司指定标准和数量、运力、运价这几个核心内容的谈判基础上的（郑兴无和张翼，2018）。因而，国际航空运输市场的限制与国内航空运输市场的限制存在类似的地方，即航空公司从事国际航空运输的资格（类似国内航空公司的开办资格）和航线准入资格、市场准入权，还涉及运价的限制以及国际贸易中常用的数量限制手段——运力限制。

目前，国际航空运输政策的体制已经从单一的传统双边向双边和区域混合型发展，多边也已经开始萌芽。从过去对国际航空运输市场的严格限制逐步向放松限制过渡，出现了以美国、欧盟为不同代表的国际航空运输自由化，或者说“天空开放”（open skies）。前者完全取消了国际航空运输市场准入和运价以及运力的限制，后者还要求取消对投资航空公司的限制以及对国内航权（cabotage）的限制。其他的双边航空运输协定尽管也在放松限制，但是仍然有较多的限制，特别是市场准入和运力限制方面。比如，截至 2016 年，中国的双边航空运输协定总体开放程度只有欧美的 1/3，而航权、运价和运力的自由化程度不高（郑兴无和张翼，2018），这种状况直到目前也没有发生很大的变化。

国际航空运输体制本身是一种国家间的“卡特尔”，所以“天空开放”和非“天空开放”下的航空公司包括联盟乃至并购在内的各种市场行为对国际航空运输市场竞争的影响完全不同，因而国际航空运输反垄断中竞争影响分析需要重点考虑不同航空运输协定对市场竞争构成的不同限制。而航空运输协定中对市场竞争有影响的主要包括通航点是否有限制、运力是否有限制、价格是否需要双方或者一方政府批准、航空公司指定数量是否有限等。

第 9 章　航空运输业反垄断中的相关市场界定

从第 2～7 章的研究可以看出，无论是通用性的反垄断分析还是航空运输业的反垄断分析，主要围绕相关市场界定、竞争影响和市场进入壁垒展开。在航空公司并购以及合作等市场行为中，如果相关行为实质性限制市场竞争，而市场进入又存在壁垒，市场行为主体就需要和反垄断主管当局商讨通过补救措施来消除其行为对竞争的损害，从而获得反垄断当局的放行，否则相关行为会被禁止。本章将对航空运输业的相关市场界定展开进一步的专门研究。竞争影响和补救措施或承诺在第 2～7 章结合相关案例已经做了较为深入的分析，市场进入壁垒不仅在第 2～7 章有分析，还在第 8 章的研究中也有专门分析。

9.1　相关市场界定的发展

美国的反垄断立法中并没有相关市场界定的法律规定，欧盟的相关立法中也没有直接引入相关市场的概念。《谢尔曼反托拉斯法》中采用禁止“垄断、试图垄断、联合或串谋……垄断”[①]州际贸易或与外国间贸易的表述，而《欧盟运作条约》第 102 条采用禁止“一个或多个企业在内部市场或其大部分区域滥用市场支配地位”[②]的表述。尽管不同的表述体现了如何在竞争法中更好地监管单一市场行为的不同理念，但是无论美国还是欧盟在反垄断执法分析中均始于相关市场界定，因为商业行为的合法性几乎总是取决于参与者的市场势力。只有准确地界定市场，才能准确地衡量市场势力。正因为如此，笔者才用一章专门对相关市场界定进行研究。

9.1.1　美国相关市场界定的发展

在 1945 年的“美国诉美国铝业公司案”[③]中就存在铝市场是否包括进口部分以及“次级产品”[④]在内的争论。前者本质上属于相关地域市场的范畴，后者则与相关产品市场相关。在 1956 年的“美国诉杜邦公司案”中，美国最高法院首次提出了“相关市场”的概念，以确定杜邦是否构成垄断。政府认为玻璃纸是相关产

① Sherman Antitrust Act, Pub. L. No. 51-647, § 2, 26 Stat. 209 (1890).

② The Treaty on the Functioning of the European Union, art.102.

③ United States v. Aluminum Co. of America, 148 F.2d 416 (2d Cir. 1945).

④ 业内人士称其为由废铝制成的锭，United States v. Aluminum Co. of America, 148 F.2d 416 (2d Cir. 1945), 423-424.

品市场，杜邦公司反驳说，适当的相关市场是所有柔性包装材料，包括蜡纸、玻璃纸、塑料薄膜和保鲜膜。法院基于“需求交叉弹性”的概念发现“如果玻璃纸价格略有下降，导致相当一部分其他柔性包装材料的客户转而使用玻璃纸，则表明它们之间存在较高的需求交叉弹性，即这些产品在同一市场上竞争”①。

在 2.4.5 节提及的“布朗鞋业公司诉美国案”中，美国最高法院首次提出了通过产品市场和地域市场两个维度来界定相关市场，指出“产品市场的外部边界由产品本身与其替代品之间的合理互换性或需求交叉弹性决定”②；“产品价值、体积、重量和消费者需求之间的关系使制造商能够在全国范围内分销其鞋子”，因而“相关地域市场是整个国家”③。

上述两个反垄断案也反映出对相关市场进行界定存在困难。美国最高法院在界定玻璃纸的相关产品市场时，将其他柔性包装材料归入与玻璃纸相同的市场，这种相关市场的界定方法被后来的研究者称为“玻璃纸谬误”（Sullivan，2023），因为美国最高法院将相关产品市场扩大到包括那些在杜邦玻璃纸已经高昂的价格下不得不作为替代品的其他柔性包装材料，从而通过扩大相关产品市场减少了杜邦公司的市场份额，最终弱化了杜邦公司的市场势力。在“布朗鞋业公司诉美国案”中，美国最高法院又认为通过需求交叉弹性确定的“广阔的市场中”，“可能存在明确界定的子市场，这些子市场本身就构成了反垄断产品市场”④。采用更为狭窄的相关产品市场界定方法，必然提升布朗鞋业公司和金尼公司（Kinney Co.）这两家拥有零售店的鞋厂因合并而产生的横向或纵向影响。

1968 年，美国司法部发布了第一份《1968 年并购指南》⑤，其中包含了关于市场界定的内容，此后的指南都包括了相关市场界定的内容，但是也存在差异。《1968 年并购指南》对相关市场界定采取了相对简单和结构化的方法，侧重于产品市场和地域市场，而不太重视这些定义背后的经济原理。《1982 年并购指南》⑥引入了“假定垄断者测试”（hypothetical monopolist test，HMT）。该测试通过询问假定垄断者是否可以实施有利可图的价格上涨行为，即“小幅但显著且非暂时性的价格上涨”，从而确定市场边界，进而成为界定相关市场的关键工具。《1992 年横向并购指南》和《1997 年横向并购指南》⑦进一步改进了“小幅但显著且非暂

① United States v. du Pont Co., 351 U.S. 377, 76 S. Ct. 994 (1956), 400.

② Brown Shoe Co., Inc. v. United States, 370 U.S. 294 (1962), 325.

③ Brown Shoe Co., Inc. v. United States, 370 U.S. 294 (1962), 328.

④ Brown Shoe Co., Inc. v. United States, 370 U.S. 294 (1962), 325.

⑤ https://www.justice.gov/atr/hmerger/11247.htm. 2023 年 3 月 24 日查阅。

⑥ https://www.justice.gov/atr/hmerger/11248.htm. 2023 年 3 月 4 日查阅。

⑦ https://www.justice.gov/atr/hmerger/11250.htm，https://www.justice.gov/atr/hmerger/11251.htm. 2023 年 3 月 4 日查阅。

时性的价格上涨”测试，使其成为市场界定的核心工具，同时增强了市场边界的灵活性，认为市场界定可能会因合并的具体情况而有所不同。《1992 年横向并购指南》和《1997 年横向并购指南》还对地域市场进行了更详细的分析，考虑了运输成本、装运模式和外国竞争等因素。

《2010 年横向并购指南》[①]标志着从严格的市场界定转向更加重视竞争影响的直接证据。相关市场仍然发挥着作用，但《2010 年横向并购指南》认为在某些情况下，它可能不是分析的核心。在相关市场难以准确界定的情况下，允许使用，如利用价格或市场份额的变化等直接证据来评估竞争影响。此外，《2010 年横向并购指南》还考虑了市场的动态性质，特别是在创新和产品周期较快的行业，允许采用更灵活的方式进行相关市场界定。

《2023 年并购指南》[②]重申了界定相关市场的重要性，特别是在数字平台、劳动力市场和其他复杂的现代经济结构背景下；《2023 年并购指南》还将合并对工人、供应商和其他市场参与者的影响纳入其中，而不仅仅是消费者，从而扩大了可能被视为相关市场的范围。

9.1.2　欧盟相关市场界定的发展

1973 年，“大陆制罐公司诉欧共体委员会案”（Continental Can v. Commission）是欧共体首次在反垄断执法中对相关市场进行界定。欧共体委员会指出，“相关市场的界定至关重要，因为竞争的可能性只能根据相关产品的特性来判断，这些产品特别容易满足缺乏弹性的需求，并且只能在有限的范围内与其他产品互换”[③]。该案为欧共体委员会以及后来的欧盟委员会在反垄断执法中如何处理相关市场界定的概念开创了先例，该概念后来在随后的决定和指导方针中得到正式化和扩展。

“大陆制罐公司诉欧共体委员会案”后，相关市场界定成为欧共体委员会分析竞争案件的核心，在涉及合并、滥用市场支配地位和反竞争协议的案件中更是如此。欧盟委员会在 1997 年发布的《关于共同体竞争法中相关市场界定委员会通告》[④]将“相关市场”这一概念正式化，并认为相关市场在产品和地域维度上的定义往往对竞争案件的评估具有决定性的影响。该通告提供了有关如何根据可替代性和其他经济标准从产品和地域两个方面定义相关市场的详细指南，并明确了市

① https://www.justice.gov/media/810916/dl?inline. 2023 年 3 月 4 日查阅。

② https://www.justice.gov/atr/merger-guidelines. 2023 年 12 月 28 日查阅。

③ Judgment of the Court of 21 February 1973.Europemballage Corporation and Continental Can Company Inc. v Commission of the European Communities. Case 6-72, 32.

④ European Commission, “Commission Notice on the Definition of Relevant Market for the Purposes of Community Competition Law,” 1997 O.J. (C 372) 5, https://eur-lex.europa.eu/legal-content/EN/TXT/PDF/?uri=CELEX:31997Y1209(01)&from=EN. 2023 年 4 月 12 日查阅。

场界定的基本原则，包括竞争限制、需求替代、供给替代、潜在竞争等几个方面。

2024 年 2 月 8 日，欧盟委员会通过了自 1997 年通过以来的首次相关市场界定通告修订版①。此次修订旨在响应近年来的新发展，首先，平台市场和数字市场的整合。既承认相关产品市场可能包括整个平台提供的所有产品，也承认平台各侧提供的产品可能有单独的（相互关联的）市场。在数字生态系统的背景下，欧盟委员会将其定义为由主要核心产品和几种消费与核心产品相关的次级数字产品组成。如果次级数字产品以捆绑的形式提供，它将考虑网络效应、转换成本和（单或多）归位等因素。其次，加强调供应方替代和创新。新通告加强了调供应方替代，特别是在以快速创新和技术变革为特征的市场中，更严格地分析了企业快速适应和进入新市场或生产替代产品的能力。再次，考虑劳动力市场和可持续性。修订后的通告还反映了劳动力市场和可持续性在相关市场界定中日益增长的重要性。例如，合并和反竞争行为对就业条件和环境可持续性的影响正在被纳入市场分析中，这标志着与早期“指南”纯粹以消费者为中心的方法的重大背离。最后，动态市场边界。考虑到许多行业（尤其是科技行业）的快速发展，新通告强调了市场边界的动态性和有时易变性。重点在于以一种考虑未来市场发展和新竞争对手出现的可能性的方式来评估竞争格局。

9.2 航空运输领域相关产品市场

航空运输业相关市场界定无疑要依照一般性相关市场界定的规则，但是，由于航空运输业是一种网络型行业，具有与其他产业不同的技术经济特征。即使与其他网络型行业相比，也有其自身的特点。因此，其相关市场的具体界定较为特殊。本部分先分析相关产品市场，9.3 节再分析相关地域市场。

9.2.1 基本的相关产品市场

一般来说，航空运输的基本相关产品分为客运和货运，这是不存在分歧的。因为这两类服务存在明显的差异。从需求方来看，旅客关心旅行的线路（包括是否经停和中转）和总的旅行时间，货主或者收货人则不关心货物运送的线路，仅关心收到货物的时间；从供给方来看，旅客和货物的服务与流程是完全不同的。这两种服务产品存在本质上的不同。

1979 年，美国民航委员会在“国民航空收购案”中首次采用相关市场进行产

① European Commission, “Commission Notice on the Definition of the Relevant Market for the Purposes of Union Competition Law,” 2024 O.J. (C 1645) 1, https://eur-lex.europa.eu/legal-content/EN/TXT/?uri=OJ%3AC_202401645. 2024 年 3 月 9 日查阅。

品市场界定，认为应“将定期航空运输视为相关产品市场”①，但是仅涉及客运市场，没有分析货运市场。1982 年的“伯格特-阿拉斯加国际航空-西部航空-维纳航空收购/控股案”，民航委员会认为“相关市场也可定义为定期客运、货运和邮政服务的综合运营”②，即将客货运和邮件运输作为一个市场来考虑。后面民航委员会分析竞争影响时利用收入来计算市场份额，因而加总上不存在困难。

但是无论是美国运输部还是美国司法部在随后的航空运输业反垄断执法中都仅仅界定了航空客运市场。“大韩航空收购韩亚航空案”中，或许是美国司法部第一次对航空货运市场进行了全面界定，但是目前还没有详细的材料披露。

美国运输部在航空公司的跨国联盟反垄断豁免审查的相关产品市场界定中，一般也仅涉及航空客运市场，而没有涉及航空货运市场。在 2016 年 11 月针对“美国航空与澳大利亚航空联盟协议反垄断豁免案”发布的“说理命令”中提及“拟议中的联盟将对美国和澳大利亚之间的客运和货运产生最大影响，因为该联盟将把澳大利亚最大的航空公司与美国最大的航空公司联合起来”③，但是在竞争影响分析中完全没有涉及航空货运的内容。

美国司法部对航空运输相关产品市场的界定也限制在定期航空客运范围，没有涉及航空货运，也不认为在美国其他运输方式（包括公路和铁路）构成了对定期航空客运的替代④。

欧盟发生的“艾哈迈德·赛义德航空旅行社等诉反不正当竞争中心案”涉及当事方在定期客运航班上固定价格的行为，没有涉及货运问题⑤；1991 年“达美收购泛美部分资产案”中，将相关市场部分直接限定在“本次交易在本次审查背景下的主要影响，将体现在美国与欧盟之间的定期客运航空运输服务上”⑥；1995 年的“瑞士航空收购萨贝纳部分股权案”中，在相关地域市场基础上，讨论了客运和货运两个相关产品市场⑦；1999 年的“赛尔集团收购 AOM 航空案”中，欧盟

---

① Civil Aeronautics Board. 1979. Economic Decisions of the U.S. Civil Aeronautics Board. Vol. 84, 418. Washington, DC: U.S. Government Printing Office.

② Civil Aeronautics Board. 1982. Economic Decisions of the U.S. Civil Aeronautics Board. Vol. 96, 262. Washington, DC: U.S. Government Printing Office.

③ DOT Order 2016-11-16, 13.

④ Amended Complaint in U.S. v. Northwest Airlines Corand Continental Airlines, Inc., 9.; Complaint in U.S., et al. v. US Airways Group, Inc. and AMR Corporation, 10.; Complaint in U.S. and Plaintiff States v. American Airlines Group Inc. and JetBlue Airways Corporation, 16. Complaint in U.S. and Plaintiff States v. JetBlue Airways Corporation and Spirit Airlines, Inc., 27.

⑤ Judgment in Case 66/86 - Ahmed Saeed Flugreisen and Other v/Zentrale zur Bekänntfung unlauteren Wettbewerb [1989] ECR 803, ¶ 1.

⑥ Commission Decision in Case No IV/M.130 -Delta Air Lines /Pan Am, ¶ 10.

⑦ Commission Decision in Case No IV/M.616 -Swissair / Sabena, ¶¶ 25, 27.

委员会在界定相关市场时，将其直接分为客运和货运两个部分[①]。此后，欧盟在航空运输领域的相关市场基本采取了从客运和货运两个方面进行界定的方法，不同的是，在 2013 年“FedEx 收购 TNT 快递案”和 2016 年“联邦快递收购 TNT 快递案”两个案子中，在传统航空货运产品市场的基础上，欧盟界定了小包裹市场。依照国内习惯，后面也称为快递市场[②]。

对于航空货运市场是否应该按照货运产品的类别或性质进一步划分更细致的产品市场，欧盟委员会认为尽管某些产品的特殊性要求特定类型的承运人，比如某些超大货物和危险品不能由运输旅客的承运人运输，但是所有利益相关方都认为，航空货运对所有类型的产品来说基本上是相同的，没有必要进一步细分市场[③]。

对于其他运输方式是否构成对航空运输替代的问题，欧盟委员会则认为高铁服务可能替代航空客运的直达短途航班，具体取决于旅行时间、高铁服务的频率和不同替代方案的价格。这需要针对每个具体城市进行评估[④]。对于航空货运来说，在欧洲大陆，公路运输和铁路运输构成了对航空货运的替代[⑤]。

9.2.2　中转、经停服务与直飞服务

航空客运中的直飞（nonstop or direct）服务和中转（connecting）服务或经停（one stop）服务是属于同一产品市场还是不同的产品，美国运输部与美国司法部存在重大分歧。早在 1986 年的“美西北航收购共和航空案”中，美国司法部声称行政法官错误地驳回了其论点，即两个城市之间的直飞客运航空服务应被视为与同一城市对中的经停和中转服务不同的产品[⑥]。而美国运输部认为，行政法官对相关市场界定的证据的分析基本合理。因为尽管有直达航班，但在某些市场仍有大量旅客使用中转服务，直达航班和中转航班的票价水平与票价变动相似，而且线性航线网络已基本被依靠吸引旅客从直达航班转向中转航班的枢纽辐射网络所取代，航空运输业的供给弹性很大。所有这些因素都表明，直达航班与中转航班存在竞争，至少对城市对市场中的一部分旅客而言是如此[⑦]。

---

① Commission Decision in Case No IV/M.1494 -AIR Group / AOM, ¶¶ 8-20.

② 欧盟委员会在“联合包裹收购 TNT 快递”和“联邦快递收购 TNT 快递”案中实际上根据递送时限将“小包裹”市场分为了“快递”和“延期”两个子市场，前者为次日送达，后者为两天以上送达。两者在价格上和使用的基础设施上存在一定的差异。本书中不区分这两种情况。

③ Commission Decision in Case No COMP/M.3280 -Air France / KLM, 9.

④ Commission Decision in Case No COMP/M.3280 -Air France / KLM, 8.

⑤ Commission Decision in Case No COMP/M.3280 -Air France / KLM, 9; Commission Decision in Case COMP/M.3770 – Lufthansa/Swiss, 5; Commission Decision in Case COMP/M.5141 – KLM/Martinair, 12.

⑥ DOT Order 86-7-81, 8.

⑦ DOT Order 86-7-81, 9.

而美国司法部认为，两种服务之间的竞争仅限于争夺任何城市对市场中不太重视时间的旅客，因为城市对中很大一部分旅客（主要是商务旅客）对直飞服务有强烈的偏好。城市对市场中多达 60%的旅客不会从直飞和中转服务之间的竞争中获益[①]。而美国运输部认为“时间敏感”的旅客比例小于司法部估计的 60%，同时航空公司在两类旅客之间进行价格歧视的能力有限，因此，坚持认为城市对的直飞服务和中转或经停服务属于同一产品市场[②]。同年稍后的“环球航空收购奥扎克航空案”中，美国司法部与美国运输部发生了同样的争论[③]。

这个争论一直延续到美国司法部从美国运输部接手航空运输业反垄断执法权后，因为美国运输部仍然承担跨国航空公司之间合作的反垄断豁免审查工作。2009 年，美国司法部针对美国运输部发布的星空联盟反垄断豁免《说理命令》(“Order to Show Cause”) 中直飞和中转服务存在替代的论点，在提交的评述中认为在跨大西洋航线上，直飞航班是一个单独的产品市场。因为对于绝大多数旅客来说，中转服务和经停服务并不是一个合理的替代品，航空公司可以针对这一群体收取更高的票价。无论是航空公司的定价行为还是商务旅客的出行行为都证明直飞服务是一个独立的产品市场[④]。

关于中转航班是否构成对直飞航班的替代的问题，欧盟委员会认为，在短途城市对市场中，中转航班一般不会对直飞航班产生重大的竞争制约。但是，必须逐案审查，因为在特殊情况下，中转航班可能会对直飞航班产生一定的竞争制约。比如，大量时间敏感的旅客偏好更高的航班频率，中转航班可能比直飞航班能够更好地满足这一偏好[⑤]。欧盟委员会认为，在诸如跨大西洋这类长途航线上，中转航班的劣势要小于短途或中程航线，因为随着总行程时间的增加，中途停留对总耗时的影响相对较小[⑥]。欧盟委员会认为，中转航班延长旅行的时间不超过 150 分钟就可以构成对直飞航班的替代，从而构成同一个产品市场[⑦]。

此外，还存在一种较为特殊的直飞和中转的 O&D 旅客情况。比如，从 A 到 B 的航班上，有从 A 到 B 的 O&D 旅客，也有从 A 到 B 后需要中转至其他目的地的 O&D 旅客。如果竞争分析仅涉及从 A 到 B 这个 O&D，那么就可能需要扣除其他的 O&D 旅客。这个情况在 2004 年的“瑞安航空收购爱尔兰航空案”中就出现了。两家航空公司在都柏林到伦敦之间同时运营航班，航班上有部分旅客是通

---

① DOT Order 86-7-81, 9-10.

② DOT Order 86-7-81, 10-11.

③ DOT Order 86-9-29, 4.

④ Comments of the Department of Justice on the Show Cause Order (Docket OST-2008-0234), 17-18.

⑤ Commission Decision in Case No COMP/M.3280 -Air France / KLM, 5.

⑥ Commission Decision in Case No COMP/M.2041 - United Air Lines /US Airlines, 4.

⑦ Commission Decision in Case No COMP/M.3280 -Air France / KLM, 6.

过伦敦希思罗机场中转前往其他目的地的，这些目的地要么两家航空公司没有运营，要么没有同时运营。欧盟委员会认为，这些中转的 O&D 旅客不受并购的影响①。

9.2.3 “商务”和“休闲”与“时间敏感”和“时间不敏感”

1997 年的“荷兰皇家航空收购联合王国航空案”中，在欧盟委员会分析过程中，一些受访者表示，在界定相关产品市场时，可以将之区分为商务旅客和休闲旅客，主要以旅客出行的机票类型和附带的特殊条件为特征，即商务旅客往往主要使用全价灵活机票，无论是经济舱还是商务舱，休闲旅客主要使用限制性票价。然而，欧盟委员会认为，由于荷兰皇家航空、联合王国航空及其主要竞争对手在所分析的航线上均搭载这两类旅客，且调查并未表明上述任何区别会显著改变该案分析的结果，因此在这种情况下，该案中对于如何界定相关市场可以保持开放性②。

在 2003 年寰宇一家的“英航、伊比利亚航空和不列颠航空联盟合作反垄断豁免案”中，欧盟委员会将旅客分为时间敏感型（商务）旅客和时间不敏感型（休闲）旅客。欧盟委员会认为对于前者，时间至关重要，要么需要确保最短的旅行时间，要么需要在一天中的某个特定时间旅行，而不是在任何其他特定时刻，或者两者兼而有之。此外，某些时间敏感型旅客可能需要在短时间内预订航班或需要灵活性（可能错过一班航班并预订下一班航班）。时间敏感型旅客愿意支付额外费用以满足其需求。相反，对于时间不敏感的旅客来说，节省旅行费用比时间限制更重要。但是，商务旅客和休闲旅客之间的区别以及与时间敏感型旅客和非时间敏感型旅客之间的区别不一定总是一致的。例如，周末前往目的地进行城市旅行的休闲旅客不愿意将大部分闲暇时间花在更耗时的交通工具上③。不过，多数情况下，航空公司将商务旅客与时间敏感旅客、休闲旅客与非时间敏感旅客视为相同的旅客群体。

从 2004 年的“法航和荷航并购案”开始，欧盟委员会更多地使用时间敏感型旅客和时间非敏感型旅客来区分不同的旅客市场④。2015 年的“国际航空集团收购爱尔兰航空案”中，欧盟委员会认为短途航线上区分时间敏感型旅客和时间非敏感型旅客不恰当，但是对于长途航线，区分两类旅客仍然有意义⑤。由于缺乏关于旅客是否对时间敏感的准确数据，因此，使用哪种代理变量来识别这两个群体

① Commission Decision in Case No COMP/M.4439 - Ryanair / Aer Lingus, 19.

② Commission Decision in Case No IV/M.967 -KLM / AIR UK, 6.

③ Commission Decision in Case COMP/D2/38.479: British Airways / Iberia / GB Airways, 4.

④ Commission Decision in Case No COMP/M.3280 -Air France / KLM, 5.

⑤ Commission Decision in Case No COMP/M.7541 - IAG / Aer Lingus, 9.

旅客，这个问题仍存在争议。

美国司法部将航空客运直飞和中转视为两个独立的市场，就包含了对时间敏感和时间不敏感旅客的划分。

9.3　航空运输领域相关地域市场

9.3.1　地域范围的争论

1979 年，美国民航委员会在“国民航空收购案”中首次界定相关地域市场时，采用的是城市对市场的概念，这个观点也得到美国司法部的认同，同时美国司法部还认为相关地域市场应包括枢纽机场，如休斯敦和新奥尔良，但是在听证会上被驳回①。在 1980 年的“共和航空收购西航案”（Acquisition of Airwest by Republic Airlines）中，民航委员会认为对合并是否会大幅减少实际或潜在竞争的评估已考虑了城市对、城市、地区或整个国家的竞争影响②。1982 年“伯格特-阿拉斯加国际航空-西部航空-维纳航空收购/控股案”中，民航委员会实际考虑了国家、区域和城市对市场③。

美国运输部在 1985 年的“美西南收购缪斯航空案”中，表达了对民航委员会相关地域市场界定方法的认可，认为这种方法反映了航空运输业的现实情况④。然而美国运输部在分析合并对竞争的影响时，实际上采用了三个层面地域市场的界定方法，即国家、城市对和枢纽机场⑤。民航委员会和美国运输部各自相关地域市场界定方法基本上是一致的。在国际航空运输联盟反垄断豁免审查中，美国运输部还采用了网络（或区域）、国家和城市对三个层面相关地域市场的界定方法，并一直延续到现在⑥。

美国司法部则认为，评估竞争受影响的并非整个行业⑦，不赞成采用比城市对

---

① Civil Aeronautics Board. 1979. Economic Decisions of the U.S. Civil Aeronautics Board. Vol. 84, 419. Washington, DC: U.S. Government Printing Office.

② Civil Aeronautics Board. 1980. Economic Decisions of the U.S. Civil Aeronautics Board. Vol. 86, Part 2, 1998. Washington, DC: U.S. Government Printing Office.

③ Civil Aeronautics Board. 1982. Economic Decisions of the U.S. Civil Aeronautics Board. Vol. 96, 259-261. Washington, DC: U.S. Government Printing Office.

④ DOT Order 85-5-28, 7.

⑤ DOT Order 85-5-28, 9-12.

⑥ DOT Order 2009-4-5, 7-13; DOT Order 2010-2-8, 13-20; DOT Order 2016-11-16, 11-17; DOT Order 2022-6-15, 9-17.

⑦ J. Bruce McDonald, "Antitrust for Airlines," Remarks by Deputy Assistant Attorney General, Antitrust Division, U.S. Department of Justice, November 3, 2005, 3.

旅行而言，许多往返于肯尼迪国际机场或拉瓜迪亚机场的旅客并不认为纽瓦克自由机场的服务是肯尼迪国际机场或拉瓜迪亚机场服务的合理替代方案。对于跨大西洋旅行，由于飞行时间较长和需要通过海关等原因，往返于纽约市大都会区和跨大西洋目的地之间的部分旅客可能会将肯尼迪机场、拉瓜迪亚机场和纽瓦克自由机场视为合理的替代方案[①]。而法院在判决中则认为，双方可能都是对的，法院无须在两者之间做出选择，因为不管纽约的地域市场如何定义，法院都认为被告显然有能力影响价格[②]，从而回避了对这个问题做出明确的结论。

美国司法部等在2023～2024年的“美国及部分州诉捷蓝航空和精神航空案”的诉状中指出，旅客希望从离自己居住地和工作地较近的机场出发，抵达离目的地较近的机场。因此，出发地或目的地并不比大都市地区的所有机场范围更广泛。在任何地域市场中，可能存在一些较窄的市场，这些市场本身构成相关的反垄断市场。比如，仅包含肯尼迪机场/拉瓜迪亚机场（JFK/LGA）或仅包含纽瓦克自由机场（EWR）的出发地和目的地机场对，也可能构成更广泛的纽约大都会（肯尼迪机场/拉瓜迪亚机场/纽瓦克自由机场）市场中较小的相关地域市场[③]。

在2013年2月26日美国国会众议院为美国航空和全美航空合并召开的听证会上，众议院也讨论了航空运输业相关地域市场界定的问题。克利夫兰州立大学教授萨格斯认为，美国司法部在审查网络型航空公司并购时应更加关注全国性影响，而不应仅仅限于城市对市场的影响。因为行业在国家层面的集中度越高，它们相互竞争或可能相互竞争的潜在点越多，网络航空公司在各自拥有市场势力的航线或者机场相互挑战的动力就越小[④]。当然，航空客运市场的价格竞争力可能仍然主要取决于特定城市对的条件，但日益提升的国家集中度会影响这些竞争条件。当网络型航空公司在国家层面集中到不再相互挑战的程度时，低成本航空公司无法提供有意义的价格竞争，因为它们将面临压倒性的掠夺性反应[⑤]。

在2013年11月15日的另一次听证会上，有议员质询助理司法部部长贝尔，美国司法部为阻止美国航空与全美航空合并而提起的诉讼中，反垄断部门提出了“国家竞争对手”（national competitors）的概念[⑥]，是否标志着反垄断市场界定方式

---

① Complaint in U.S. and Plaintiff States v. American Airlines Group Inc. and JetBlue Airways Corporation, 18.

② United States v. Am. Airlines Grp., Civil 21-11558-LTS (D. Mass. May. 19, 2023), 76-77.

③ Amended Complaint in United States v. Jetblue Airways Corp., 28-30.

④ 这就是所谓的多市场接触理论，即企业在多个市场中由于相互依赖和潜在的威胁而形成的相互容忍，降低了竞争强度，并最终提高价格。

⑤ Competition and Bankruptcy in the Airline Industry: The Proposed Merger of American airlines and Us Airways, Hearing Before the Subcommittee on Regulatory Reform, Commercial and Antitrust Law of the Committee on the Judiciary House of Representatives, One Hundred Thirteenth Congress, First Session. Serial No. 113–22, Feburary 26, 2013, 228.

⑥ 在Complaint in U.S. and Plaintiff States v. American Airlines Group Inc. and JetBlue Airways Corporation中未查询到“国家竞争对手”的相关内容。

的转变。但是助理司法部部长贝尔回应，对相关市场的界定方式没有改变，案件中的相关市场界定适合于案件的具体事实，可能是本地市场、地区市场、国家市场，甚至是国际市场[①]。这个答复是否标志着美国司法部在航空运输业的相关地域市场界定上做出了改变还有待观察。

在 2014 年“国航和国泰航线联营反垄断豁免案”中，申请人在北京—香港、成都—香港和重庆—香港三条航线上进行航线联营。申请人在相关地域市场界定上认为北京应包括“环首都经济圈”，香港应包括“大珠江三角洲经济圈”。这个相关地域市场界定实际上将天津滨海国际机场、石家庄正定国际机场以及唐山三女河机场作为当时北京首都国际机场的替代机场，将澳门国际机场、深圳宝安国际机场和广州白云机场作为香港国际机场的替代机场。

京津冀区域的天津滨海国际机场、石家庄正定国际机场以及唐山三女河机场距离北京首都国际机场的直线距离分别为 123 公里、256 公里和 140 公里，但是这三家机场并没有构成对北京首都国际机场的替代，从航班数量来看，天津滨海国际机场到香港国际机场在 2014 年每天的直飞航班只有两个，石家庄正定国际机场和唐山三女河机场没有直飞香港的航班。

香港国际机场与广州白云机场、深圳宝安国际机场、珠海金湾机场和澳门国际机场的直线距离大约分别为 117 公里、38 公里、62 公里、37 公里，均存在辐射重叠区，特别是与后三个机场之间辐射重叠区更高。但是在分析这些机场与香港国际机场的替代性时还必须考虑它们位于不同的行政区，不同区域之间的通行管理会限制机场之间的替代性。

仅从地面运输时间来看，当时从广州白云机场通过公路交通前往广州北站换乘高铁前往香港的旅行时间会超过 2 小时，如果衔接不好，旅行时间还会更长，同时，两次换乘给旅客带来很多不便。

从深圳宝安国际机场到较远的罗湖口岸距离大约 40 公里，乘坐公交大巴，大约需要 1 小时 20 分钟，也可以乘坐地铁前往皇岗和罗湖口岸。深圳宝安国际机场到距离最近的深圳湾口岸 25 公里，乘坐公交机场 8 号线，耗时大约 1 小时 40 分钟。从深圳宝安国际机场也可以通过水上交通前往香港，从福永码头前往香港港澳码头航程大约为 60 分钟。

珠海金湾机场前往香港的交通方式是水上交通。从珠海的九洲码头可以前往香港的港澳和中港城码头，但是从机场需要乘坐大约 1 小时的大巴抵达九洲码头。如果通过陆路交通，由于当时港珠澳大桥通车还未建成，则需要绕行珠江湾，花费时间太长，基本不可行。

① Hearing Before the Subcommittee on Regulatory Reform, Commercial and Antitrust Law of the Committee on the Judiciary House of Representatives, One Hundred Thirteenth Congress, First Session, November 15, 2013, 89.

澳门国际机场和香港国际机场分属两个特别行政区，两地之间有轮渡来往，时间大约为 1 小时。内地居民通过澳门国际机场中转前往香港并不需要通关，理论上是可以将澳门国际机场作为香港国际机场的替代机场。但是，如果某地旅客认为澳门和香港两个机场没有差异，那么某地与这两个机场的航班数量应该大致接近。从 2014 年成都与香港之间每天有 6 个航班（不包括代码共享航班），而成都与澳门之间每天的航班数量只有两个（不包括代码共享航班）来看，成都的旅客和航空公司都没有将澳门国际机场作为可以替代香港国际机场的选择。

因此，申请人提出的更大地域范围的相关市场界定并不可行。当然，由于 2014 年石家庄正定国际机场和唐山三女河机场没有直飞香港的航班，天津到香港的航班每天也仅有 2 班，将这些机场与北京首都国际机场视为同一个市场，对市场集中度和市场竞争分析的影响也不大。

9.3.2 相关地域市场界定的 O&D 方法

"艾哈迈德 ·赛义德航空旅行社等诉反不正当竞争中案"和"法航诉委员会案"中，欧洲法院和初审法院均在裁决中认定航空运输业的相关地域市场应是一条航线（a route）或者一组航线（a bundle of routes）[①]，这是欧盟最早的对相关地域市场的界定。

在 2004 年的"法航和荷航并购案"中，欧盟委员会更加强调 O&D 构成的相关地域市场[②]，尽管其引述的依据和 1996 年的"荷航收购联合王国航空案"一样，都是上述两个案子的裁决，但是，航线市场和 O&D 市场还是存在区别的，一条航线上可能存在多个 O&D 市场[③]。同时在分析 O&D 市场时，不仅要考虑直达航班，还需要考虑非直达航班以及其他运输方式。至于是否需要从网络层面来考虑航空运输的相关地域市场，欧盟委员会认为，这个观点更多地从网络型航空公司的商业模式和供给层面考虑，而不是从旅客需求角度出发。旅客在从始发地到目的地考虑了所有的 O&D 市场，已经涵盖了网络的问题[④]。但是，航空公司特别是全式服务航空公司越来越强调地域市场界定中的网络维度，虽然它们也不反对使

① Judgment in Case 66/86 - Ahmed Saeed Flugreisen and Other v/Zentrale zur Bekänntfung unlauteren Wettbewerb [1989] ECR 803, ¶¶ 40-41,Judgment of the Court of First Instance in Case 2/93 Air France/Commission (TAT), of 19.05.1994, [1994], ECR 323, ¶¶ 17, 84, 85.

② Commission Decision in Case No COMP /M.3280-Air France / KLM, 3.

③ 在 2006 年 7 月欧洲初审法院对"易捷航空诉欧盟委员会"一案的裁决中就特别强调"将出发地和目的地之间的每条航线视为一个单独的市场"（Judgment of case T-177/04 easyJet v Commission, of 4 July 2006 ECR [2006], ¶ 56）。

④ Commission Decision in Case No COMP /M.3280-Air France / KLM, ¶¶ 3-4.

用 O&D 方法[①]。当然，O&D 方法并不能涵盖所有相关的竞争问题。枢纽之间和联盟之间的竞争，以及合并航空公司从机场提供的航线组合和常旅客计划实际上可能在吸引诸如公司集团客户等特定类别客户方面发挥重要作用，并影响该机场的实际和潜在竞争。

此外，当一条航线一端的城市有多个机场可以提供客运航空运输服务时（如伦敦和纽约的情况），必须评估这些机场的可替代性，以进行地域市场界定[②]。在"荷兰皇家航空收购联合王国航空案"中，欧盟委员会赞同将伦敦地区的机场视为一个整体，但是不赞同将荷兰鹿特丹、埃因霍温、马斯特里赫特机场、比利时安特卫普、布鲁塞尔机场、德国杜塞尔多夫机场作为阿姆斯特丹史基浦机场的替代机场[③]。在"英航/美国航空/伊比利亚航空联盟案"中，欧盟委员会则认为从希思罗机场起飞的跨大西洋航班与从其他四个伦敦机场（盖特威克机场、伦敦城市机场、斯坦斯特德机场和卢顿机场）起飞的跨大西洋航班不属于同一相关市场，但是赞同将纽瓦克机场和肯尼迪机场视为同一相关市场[④]。欧盟委员会认为，机场替代性必须从需求和供应两个方面来看待。从需求方面来看，在两个或多个机场的辐射重叠区内开始或结束旅程的旅客可以选择从哪个机场出发或飞往哪个机场。从供应方面来看，机场的可替代性取决于旅客的需求，也取决于他们希望提供的服务类型、机场提供的特定地面服务以及航空公司的现有活动。对于欧洲大陆航班来说，由于其总体旅行时间较短，单个机场辐射范围半径较小，机场之间的相互替代性弱；而对于跨大陆的长途航班来说，其机场辐射范围就更大，机场之间的替代性就更强[⑤]。

在 2004 年的"瑞安航空收购爱尔兰航空案"中，欧盟委员会提出了机场相互是否有替代性的分析框架。首先分析出行时间。所有旅客都倾向于尽量缩短出行时间（和减少经济成本），并且在其他条件相同的情况下，他们更喜欢选择距离更近的机场。然而，对于所分析航线上的大多数旅客来说，在考虑不同的机场替代方案时，时间并不是决定性标准。在计算出行时间时，欧盟委员会采用从市中心到相关机场的旅行时间或距离，即 1 小时驾驶时间或者 100 公里的距离。其次考虑出行费用。旅客通常倾向于选择最便宜的出行方案。需要注意的是，旅客考虑的是他们的总出行费用。再次是航班频率与航班时刻。大多数旅客也偏好特定的出发时间和返回时间，并将选择最符合他们偏好的航空公司及其运营的机场。最

① Commission Decision in Case No COMP/M.6447 -IAG/ BMI, 10.

② Commission Decision in Case No COMP/M.3280 -Air France / KLM, 6.

③ Commission Decision in Case No IV/M.967 -KLM / AIR UK, 5-6.

④ Commission Decision in Case COMP/39.596 – BA/AA/IB, 7.

⑤ Commission Decision in Case No COMP/M.3280 -Air France / KLM, 6-7.

后是服务质量[①]。

是否存在“目的地不敏感”的旅客呢？在2004年的“瑞安航空收购爱尔兰航空案”中，有第三方认为可以将相当一部分对时间不敏感的旅游群体或休闲旅客群体视为目的地不敏感顾客。这些旅客只会在某个地区甚至整个欧洲寻找度假地，而不会考虑特定的目的地。因此，欧盟委员会在市场界定中长期坚持使用O&D方法确定城市对或机场对，但这一方法未能将目的地的替代性纳入考量，导致相关地域市场范围被局限于某一特定目的地，而非更广泛的替代区域。比如，将地域市场界定为从都柏林出发的“城市休闲”或“假日航班”。但是，欧盟委员会认为，从需求角度来看，一些旅客可能会考虑飞往不同的城市，而没有明确偏好一个目的地（目的地不敏感的旅客），但是，每个目的地之间存在明显差异，如语言、旅游基础设施、气候和国家/城市的其他个人特征，这些差异与旅客对目的地的选择高度相关，即使对于休闲旅客来说也是如此。此外，对于商务旅客或探亲访友的旅客而言，不同目的地之间的任何替代性都不太可能，因为他们的旅行目的本身与特定目的地有关（商务会议地点或朋友或亲戚的居住地）。因此，对于绝大多数旅客而言，从爱尔兰飞往一个目的地的航班不能简单地被飞往另一个目的地的航班替代。相反，从需求方旅客的角度来看，出发地和目的地的每种组合都形成了一个单独的市场。从供给方的竞争限制来看，多种资源方面的限制，导致航空公司在某一条航线价格上涨后，不可能及时和有效地进入该航线参与竞争[②]。

欧盟的O&D相关地域市场界定方法与美国司法部的城市对方法基本一致，两者都在这个基础上来考虑多机场系统中单个机场是否构成独立的市场。

9.3.3 航空货运的相关地域市场

就航空货运的相关地域市场而言，欧盟委员会认为O&D方法并不合适[③]。与旅客不同，货物的中途停留次数可能更多，因此任何中转航线都可以替代任何直飞航线。对于欧洲内部的货物运输，相关市场可以定义为整个欧洲[④]。国际航空货运则采用洲际范围来界定相关地域市场[⑤]，但是，对于基础设施不够完善的国家来

---

① Commission Decision in Case No COMP/M.4439 - Ryanair / Aer Lingus, 21, 25, 28.

② Commission Decision in Case No COMP/M.4439 - Ryanair / Aer Lingus, 17-18.

③ Commission Decision in Case No COMP/M.6447 -IAG/ BMI, 22-23.

④ Commission Decision in Case No COMP/M.3280 -Air France / KLM, 9; Commission Decision in Case No COMP/M.6447 -IAG/ BMI, 24.; Commission Decision in Case No COMP/M.6570 – UPS/ TNT Express, 13.

⑤ Commission Decision in Case COMP/ M.5141- KLM/Martinair, 14.; Commission Decision in CASE M.7630 - FedEx / TNT Express, 15.

说，可能需要进一步按国别来划分[①]。

在“大韩收购韩亚航空案”中，欧盟委员会采用韩国与欧洲之间来定义相关地域市场，而不是将亚洲与欧洲之间作为相关地域市场。

在上面同一个案件中，日本公平竞争委员会认为，国际航空货运服务一般不会被用于往返服务。因此，从日本飞往韩国的航班的主要客户是位于日本的货运代理，而从韩国飞往日本的航班的主要客户是位于韩国的货运代理。因此，对于航空货运服务，地域范围应被定义为“从日本到韩国的航线”和“从韩国到日本的航线”，而不是单个机场对。而且重点是从日本到韩国的航线，因为这个市场会对日本客户产生很大影响[②]。

美国无论是民航委员会还是运输部，抑或是司法部，在相关案件中均没有讨论货运相关地域市场的问题。

2023 年发生的“全日空收购日货航案”中，并购方向国家市场监管总局提交的材料中，将相关地域市场界定为“中国—日本”和“日本—中国”。然而，东京地区的羽田机场和成田机场占据了 2022 年全部日本国际货运吞吐量的 74%，距离东京较近的静冈、松本以及仙台等城市的机场国际货运吞吐量为零。这说明，这些机场对东京两家机场并未形成国际航空货运的替代。而排名第二的大阪关西机场国际货运吞吐量份额同年只有 20%，基本上满足了当地的电子和汽车产业需求。全日空和日货航的运营策略也说明大阪与东京地区机场国际货运替代性很弱。日货航在中日之间一直没有运营大阪机场，而全日空在 2020 年后大幅度减少了中日之间在大阪地区的货运运营，从 2019 年的 300 多个航班，减少到 2022 年的 100 多个航班。因而，相关地域市场被界定为“中国—东京”“东京—中国”和“中国—东京以外日本其他地区”“东京以外日本其他地区—中国”更为合适。

9.4 快 递 市 场

9.2.1 节中提及欧盟在定义相关产品市场时，在航空客运、航空货运之外，将快递作为独立的市场，而美国司法部或运输部连航空货运市场几乎都没有进行界定，就更不用说快递市场了。

---

① Commission Decision in Case COMP/M.5141- KLM/Martinair, 14; Commission Decision in Case No COMP/M.6570 – UPS/ TNT Express, 13; Commission Decision in Case No COMP/M.6447 -IAG/ BMI 24.

② The JFTC's Review Results Concerning Acquisition of Asiana Airlines Inc. by Korean Air Co., Ltd. (Overview), 3.

9.4.1 快递相关产品市场

快递也就是小包裹[①]，其特点主要包括以下几个方面。

第一，快递是按照重量和运输处理方式与传统航空货运进行区别的。从重量来看，上限一般为一个人在没有特定设备的情况下可以处理的重量。欧盟委员会在“UPS 收购 TNT 快递案”中认为，常用的重量上限是每件包裹 31.5 公斤（70 磅）。因此，在运输处理上，不需要特定的搬运设备（叉车）和特殊的货车/卡车来提货和送货。行业使用的基础设施也对产品的重量有所限制。分拣小包裹所需的标准基础设施（如传送带）可处理的重量不超过 70 公斤[②]。UPS 也认同欧盟委员会 31.5 公斤的上限标准[③]。但是，中华人民共和国国家邮政局 2007 年 9 月发布的行业标准《快递服务》（YZ/T 0128—2007）中规定为 50 公斤[④]，超过欧盟委员会认定的重量标准近 20 公斤。欧盟委员会还将原来属于邮政普遍服务义务框架内的重量不超过 2 公斤的包裹包括在快递范围内，因为欧盟委员会认为现在不仅邮政运营商而且快递公司也运输这类包裹[⑤]。

第二，快递运营商和传统航空货运运营商之间存在明显差异。与传统航空货运运营商相比，快递运营商通常提供更先进的技术，使客户能够组织它们的货物运输。此外，虽然小包裹和货物可以使用同一网络（使用卡车和飞机）进行长距离运输，但分拣、提货和交付通常以不同的方式进行。小包裹的分拣通常是手工或通过传送带完成的，而传统航空货物则需要更重型的设备来移动。此外，小包裹公司用于提货和交付的货车通常无法处理（托盘）传统航空货物。因此，传统航空货物的提货和交付大多由大型卡车完成[⑥]。

第三，快递是一项高度差异化的活动，提供商能够在众多维度上提供差异化服务。这些参数可以按以下方式分组：递送速度（从清晨次日快递服务到两天或两天以上的标准递送）；地理位置（从国内到国际欧洲经济区外服务）和服务质量（如可靠性、安全性、延迟取件时间、全面的跟踪和追踪能力）[⑦]。

因此，快递的相关产品市场，按照欧盟委员会的标准，就是 31.5 公斤以下的包裹市场，而按照中华人民共和国国家邮政局《快递服务》行业标准就是 50 公斤以下的包裹市场。

---

① 参见 9.2.1 关于“快递”和“延期”两个子市场的脚注。

② Commission Decision in Case No COMP/M.6570 – UPS/ TNT Express, 15-16.

③ Commission Decision in Case No COMP/M.6570 – UPS/ TNT Express, 37.

④ https://www.gov.cn/ztzl/2007-09/21/content_757900.htm. 2024 年 8 月 14 日查阅。

⑤ Commission Decision in Case No COMP/M.6570 – UPS/ TNT Express, 16.

⑥ Commission Decision in Case No COMP/M.6570 – UPS/ TNT Express, 16.

⑦ Commission Decision in Case No COMP/M.6570 – UPS/ TNT Express, 20.

9.4.2　快递相关地域市场

首先，欧盟委员会区分了欧洲经济区内一国国内和国家间（国际）的地域市场。从需求方替代性角度来看，如果客户想将包裹运送到国外特定目的地，其他国家/地方目的地显然无法作为可替代的选择。因此，从需求方来看，国内和国际服务是不可替代的。就供应方而言，绝大多数竞争对手认为，一家已经在欧洲经济区某个国家开展国内小包裹递送业务的公司，如果要在短期内从同一个国家转向开展欧洲经济区内部的国际小包裹递送业务，那么在两类服务的相对价格发生变化时，会产生巨大的额外成本或风险，因此无法实现这一目标[①]。

其次，区分了欧洲经济区内和区外的国际地域市场。因为已经拥有欧洲经济区内部国际小包裹递送业务的公司无法转向从欧洲经济区到非欧洲经济区国家的国际小包裹递送业务（欧洲经济区以外的服务），并且在短期内营销这些国际服务，而不会产生重大的额外成本和风险，以应对这两类国际服务的相对价格变化[②]。

9.5　其他市场

9.5.1　航班时刻市场

在第 8.4.1 节中，笔者分析了航班时刻对航空运输市场竞争的影响，传统的反垄断执法分析中也将其作为导致市场进入壁垒的因素来看待。但是，在 2013 年的“美国及部分州诉全美航空和美国航空案”诉状中，美国司法部及部分州将里根国家机场的航班时刻界定为一个独立的相关市场。因为里根国家机场与华盛顿特区隔波托马克河相望，由于靠近市区且有地铁直达，航空公司认为其他机场的服务不足以替代里根国家机场为某些旅客提供的服务，因此它们不太可能因为里根国家机场的航班时刻价格小幅上涨而放弃购买或租赁里根国家机场的航班时刻，尽管里根国家机场的航班时刻价格昂贵，通常每个航班时刻价值超过 200 万美元。因而美国司法部及部分州认为，里根国家机场的航班时刻构成了独立的相关市场[③]。

在 2015 年的“美国诉美联航-大陆航空和达美航空案”中，美国司法部也将纽瓦克机场的航班时刻作为一个独立的相关市场[④]。也有学者认为，这种情况下实

---

① Commission Decision in Case No COMP/M.6570 – UPS/ TNT Express, 39-40.

② Commission Decision in Case No COMP/M.6570 – UPS/ TNT Express, 41.

③ Complaint in U.S., et al. v. US Airways Group, Inc. and AMR Corporation, 12.

④ Complaint of U.S. v. United Continental Holdings, Inc., and Delta Air Lines Inc., 11.

际上是将单个机场作为相关地域市场（Fones，2014）。

9.5.2 航空维修市场

欧盟委员会认为，航空维修市场可以进一步划分为多个产品市场，用于维护每种类型的飞机和设备，即航线维护、大修、发动机维修和部件维修。对于是否可以把航线维护和大修进一步分为 A 检、B 检、C 检和 D 检，则存在不同意见，部分市场参与者认为这种分类已经过时，不同类型检查之间的界限已经变得模糊[①]。

就航空维修的地域市场而言，在 2004 年的“法航和荷航并购案”中欧盟委员会认为除了航线维护是本地的，即在出发地或目的地机场或飞机的运营基地进行的，其他维修服务的相关地域市场均为全球性的。也有观点认为窄体飞机（如波音 737）的大修（C 和 D 检）和部件维修的地域市场应被视为区域性的，而不是全球性的[②]。在 2011 年的“奥林匹克航空和爱琴海航空并购案”和 2019 年的“联航和弗莱比航空并购案”中，欧盟委员会认为大修的地域市场为欧洲经济区，发动机维修和附件维修是全球性的，航线维护仍为本地性的[③]。

9.5.3 航空配餐和地面服务

欧盟委员会认为，航空配餐（in-flight catering）市场涵盖所有机上餐饮服务，包括短途和中途航班、经济舱和商务舱、冷热餐食和小吃以及其他辅助服务。航空配餐的地域市场被认为仅限于相关机场或机场区域（多个机场彼此靠近）[④]。

尽管“地面服务”（ground handling）是航空运输业中的一个通用概念，但是不同国家、组织及航空运输企业对该概念的理解不尽相同。例如，国际民航组织和国际航协地面服务委员会（International Ground Handling Council，IGHC）对“地面服务”的定义或者说明就存在一定的差别。

国际民航组织将地面服务功能分成两部分：一部分为航站楼服务（包括旅客登机手续、行李及货物的处理）；另一部分为机坪服务（包括飞机停靠、保洁和维修）[⑤]。国际民航组织还指出，地面服务一般不包含飞机的维护和维修，虽然在一些情况下航线维护可以被认为是地面服务的一部分。

国际航协地面服务委员会将地面服务划分为众多运营的子部门，并划分为运

---

① Commission Decision in Case No COMP/M.3280 -Air France / KLM, 10.

② Commission Decision in Case No COMP/M.3280 -Air France / KLM, 10.

③ Commission Decision in Case No COMP/M.5830 - Olympic / Aegean Airlines, 72-73. Commission Decision in Case No COMP/M.9287 - Connect Airways / Flybe, 42.

④ Commission Decision in Case No COMP/M.5830 - Olympic / Aegean Airlines, 73.

⑤ ICAO. Airport Economics Manual, Doc 9562, 2-19.

营性质和管理性质两大类。前者包含了在机场围界内的区域（不包括滑行道和活动跑道）以及所有能够便利旅客、货物和飞机（包括商用飞机、货机和通用飞机）安全运转的活动。后者则是在机场使用人（如商业航空公司、通用航空公司、货运航空公司）和地面服务运营商之间通常采用契约方式提供的服务。

欧盟委员会将地面服务定义为一个产品市场，包括站坪、旅客和行李处理服务以及空侧货物处理服务。地面服务市场的地域范围仅限于特定机场（或可能为两个相邻机场），因为特定机场所需的服务通常不能被其他机场提供的服务所取代①。

9.5.4 货运代理

欧盟委员会将货运代理定义为"根据客户需求组织货物运输"。与货物运输不同，货运代理并不拥有其使用的任何网络，但它们通常会从第三方租用运力来运送货物②。

欧盟委员会考虑了货运代理产品市场的一些可能细分，包括国内和国际以及不同运输方式（陆运、海运、空运、铁路）。关于地域产品，欧盟委员会认为可能是全国性的，也可能是整个欧洲经济区③。

9.6 小 结

企业之间的竞争是在特定的市场发生的，这个特定的市场有两个特征——特定的场所和特定的交易对象。要准确评估企业的并购和企业的市场行为对竞争的影响就需要首先明确企业竞争的市场。因而美国司法部和联邦贸易委员会在《2023并购指南》中指出，"市场界定可以帮助监管机构识别市场参与者并衡量市场份额和市场集中度"。

航空运输业作为一个网络型产业，航空公司竞争的市场不仅与网络型产业存在差异，也与其他非网络型产业存在巨大差异。航空公司是在一个立体无形的网络中运用有形的生产工具提供无形服务的企业，这是其他网络型产业不具备的特点。因而首先在界定航空运输竞争的特定场所，也就是相关地域市场时，就与其他行业存在很大的不同，会导致较大的分歧。依附于网络中的服务产品的界定也会存在一定的不同意见。

美国司法部与欧盟委员会在对航空客运相关地域市场的界定上基本一致，采

① Commission Decision in Case No M.9287 - Connect Airways / Flybe, 49-50.

② Commission Decision in Case No COMP/M.6570 – UPS/ TNT Express, 14.

③ Commission Decision in Case No COMP/M.6570 – UPS/ TNT Express, 14.

取城市对或者 O&D 方法，并个案考虑多机场系统下的单个机场之间相互替代关系，从而决定是采用城市对还是机场对的地域市场。而美国运输部则采用了国家（或者网络）、城市对和枢纽机场三层次的地域市场界定方法，一般并不考虑机场对的地域市场，而是将一个城市拥有的多个机场视为可以相互替代的。航空货运的相关地域市场范围就比航空客运大得多了，欧盟委员会采用区域内（欧洲经济区、大洲或者一个国家）、大洲之间或者国家之间来界定货运相关地域市场，但是，也可能考虑更窄的货运相关地域市场。

在客运产品市场方面，中转/经停和直飞的旅客是否属于同一产品市场，美国司法部与美国运输部又存在较大分歧，美国司法部倾向于界定为两个不同的市场。而欧盟委员会则区分了短途和长途两种不同情况，前者很可能就是两个市场，后者则可能是一个市场。美国运输部则认为是一个市场。

在货运产品市场方面，欧盟在界定航空货运市场的基础上，又考虑了快递或者说小包裹递送市场，因为这两类货运存在明显的不同。

无论是美国运输部还是美国司法部在对相关产品市场的界定中都没有涉及货运的相关地域市场和相关产品市场。

参 考 文 献

李剑. 2018. 中国反垄断执法机构间的竞争——行为模式，执法效果与刚性权威的克服. 法学家, (1): 83-100.

林平. 2020. 经济分析在中国反垄断中的应用//李青. 中国反垄断十二年: 回顾与展望. 北京: 中信出版社: 60-66.

林文. 2016. 中国反垄断行政执法报告(2008～2015). 北京: 知识产权出版社.

倪红福，冀承. 2021. 中国平台反垄断政策的过去、现在与未来. 改革, (11): 82-94.

倪娜，万欣. 2010. 我国反垄断的实施机制、模式及其改革构想. 改革, (3): 29-35.

荣朝和. 2001. 关于运输业规模经济和范围经济问题的探讨. 中国铁道科学, 22(4): 97-104.

时建中. 2008. 我国《反垄断法》的特色制度、亮点制度及重大不足. 法学家, (1): 14-19.

时建中. 2022. 新《反垄断法》的现实意义与内容解读. 中国法律评论, (4): 182-194.

梯若尔. 2015. 产业组织理论. 北京: 中国人民大学出版社.

王晓茹. 2020. 利乐滥用市场支配地位案//李青. 中国反垄断十二年: 回顾与展望. 北京: 中信出版社: 456-462.

王晓晔. 2018. 我国反垄断执法 10 年: 成就与挑战. 政法论丛, (5): 128-137.

吴汉洪，孙耀祖. 2010. 反垄断领域中的宽大政策: 实践、理论及中国的对策思考. 中国人民大学学报, 24(4): 85-92.

吴汉洪，周炜，张晓雅. 2008. 中国竞争政策的过去、现在和未来. 财贸经济, 29(11): 102-110.

叶卫平. 2017. 反垄断法分析模式的中国选择. 中国社会科学, (3): 96-115.

查泉. 2018. 美国学术界的赫伯特·胡佛研究. 史学理论研究, (2): 126-137.

郑兴无，张翼. 2019. 国际航空运输服务贸易政策研究. 北京: 经济管理出版社.

Aghion P, Rey P. 1994. Competition and innovation: An inverted u relationship. The Quarterly Journal of Economics, 109(2), 305-332.

Aghion P, Bloom N, Blundell R, et al. 2005. Competition and innovation: An inverted-U relationship. The Quarterly Journal of Economics, 120(2): 701-728.

Appel D. 2008. Air cargo fuel surcharges and tacit collusion under the Sherman Act: What good is catching a few bad guys if consumers still get robbed. Journal of Air Law and Commerce, 73(2): 375-406.

Aryal G, Ciliberto F, Leyden B T. 2022. Coordinated capacity reductions and public communication in the airline industry. The Review of Economic Studies, 89(6): 3055-3084.

Azar J, Schmalz M C, Tecu I. 2018. Anticompetitive effects of common ownership. The Journal of Finance, 73(4): 1513-1565.

Azar J, Vives X. 2022. Revisiting the anticompetitive effects of common ownership. Brussels: European Corporate Governance Institute.

Bailey E E, Graham D R, Kaplan D P. 1985. Deregulating the Airlines. Cambridge: MIT press.

Bailey E E, Panzar J C. 1984. The contestability of airline markets during the transition to deregulation. Journal of Reprints in Antitrust Law and Economics, 14: 473.

Bain J S. 1951. Relation of profit rate to industry concentration: American manufacturing, 1936-1940.

The Quarterly Journal of Economics, 65(3): 293-324.

Bain J S. 1959. Industrial Organization. New York: John Wiley & Sons.

Bain J S. 1968. Industrial Organization. 2nd ed. New York: John Wiley & Sons.

Baker J B. 1996. Identifying horizontal price fixing in the electronic marketplace. Antitrust Law Journal, 65(1): 41-55.

Baker J B. 2019. The Antitrust Paradigm: Restoring a Competitive Economy. Cambridge: Harvard University Press.

Baker S H, Pratt J B. 1989. Experience as a barrier to contestability in airline markets. The Review of Economics and Statistics, 71(2): 352-356.

Bamberger G E, Carlton D W, Neumann L R. 2004. An empirical investigation of the competitive effects of domestic airline alliances. The Journal of Law and Economics, 47(1): 195-222.

Basso L J, Jara-Díaz S R. 2005. Calculation of economies of spatial scope from transport cost functions with aggregate output with an application to the airline industry. Journal of Transport Economics and Policy, 39(1): 25-52.

Baumol W J. 1982. Contestable markets: An uprising in the theory of industry structure. The American Economic Review, 71(1): 1-15.

Benkard C L, Bodoh-Creed A, Lazarev J. 2010. Simulating the dynamic effects of horizontal mergers: US airlines. New Haven: Yale University.

Bennett R D, Craun J M. 1993. The airline deregulation evolution continues: The Southwest effect. Washington: US Department of Transportation.

Ben-Yosef E. 2005. The Evolution of the US Airline Industry: Theory, Strategy and Policy. Boston: Springer.

Berry S T, Carnall M, Spiller P T. 1996. Airline hubs: costs, markups and the implications of customer heterogeneity//Darin L. Advances in Airline Economics: Competition Policy and Antitrust. Amsterdam: Elsevier: 182-213.

Bhattacharjea A. 2008. India's new competition law: A comparative assessment. Journal of Competition Law and Economics, 4(3): 609-638.

Bilotkach V, Huschelrath K. 2011. Antitrust immunity for airline alliances. Journal of Competition Law and Economics, 7(2): 335-380.

Birke D. 2009. The economics of networks: A survey of the empirical literature. Journal of Economic Surveys, 23(4): 762-793.

Blanchard O. 2000. Macroeconomics. Upper Saddle River: Prentice Hall.

Bolton P, Dewatripont M. 2005. Contract Theory. Cambridge: MIT press.

Borenstein S, Rose N L. 1994. Competition and price dispersion in the U.S. airline industry. Journal of Political Economy, 102(4): 653-683.

Borenstein S, Rose N L. 2014. How airline markets work… or do they? Regulatory reform in the airline industry//Rose N L. Economic regulation and its reform: What have we learned?. Chicago: University of Chicago Press: 63-135.

Borenstein S. 1989. Hubs and high fares: Dominance and market power in the U.S. airline industry. The RAND Journal of Economics, 20(3): 344-365.

Borenstein S. 1990. Airline mergers, airport dominance, and market power. The American Economic Review, 80(2): 400-404.

Borenstein S. 1992. The evolution of U.S. airline competition. Journal of Economic Perspectives, 6(2): 45-73.

Bork R H. 1978. The Antitrust Paradox: A Policy at War with Itself. New York: Basic Books.

Boudreaux D J, Ellig J. 1991. Beneficent bias: The case against regulating airline computerized reservation systems. Journal of Air Law and Commerce, 57(3): 567-597.

Bougette P, Hüschelrath K, Müller K. 2014. Do horizontal mergers induce entry? Evidence from the US airline industry. Applied Economics Letters, 21(1): 31-34.

Brady T. 2000. The American Aviation Experience: A History. Carbondale: SIU Press.

Brander J R G, Coo B A, Rowcroft J E. 1991. Airline hubbing and contestability. Journal of the Transportation Research Forum, 31(2): 336-346.

Brozen, Y. 1982. Concentration, Mergers, and Public Policy. New York: Macmillan.

Brueckner J K, Flores-Fillol R. 2020. Market structure and quality determination for complementary products: Alliances and service quality in the airline industry. International Journal of Industrial Organization, 68: 102557.

Brueckner J K, Lee D N, Singer E S. 2010. Network vs. LCC Competition and Airfares: New Empirical Evidence from the US. IATA, Key Policy Issue.

Brueckner J K, Lee D N, Singer E S. 2011. Alliances, codesharing, antitrust immunity, and international airfares: Do previous patterns persist?. Journal of Competition Law and Economics, 7(3): 573-602.

Brueckner J K, Lee D N, Singer E S. 2014. City-pairs versus airport-pairs: A market-definition methodology for the airline industry. Review of Industrial Organization, 44(1): 1-25.

Brueckner J K, Pels A J H. 2003. Institutions, regulation and the evolution of European air transport. Vrije Universiteit.

Brueckner J K, Proost S. 2010. Carve-outs under airline antitrust immunity. International Journal of Industrial Organization, 28(6): 657-668.

Brueckner J K, Singer E. 2019. Pricing by international airline alliances: A retrospective study. Economics of Transportation, 20: 100139.

Brueckner J K, Spiller P T. 1994. Economies of traffic density in the deregulated airline industry. Journal of Law and Economics, 37(2): 379-415.

Brueckner J K, Whalen W T. 2000. The price effects of international airline alliances. The Journal of Law and Economics, 43(2): 503-546.

Brueckner J K. 2001. The economics of international codesharing: An analysis of airline alliances. International Journal of Industrial Organization, 19(10): 1475-1498.

Brueckner J K. 2003. International airfares in the age of alliances: The effects of codesharing and antitrust immunity. Review of Economics and Statistics, 85(1): 105-118.

Burnside A J, Kidane A. 2020. Common ownership: An EU perspective. Journal of Antitrust Enforcement, 8(3): 456-510.

Calzaretta R J, Eilat Y, Israel M A, 2017. Airline cooperation and international travel: Fare and output effects. J. Compet. Law Econ. 13: 501-548.

Carlton D, Israel M, MacSwain I, et al. 2019. Are legacy airline mergers pro- or anti-competitive? Evidence from recent U.S. airline mergers. International Journal of Industrial Organization, 62: 58-95.

Cavanagh E. 2009. The private antitrust remedy: Lessons from the American experience. Loyola University of Chicago Law Journal, 41: 629.

Caves D W, Christensen L R, Tretheway M W. 1984. Economies of density versus economies of scale: Why trunk and local service airline costs differ. The RAND Journal of Economics, 15(4): 471-489.

Caves R E. 1962. Air Transport and Its Regulators; An Industry Study. Cambridge: Harvard University Press.

Ciliberto F, Watkins E, Williams J W. 2019. Collusive pricing patterns in the US airline industry. International Journal of Industrial Organization, 62: 136-157.

Ciliberto F, Williams J W. 2010. Limited access to airport facilities and market power in the airline industry. The Journal of Law & Economics, 53(3): 467-495.

Clements M T. 2004. Direct and indirect network effects: Are they equivalent?. International Journal of Industrial Organization, 22(5): 633-645.

Comment. 1962. Merger and monopoly in domestic aviation. Columbia Law Review, 62(5): 851-883.

Crandall R W. 2001. The failure of structural remedies in Sherman act monopolization cases//Evans D S. Microsoft, Antitrust and the New Economy: Selected Essays. Boston: Kluwer Academic Publishers: 287-359.

Creel M, Farell M. 2001. Economies of scale in the US airline industry after deregulation: A Fourier series approximation. Transportation Research Part E: Logistics and Transportation Review, 37(5): 321-336.

Davies R E G. 2016. Airlines of the Jet Age: A history. Washington: Smithsonian Institution Scholarly Press.

de Boer E R, Gudmundsson S V. 2012. 30 years of frequent flyer programs. Journal of Air Transport Management, 24: 18-24.

DeGory A C. 2019. The United States airline industry & antitrust enforcement: Has airline consolidation paid off for consumers?. University of Pittsburgh Law Review, 81(1): 189-208.

Dempsey P S. 2002. Predation, competition and antitrust law: Turbulence in the airline industry. Journal of Air Law and Commerce, 67: 685.

Dempsey P S. 2018. Regulatory schizophrenia: Mergers, alliances, metal-neutral joint ventures and the emergence of a global aviation cartel//Harmonising Regulatory and Antitrust Regimes for International Air Transport. London: Routledge: 41-73.

Demsetz H. 1973. Industry structure, market rivalry, and public policy. The Journal of Law and Economics, 16(1): 1-9.

Dennis P, Gerardi K, Schenone C. 2022. Common ownership does not have anticompetitive effects in the airline industry. The Journal of Finance, 77(5): 2765-2798.

Dilorenzo T J. 1984. The origins of antitrust: An interest-group perspective. International Review of Law and Economics, 5(1): 73-90.

Dresner M, Windle R, Yao Y L. 2002. Airport barriers to entry in the US. Journal of Transport

Economics and Policy, 36(3): 389-405.
Eads G, Nerlove M, Raduchel W. 1969. A long-Run cost function for the local service airline industry: An experiment in non-linear estimation. The Review of Economics and Statistics, 51(3): 258-270.
Economides N. 1996. The economics of networks. International Journal of Industrial Organization, 14(6): 673-699.
Egeland J, Smale P. 2017. Capacity building through efficient use of existing airport infrastructure: Summary report of the Roundtable on Capacity Building through Efficient Use of Existing Airport Infrastructure (9-10 March 2017, Querétaro). International Transport Forum Discussion Paper.
Eisner M A. 1993. Regulatory politics in transition. Baltimore: John Hopkins University Press.
Elhauge E R. 2009. Disgorgement as an antitrust remedy. SSRN Electronic Journal,76(1): 79-95.
Elhauge E. 2015. Horizontal shareholding. Harv. L. Rev, 129: 1267.
European Commission. 1999. White paper on modernisation of the rules implementing articles 85 and 86 of the EC treaty. Brussels: European Commission.
Fanti L, Buccella D. 2021. Strategic trade policy with interlocking cross-ownership. Journal of Economics, 134(2): 147-174.
Farrell J, Shapiro C. 2010. Antitrust evaluation of horizontal mergers: An economic alternative to market definition. The B E Journal of Theoretical Economics, 10(1): 1-34.
First H. 2000. Antitrust in Japan: the original intent. Journal of Pacific Rim Psychology, 9(1):1-72
Foer A A, Lande A H. 1999. The evolution of United States antitrust law: The past, present, and (possible) future. Nihon U. Comparative L.J. 149.
Fones R W. 2014. Airline consolidations and competition law: What next?. FIU Law Review, 10(2): 447-465.
Fukui H. 2010. An empirical analysis of airport slot trading in the United States. Transportation Research Part B: Methodological, 44(3): 330-357.
Gaggero A A, Luttmann A. 2023. The determinants of hidden-city ticketing: Competition, hub-and-spoke networks, and advance-purchase requirements. Transportation Research Part E: Logistics and Transportation Review, 173: 103086.
Gallo J C, Dau-Schmidt K, Craycraft J L, et al. 2000. Department of justice antitrust enforcement, 1955: 1997: An empirical study. Review of Industrial Organization, 17(1): 75-133.
Gesell L E, Farris M T. 1991. Antitrust irrelevance in air transportation and the re-defining of price discrimination. Journal of Air Law and Commerce, 57(1): 173-197.
Gifford D J, Kudrle R T. 2016. U.S. airlines and antitrust: The struggle for defensible policy towards aUnique industry. Indiana Law Review, 50(2): 539-578.
Gillen D W, Oum T H, Tretheway M W. 1985. Airline cost and performance: Implications for public and industry policies.
Gillen D, Lall A. 1997. Developing measures of airport productivity and performance: An application of data envelopment analysis. Transportation Research Part E: Logistics and Transportation Review, 33(4): 261-273.
Gillen D, Oum T, et al. 2017.Airline cost and performance: Implications for public and industry policies. Canadian Public Policy-Analyse de Politiques, 13(2): 253.

Gillespie W, Richard O M. 2011. Antitrust immunity and international airline alliances. Washington: Department of Justice.

Gleimer E M. 1995. Slot regulation at high density airports: How did we get here and where are we going. Journal of Air Law and Commerce, 61(4): 877.

Godehn P M, Quindry F E. 1954. Air mail contract cancellations of 1934 and resulting litigation. Journal of Air Law and Commerce, 21(3): 253-276.

Goetz A R. 2002. Deregulation, competition, and antitrust implications in the US airline industry. Journal of Transport Geography, 10(1): 1-19.

Goodwyn L. 2017. The Populist Moment: A Short History of the Agrarian Revolt in America. Oxford: Oxford University Press.

Goolsbee A, Syverson C. 2008. How do incumbents respond to the threat of entry? Evidence from the major airlines. The Quarterly Journal of Economics, 123(4): 1611-1633.

Gorton L. 1997. Air transport and EC competition law. Fordham International Law Journal, 21(3): 602-629.

Graham B J. 1994. Regulation and liberalisation in the UK scheduled airline industry. Environment and Planning C: Government and Policy, 12(1): 87-107.

Greene H. 2006. Guideline institutionalization: The role of merger guidelines in antitrust discourse. William and Mary Law Review, 48: 771.

Hariskos W, Königstein M, Papadopoulos K G. 2022. Anti-competitive effects of partial cross-ownership: Experimental evidence. Journal of Economic Behavior & Organization, 193: 399-409.

Harkrider J D. 2007. Antitrust enforcement during the Bush administration-an economic estimation. Antitrust, 22: 43.

Hartmann M E. 2006. Access to airport facilities: Its impact on market competition. Advances in Airline Economics, 1: 369-384.

Hazel R. 2018. Airline capacity discipline in the U.S. domestic market. Journal of Air Transport Management, 66: 76-86.

Heppenheimer TA, Heppenheimer T. 1995. Turbulent Skies: The History of Commercial Aviation. New York: John Wiley & Sons.

Horan H. 2010. Double marginalization and the counter-revolution against liberal airline competition. Transportation Law Journal, 37: 251-288.

Horonjeff R, McKelvey FX. 1994. Planning and Design of Airports. New York: McGraw-Hill.

Hovenkamp H J. 2018. The rule of reason, Florida Law Review, 70(1): 81-88.

Hurdle G J, Johnson R L, Joskow A S, et al. 1989. Concentration, potential entry, and performance in the airline industry. The Journal of Industrial Economics, 38(2): 119-139.

Iyori H. 1995. A comparision of US-Japan antitrust law: Looking at the international harmonization of competition law. Journal of Pacific Rim Psychology, 4: 59.

Johnston A, Ozment J. 2013. Economies of scale in the US airline industry. Transportation Research Part E: Logistics and Transportation Review, 51: 95-108.

Jordan W A. 1970. Airline Regulation in America; Effects and Imperfections. Baltimore: Johns Hopkins Press.

Jordan W A. 1972. Producer protection, prior market structure and the effects of government regulation. The Journal of Law and Economics, 15(1): 151-176.

Jr Ris W K. 1978. Government protection of transportation employees: Sound policy or costly precedent. J. Air L. & Com., 44(3): 509-544.

Kahn A E. 1987. Deregulatory schizophrenia. California Law Review, 75(3): 1059-1068.

Kappes J W, Merkert R. 2013. Barriers to entry into European aviation markets revisited: A review and analysis of managerial perceptions. Transportation Research Part E: Logistics and Transportation Review, 57: 58-69.

Katz M L, Shapiro C. 1985. Network externalities, competition, and compatibility. The American Economic Review, 75(3): 424-440.

Keeler T E. 1972. Airline regulation and market performance. The Bell Journal of Economics and Management Science, 3(2): 399-424.

Kim E H, Singal V. 1993. Mergers and market power: Evidence from the airline industry. The American Economic Review, 83(3): 549-569.

Kinder K. 2017. Friendly skies or turbulent skies: An evaluation of the US airline industry and antitrust concerns. Southern California Law Review Admin, 91: 943.

Kirby M G. 1986. Airline economics of "scale" and Australian domestic air transport policy. Journal of Transport Economics and Policy, 20(3): 339-352.

Komons N A. 1978. Bonfires to beacons: Federal civil aviation policy under the Air Commerce Act, 1926-1938. Washington: Department of Transportation, Federal Aviation Administration.

Kornai J. 1992. The socialist system: The political economy of communism. Princeton: Princeton University Press.

Kovacic W E, Shapiro C. 2000. Antitrust policy: A century of economic and legal thinking. Journal of Economic Perspectives, 14(1): 43-60.

Kovacic W E. 1989. The antitrust paradox revisited: Robert Bork and the transformation of modern antitrust policy. Wayne L. Rev., 36: 1413.

Kovacic W E. 2000. Antitrust policy under the new institutionalism. The Antitrust Bulletin, 45(4): 973-1002.

Kumbhakar S C. 1990. A reexamination of returns to scale, density and technical progress in U. S. airlines. Southern Economic Journal, 57(2): 428-442.

Kwoka J E, Moss D L. 2012. Behavioral merger remedies: Evaluation and implications for antitrust enforcement. The Antitrust Bulletin, 57(4): 979-1011.

Lakew P A. 2014. Economies of traffic density and scale in the integrated air cargo industry: The cost structures of FedEx Express and UPS Airlines. Journal of Air Transport Management, 35: 29-38.

Lamoreaux N R. 2019. The problem of bigness: From standard oil to google. Journal of Economic Perspectives, 33(3): 94-117.

Landes D S. 2003. The Unbound Prometheus: Technological Change and Industrial Development in Western Europe from 1750 to the Present. 2nd ed. New York: Cambridge University Press.

Lange O. 1937. On the economic theory of socialism: Part two. The Review of Economic Studies, 4(2): 123-142.

Le H B, Yimga J O. 2023. Codeshare restrictions as antitrust remedy. Transport Policy, 138: 17-24.

Lederman M. 2008. Are frequent - flyer programs a cause of the "hub premium"?. Journal of Economics & Management Strategy, 17(1): 35-66.

Lee D, Luengo-Prado M J. 2005. The impact of passenger mix on reported "hub premiums" in the US airline industry. Southern Economic Journal, 72(2): 372-394.

Lee J, Goodman G. 1945. Government policy toward commercial aviation. Virginia Law Review, 31(4): 1004-1006.

Lemley M A, McGowan D. 1998. Legal implications of network economic effects. California Law Review, 86(3): 479-612.

Levine M E. 1945. Is regulation necessary? California air transportation and national regulatory policy. The Yale Law Journal, 74(8): 1416-1447.

Levine M E. 1987. Airline competition in deregulated markets: theory, firm strategy, and public policy. Yale Journal on Regulation, 4: 393.

Lewis E, Chugh R C. 2019. Common ownership and airlines: Evaluating an alternate ownership data source. Washington: Department of Justice, Antitrust Division, Economic Analysis Group.

Liebowitz S J, Margolis S E. 1994. Network externality: An uncommon tragedy. Journal of Economic Perspectives, 8(2): 133-150.

Luo D. 2014. The price effects of the delta/northwest airline merger. Review of Industrial Organization, 44(1): 27-48.

Malinauskaite J, Erdem F B. 2021. Digital antitrust: The google (Android) decisions in *Russia*, Turkey and India. Business Law Review, 42(4): 182-194.

Mankiw N G. 2006. The macroeconomist as scientist and engineer. The Journal of Economic Perspectives, 20(4): 29-46.

McAfee R P, Mialon H M, Mialon S H. 2008. Private v. public antitrust enforcement: A strategic analysis. Journal of Public Economics, 92(10/11): 1863-1875.

McGee J S. 1958. Predatory price cutting: The standard oil (N. J.) case. The Journal of Law and Economics, 1: 137-169.

Mirkovic B, Tosic V. 2014. Airport apron capacity: Estimation, representation, and flexibility. Journal of Advanced Transportation, 48(2): 97-118.

Monteiro C F, Rodrigues R V, de Paula G T L. 2009. State-market relations in the Brazilian air transport industry. Annual Meeting of the SASE Annual Conference.

Morrison S A, Winston C. 2010a. The Economic Effects of Airline Deregulation. Washington: Brookings Institution Press.

Morrison S A, Winston C. 2010b. The Evolution of the Airline Industry. Washington: Brookings Institution Press.

Morrison S A. 2001. Actual, adjacent, and potential competition: Estimating the full effect of southwest airlines. Journal of Transport Economics and Policy, 35(2): 239-256.

Motta M. 2004. Competition Policy: Theory and Practice. Cambridge: Cambridge University Press.

Murphy N B. 1969. Sources of productivity increases in the U.S. passenger airline industry. Transportation Science, 3(3): 233-238.

Narahashi I. 1957. Some aspects of the new Civil Aeronautics Law of Japan. Journal of Air Law and Commerce, 24(1): 47.

Nunes J C, Drèze X. 2006. Your loyalty program is betraying you. Harvard Business Review, 84(4): 124-131, 150.

O'Brien D P. 2017. Price-concentration analysis: Ending the myth, and moving forward. SSRN, 3008326.

Oliveira G, Fujiwara T. 2005. Competition policy in developing economies: The case of Brazil. Northwestern Journal of International Law & Business, 26(3): 619-642.

Orhun A Y, Guo T, Hagemann A. 2022. Reaching for gold: Frequent-flyer status incentives and moral hazard. Marketing Science, 41(3): 548-574.

Peltzman S. 1976. Toward a more general theory of regulation. Journal of Law and Economics, 19(2): 211-240.

Peterson R D. 1990. The CAB's struggle to establish price and route rivalry in world air transport. American Journal of Economics and Sociology, 49(1): 65-80.

Pickrell D. 1991. The regulation and deregulation of US airlines//Button K. Airline Deregulation. London: Routledge: 5-47.

Porter M E, Sakakibara M. 2004. Competition in Japan. Journal of Economic Perspectives, 18(1): 27-50.

Posner E A, Scott M F M, Weyl E G. 2016. A proposal to limit the anticompetitive power of institutional investors. Antitrust Law Journal, 81(3): 669-728.

Posner R A. 1976. Antitrust law, an economic perspective. Chicago: University of Chicago Press.

Posner R A. 1977. The rule of reason and the economic approach: Reflections on the sylvania decision. The University of Chicago Law Review, 45(1): 1-20.

Posner R A. 1979. The Chicago school of antitrust analysis. University of Pennsylvania Law Review, 127(4): 925-948.

Posner R A. 2001. Antitrust Law, Second Edition. Chicago: University of Chicago Press.

Proctor J W, Duncan J S. 1954. A regression analysis of airline costs. Journal of Air Law and Commerce, 21(3): 282-292.

Ramseyer J M. 1984. The costs of the consensual myth: Antitrust enforcement and institutional barriers to litigation in Japan. The Yale Law Journal, 94(3): 604-645.

Raychaudhuri T. 2020. Abuse of dominance in digital platforms: An analysis of Indian competition jurisprudence. Competition Commission of India Journal on Competition Law and Policy, 1: 1-27.

Reid S R, Mohrfeld J W. 1973. Airline size, profitability, mergers and regulation. Journal of Air Law and Commerce, 39(2): 167-213.

Rietveld J, Schilling M A. 2021. Platform competition: A systematic and interdisciplinary review of the literature. Journal of Management, 47(6): 1528-1563.

Rochet J C, Tirole J. 2006. Two-sided markets: A progress report. The RAND Journal of Economics, 37(3): 645-667.

Rotwein E. 1964. Economic concentration and monopoly in Japan. Journal of Political Economy, 72(3): 262-277.

Salop S C. 1998. Practices that can enhance the competitiveness of small and medium-sized enterprises. Antitrust Bulletin, 43(4), 825-848.

Samuelson P. 1983. Foundations of Economic Analysis. Cambridge: Harvard University Press.

Saraswathy B. 2021. Economic reforms and market competition in India: An assessment. The Antitrust Bulletin, 66(2): 184-202.

Särndal C E, Statton W B. 1975. Factors influencing operating cost in the airline industry. Journal of Transport Economics and Policy, 9(1): 67-88.

Sawyer L P. 2019. US Antitrust Law and Policy in Historical Perspective. Oxford: Oxford Research Encyclopedia of American History.

Scherer F M, Ross D. 1990. Industrial Market Structure and Economic Performance. 3rd ed. Boston: Houghton Mifflin Company.

Schmalensee R. 1989. Chapter 16 Inter-industry studies of structure and performance//Handbook of Industrial Organization Volume 2. Amsterdam: Elsevier: 951-1009.

Schmalz M C. 2021. Recent studies on common ownership, firm behavior, and market outcomes. The Antitrust Bulletin, 66(1): 12-38.

Schoder L. 1994. Flying the unfriendly skies: The effect of airline deregulation on labor relations. Transportation Law Journal, 22(1): 105-132.

Shapiro C. 2018. Antitrust in a time of populism. International Journal of Industrial Organization, 61: 714-748.

Shaw S L, Ivy R L. 1994. Airline mergers and their effect on network structure. Journal of Transport Geography, 2(4): 234-246.

Shepherd W G. 1972. The elements of market structure. The Review of Economics and Statistics, 54(1): 25-37.

Shrago B. 2024. The spirit effect: Ultra-low cost carriers and fare dispersion in the U.S. airline industry. Review of Industrial Organization, 64(4): 549-579.

Shy O. 2001. The Economics of Network Industries. Cambridge: Cambridge University Press.

Sickles R C, Good D, Johnson R L. 1986. Allocative distortions and the regulatory transition of the U.S. airline industry. Journal of Econometrics, 33(1/2): 143-163.

Singh M. 2022. The competition for India's antitrust jurisdiction: Competition Commission versus sectoral regulators. Journal of Antitrust Enforcement, 11(1): 91-113.

Slovin M B, Sushka M E, Hudson C D. 1991. Deregulation, contestability, and airline acquisitions. Journal of Financial Economics, 30(2): 231-251.

Sokol D D. 2011. The strategic use of public and private litigation in antitrust as business strategy. Southern California Law Review, 85: 689-732.

Spengler J J. 1950. Vertical integration and antitrust policy. Journal of Political Economy, 58(4): 347-352.

Stigler G J. 1964. A theory of oligopoly. The Journal of Political Economy, 72(1): 44-61.

Stigler G J. 1983. The Organization of Industry. Chicago: University of Chicago Press.

Stiglitz J E. 2010. Freefall: America, Free Markets, and the Sinking of the World Economy. New York: W. W. Norton & Company.

Sullivan S P. 2023. Market definition//Akman P. Research Handbook on Abuse of Dominance and Monopolization. Cheltenham: Edward Elgar Publishing: 8-25.

Takigawa T. 2002. The prospect of antitrust law and policy in the twenty-first century: In reference to the Japanese antimonopoly law and Japan Fair Trade Commission. Washington University Global Studies Law Review, 1: 275-300.

Tirole J. 1988. The Theory of Industrial Organization. Cambridge: MIT Press.

Travers Jr A H. 1966. An examination of the CAB's merger policy. University of Kansas Law Review, 15: 227.

Tretheway M W, Oum T H. 1992. Airline economics: foundations for strategy and policy.

Vietor R H K. 1990. Contrived competition: Airline regulation and deregulation, 1925–1988. Business History Review, 64(1): 61-108.

Viton P A. 1986. Air deregulation revisited: Choice of aircraft, load factors, and marginal-cost fares for domestic air travel. Transportation Research Part A: General, 20(5): 361-371.

Wells W. 2003. Antitrust and the Formation of the Postwar World. New York: Columbia University Press.

Werden G J, Joskow A S, Johnson R L. 1991. The effects of mergers on price and output: Two case studies from the airline industry. Managerial and Decision Economics, 12(5): 341-352.

Westwood H C, Bennett A E. 1966. Footnote to the legislative history of the civil aeronautics act of 1938 and afterword. Notre Dame Law, 42(3): 309-381.

Whalen W T. 2007. A panel data analysis of code-sharing, antitrust immunity, and open skies treaties in international aviation markets. Review of Industrial Organization, 30(1): 39-61.

Wheatcroft S. 1956. The Economics of European Air Transport. Manchester: Manchester University Press.

Winston C. 1993. Economic deregulation: Days of reckoning for microeconomists. Journal of Economic Literature, 31(3): 1263-1289.

Wittman M D, Swelbar W S. 2013. Evolving trends of US domestic airfares: the impacts of competition, consolidation, and low-cost carriers. Cambridge: MIT International Center for Air Transportation.

Wu T. 2018. The Curse of Bigness: Antitrust in the New Gilded Age. New York: Columbia Global Reports.

Youssef W, Hansen M. 1994. Consequences of strategic alliances between international airlines: The case of Swissair and SAS. Transportation Research Part A: Policy and Practice, 28(5): 415-431.